Gymnasium Bayern

Deutschbuch

Sprach- und Lesebuch

7

Herausgegeben von
Wilhelm Matthiessen, Bernd Schurf
und Wieland Zirbs

Erarbeitet von
Johann Anetzberger (Passau),
Karl-Heinz Brauner (Rosenheim),
Gertraud Fuchsberger-Zirbs (Pfaffenhofen),
Michael Gollnau (München),
Martin Hann (München),
Andrea Mahlendorff (Geretsried),
Wilhelm Matthiessen (München),
Christl Ostertag (München),
Gerhard Ruhland (Freyung),
Johanna Schlagbauer (Ingolstadt),
Ina Schmidt (Tegernsee),
Annegret Schneider (München)
und Konrad Wieland (Passau)

Unter Beratung von
Kurt Finkenzeller (Ingolstadt)
und Rainer Meisch (Würzburg)

9
10

Wie ihr mit dem „Deutschbuch“ arbeiten könnt

Lernbereiche

Damit ihr euch leicht zurechtfindet, ist das Buch übersichtlich in Lernbereiche eingeteilt:

- SPRECHEN UND SCHREIBEN
- NACHDENKEN ÜBER SPRACHE
- UMGEHEN MIT TEXTEN UND MEDIEN
- ARBEITSTECHNIKEN UND METHODEN

Kapitelaufbau im Dreischritt

Beispiel:
3 Das Wichtigste in aller Kürze – Texte zusammenfassen

Jedes Kapitel besteht aus drei Teilen:

Hauptlernbereich

Im ersten Teil wird das Thema des Kapitels erarbeitet.

3.1 Jugendbuchausschnitte zusammenfassen

Verknüpfung mit einem weiteren Lernbereich

Im zweiten Teil werden die Kenntnisse und Fertigkeiten, die ihr euch erworben habt, mit einem anderen Lernbereich verbunden.

3.2 Von Schiffen, Schätzen und Piraten – Sachtexte zusammenfassen

Üben, Vertiefen und Intensivieren des Gelernten

Der dritte Teil eines jeden Kapitels enthält Übungen zur Wiederholung, Vertiefung und Intensivierung des Gelernten. Mit diesem Teilkapitel könnt ihr auch allein arbeiten.

3.3 Die sprachliche Gestaltung einer Textzusammenfassung

Grundwissen

! Wichtige Inhalte und Begriffe sind in den Kapiteln deutlich hervorgehoben.

Die Tipps geben euch Hilfestellungen, wie ihr an bestimmte Aufgaben herangehen könnt.

Am Ende des Buchs ist das Grundwissen aller Kapitel noch einmal zusammengefasst, damit ihr nachschlagen könnt, wenn ihr etwas schon vor längerer Zeit gelernt habt und euch nicht mehr genau erinnert (▷ S. 304–337).

Piktogramme

Die folgenden Piktogramme treten im Buch immer wieder auf und geben euch Hinweise, wie ihr mit den Materialien und Aufgaben arbeiten könnt.

 Partnerarbeit

 Gruppenarbeit

 Rollenspiel

 Arbeiten mit dem Computer

 fächerverbindende Aufgabe

1 Rund ums Buch – Beschreiben, Vortragen, Diskutieren

1.1 Begegnungen mit Schrift und Buch – Beschreiben

Bücherlesen in der Kunst – Bilder beschreiben

Carl Spitzweg (1808–1885) ist ein bedeutender deutscher Maler und Grafiker, der vor allem Menschen seiner Zeit in humorvoller Weise darstellte. Neben dem Bild „Der Bücherwurm“ (1850) sind „Der arme Poet“ (1839) und „Der Hagestolz“ (um 1845) seine bekanntesten Werke.

Carl Spitzweg: Der Bücherwurm (1850)

1 *Betrachtet das Bild „Der Bücherwurm“ eingehend. Beschreibt, welche Situation das Bild festhält und welche Stimmung es vermittelt.*

2 *Untersucht, durch welche Merkmale die Stimmung im Bild entsteht.*
Notiert dazu Stichpunkte zu folgenden Fragen:
- ☐ *Wie sieht die Person (Alter, Haltung der Person, besondere Merkmale) aus?*
- ☐ *Welche Gegenstände sind abgebildet? Wie sind diese im Bild angeordnet?*
- ☐ *Welche Farben herrschen vor?*
- ☐ *Wie sind Licht und Schatten, Hell und Dunkel verteilt?*
- ☐ *Welches Format hat das Bild (Hoch- oder Querformat)?*

3 *Beschreibt das Bild für die Hörer eines Jugendmagazins im Hörfunk.*

August Macke: Lesender Mann im Park (1914)

Bilder der Moderne: Seit dem Ende des 19. Jahrhunderts stellen viele Maler die Welt nicht mehr so dar, wie sie tatsächlich ist. Vielmehr wollen sie in ihren Bildern ausdrücken, wie sie selbst die Welt sehen, welchen Eindruck die Welt auf sie macht. Die natürlichen Farben und Formen der Realität werden in den Bildern frei verändert, sodass am Ende dieser Entwicklung Gegenstände oder Personen häufig nicht mehr zu erkennen sind. Die Malerei wird also immer abstrakter.

1 *August Macke malte dieses Bild 1914. Informiert euch in einem Lexikon oder im Internet über den Maler August Macke (1887–1914). Stellt eure Ergebnisse in der Klasse vor.*

2 *Lest den oben stehenden Lexikonartikel „Bilder der Moderne" und gebt in eigenen Worten wieder, was unter „moderner Malerei" zu verstehen ist.*

3 *Beschreibt den Inhalt und den Aufbau des Bildes von Macke. Beachtet dabei folgende Fragen:*
- ☐ *Was stellt es dar?*
- ☐ *Was sieht man von der Person, was nicht?*
- ☐ *Wie ist das Bild aufgebaut (Vorder-, Mittel-, Hintergrund; rechts, links, oben, unten)?*
- ☐ *Welchen Gesamteindruck vermittelt das Bild?*

4 *a) Häufig liegen modernen Gemälden geometrische Formen wie Kreise, Linien oder Dreiecke zugrunde. Untersucht mit Hilfe der beiden eingezeichneten Linien, welche Formen in diesem Bild maßgebend sind (Formprinzip). Wo tauchen diese Formen im Gemälde auf? Welche Farbgebung ist hier vorherrschend?*
b) Beschreibt die Farbgestaltung des gesamten Bildes. Nehmt dazu die Farbpalette rechts zu Hilfe und benennt die Farben genau.

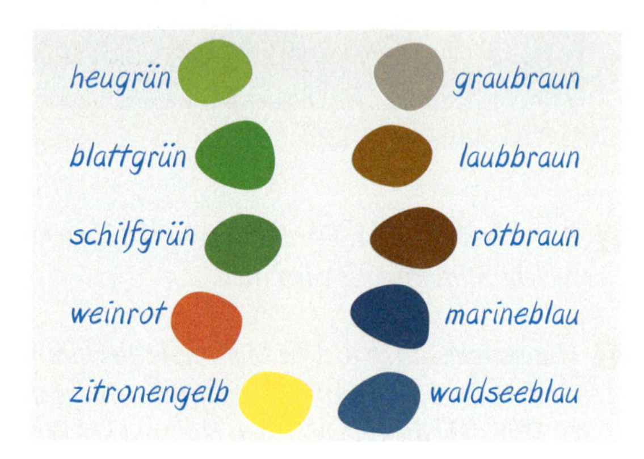

5 *Sprecht in der Klasse darüber, welche Wirkung das Bild auf euch hat. Berücksichtigt bei euren Ausführungen auch die Form- und Farbgestaltung des Bildes und begründet eure Meinung.*

6 *Vergleicht die Bilder „Der Bücherwurm" von Carl Spitzweg (▷ S. 9) und „Lesender Mann im Park" von August Macke (▷ S. 10). Welche Gemeinsamkeiten und welche Unterschiede stellt ihr fest?*

Einen Vortrag über ein Bild halten

1 *Der Anlass für eine Beschreibung entscheidet darüber, welche Angaben ihr machen müsst. Bereitet Vorträge zu den Bildern „Der Bücherwurm“ (▷ S. 9) und „Lesender Mann im Park“ (▷ S. 10) vor.*
TIPP: *Beachtet dazu den Merkkasten „Bilder beschreiben“ (▷ S. 12).*
a) Bildet Gruppen und entscheidet euch für einen Anlass.

Anlass 1: Vermittelt euren Zuhörern, die das Bild nicht sehen können, eine genaue Vorstellung von dem Bild.

Anlass 2: Erläutert eines der beiden Bilder einem Publikum, das das Bild sieht.

Anlass 3: Erarbeitet eine vergleichende Beschreibung für ein Publikum, das die beiden Bilder sieht.

b) Erstellt für euren Vortrag einen Stichwortzettel, auf dem ihr die wichtigsten Informationen geordnet notiert, oder schreibt eure Informationen auf Karteikarten. Legt dann zu jedem Gliederungspunkt eine eigene Karteikarte an und nummeriert sie durch.

Bildbeschreibung zu „Der Bücherwurm“ von Carl Spitzweg
1. Allgemeine Angaben zum Bild und zum Maler:
   - Carl Spitzweg (1808–1885): bedeutender deutscher Maler, Gemälde „Der Bücherwurm“ entstanden 1850.
   - Bild zeigt Mann in einer Bibliothek in ein Buch vertieft.
2. Bildinhalt, Bildaufbau, Farb- und Formgestaltung:
   - ...
3. Bildwirkung (Gesamteindruck):
   - ...

Vergleichende Bildbeschreibung: „Der Bücherwurm“ von Carl Spitzweg und „Lesender Mann im Park“ von August Macke
1. Vergleich von Entstehungszeit und Bildinhalt:
   - unterschiedliche Entstehungszeit („Der Bücherwurm“ 1850, „Lesender Mann im Park“ 1914), aber ähnliches Motiv. In beiden Bildern sieht man ...
2. Vergleich von Bildinhalt, Bildaufbau, Farb- und Formgestaltung:
   - ...

2 *a) Eure Zuhörer können sich besser auf euren Vortrag einstellen, wenn ihr zuerst das Thema nennt. Formuliert zu eurem Vortrag einen passenden Einstieg, z. B.:*

b) Überlegt euch auch einen Schluss, der euren Vortrag abrundet.

3 *Erstellt gemeinsam ein Plakat mit „Tipps zum Vortragen“.*

Tipps zum Vortragen

- Laut und deutlich sprechen!
- Nicht ablesen, sondern Inhalt mit eigenen Worten wiedergeben!
- Blickkontakt ...
- ...

!

Bilder beschreiben

Bei der Bildbeschreibung kommt es auf die Genauigkeit an.
Wichtig ist dabei, dass die Beschreibung einer Ordnung folgt. Neben dem **Bildinhalt** (z. B. Personen und/oder Gegenstände) sind bei einem Bild die **Farben** und **Formen** von besonderer Bedeutung, denn sie erzeugen eine Stimmung, z. B. beruhigend, heiter, bedrohlich.
Man kann eine Bildbeschreibung folgendermaßen aufbauen:

- **Einleitung:** Angaben zum Titel, zur Künstlerin oder zum Künstler, zur Maltechnik (z. B. Aquarellmalerei) sowie allgemeine Aussagen zum Bildinhalt.
- **Hauptteil:** Genaue Angaben zum Bildinhalt, zum Bildaufbau und zur Farb- und Formgestaltung, z. B.:
  - Was ist auf dem Bild zu sehen (Personen und/oder Gegenstände, dargestellte Situation)?
  - Wie ist das Bild aufgebaut (Vorder-, Mittel-, Hintergrund; rechts, links; oben, unten)?
  - Welche Farbgestaltung liegt vor? Überwiegen helle oder dunkle Farbtöne? Gibt es Signalfarben, d. h. besonders auffällige Farben? Wie sind die Farben verteilt?
  - Welche Formgestaltung herrscht vor, z. B. Linien, Kreise, Dreiecke?
- **Schluss:** Gesamteindruck des Bildes, Wirkung auf den Betrachter.
  Oft ist es sinnvoll, hier auch den Titel des Bildes mit einzubeziehen:
  Wie passen Titel und Bildinhalt zueinander?

Beschreibungen werden im **Präsens** verfasst. Die Sprache ist **sachlich,** bei der Wortwahl sollte man auf **Anschaulichkeit** achten (treffende Adjektive und Verben, Vergleiche).

Menschen, die Bücher machen – Personen beschreiben

Die Autorin Joanne K. Rowling wurde 1965 in einer südenglischen Kleinstadt geboren. Mit den seit 1997 erscheinenden Bänden der Harry-Potter-Romane feiert sie einen beispiellosen Erfolg als Jugendbuchautorin. Bis Ende 2002 wurden ihre Bücher in 47 Sprachen übersetzt und allein in Deutschland 15 Millionen Mal verkauft.

Die Autorin Gudrun Pausewang wurde 1928 in Böhmen geboren und gilt als eine der bekanntesten deutschen Kinder- und Jugendbuchautorinnen. Als Lehrerin war sie in Deutschland und in mehreren südamerikanischen Ländern tätig. Für ihre Bücher erhielt sie zahlreiche Preise, z. B. für „Die Wolke" den Jugendbuchpreis 1988.

1 *a) Betrachtet die Fotos. Wie beschreibt ihr die Autorinnen jemandem, der die Fotos nicht vor sich liegen hat?*
b) Stellt allgemeine Angaben zu den beiden Schriftstellerinnen zusammen, z. B. Geschlecht, ungefähres Alter, geschätzte Größe.

2 *Sammelt zusammen mit einem Partner oder einer Partnerin treffende Adjektive, Begriffe und andere Wendungen, mit denen man eine Person genau beschreiben kann. Übertragt dazu die folgende Tabelle in euer Heft und ergänzt sie.*

Größe:	klein ...
Figur und Körperhaltung:	stämmig, schmal, aufrecht ...
Kleidung:	lässig, elegant, altmodisch ...
Besondere Kennzeichen:	Brille, Narbe ...
Gesichtsausdruck:	freundlich ...
Gesichtsform:	länglich, rundlich ...
Haare:	kurz, gelockt, rötlich ...
Stirn:	flach, hoch ...
Wangen:	eingefallen, blass ...
Kinn:	eckig ...
Nase:	Stupsnase, klein, breit ...
Augen und Augenausdruck:	grün, eng stehend, traurig, freundlich ...
Ohren:	abstehend ...
Mund und Lippen:	schmal, rot ...

3 *Beschreibt eine der beiden abgebildeten Autorinnen für eure Mitschüler.*
***TIPP:** Orientiert euch dabei an dem Merkwissen „Personen beschreiben" (▷ S. 14).*

Personen beschreiben
Das Ziel einer Personenbeschreibung ist, dass sich die Leser oder Zuhörer die beschriebene Person genau vorstellen können.
Anlass (z. B. Vermisstenanzeige oder Porträt) und **Adressat** entscheiden darüber, welche Angaben zur Person gemacht werden und in welchem Stil die Personenbeschreibung verfasst wird (z. B. nüchtern, sachlich, ausführlich, ausschmückend).
Die Zeitform ist das **Präsens.**

Eine Personenbeschreibung kann folgendermaßen aufgebaut werden:
- **Einleitung:** allgemeine Informationen zur Person (z. B. Name, Beruf, Geschlecht, Alter bzw. Lebensdaten, Besonderheit der Person).
- **Hauptteil:** detaillierte Beschreibung des äußeren Erscheinungsbildes nach einer bestimmten Reihenfolge (z. B. von oben nach unten). Dazu gehören Angaben zu Gesicht, Gestalt, Haltung, Bekleidung, Ausstrahlung etc.
- **Schluss:** Hier können Angaben zur Wirkung der Person (Wie wirkt diese Person auf mich?) gemacht werden oder Empfindungen beschrieben werden, die sie auslöst.

Will man ein lebendiges Bild der entsprechenden Person zeichnen, beschreibt man diese in einer für sie typischen Situation und berücksichtigt dabei charakteristische Gesten, Verhaltensweisen, ihre Mimik und besondere Wesenszüge.

4 *Um die Bücher, die Autoren und Autorinnen wie Gudrun Pausewang oder Joanne K. Rowling geschrieben haben, zu drucken und an die Leser zu bringen, benötigt man Verlage.*
a) Lest den Lexikonartikel zum Stichwort „Verlag".

Verlag: Ein Verlag ist ein Wirtschaftsunternehmen, das Bücher, Presseerzeugnisse (Zeitschriften, Zeitungen), elektronische Medien und/oder Kunstwerke vervielfältigt und gewerbsmäßig vertreibt. Der Verlag (oder personalisiert: der Verleger, die Verlegerin) entscheidet darüber, was gedruckt wird, und hat damit einen großen Einfluss auf das literarische Leben.
In der Regel erwirbt ein Verlag das Manuskript einer Autorin oder eines Autors und sorgt für Druck und Herstellung (Produktion) des Werkes, besorgt die Werbung und den Vertrieb über die verschiedenen Vertriebswege, zum Beispiel über den Buchhandel oder den Pressegroßhandel.
In einem Verlagsvertrag wird das rechtliche Verhältnis zwischen Autor/-in und Verleger/-in geregelt.

b) Klärt, was unter den Begriffen „elektronische Medien" (Z. 3–4) und „literarisches Leben" (Z. 9) zu verstehen ist.

5 *a) Informiert euch über bedeutende Verlegerinnen und Verleger, z. B. Anton Philipp Reclam, Leopold Ullstein oder Carl Bertelsmann.*
b) Beschreibt diese Verlegerinnen und Verleger und haltet Kurzvorträge über ihre Tätigkeiten.

Die Schrift als Teil unseres Lebens – Gegenstände beschreiben

Ein Blick in die Welt der Schrift

Seit Urzeiten wollten sich die Menschen nicht nur unmittelbar miteinander verständigen, sondern auch Informationen für andere festhalten. Die älteste und einfachste Form der Kommunikation über Zeichen und Bilder ist die Fels- oder Höhlenmalerei, die Tiere, geometrische Zeichen und Symbole abbildet.
Der Anfang der eigentlichen Schriftgeschichte, deren Zeichen sich heute deuten lassen, geht bis ins 3. Jahrtausend v. Chr. zurück. In Ägypten und Mesopotamien sind frühe Aufzeichnungen mit mehreren hundert Zeichen nachweisbar. Dabei handelt es sich zunächst um die frühen Bilderschriften der Ägypter und Sumerer, d. h. um Piktografie.
Die Sumerer stellten in ihrer Bilderschrift auf Tontafeln Dinge und Handlungen konkret, d. h. in einfachen Bildern, dar. Im Laufe der Zeit entwickelte sich aus dieser Bilderschrift eine Wortschrift, die Keilschrift.

Vogel Vogel Vogel Ochse Ochse Ochse

Keilschrift
Die Sumerer gelten als Erfinder der Keilschrift (um 2900 v. Chr.). Diese Beispiele veranschaulichen die Entwicklung von der Bilderschrift zur stilisierten Keilschrift. Die ursprünglichen Bildsymbole wurden allmählich vereinfacht und bildeten schließlich Gruppen keilförmiger Striche.

Vielseitig
Die Keilschrift (hier ein Auszug aus einem sumerischen Text) wurde von Völkern unterschiedlicher Sprachen verwandt, z. B. von den Akkadern, den Persern und den Elamitern. Der Unterschied bestand in der Anordnung der Zeichen.

Die Hieroglyphenschrift der Ägypter entstand ca. 3000 v. Chr. Sie ist eine Bilderschrift und besteht wie die Piktogramme der Keilschrift aus stilisierten Zeichnungen.

Hieroglyphen auf der Stele des Königs Sesostris III., um 1860 v. Chr.

Das Wort Hieroglyphe kommt aus dem Griechischen und heißt so viel wie „heilige Einmeißelung“. „Heilig“, weil man die Hieroglyphenschrift vor allem in Tempeln und Grabstätten fand, also die Schrift dort verwendet wurde, wo Schrift aus feierlichem Anlass in Stein und Fels geschlagen wurde oder wo heilige Texte die Bilder in Gräbern begleiteten.
Etwa 3000 Jahre lang verwendeten die Ägypter die Bilderschrift der Hieroglyphen. Dann geriet

Herrschernamen
Die Namen von Herrschern waren – wenn sie in Hieroglyphen geschrieben waren – immer mit ovalen Einfassungen (Kartuschen) versehen.

sie in Vergessenheit und konnte erst 1822 von dem französischen Ägyptologen Jean-François Champollion entziffert werden. Den Schlüssel zur Entzifferung der Hieroglyphen lieferte ihm ein Stein, der 1799 bei Rosetta an der Nilmündung östlich von Alexandria gefunden wurde. In einer Fachzeitschrift wird dieser Stein folgendermaßen beschrieben:

Das Steinfragment besteht aus schwarzem Basalt, ist 118 cm hoch, 77 cm breit, 30 cm tief und wiegt 762 kg.

Auf dem Stein wurden Inschriften in zwei Sprachen und mit drei Schriften eingemeißelt: Hieroglyphen (oben), Demotisch (in der Mitte) und Griechisch (unten). Ein großer Teil des hieroglyphischen Textes ist verloren. Der Inhalt der Inschriften ist identisch: Es handelt sich um ein Dekret[1] der ägyptischen Priestersynode[2] in Memphis vom 27. März 196 v. Chr., Regierungszeit des Königs Ptolemaios V. Epiphanes. Darin werden den ägyptischen Tempeln viele Sonderrechte zugestanden und die Ehrenbezeugungen geregelt, die dem regierenden Pharao zu erweisen waren. Wichtig für die Entschlüsselung der Hieroglyphen war, dass der Name des Königs an mehreren Stellen erwähnt wurde.

Im letzten Satz des Textes werden die Sprachen bzw. Schriften, in denen der Text des Dekrets auf der Stele niedergeschrieben werden sollte, explizit erwähnt: *„Das Dekret soll auf eine Stele aus Hartgestein mit den heiligen, den volkstümlichen und den griechischen Schriftzeichen geschrieben werden."* Diese Aussage war, da sie auch in Altgriechisch abgefasst ist (und somit von den Gelehrten verstanden wurde), für die Entzifferung der Hieroglyphen von entscheidender Bedeutung, denn nun wusste man, dass alle drei Texte denselben Inhalt hatten.

1 **Dekret:** Beschluss
2 **Synode:** Versammlung

Der „Rosetta-Stein", Kopie im Ägyptischen Museum, Kairo

1 *Der Text (▷ S. 15–16) ist in verschiedene Themenbereiche gegliedert. Ermittelt den Kerngedanken jedes Abschnitts. Gebt dann in eigenen Worten wieder, worum es in dem Text geht.*

2 *Im Text wird der „Rosetta-Stein" ausführlich beschrieben.*
a) Lest die entsprechenden Textabschnitte genau und erklärt, welche Bedeutung dieser Stein hat. Welche Informationen beziehen sich auf die Gesamtgestalt des Steines und welche Informationen gehen darüber hinaus?
b) Erläutert, wie der Verfasser die Informationen anordnet und welchen Eindruck der Leser von dem Stein erhält.
c) Wiederholt mit Hilfe eurer Ergebnisse die Regeln zur Gegenstandsbeschreibung. Berücksichtigt dabei das Ziel der Gegenstandsbeschreibung, den Aufbau, die Sprache und das Tempus.

3 *a) Erklärt, worin sich Keilschrift und Hieroglyphen von unserer Buchstabenschrift unterscheiden.*
b) Informiert euch über weitere Schriften, die ähnlich wie die hier genannten funktionieren, und präsentiert eure Ergebnisse in einem Kurzvortrag.

Das Abc als Setzkasten für unsere Schrift

Das Alphabet umfasst eine bestimmte Anzahl von Buchstaben, die in einer festgelegten Reihenfolge angeordnet sind. Es bildet die Grundlage eines Schriftsystems, bei dem die Laute einer Sprache durch Buchstaben dargestellt werden. Durch die Kombination von Buchstaben entstehen Wörter. Die Laut-Buchstaben-Zuordnung des Alphabets macht es möglich, dass eine große Vielfalt von Wörtern mit einer kleinen Anzahl von Zeichen geschrieben werden kann.

Die Phönizier entwickelten um 1500 v. Chr., angeregt durch die ägyptische Bilderschrift, die erste Buchstabenschrift.

Über reisende Händler gelangte die Idee einer Buchstabenschrift zu anderen Völkern, die für ihre Sprache jeweils ein eigenes Alphabet entwickelten, z. B. das griechische, kyrillische und lateinische Alphabet.

Das lateinische Alphabet erlangte aufgrund der Weltmachtstellung der Römer große Bedeutung und bestimmte die abendländische Schriftgeschichte. Diese Form des Schreibens ist heute auf der ganzen Welt die gebräuchlichste. Immerhin kann man mit nur 26 Buchstaben alle Worte der deutschen Sprache zu Papier bringen.

1 *Erschließt aus dem Text, weshalb sich die Buchstabenschrift gegenüber der Bilderschrift durchgesetzt hat.*

2 *Schlagt den Begriff „Piktogramm“ in einem Lexikon nach. Besprecht, wo und warum solche Zeichen noch heute verwendet werden.*

Das erste Abc
Die Bewohner von Ugarit im Norden Kanaans (heute Syrien) entwickelten ein Alphabet, mit dem sie die Laute ihrer Sprache wiedergaben, und schrieben es in Keilschrift nieder. Es bestand aus 30 Buchstaben und einem Zeichen zur Abgrenzung eines Wortes vom nächsten. Ausgrabungen förderten 1929 über 3000 Jahre alte Zeugnisse zutage, so auch diese Tafel mit dem ältesten bekannten Abc.

Etruskische Münze
Um 700 v. Chr. gelangte das Alphabet nach Italien, wo es die Etrusker übernahmen. Kurze etruskische Inschriften fand man auf Spiegeln, Broschen oder solchen Goldmünzen.

3 *Beschreibt eines der abgebildeten Objekte für eine Vortragsreihe über antike Ausgrabungsfunde.*
a) Prüft, ob ihr für eure Einleitung Informationen aus den Bildunterschriften verwenden könnt.
b) Versucht, fehlende Angaben wie Größe oder Material der Objekte aus den Abbildungen zu erschließen.

4 *Bereitet einen Kurzvortrag zur „Geschichte der Schrift“ vor.*
TIPP: *Wissenswertes zur Informationsrecherche und zur Präsentation eures Vortrags findet ihr auf* *S. 336.*

Worauf wir schreiben – Vorgänge beschreiben

Von der Tontafel zum Papier

Vor der Erfindung des Papiers wurden vielfältige Materialien zum Beschreiben verwendet. Auf Ton wurde vor etwa 2000 Jahren ein Drama des griechischen Dichters Euripides niedergeschrieben. Die abgebildete Scherbe zeigt einen Ausschnitt daraus.

Diese Tonscherbe enthält einen Ausschnitt aus einem Drama des griechischen Dichters Euripides, niedergeschrieben vor etwa 2000 Jahren.

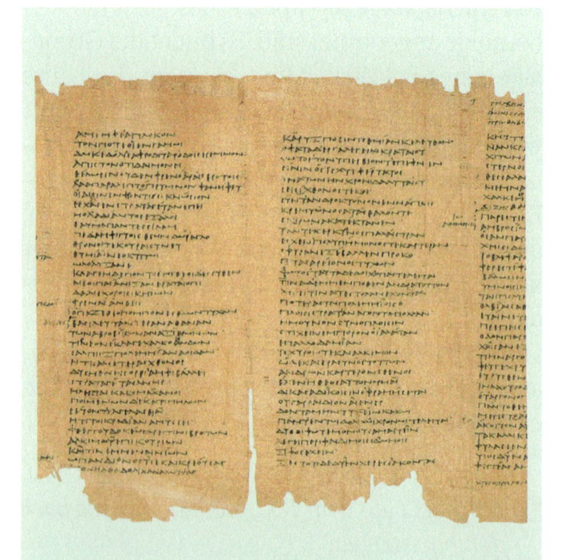

Papyrusrollen
Um Rollen zu erhalten, leimten die Schreiber Papyrusseiten zusammen. Dieser alte griechische Papyrus ist fast vier Meter lang. Der Text ist gut lesbar in schmalen Spalten geschrieben. Papyrus war ideal für Schriftstücke in Rollen- oder Blattform. Als Buchseite eignete er sich nicht so gut, da er leicht brach, wenn die Seiten zu oft umgeblättert wurden.

Auch Holz, Knochen und Bambus benutzte man zum Beschriften.
Schließlich fanden die alten Ägypter heraus, wie sich aus dem Mark der Papyrusstaude ausgezeichnetes Schreibmaterial herstellen ließ.

Um ein beschreibbares Blatt Papyrus herzustellen, löste man die holzigen Teile des Stängels vom Mark ab. Danach zerschnitt man das Mark in dünne, möglichst breite Streifen. Diese legte man in zwei Schichten längs und quer übereinander. Dann wurde das Material gepresst oder geklopft und an der Sonne getrocknet. Dabei verklebten die beiden Lagen.
Seit die alten Ägypter aus dem Stängelmark der Papyrusstaude Papyrus herstellen konnten, hatten sie ein billiges Schreibmaterial, dessen Rohstoff am Nil immer wieder nachwuchs. Die Technik der Papyrusherstellung verbreitete sich im gesamten Mittelmeerraum. Obwohl Papyrus in riesigen Plantagen im Niltal angebaut wurde, konnte der Bedarf bald nicht mehr ausreichend gedeckt werden. Der Verbrauch war auch deshalb so hoch, weil Papyrus nur einseitig beschrieben werden konnte.
Als Ersatz diente Pergament, das aus ungegerbten Tierhäuten hergestellt wurde. Die Haut,

meist von Schaf, Ziege oder Kalb, musste man zuerst waschen und zehn Tage lang in Kalkmilch einweichen. Danach wurden die Fleisch- und Haarreste abgekratzt. Nach nochmaligem Beizen[1] konnte man die Haut auf einen Rahmen spannen, mit einer scharfen Klinge abschaben und mit Kreidepulver und Bimsstein[2] nachbehandeln. Anschließend beschrieben und verzierten die Schreiber in den Klöstern oder Kanzleien[3] die Seiten kunstvoll. Der Pergamentbedarf für ein ganzes Buch war enorm. Aus der Haut eines Kalbes konnten höchstens zwölf Seiten Pergament hergestellt werden. Die im Kloster St. Gallen aufbewahrte Handschrift des Ritterepos „Parzival“, ca. 1200 bis 1210 von Wolfram von Eschenbach verfasst, hat 284 Seiten, sodass eine ganze Herde von 24 Kälbern allein für das Pergament nötig war!

Das bei weitem beliebteste Beschreibmaterial der Gegenwart ist das Papier. Nach chinesischer Überlieferung soll Tsei Lun, Minister des Kaisers Ho-ti, um 105 n. Chr. das Papier erfunden haben. Die Chinesen konnten das Geheimnis der Papierherstellung wahren, bis chinesische Kriegsgefangene es 751 in Samarkand an die Araber weitergaben. Allmählich gelangte das Verfahren auch nach Europa; die erste Papiermühle nahm 1389 in Nürnberg ihren Betrieb auf. Papiermühlen entstanden meist in Flussnähe, da man zur Papierherstellung viel Wasser benötigt. Holz wird zu kleinen Stücken gemahlen und so lange gekocht, bis ein dicker Brei entsteht. Der wird mit Wasser verdünnt und auf ein langes Sieb aufgebracht. Durch Pressen und Walzen wird dem Papierbrei das Wasser wieder entzogen und die Fasern verfilzen sich zum Papier. Das beste Papier erhält man aus Pflanzen mit einem hohen Zellstoffanteil[4] oder aus Lumpen von Textilien pflanzlicher Herkunft wie Leinen oder Baumwolle.

Papiermacher bei der Arbeit
Ein Schöpfgeselle taucht ein Schöpfsieb in die Bütte und entnimmt so viel Pulpe (breiige Masse), wie er für ein Blatt braucht. Der nächste Arbeiter legt Filz zwischen die feuchten Blätter, aus denen dann in der riesigen Presse das Wasser herausgedrückt wird (gautschen). Zwei weitere Personen entfernen den Filz, wenn das Papier trocken ist.

1 **das Beizen:** das Behandeln eines Gegenstandes mit scharfer Flüssigkeit (Lauge)
2 **Bimsstein:** ein poröses Vulkangestein
3 **Kanzlei,** hier: eine Schreibstube, in der Urkunden und andere öffentliche Schriftstücke verfasst wurden
4 **Zellstoff:** Pflanzenfaser (auch Zellulose genannt)

1 *Stellt aus den Informationen des Textes zusammen, welche Materialien zum Beschreiben benutzt wurden und noch werden. Erläutert dabei die Vor- und Nachteile der jeweiligen Materialien.*

2 *Beschreibt die Herstellung von Pergament oder Papier.*
a) Schreibt alle Angaben aus dem Text und den Bildunterschriften heraus, die ihr für eure Vorgangsbeschreibung nutzen könnt.
b) Gliedert eure Notizen und bringt sie in die richtige Reihenfolge. Prüft, ob die einzelnen Arbeitsschritte jeweils nachvollziehbar sind.
c) Ergänzt Fehlendes mit Hilfe von Nachschlagewerken und Sachbüchern.
d) Überlegt, welche Informationen sich für die Einleitung und den Schluss eurer Beschreibung eignen.

Der Buchdruck als Revolution in der Buchproduktion

Bis zur Erfindung des Buchdrucks um 1455 musste man in der westlichen Welt Bücher per Hand abschreiben, um sie zu vervielfältigen. Da unter der Bevölkerung nur sehr wenige Menschen lesen und schreiben konnten, gab es in den Städten Schreibwerkstätten, in denen Bücher angefertigt wurden. Die meisten Bücher wurden aber in den Klöstern vervielfältigt und zur Ehre Gottes mit Buchmalereien und Bildinitialen[1] am Anfang einer Seite oder eines Kapitels verziert. Oft entstanden wahre Kunstwerke, wie die hier abgebildete Seite aus einem mittelalterlichen Gebetbuch zeigt.

Seite aus einem mittelalterlichen Gebetbuch

Druckerei im 15. Jh.
Schriftsetzer und Drucker hatten oft schlechte Arbeitsbedingungen. Auf dieser Abbildung wird gerade Papier angeliefert, während die Drucker Formen einschwärzen und die Presse bedienen.

In China wurde bereits im 7. Jh. mit Hilfe von Holztafeln, in die jeweils die Vorlage für eine Buchseite geschnitzt wurde, gedruckt.
Im 15. Jh. schließlich entwickelte Johannes Gutenberg die beweglichen Metalllettern, aus denen man Worte, Zeilen und ganze Seiten in einem Rahmen zusammensetzte. Nach dem Druck konnte alles wieder auseinandergenommen und neu kombiniert werden. Diese Technik erlaubte es, in kurzer Zeit viele verschiedene Bücher herzustellen.

1 **die Initiale:** großer, meist verzierter Anfangsbuchstabe

1 *Begründet mit Hilfe der Informationen aus dem Text, warum im Mittelalter Bücher kostbar und teuer waren.*

2 *Beschreibt die oben abgebildete Seite als Beitrag für eine Jugendradiosendung. Euer Beitrag soll den Hörerinnen und Hörern Lust machen, eine Ausstellung über mittelalterliche Buchkunst zu besuchen.*

3 *Erläutert die Vorteile der Drucktechnik Gutenbergs gegenüber dem chinesischen Holztafeldruck.*

4 *a) Informiert euch über Drucktechniken, die man mit einfachen Mitteln selbst anwenden kann, z. B. Kartoffeldruck oder Linolschnitt.*
b) Beschreibt eine dieser Drucktechniken für den „Kreativteil" einer Jugendradiosendung.

Der Computer als moderner Setzkasten

Vieles hat sich seit der Erfindung der Druckerpresse verändert. Mit der Möglichkeit, Bücher in großer Stückzahl zu erschwinglichen Preisen zu produzieren, entwickelte sich vor allem seit dem 19. Jahrhundert ein zunehmend wichtiger werdender Literaturmarkt. Schon bald nach 1800 wurden Maschinen zur schnellen Papierherstellung und zum massenhaften Druck von Büchern (z. B. die Rotationspresse) erfunden. Nach 1830 wuchsen Zeitungswesen und Buchproduktion sprunghaft an. Die damit verbundenen Einnahmemöglichkeiten ließen ein sich stetig vergrößerndes Verlags- und Buchhandelswesen entstehen, das seit 1825 im „Börsenverein der Deutschen Buchhändler" zusammengeschlossen ist. Auf großen Messen wie z. B. der Leipziger oder der Frankfurter Buchmesse bieten seither die Verlage ihr wachsendes Angebot den Buchhändlern an und informieren über die aktuellen Entwicklungen am Buchmarkt. Außerdem ist es seit dem 19. Jahrhundert immer mehr Autoren möglich, allein vom Verkauf ihrer Bücher als Berufsschriftsteller zu leben. Das hat seinen Grund auch darin, dass seit 1845 ein staatlich garantierter Urheberschutz existiert, d. h., dass die Bücher eines Autors nur noch mit dessen Genehmigung (oder der seines Verlages) und gegen Bezahlung vervielfältigt werden dürfen.

Leipziger Buchmesse 1804

Die modernen Techniken der Gegenwart haben also die Buchproduktion und den Buchmarkt stark verändert. Für das „Setzen" eines Textes, früher eine langwierige Handarbeit, ist der Computer ebenso selbstverständlich geworden wie für die Steuerung von modernen Druck- und Buchbindemaschinen.
Das so genannte Desktop-Publishing, was so viel wie elektronisches Publizieren von Dokumenten bedeutet, bezeichnet die Methode, die Seiten eines Buches am Computer zu gestalten. Die Texte werden am Computer erfasst, die Bilder mittels eines Scanners reproduziert. Mit Hilfe von Layout-Programmen lassen sich dann die Texte und Bilder zu Seiten gestalten. Die Ausgabe

der am Computer erzeugten Seiten erfolgte anfangs noch über Laserbelichter auf Film. Heute werden die Dateien meistens direkt auf die Druckplatten der Druckmaschinen belichtet.
Ob mit der Entwicklung von elektronischen Büchern im Palmtop-Format[1] eine neue Form des Buches Einzug halten wird, ist noch unklar. Zunehmend werden auch im Internet Bücher veröffentlicht. Es ist also gewiss, dass die Entwicklung des Buches und des Verlagswesens weiterhin spannend bleibt.

DTP (Desktop-Publishing)

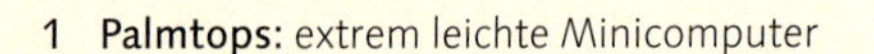

1 **Palmtops:** extrem leichte Minicomputer

1 *a) Fasst anhand des Textes und der Abbildungen (▷ S. 21–22) die Entwicklung des Buchmarktes seit Beginn des 19. Jahrhunderts zusammen.*
b) Erarbeitet aus dem Text die wesentlichen Abläufe bei der modernen Buchherstellung.

2 *Diskutiert, welchen Stellenwert Bücher angesichts der so genannten neuen Medien heute und in Zukunft einnehmen werden.*
TIPP: *Als neue Medien werden heute meist Medien bezeichnet, die auf Daten in digitaler Form zugreifen, also z. B. E-Mail, das Internet, DVD, CD-ROM.*

3 ***Projekt***

a) Produziert ein Radio-Feature (Hörbild) zum Thema „Schrift, Bücher und Lesen".
- ☐ *Entwerft zuerst eine Übersicht über die einzelnen Inhalte und verteilt dann die Ausarbeitung der Abschnitte auf einzelne Gruppen.*
- ☐ *Legt fest, wie viele Minuten die einzelnen Beiträge dauern sollen.*
- ☐ *Überlegt euch passende Überleitungen, die die einzelnen Beiträge miteinander verbinden.*
- ☐ *Übt, die Beiträge zu sprechen. Nehmt dann euer Feature auf, z. B. mit einem Kassettenrekorder.*

b) Präsentiert euer Feature bei einem Elternabend oder am „Tag der offenen Tür".

1.2 Von Beruf Büchermacher – Lebensbeschreibungen

Elisabeth Plößl

Clara Hätzler (ca. 1430–1476)
Lohnschreiberin

Um 1400 schien es noch ungewöhnlich und neuartig zu sein, wenn eine Stadtbürgerin die Kunst des Schreibens beherrschte. So bemerkte eine Augsburger Bürgersfrau in einem Brief an ihre Verwandte in Donauwörth: „Ich schäme mich fast, weil ich glaube, dass ich in ganz Augsburg die einzige Frau bin, die schreiben und lesen kann, und fürcht, man möcht über uns lachen, dass wir einander schreiben. Denn ich glaub, dass in ganz Wörth außer dir nicht eine ist, die schreiben und lesen kann."
Nur ein halbes Jahrhundert später arbeitete eine andere Augsburger Bürgerin, Clara Hätzler, als Berufsschreiberin. Längere Zeit galt sie irrtümlich als schreibende und dichtende Nonne; die Klosterfrauen verfügten nämlich zumindest über eine Elementarbildung im Schreiben und Lesen, etliche Frauenkonvente[1] besaßen aber auch eigene Schreibschulen und Schreibstuben, fertigten Abschriften und Übersetzungen an und stellten Texte zusammen.

Clara wurde um 1430 als Tochter des Bartholomäus Hätzler geboren. Ihr Vater wahrte als „Briefschreiber" im Auftrag von Kaufleuten und Bürgern deren Rechtsansprüche, war also wohl als Notar tätig, wie dann auch Claras Bruder Bartholomäus. Die Hätzlerin lernte das Schreiben vermutlich in ihrer Familie. Im 15. Jahrhundert nahm das Interesse an einer Ausbildung der Mädchen in Lesen, Schreiben und Rechnen in den Städten erheblich zu. Vorreiter waren Kaufmannsfamilien, in denen es selbstverständlich war, dass Ehefrauen und Töchter bei den Geschäften mitwirkten. Auch Clara Hätzler unterstützte wohl ihren Vater und ihren Bruder. Vor allem aber verdiente sie selbstständig Geld als Schreiberin. Ihre geübte Handschrift und die Tatsache, dass sie von 1452 bis 1476 Steuern zahlte, zeigen, dass sie keine Gelegenheitsschreiberin war. Clara Hätzler wurde mit der Abschrift unterschiedlichster deutschsprachiger Texte beauftragt. Bisher sind neun Handschriften aus ihrer Produktion bekannt; soweit datiert, stammen sie

1 **Konvent:** Klostergemeinschaft

aus den Jahren zwischen 1467 und 1473. Das so genannte Liederbuch, ihre wichtigste und umfangreichste Arbeit, kopierte[2] sie um 1471 für den Kaufmann Jörg Roggenburg. Auftraggeber einer Abschrift des Schwabenspiegels[3] war Cunrat Graff, der Zunftmeister der Kürschner[4]. Zu den von ihr geschriebenen Handschriften gehören weiter jagdkundliche Traktate[5] und die Heiligenleben, die der Domherr Hans Wildgeferd dem Salzburger Frauenkonvent von St. Peter schenkte.

Die Hätzlerin spielte eine wichtige Rolle in der deutschsprachigen Augsburger Schreibkultur[6]. Insbesondere das durch ihre Hand überlieferte so genannte Liederbuch, das unter anderem Gedichte Oswald von Wolkensteins[7] enthält, ist ein bedeutendes Dokument für die literarischen Interessen des Stadtbürgertums. Clara Hätzler gehörte zur nicht geringen Zahl der berufstätigen steuerzahlenden Frauen in den Städten. So waren im 15. Jahrhundert in der Reichsstadt Nördlingen etwa 20 Prozent und zu Beginn des 16. Jahrhunderts immerhin noch etwa 15 Prozent der Steuerzahler weiblich. Wie Clara Hätzler waren diese Frauen rechtlich und wirtschaftlich selbstständig. Sie arbeiteten oft ohne Einbindung in eine Zunft, aber auch als Mitglieder reiner Frauenzünfte, beispielsweise der Nördlinger Schleierwirkerinnen oder der Nürnberger Goldspinnerinnen.

Clara Hätzler, die einzige namentlich bekannte Lohnschreiberin im Augsburg des 15. Jahrhunderts, starb vermutlich um 1476. Ihre Tätigkeit fiel in die Zeit einer revolutionären Wende, nämlich der Erfindung des Buchdrucks mit gegossenen beweglichen Lettern. 1468 erschien das erste in Augsburg gedruckte Buch.

2 **kopieren,** hier: abschreiben
3 **Schwabenspiegel:** deutsches Rechtsbuch aus dem Mittelalter
4 **Kürschner:** Pelzverarbeiter
5 **Traktat:** Abhandlung
6 damals wurde hauptsächlich lateinisch geschrieben
7 **Oswald von Wolkenstein** (ca. 1377–1445): spätmittelalterlicher Dichter

Buchherstellung im 15. Jahrhundert

1 *Tragt zusammen, was man in dem Text über Bildung, Ausbildung und Berufstätigkeit von Frauen im 15. Jahrhundert erfährt.*

2 *Erschließt aus dem Text, wie Mitte des 15. Jahrhunderts Bücher hergestellt wurden.*

3 *a) Untersucht den Aufbau des Textes. Gliedert dazu den Text in Sinnabschnitte und fasst jeden Abschnitt in Stichworten oder kurzen Sätzen zusammen.*
b) Vergleicht den Text mit den Regeln zur Personenbeschreibung (▷ S. 14). Stellt Gemeinsamkeiten und Unterschiede heraus.
c) Findet selbst einen Begriff für die hier vorliegende Textform.

Alfred Klausmeier

Johannes Gutenberg

Die Erfindung des Buchdrucks mit gegossenen beweglichen Lettern wird gepriesen als ein entscheidender Beitrag zur Befreiung des Menschen aus der Unwissenheit und geistigen Unmündigkeit. Über den Erfinder selbst weiß man nur Bruchstückhaftes, obwohl sein Name in zeitgenössischen Dokumenten häufig erscheint: in Steuerregistern, in Stammrollen und immer wieder in Prozessakten. Friele Gensfleisch hieß der Vater. Er war Patrizier[1] und besaß mit seiner Frau in Mainz den Hof „Zum Gutenberg", nach dem die Eltern sich und ihre drei Kinder benannten, von denen Johannes das jüngste war. Er wurde um 1397 geboren und er starb mittellos, etwa 70-jährig, Anfang 1468. Im Europa jener Zeit des ausgehenden Mittelalters, zwischen Gotik und Renaissance, hat sich Aufbruch- und Umbruchstimmung ausgebreitet.

Es ist auch eine Zeit der Entdeckungen und Erfindungen. Darunter sind neue Handwerkstechniken, zum Beispiel die Herstellung billigeren Papiers mittels Wasserradantriebs um 1390. Dazu gehören aber auch die ersten Feuerwaffen.

Mit dem Wissen wächst auch der Drang, daran teilzunehmen, doch das Wissen kann nur schwer verbreitet werden. Die Vervielfältigung der Bücher wird vornehmlich von den Mönchen besorgt, in handschriftlicher Einzelanfertigung. Bücher kosten ein Vermögen, die Werke des römischen Dichters Livius zum Beispiel ein ganzes Weingut.

Zwar gab es bereits lange vor Gutenberg Drucktechniken. Doch alle bekannten Verfahren haben einen entscheidenden Nachteil: Das Material ist nicht widerstandsfähig genug für den Druck größerer Auflagen.

Daran arbeitet Gutenberg und sein Interesse kommt sicher nicht von ungefähr. Mainz ist bekannt für seine vorzüglichen Siegel- und Münzstempel. Der Vater Gutenbergs liefert die Metalle dazu. Von Johannes weiß man, dass er sich, obwohl Patriziersohn, auf handwerkliche Fertigkeiten verstand. Er war Goldschmied und hat Spiegel hergestellt. Man kann ihn sich als eine brillante technische Begabung mit großen künstlerischen Fähigkeiten vorstellen. Eigensinnig und streitbar dürfte er auch gewesen sein. Als die Handwerkerzünfte den Stadtedlen die Steuersätze zudiktieren wollen, verlässt er Mainz. Von 1434 bis 1444 ist er in Straßburg aktenkundig. Es gibt einen Beleidigungsprozess, einen Prozess um ein angeblich gebrochenes Eheversprechen, er prozessiert mit seiner Vaterstadt und mit seinen Geschäftspartnern.

Viel Geld hat er benötigt für seine Arbeiten und er hat immer wieder Geldgeber gefunden. 800 Gulden erhielt er, wieder in Mainz, von dem Advokaten Johannes Fust. Das entsprach dem Wert mehrerer Bauerngüter. Man versprach sich offenbar viel von seiner Erfindertätigkeit und witterte womöglich das ganz große Geschäft, denn der „Markt" war da, ein Bedürfnis brauchte nicht erst geweckt zu werden. Auch mit Fust kam es zum Bruch, als Gutenberg weitere Geschäftseinlagen anforderte. Er musste Teile seiner Werkstatt verpfänden oder verkaufen und damit wohl auch streng gehütete Geheimnisse preisgeben.

1 **Patrizier:** vornehmer, wohlhabender Bürger

Doch in diesen Jahren war ihm der große Durchbruch bereits gelungen: der Bleiguss einzelner beweglicher Lettern und vor allem die Entwicklung einer für die Massenherstellung der Lettern geeigneten, leicht zu handhabenden Gießform.
Der älteste von ihm selbst hergestellte Druck, das „Fragment zum Weltgericht", ist um 1445 entstanden. Sein bedeutendstes Werk, die 42-zeilige Bibel mit einem Umfang von 1282 Seiten, für die er über drei Millionen Typen[2] benötigte, dürfte um 1455 fertiggestellt worden sein. Noch 48 Exemplare sind heute bekannt.
Gutenberg hat keine Früchte seiner Erfindung ernten können. Er geriet bald für lange Zeit in Vergessenheit und wurde später als Erfinder zunächst infrage gestellt. Die Ausbreitung der „schwarzen Kunst" indes war nicht aufzuhalten. Über die deutschen Buchdrucker schrieb bereits 1470 der französische Gelehrte Fichet: „Sie strömen in die Welt, wie einst die Krieger dem Bauch des Trojanischen Pferdes entstiegen."
Der Bauch dieses neuen trojanischen Pferdes barg überdies hochexplosives Material. Denn was fortan gedruckt und tausendfach in Umlauf gebracht wurde, waren nicht nur autoritätsfromme, den Obrigkeiten wohlgefällige Schriften, auch aufsässige Gedanken fanden ihren schwer kontrollierbaren Weg. Reformation, Aufklärung, moderne Wissenschaft und publizistische Massenkommunikation konnten ihren Lauf nehmen. Mit Gutenbergs Erfindung geriet in Bewegung, was wir als „Informationslawine" bezeichnen. Auf der ganzen Welt werden derzeit allein im wissenschaftlich-technischen Bereich täglich 6000 bis 7000 Veröffentlichungen fertiggestellt.

2 **Type:** gegossener Druckbuchstabe

Die Buchdruckerpresse Gutenbergs

1 *Erläutert in eigenen Worten, was Johannes Gutenberg erfunden hat und warum es heißt, seine Erfindung habe die Welt verändert.*

2 *a) Tragt aus dem Text alle Informationen über Johannes Gutenberg zusammen.*
b) Überlegt, was ihr aus diesen Informationen über die Persönlichkeit von Johannes Gutenberg erschließen könnt.
c) Findet Adjektive und Wendungen, mit denen ihr seine Persönlichkeit beschreiben könnt.

3 *Erklärt, warum ein französischer Gelehrter die Buchdrucker, die Gutenbergs Methode verbreiteten, mit den Kriegern aus dem Trojanischen Pferd vergleicht (Z. 91–93).*

Adrienne Braun

Marianne Golte-Bechtle

Noch vor einigen Jahren glich das Büro von Marianne Golte-Bechtle eher einem Zoo. Leguan, Kakadu und Skorpion lebten hier, der Papagei schwatzte bei der Konferenz dazwischen.
Als der Siebenschläfer anfing, aus den Zeichnungen von Marianne Golte-Bechtle ein Nest zu bauen, da war auch ihre Geduld am Ende. Denn es sind nicht irgendwelche Zeichnungen, die sie schnell aufs Papier wirft, sondern es ist mühsame Millimeterarbeit. Die mag man sich nicht einmal von einem Siebenschläfer ruinieren lassen – bei aller Tierliebe. Marianne Golte-Bechtle ist nicht nur tierlieb, sie ist besessen von Tieren. Aber das gehört zu diesem ungewöhnlichen Beruf dazu: Sie ist Illustratorin. Seit vielen Jahren malt sie mit feinem Aquarellpinsel detailgenau Tiere und Pflanzen aller Art für Naturführer, Werke zur Pflanzenbestimmung und für Enzyklopädien. Bei Generationen von Schülern wurden im Biologieunterricht Wandkarten mit Schlangen ausgerollt, die sie gezeichnet hat. Vom Blütenstempel bis zum grazilen Bein eines Insekts, vom sehnigen Leib eines Tigers bis zur schillernden Fischschuppe – Golte-Bechtle hat im Lauf ihrer Karriere so ziemlich alles gezeichnet, was die Natur zu bieten hat. Bis auf eine Ausnahme: den Menschen. Bei den Tieren fasziniert sie die „Harmonie im Aussehen, die Lebenstüchtigkeit. Alles ist hier perfekt abgestimmt", sagt sie. Und der Mensch? „Der nackte Affe ist doch etwas anderes. Da zählen andere Kriterien." Als Marianne Golte-Bechtle, in Frankfurt geboren und aufgewachsen, mit der Schule fertig war, wusste sie nicht genau, was tun. Weil sie Tiere immer mochte, weil sie schon als Kind mit Knete Leoparden mit Flecken und Zähnen modelliert hatte, entschied sie sich für eine Lehre am Naturkundemuseum Senckenberg. Ob sie denn die (lebende) Schlange im Büro einmal anfassen wollten, fragte der Chef die Kandidatinnen. Sie war die Einzige und bekam den Job als Museumslaborantin.

Wochenlang musste sie Vögel bestimmen, bei den Präparatoren lernte sie, wie man Vögel abbalgt[1].
Als Lehrling musste sie auch Pförtnerdienst machen. Die Zeit vertrieb sie sich mit Zeichnen – Tiere, was sonst. Als sie einmal ihr Skizzenbuch in der Schublade vergaß, entdeckte es der Fischkundler und erkannte ihr Talent. Es folgte der erste Auftrag: die Illustration eines Fisches für eine Zeitschrift.
Die Zeit am Museum war ihr direkter Umweg, wie Golte-Bechtle es nennt. Sie wurde immer häufiger als Illustratorin eingesetzt und als die Lehre beendet war, ging sie nach Wiesbaden und studierte wissenschaftliche Grafik an der Werkkunstschule.
Marianne Golte-Bechtle bekam auf Anhieb eine Stelle beim Kosmos-Verlag in Stuttgart, bei dem sie bis heute arbeitet. Aber so wie im Lauf der Jahre die lebenden Tiere aus der Redaktion verschwunden sind, so hat sich auch ihr Arbeitsfeld verändert. „Foto und Reprotechnik[2] sind inzwischen so ausgereift, dass damit sehr viel gezeigt werden kann. Illustration ist Zeit raubend und teuer", sagt sie. Nur Bücher zur Vogelbestimmung würden bis heute gezeichnet.
Dennoch vermögen Illustrationen oft mehr als Fotos. Sie können die Abläufe der Natur kombinieren, können die Entwicklung einer Pflanze in ihren verschiedenen Stadien in einem Bild vereinen. „Für Grafiken, die Vorgänge verdeutlichen sollen, wird die Illustration sicher auch in Zukunft gebraucht werden", ist sich Marianne Golte-Bechtle sicher.

1 **abbalgen** (Jägersprache): einem Tier die Haut abziehen/entfernen

2 **Reprotechnik:** Abkürzung für Reproduktionstechnik; bezeichnet alle Verfahren zur Vervielfältigung, z. B. das Einscannen von Bildern oder das Verwenden von digitalen Bilddaten

50 Jahre zeichnen, 50 Jahre beobachten. Viele Stunden hat Golte-Bechtle schon im Zoo, im Museum und in der Natur verbracht und hat versucht zu erfassen, wie ein Raubtier läuft oder sich eine Blüte bewegt. Es gehört nicht nur Talent dazu, sondern auch Geduld, jede Feinheit exakt aufs Papier zu bringen. „Auf die Augen und den Gesichtsausdruck lege ich gesteigerten Wert."

In ihrem Zimmer steht übrigens auch ein Computer. Obwohl die Kolleginnen immer gesagt haben: „Das brauchst du doch nicht", hat sie sich doch geärgert, wenn immer alle nur über dieses oder jenes Computerprogramm sprachen. „Ich wollte mir nicht vorkommen wie eine Analphabetin", sagt sie – und hat sich einen Computer gekauft. „Erst konnte ich nichts damit anfangen, und dann war ich nicht mehr wegzubekommen von dem Ding." Inzwischen bearbeitet sie Fotos und malt am Bildschirm und manchmal sind es gerade die Fehler, durch die sie einen besonderen Effekt entdeckt. „Das ist oft überraschend, was ich da zuwege bringe." Wenn Golte-Bechtle mal wieder etwas Zeit hat, gerade keinen Auftrag nebenbei bearbeiten muss oder einen Tierfilm anschaut, dann zieht es sie doch wieder in den Zoo. Sie muss eben immer wieder überprüfen, wie eine Pfote, wie ein Körper bewegt wird. Sosehr sie den Stuttgarter Wilhelma-Tierpark auch mag, sein größter Vorzug ist für eine Tierzeichnerin eher von Nachteil: „In einem engen Käfig kann man alles sehr genau sehen. Das ist das Gemeine: Wenn es den Tieren besser geht, sehe ich beim Zeichnen zu wenig."

1 *a) Sammelt aus dem Text Informationen über die Tätigkeit eines Illustrators.*
b) Besprecht, welche Eigenschaften für diesen Beruf vorteilhaft sind.

2 *Überlegt, in welchen Medien man Illustrationen findet und worauf der Illustrator oder die Illustratorin jeweils besonderen Wert legen muss. Inwiefern unterscheiden sich diese Illustrationen?*

3 *Unterscheidet, welche Informationen im Text sich auf den Beruf von Marianne Golte-Bechtle beziehen und welche auf ihre Persönlichkeit.*
TIPP: *Ihr könnt eure Ergebnisse z. B. in einer Tabelle festhalten.*

Fragen zu allen „Lebensbeschreibungen" (▷ S. 23–28)

4 *a) Informiert euch, z. B. mit Hilfe eines Lexikons, über folgende Begriffe:*

Porträt | Biografie | Vita | Autobiografie

b) Besprecht, welche Begriffe auf die Texte über Clara Hätzler (▷ S. 23–24), Johannes Gutenberg (▷ S. 25–26) und Marianne Golte-Bechtle (▷ S. 27–28) zutreffen.

5 *Informiert euch, z. B. mit Hilfe von Nachschlagewerken oder Sachbüchern, welche Vertreter welcher Berufe bei der Herstellung von Büchern beteiligt sind.*

6 *Macht euch über eine herausragende Persönlichkeit aus eurer Gegend oder über eine historische Person, die euch besonders beeindruckt, kundig und bereitet einen informierenden Text über diese Persönlichkeit vor.*

1.3 Spaß am Lesen – Über Bücher referieren und diskutieren

Ein Jugendbuch in einem Kurzvortrag vorstellen

In einer 7. Klasse sollen die Schülerinnen und Schüler gemeinsam mit ihrer Lehrkraft entscheiden, welches Buch sie im Deutschunterricht als Klassenlektüre lesen wollen.

1 *Überlegt, welche Erwartungen eine Klassenlektüre aus eurer Sicht und aus Sicht der Lehrkraft erfüllen sollte. Haltet eure Ergebnisse in einer Tabelle fest.*

Klassenlektüre	
Erwartungen der Schülerinnen und Schüler	Erwartungen der Lehrerin oder des Lehrers
- spannend	- wichtiges Thema
- ...	- erzähltechnisch interessante Aspekte
- ...	- ...

2 *a) Erstellt jeweils eine Liste mit erzählenden Jugendbüchern und Sachbüchern, die eurer Meinung nach als Klassenlektüre geeignet sind. Begründet eure Auswahl.*

b) Die vorgeschlagenen Bücher sind nicht allen in der Klasse bekannt. Überlegt, was ihr über das jeweilige Buch erfahren solltet, um einzuschätzen, ob es euch interessiert und als Klassenlektüre infrage kommt.

Damit gemeinsam über die Klassenlektüre entschieden werden kann, sollen die Schülerinnen und Schüler in einem Kurzreferat Bücher vorstellen. Dazu haben sie in einem Leitfaden Tipps für die Buchvorstellung zusammengestellt.

Leitfaden für die Buchvorstellung

Einstieg:
- Hinführung zum Thema des Buches, z. B. durch: kurzes Zitat, Schlagzeile, Frage an die Zuhörerinnen und Zuhörer, Abbildung
- Titel des Buches, Name der Autorin oder des Autors, Verlag, Seitenzahl und Preis
- kurze Information zur Autorin oder zum Autor

Hauptteil:
- knappe Informationen über den Inhalt des Buches (Beantwortung der wichtigsten W-Fragen):
  - Wo und wann spielt die Handlung?
  - Wer sind die Hauptfiguren und worum geht es (Thema des Buches)?
- genauere Darstellung des Inhaltes (Verratet nicht zu viel! Euer knapper Inhaltsüberblick soll Leseanreiz bieten, aber nicht die Spannung nehmen.)
- Leseprobe: kurze Einordnung des Textausschnittes in den Handlungszusammenhang, Textausschnitt vorlesen (Lesedauer ca. 3–4 Minuten)

Schluss: Begründung, warum man das Buch als Klassenlektüre empfiehlt, oder persönliche Bewertung des Buches

3 *Findet heraus, wie und wo man die folgenden Informationen bekommt:*
- *zum Autor,*
- *zum Verlag und zum Erscheinungsjahr,*
- *zur inhaltlichen Thematik des Buches.*

4 *Diskutiert in der Klasse darüber, ob in eure Buchvorstellung weitere Aspekte aufgenommen werden sollten. Was könnte die Zuhörerinnen und Zuhörer noch interessieren?*

Johanna hat sich entschieden, ihrer Klasse das Buch **„Declan Doyle – abgeschoben“** von James Heneghan vorzustellen. Ihre Buchvorstellung soll höchstens zehn Minuten dauern. Sie baut ihren Vortrag nach dem Leitfaden (siehe oben) auf. Weil sie ihren Vortrag nicht ablesen, sondern weitgehend frei vortragen soll, notiert sie zu den einzelnen Teilbereichen Stichpunkte auf Karteikarten.

Einstieg

Chronik des 20. Jahrhunderts, Eintrag zum 5. Mai 1981 (S. 1174):
„Der IRA-Häftling Bobby Sands stirbt in Belfast (Nordirland) nach 66-tägigem Hungerstreik.“
→ gewaltsamer Konflikt zwischen den Katholiken und Protestanten in Nordirland (Thema des Buches)

Autor, Titel, Verlag
- „Declan Doyle – abgeschoben" von James Heneghan
- Verlag: Deutscher Taschenbuch Verlag
- Erscheinungsjahr: amerikanische Ausgabe 1994; deutsche Ausgabe 1996
- 239 Seiten, Preis 7,50 Euro

Informationen zum Autor James Heneghan
- geboren 1930 in Liverpool (Stadt im Nordwesten von England)
- irische Abstammung
- studierte Englisch und Politik
- war lange Zeit als Lehrer tätig, übte noch weitere Berufe aus, z. B. als Fingerabdruckspezialist für die Polizei in Vancouver (Kanada)
- schreibt seit 1980 Bücher für Kinder und Jugendliche

Knappe Informationen zum Inhalt des Buches (W-Fragen)
- Handlungsorte (wo?): Belfast, Hauptstadt von Nordirland; Otter Harbour (Ort bei Vancouver, Kanada)
- Zeit (wann?): 80er und Beginn der 90er Jahre; Zeit der gewaltsamen Auseinandersetzungen zwischen der katholischen IRA (Irish Republican Army) und der auf England ausgerichteten protestantischen Mehrheit
- Hauptfigur (wer?); Thema (worum geht es?): Der 13-jährige Junge Declan Doyle kämpft wie seine Eltern gewaltsam gegen die als Unterdrücker empfundenen Engländer und wird mit Polizeigewalt nach Kanada ausgewiesen.

Inhalt
- gewaltsamer Tod von Declans Eltern, die für die IRA kämpften
- Declan schließt sich in seiner Heimatstadt Belfast einer terroristischen Gruppe namens „Holy Terrors" an
- Motiv für Declan: Rache an den verhassten Engländern, die er für den Tod seiner Eltern verantwortlich macht
- er nimmt an Straßenschlachten teil, lernt, Benzinbomben zu basteln
- Declans in Kanada lebender Onkel Matthew übernimmt das Sorgerecht für Declan, Declan wird mit Polizeigewalt zur Ausreise gezwungen
- Ziel Declans nach Ankunft in Kanada: baldige Rückkehr nach Irland
- Declan erfährt von seinem Onkel Matthew die Wahrheit über den Tod seines Vaters

Leseprobe
- Seite 5–8
- Einleitung (Einordnung in den Handlungszusammenhang): Declan Doyle wird mit Polizeigewalt in das Flugzeug geführt, mit dem er nach Kanada zu seinem Onkel Matthew fliegen soll. Damit Declan nicht entwischen kann, fesseln ihn die Polizisten im Flugzeug mit Handschellen an den Sitz.

5 *a) Beurteilt, ob die Stichpunkte auf den Karteikarten (▷ S. 30–32) genügend Informationen enthalten, um einen Einblick in das Buch zu geben.*
b) Diskutiert darüber, ob ihr das Buch als Klassenlektüre auswählen würdet.

6 *Die Stichpunkte könnte man auch auf **einem** Konzeptblatt notieren. Überlegt, welche Vorteile das Karteikartensystem gegenüber einer umfangreicheren Liste hat.*

Warum eignet sich das Buch als Klassenlektüre?
- *spannende Handlung*
- *vermittelt Informationen über die Hintergründe des Nordirlandkonflikts*
- *Man kann sich gut in die Hauptfigur hineinversetzen.*
- *Buch bietet Grundlage für interessante Diskussionen, z. B.:*
  - *über die Ursachen von gegenseitigem Hass*
  - *über Declans Gewaltbereitschaft*
  - *über die Bedeutung von Familie*
  - *über das soziale Engagement von Declans Onkel Matthew und dessen Frau Kate*

Texte sinngerecht vorlesen

Für die Vorstellung des Buches „Declan Doyle – abgeschoben“ von James Heneghan hat sich Johanna einen Textauszug als Leseprobe ausgesucht.
Sie ordnet den Text kurz in den Handlungszusammenhang ein:

Ich lese den Anfang des Buches vor: Declan Doyle wird mit Polizeigewalt in das Flugzeug geführt, mit dem er nach Kanada zu seinem Onkel Matthew fliegen soll. Damit Declan nicht entwischen kann, fesseln ihn die Polizisten im Flugzeug mit Handschellen an den Sitz.

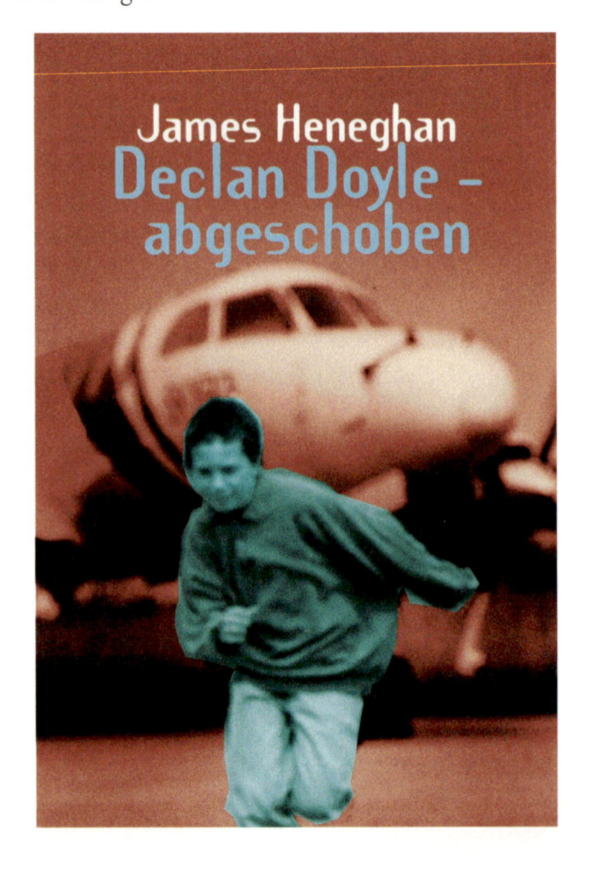

James Heneghan

Declan Doyle

Den Sitz ganz am Ende der Reihe hatte er für sich allein. Er drückte das Gesicht gegen das Fensterglas und als er die beiden Polizeibeamten in Zivil im Terminalgebäude verschwinden sah, faltete er seine schmale Hand zusammen wie einen chinesischen Fächer und wand sie aus der Handschelle heraus.
Als man ihn an Bord gezerrt hatte, waren die Blicke aller Passagiere auf ihn gerichtet gewe-

sen. Jetzt hatten sie die Köpfe nach vorn gedreht und versuchten, so zu tun, als gäbe es ihn gar nicht. Die Stewardess stand an der offenen Tür und sprach in das Bordtelefon. Er musste schnell sein.

Er schob sich von seinem Sitz, atmete einmal tief durch und stürzte dann den Mittelgang entlang.

Jemand schrie: „Passt auf!"

Aber er war zu schnell für sie. Er war an der Stewardess vorbei und durch die Tür, ehe sie ihn aufhalten konnten.

„Halte ihn!", rief die Stewardess dem Kontrolleur zu, einem großen, schmächtigen Mann, der unten an der Rollbahn stand.

Der Junge sprang wieselflink die Stufen hinunter. Bordkarten flatterten durch die Luft, als der Angestellte die Arme ausstreckte, um ihn aufzuhalten. Doch er sprang einen Schritt seitwärts, duckte sich unter dem Arm des Mannes hindurch und jagte in langen Sätzen und mit schwingenden Armen über das Rollfeld.

Die Stewardess musste inzwischen ihre Kollegen an den Abflugschaltern telefonisch verständigt haben, denn drei Frauen und zwei Männer bildeten eine Kette, um den Jungen abzufangen, der jetzt in die Halle gestürmt kam. Keuchend blieb er stehen und sah sich um. Mit ausgestreckten Armen kamen sie auf ihn zu.

Er machte kehrt und jagte wieder zur Tür hinaus, bog um die Ecke des Gebäudes und rannte über die Straße hinweg zum Parkplatz.

Ein Mann in einem blauen Vauxhall-Mietauto sah ihn vor den Wagen laufen und stieg hart auf die Bremse.

Der Junge berührte die Motorhaube mit den Händen und stürzte. Dann lag er still und lauschend am Boden.

Der Fahrer, ein stämmiger Mann mittleren Alters, stieg entsetzt aus. Als er sich über den zusammengekrümmten Körper beugte, sprang der Junge blitzschnell auf die Füße und schlug

dem Verdutzten beide Fäuste unter das Kinn. Der Mann stolperte rückwärts und lag zwei, drei Sekunden benommen auf dem Rücken. Der Junge glitt hinter das Steuer, zog die Wagentür zu, startete den Motor, presste den Fuß auf das Gaspedal und raste mit durchdrehenden Reifen fort vom Terminalgebäude.

An der Zufahrtsstraße versperrte ihm ein Polizeiauto den Weg. Der Junge riss verzweifelt das Steuer herum. Die Reifen kreischten, als der Wagen eine enge Kehre beschrieb und, den Geruch heißen Gummis hinter sich herziehend, wieder auf den Parkplatz zujagte. Mit heulender Sirene folgte ihm das Polizeiauto.

Er schoss über den Parkplatz, eine Fahrbahn hinauf, nach einer schnellen Kurve die andere hinunter, die nächste wieder hinauf. Die Polizisten versuchten, dem Jungen an einer Ausfahrt den Weg abzuschneiden, doch der Vauxhall knallte gegen die Stoßstange des Polizeiautos und jagte wild schleudernd weiter. Sie stellten ihn an der nächsten Ausfahrt erneut, und als der Vauxhall diesmal aufprallte, kam er zum Stehen, die Stoßstange und das Gitter der Motorhaube in das verbogene Metall des Polizeiwagens verkeilt.

Sie hatten ihn.

1 *a) Arbeitet heraus, mit welchen sprachlichen Mitteln der Autor Spannung und Anschaulichkeit erzeugt.*

b) Begründet, warum sich dieser Textauszug gut als Leseprobe eignet.

2 *Beim Lesevortrag kommt es darauf an, ein angemessenes Tempo zu treffen, an den richtigen Stellen kurze Pausen zu machen und einzelne Wörter so zu betonen, dass der Sinn des Textes zum Ausdruck gebracht wird, z. B. durch die Veränderung der Lautstärke und der Stimmhöhe.*

a) Übertragt den Textabschnitt von Zeile 15–31 in euer Heft. Bereitet dann diese Textpassage für den Lesevortrag vor, indem ihr die entsprechenden Textstellen mit den nebenstehenden Zeichen markiert.

Pausen (kurz - lang)	/ - //
Betonung	——
Lautstärke (laut - leise)	< — >
Tempo (langsam - schnell)	←—→
Stimme (hoch - tief)	↑—↓

b) Tragt euch den Textabschnitt (Z. 15–31) gegenseitig vor. Besprecht anschließend, was euch besonders gut gelungen ist und was ihr bei eurem Vortrag noch verbessern könnt.

c) Lest zum Schluss den gesamten Text zur Übung mehrmals laut durch. Stoppt dabei die Zeit, die ihr für euren Lesevortrag braucht. Ihr solltet mindestens 3 ½ Minuten benötigen.

Kurzreferate wirkungsvoll vortragen

1 *a) Bei einem Kurzreferat ist die Durchführung eures Vortrags von besonderer Bedeutung. Um Fehler beim Referieren zu vermeiden, muss man sie zuerst einmal erkennen. Lest die folgenden „Ratschläge für einen schlechten Referenten".*

VORSICHT FEHLER!

Ratschläge für einen schlechten Referenten

1. Halte deine Notizen stets vor das Gesicht. Schließlich soll niemand sehen, wie nervös du bist.
2. Sprich möglichst schnell, damit alle merken, dass du dein Referat in Rekordzeit hinter dich bringen kannst.
3. ...

b) Ergänzt diese Liste um weitere, überspitzt formulierte Fehler, die man bei einem Vortrag eigentlich vermeiden sollte.

2 *In der folgenden Tabelle sind vier Bereiche zusammengestellt, die bei einem Vortrag besonders zur Geltung kommen.*

a) Übertragt die Tabelle in euer Heft und ergänzt sie um weitere Tipps.

Sprechtechnik	Kontakt zum Publikum	Körperhaltung	Mimik und Gestik
- nicht ablesen, sondern möglichst frei sprechen	- Zuhörer ansehen	- aufrecht stehen	- freundlicher Gesichtsausdruck
- ...	- ...	- ...	- ...

b) Gestaltet ein Plakat mit der Überschrift „Ratschläge für einen guten Referenten" und hängt es im Klassenzimmer auf.

3 *a) Zeigt auf, welche Vorteile es hat,*
- *wenn ihr bei eurem Vortrag Bilder einsetzt, z. B. mit Hilfe eines Overheadprojektors oder Beamers,*
- *wenn ihr eine schriftliche Gliederung zu eurem Vortrag erstellt und diese dem Publikum veranschaulicht, z. B. durch eine Tafelanschrift, mit Hilfe eines Overheadprojektors oder einer PowerPoint-Präsentation.*

b) Findet Möglichkeiten, wie Johanna ihr Kurzreferat über das Buch „Declan Doyle – abgeschoben“ anschaulich gestalten könnte.

4 *a) Der Einsatz technischer Hilfsmittel bei einem Referat birgt jedoch auch Probleme. Besprecht, worauf man achten muss.*
b) Begründet, warum es bei einem Kurzreferat sinnvoll sein kann, auf die Veranschaulichung durch technische Hilfsmittel zu verzichten.

5 *Bestimmt habt ihr in letzter Zeit ein interessantes Buch gelesen, das ihr als Klassenlektüre empfehlen könnt. Bereitet ein Kurzreferat mit Leseprobe über ein Buch vor, das ihr als Klassenlektüre vorschlagen wollt. Der „Leitfaden für die Buchvorstellung“ auf S. 30 hilft euch dabei.*
TIPP: *Denkt daran, dass ihr mit eurem Vortrag die Entscheidung über die Klassenlektüre beeinflussen könnt!*

Meinungen äußern und Standpunkte vertreten

Die Klasse 7c möchte über das Thema „Klassenlektüre“ diskutieren. In einem Info-Cluster sammelt sie zuerst verschiedene Aussagen zum Thema.

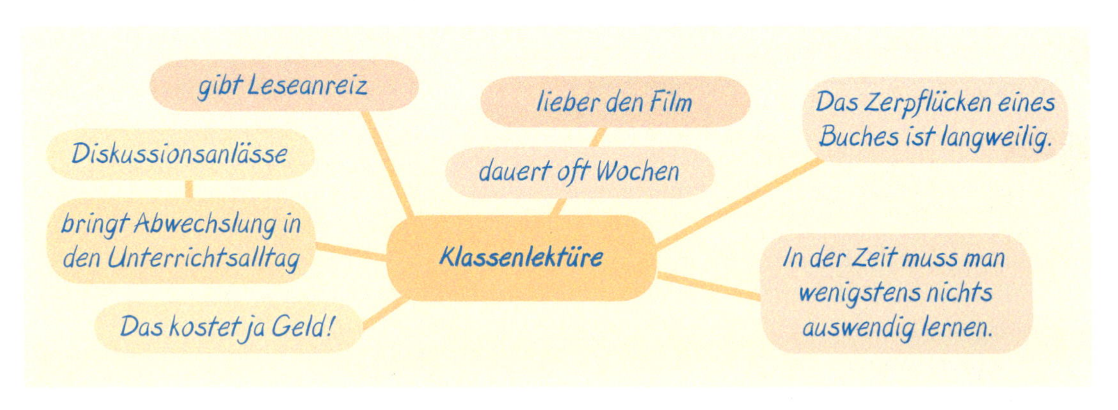

1 *a) Übertragt die Tabelle in euer Heft und ordnet die Aussagen.*

pro Klassenlektüre	kontra Klassenlektüre
– …	– …

b) Ergänzt weitere Argumente pro und kontra Klassenlektüre.

2 *Eine Diskussion kann nur gelingen, wenn die Teilnehmerinnen und Teilnehmer bestimmte Regeln einhalten. Stellt zusammen, welche Gesprächsregeln bei einer Diskussion eingehalten werden sollten.*

Gesprächsregeln

- Andere ausreden lassen, nicht unterbrechen
- Aufmerksam zuhören
- ...

3 *Bei allen Diskussionen können sich aus einer bewussten Beobachtung der Gesprächsteilnehmerinnen und -teilnehmer und ihrer Diskussionsweise interessante Erkenntnisse ergeben.*
a) Stellt Leitfragen für einen Beobachtungsbogen zusammen, z. B.:

Leitfragen für einen Beobachtungsbogen
- Beachten die Diskussionsteilnehmer die Gesprächsregeln?
- Welche Argumente werden genannt?
- Welcher Standpunkt setzt sich durch / unterliegt und warum?
- Gibt es Einigungen, die sich aus dem Austausch von Argumenten ergeben?
- ...

b) Bildet bei allen Diskussionsübungen Beobachtungsteams, die mit Hilfe eines Beobachtungsbogens eure Diskussion aufmerksam verfolgen.

Verschiedene Diskussionsformen ausprobieren

1 *Führt eine **Fishbowl-Diskussion** zum Thema „Soll die Klassenlektüre vom Lehrer bestimmt werden?“ durch. Beachtet den folgenden Tipp:*

TIPP

Die Fishbowl-Diskussion
Bei einer Fishbowl-Diskussion sitzen die Diskutierenden wie in einem Aquarium in der Mitte des Klassenzimmers und werden von den Mitschülerinnen und Mitschülern beobachtet. Wer mitdiskutieren will, kann in das „Aquarium“ steigen.
Vorbereitung:
- Bildet einen Innenkreis aus sieben Stühlen und einen Außenkreis für alle übrigen Schülerinnen und Schüler.
- Besetzt zwei Stühle im Innenkreis für den Pro-Standpunkt und zwei Stühle für den Kontra-Standpunkt.
- Eine Diskussionsleiterin oder ein Diskussionsleiter wird bestimmt und besetzt den fünften Stuhl.
- Die beiden übrigen Stühle im Innenkreis bleiben unbesetzt und können von den außen Sitzenden eingenommen werden, die mitdiskutieren wollen.

Durchführung:
- Die vier Diskutierenden im Innenkreis beginnen ihr Streitgespräch, der Diskussionsleiter oder die -leiterin achtet lediglich auf ein faires Gesprächsverhalten.
- Zuhörerinnen und Zuhörer, die in die Diskussion mit einer Meinung, einem Argument oder einer Frage eingreifen wollen, besetzen je nach Standpunkt einen der freien Stühle. Nach ihrem Beitrag kehren sie in den Außenkreis zurück, die Diskutierenden im Innenkreis nehmen den neuen Anstoß in ihre Diskussion auf.
- Nach angemessener Zeit, wenn keine neuen Denkanstöße mehr zu erwarten sind, kann der Diskussionsleiter oder die -leiterin die Gesprächsrunde beenden. Er oder sie lässt dann über die Diskussionsfrage abstimmen.

2 *Sprecht über den Verlauf der Diskussion und darüber, welche Beiträge die Meinungsbildung beeinflusst haben.*

3 *Wenn ein Gespräch nach genauen Regeln ablaufen soll, empfiehlt sich die Form der* ***Debatte.*** *Bereitet eine Debatte zum Thema „Sollen wir eine Klassenbibliothek anlegen?“ vor.*

TIPP

Debatte
In einer Debatte wird der Ablauf des Gesprächs genau geregelt. Vor und nach der Debatte wird über die Debattenfrage abgestimmt. So kann man feststellen, ob sich die Meinungen durch die Debatte verändert haben.

Vorbereitung:
- Bildet eine Pro- und eine Kontra-Gruppe. Jede Gruppe besteht aus drei Mitgliedern, nämlich einem Eröffner, einem Vermittler und einem Appellierer.
- Bestimmt einen Debattenleiter oder eine Debattenleiterin.
- Jede Gruppe darf sich in einer vereinbarten Zeit oder zu Hause auf die Debatte vorbereiten. Beratung von Fachleuten aus der Klasse ist erlaubt.
- Die Zuschauer werden unmittelbar vor der Debatte befragt, ob sie der Debattenfrage zustimmen oder sie verneinen. Das Ergebnis wird an der Tafel festgehalten.

Durchführung:
- Der Debattenleiter erteilt zuerst dem Eröffner der Pro-Gruppe, dann dem Eröffner der Kontra-Gruppe das Wort. In zwei Minuten tragen sie jeweils vor, warum ihre Gruppe die Debattenfrage bejaht bzw. verneint.
- Der Debattenleiter gibt zuerst das Wort an den Vermittler der Pro-Gruppe, dann an den Vermittler der Kontra-Gruppe. In höchstens drei Minuten gehen sie auf die Redebeiträge der Vorredner ein und versuchen, die Aussagen der gegnerischen Gruppe zu widerlegen.
- Der Debattenleiter erteilt zuerst dem Appellierer der Pro-Gruppe, dann dem Appellierer der Kontra-Gruppe das Wort. Sie werben in höchstens einer Minute für die Meinung ihrer Gruppe.
- Der Debattenleiter lässt die Zuschauerinnen und Zuschauer nach pro und kontra abstimmen und stellt fest, ob sich die Meinungen geändert haben.

4 *Vergleicht die Abstimmungsergebnisse vor und nach der Debatte und besprecht, welche Argumente sich besonders auf den Meinungswechsel ausgewirkt haben.*

5 *Wenn man zwischen verschiedenen Angeboten auswählen soll, selbst aber nicht sachverständig ist, hilft einem die* ***Diskussion von Fachleuten (Experten),*** *sich seine eigene Meinung zu bilden.*

a) Führt nach euren Buchvorstellungen eine Podiumsdiskussion durch, um über die Klassenlektüre zu entscheiden. Beachtet dazu den folgenden Tipp:

TIPP

Experten auf dem Podium

Experten, meist auf einem Podium sitzend, diskutieren über ein Fachgebiet.

- Zwei Kenner und Befürworter für jedes Buch und der Diskussionsleiter nehmen auf dem Podium Platz.
- Der Diskussionsleiter achtet auf eine annähernd gleichmäßige Verteilung der Redezeit.
- Der Diskussionsleiter beendet das Gespräch, wenn er den Eindruck hat, dass alle entscheidenden Argumente ausgetauscht sind.

b) Stimmt anschließend darüber ab, welches Buch ihr als Klassenlektüre lesen wollt.

c) Besprecht, wie sich die Argumentation und das Gesprächsverhalten auf die Meinungsbildung ausgewirkt haben.

6 *Eine unterhaltsame Art des Meinungsaustausches bietet die* ***Talkshow,*** *weil die Teilnehmerinnen und Teilnehmer hier von der sonst geforderten Sachlichkeit etwas abrücken dürfen. Spielt eine Talkshow zum Thema „Buch oder Film – was eignet sich besser für den Unterricht?".*

TIPP: *Ihr könnt euch dabei an einer euch bekannten TV-Talkshow orientieren.*

TIPP

Talkshow

- Legt fest, wie viele und welche „Gäste" in eurer „Talkshow" auftreten sollen. Einigt euch auch darüber, wie lange die „Show" dauern soll.
- Schreibt Rollenkarten für die einzelnen „Gäste", z. B. welchen Beruf sie haben (Schauspieler/-in, Schriftsteller/-in, Lehrer/-in, Minister/-in, Schüler/-in ...), welche Verhaltensweisen sie spielen (seriös, wissenschaftlich, verharmlosend, Schleichwerbung betreibend, z. B. ständig auf eigene Filme oder Bücher verweisend ...) und welche Meinung sie vertreten.
- Bestimmt eine „Talkmasterin", einen „Talkmaster" oder ein „Talkmasterteam". Legt fest, welche Haltung diese Person(en) einnehmen soll(en).
- Die „Talkshow-Gäste" ziehen eine Rollenkarte, verhalten sich entsprechend, aber verraten nicht, welche Karte sie gezogen haben.

7 *Notiert die wichtigsten Aspekte und Ergebnisse der Gesprächsrunde und verfasst eine Rezension (kritische Besprechung) über eure Spiel-Talkshow.*

2 Meinungen überzeugend vertreten – Die begründete Stellungnahme

2.1 Meinungen darlegen und sachlich begründen

Jugendparlament vor der Entscheidung

Das Schönburger Jugendparlament steht vor seiner ersten großen Bewährungsprobe. Erst vor drei Wochen wählten die jugendlichen Einwohner der Stadt Schönburg ihre Interessenvertretung: elf Jugendliche zwischen zwölf und 18 Jahren. Aufgabe des Gremiums ist es, gegenüber dem Bürgermeister und dem Stadtrat die Anliegen und Wünsche der Jugend zu vertreten.
Nun hat das Jugendparlament erstmals eine wichtige Entscheidung zu treffen. Der Bürgermeister informierte die Abordnung des Jugendparlaments darüber, dass die Stadt ein Projekt finanzieren werde, das vornehmlich Jugendlichen zugutekommen soll. „Die Entscheidung, welcher Wunsch der Jugendlichen in Schönburg in Erfüllung gehen soll, liegt beim Jugendparlament", erklärte das Stadtoberhaupt.
Nach Auskunft der Sprecherin des Jugendparlaments stehen drei Projekte zur Auswahl: die Errichtung von zwei Beachvolleyballplätzen auf städtischem Gelände, die Einrichtung eines von der Stadt betreuten Internetcafés oder eine Neugestaltung des Jugendtreffs.
Der Bürgermeister wünschte den jugendlichen Ratsmitgliedern eine glückliche Hand bei ihrer Entscheidung: „Ihr werdet es nicht leicht haben. Eure Aufgabe ist es, jetzt möglichst viele Interessen unter einen Hut zu kriegen."

1 *a) Erarbeitet aus dem Text Informationen über die Einrichtung und die Aufgabe eines Jugendparlaments. Sucht dann nach weiteren Informationen über Jugendparlamente, z. B. im Internet.*
b) Informiert euch, ob es in eurer Gemeinde ein Jugendparlament gibt. Besprecht, mit welchen Themen sich ein solches Forum in eurem Heimatort beschäftigen sollte.

2 *a) Formuliert mit eigenen Worten, worüber das Jugendparlament von Schönburg entscheiden muss.*
b) Besprecht, wie die Mitglieder des Jugendparlaments bei der Entscheidungsfindung vorgehen sollten. Welche Schwierigkeiten könnten auftreten?

3 *a) Im Text werden drei Projekte genannt, über die das Jugendparlament zu entscheiden hat. Bildet Arbeitsgruppen, die sich jeweils mit einem der genannten Projekte beschäftigen.*
b) Sammelt in der Gruppe Gründe, die für die Verwirklichung des jeweiligen Projekts sprechen.
c) Tragt eure Begründung in der Klasse vor. Besprecht anschließend, welche Gründe ihr besonders überzeugend fandet.

Meinungen durch Argumente stützen

1 *Die Mitglieder des Jugendparlaments diskutieren darüber, ob ein Internetcafé eingerichtet werden soll. Versetzt euch in die Rolle der Gesprächsteilnehmer und überlegt, wie die einzelnen Redebeiträge auf die Gesprächspartner wirken könnten. Begründet eure Meinung.*

2 *Untersucht, wie die einzelnen Gesprächsbeiträge aufgebaut sind.*
a) Beschreibt die sprachliche Gestaltung der Diskussionsbeiträge. Welche unterschiedlichen Wirkungen können sie im Gesprächsverlauf haben?
b) Beurteilt, welche Äußerungen auf euch am überzeugendsten wirken. Begründet eure Meinung.

3 *a) Spielt in einem Stegreifspiel die Diskussion über ein Projekt oder über alle drei Projekte nach. Versucht dabei, eure Meinung sachlich und überzeugend darzulegen.*
b) Besprecht, wie eure Diskussion verlaufen ist. Wurden die Meinungen begründet? Verlief die Diskussion sachlich? Welches Ergebnis wurde erzielt?

TIPP

Eine Diskussion kann mit einem Dissens, einem Konsens oder einem Kompromiss enden: Bei einem **Konsens** oder einem **Kompromiss** einigen sich die Gesprächspartner auf eine Lösung, bei einem **Dissens** bleiben die Meinungsunterschiede bestehen.

Argumentieren

Um andere von der eigenen Meinung zu überzeugen, sollte man stichhaltig argumentieren. Beim Argumentieren stellt man eine **Behauptung** auf, die man durch **Argumente (Begründungen)** stützt und durch **Beispiele** veranschaulicht. Die Argumentationspyramide zeigt, wie man Meinungen und Standpunkte begründen sollte:

Behauptung (Meinung),
z. B.:
– Bewertungen
– Urteile
– Antrag/Empfehlung

Argumente (Begründungen),
z. B.:
– allgemein anerkannte Fakten und Tatsachen
– überprüfbare Beobachtungen
– Expertenmeinungen

Beispiele,
z. B.:
– Beispiele aus der eigenen Erfahrung
– Belege
– Zitate

4 *In der Diskussion um das Internetcafé äußert ein Mitglied des Jugendparlaments Folgendes:*

a) *Untersucht den Aufbau dieser Argumentation und gliedert sie in Behauptung (Meinung), Argument (Begründung) und Beispiel. Übertragt dazu die folgende Tabelle in euer Heft und haltet euer Ergebnis fest.*

Behauptung (Meinung)	Argument (Begründung)	Beispiele
...	...	...

b) *Überprüft, wie die Gesprächsbeiträge von S. 40 aufgebaut sind. Entsprechen sie dem Schema der Argumentationspyramide (▷ S. 41)?*

5 *Formuliert selbstständig weitere Gesprächsbeiträge für (pro) und gegen (kontra) Internetcafés. Stellt eine Behauptung (Meinung) auf und stützt diese durch Argumente und Beispiele. Folgende Wendungen und Wörter können euch dabei helfen.*

Wendungen für Behauptungen:

Ich finde (nicht) ... | Meiner Meinung nach ... | Ich bin (nicht) der Meinung, dass ... | Ich bin (nicht) dafür, dass ... | Ich finde ... gut, ... | Ich denke, dass ...

Verknüpfungswörter und Wendungen für Argumente und für Beispiele:

weil | Das sieht man daran, dass ... | Zum Beispiel ... | denn | da | Das zeigt ... | daher | Wie das Beispiel ... zeigt ... | deshalb | Dies belegt ... | aus diesem Grund

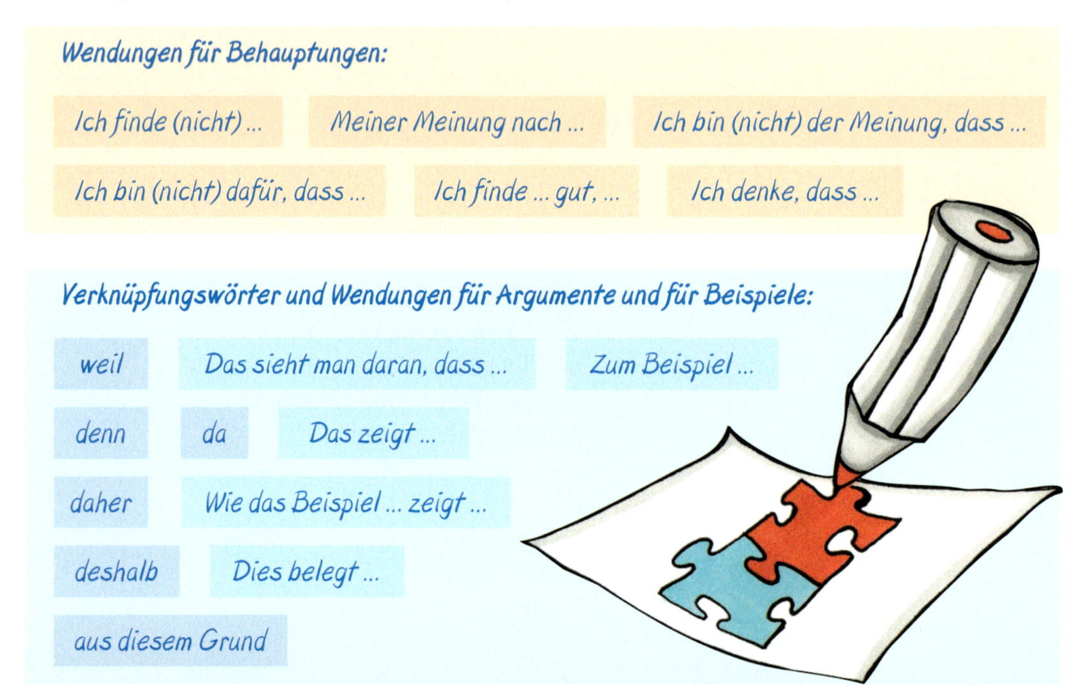

Eine begründete Stellungnahme schriftlich formulieren – Der Leserbrief

1 *Wenige Tage nach der Veröffentlichung des Artikels „Jugendparlament vor der Entscheidung" wurde in der Lokalzeitung folgender Leserbrief abgedruckt. Lest den Brief gründlich durch.*

Bewegung statt Bildschirm

Betr.: „Jugendparlament vor der Entscheidung" ...
(Schönburger Anzeiger vom 3. Februar 2005)

Mit der Entscheidung, welche Einrichtung für Jugendliche von der Stadt finanziert werden soll, steht das Schönburger Jugendparlament tatsächlich vor einer großen Aufgabe. Es sollte sich aber gerade in dieser Angelegenheit hüten, vordergründigen Wünschen nach Computer- und Partyräumen nachzugeben. ...
5
Ich bin der Meinung, dass es am sinnvollsten wäre, zwei Beachvolleyballplätze anzulegen. ...

Von den Beachvolleyballplätzen würde auch die Volleyballjugend des TSV Schönburg profitieren, denn es gibt für unsere Nachwuchsvolleyballer keine Gelegenheit, im Sommer im Freien ihren Sport auszuüben. Ich bin Mitglied des Volleyballvereins und weiß, wie unangenehm es ist, im Sommer in der Halle zu trainieren. Die Luft ist stickig und man schwitzt in der aufgeheizten Halle sehr stark. Darunter leiden Motivation und Trainingsfleiß. Im Freien macht das Trainieren einfach mehr Spaß. *erstes Argument mit Beispielen*
10
15

Aber auch für alle anderen Jugendlichen bieten Beachvolleyballplätze eine sehr gute Möglichkeit, in der Freizeit mehr Sport zu treiben. Bisher gibt es in unserem Ort recht wenig Sportstätten, die von allen Jugendlichen, auch wenn sie nicht Mitglied in einem Sportverein sind, genutzt werden können. Immer wieder bekommt man zu hören, dass unsere Jugend zu wenig aktiv ist und zu viel Zeit mit Fernsehen oder vor dem Computer verbringt. Eine attraktive Sportstätte im Freien würde sicher viele Jugendliche anregen, mehr Sport zu treiben. *zweites Argument mit Beispielen*
20
25
Das Jugendparlament sollte sich daher für die Zufriedenheit und Gesundheit seiner Altersgenossen entscheiden. ...

Franz Brunner, Schönburg

2 *Mit einem Leserbrief will man etwas erreichen. Gebt in eigenen Worten wieder, welche Absicht der Verfasser des Leserbriefes verfolgt.*

3 *a) Untersucht den Aufbau des Leserbriefs (▷ S. 43), indem ihr jeden Textabschnitt stichpunktartig zusammenfasst. Schreibt eure Stichworte untereinander in euer Heft.*

- …
- …
- …
- erstes Argument mit Beispielen
- …

b) Überprüft, auf welche Weise in dem Leserbrief das Schema der „Argumentationspyramide" umgesetzt wird. Welche Funktionen haben die einzelnen Bestandteile des Leserbriefs?

4 *a) Nur wer stichhaltig argumentiert, wird auch andere überzeugen können. Untersucht die beiden Argumentationsschritte genauer. Durch welche Argumente begründet der Verfasser seine Behauptung und welche Beispiele führt er an?*
b) Übertragt die folgende Tabelle in euer Heft und ordnet eure Ergebnisse in die entsprechende Spalte ein.

Argumente	Beispiele
…	…
…	…

5 *a) In dem Leserbrief hätte man auch noch andere Argumente für den Bau der Beachvolleyballplätze anführen können. Findet gemeinsam mit einer Partnerin oder einem Partner weitere Argumente.*
b) Ergänzt eure Argumente durch passende Beispiele.

6 *Sucht in Zeitungen nach Leserbriefen und untersucht deren inhaltlichen Aufbau.*
a) Findet heraus, welche Absicht die Verfasserin oder der Verfasser mit dem Leserbrief verfolgt.
b) Arbeitet die Argumentationsweise dieser Leserbriefe heraus.
Überprüft, ob die Argumentationsweise der Argumentationspyramide (▷ S. 41) entspricht.
c) Besprecht, welche Argumente ihr für besonders schlagkräftig haltet.
Erklärt, warum.

Leserbriefe schreiben – Stoffsammlung und Gliederung

Das Jugendparlament hat sich für das Projekt „Internetcafé“ entschieden. In einem Leserbrief wollen die Jugendlichen diese Entscheidung begründen. Um stichhaltig argumentieren zu können, informieren sie sich auch im Internet über das Thema.

Mozilla Firefox

Datei Bearbeiten Ansicht Gehe Lesezeichen Extras Hilfe

http://www.innca.de

Innca

Was hat das Internetcafé Innca zu bieten?

- fachkundige Betreuung zu allen Fragen, die mit dem Computer und dem ganzen Drumherum zu tun haben
- Snacks, Kaffee und andere Getränke – außer Alkoholisches. Da sind wir streng!
- Damit alles seine Ordnung hat! Eine klare Hausordnung und nette Mitarbeiter, die garantieren, dass sich eure Eltern keine Sorgen machen müssen.
- Chatten, Mailen, Surfen für alle, die zu Hause keinen Internetzugang haben
- Computerlexika und Enzyklopädien auf CD-ROMs: eine Fundgrube für Referate, Prüfungen und Hausaufgaben
- Schüler, aufgepasst! Wir haben auch Drucker, wenn ihr einmal etwas schriftlich braucht.

Wir bieten jede Menge interessanter Kurse:

Textverarbeitung   Scannen   Bildbearbeitung

- Mal was Neues für den Unterricht? – Informationsrecherche mit dem Computer
- Fließend Computerisch? – Computerenglisch verstehen und anwenden
- Werbung für mich selbst – Bewerbungen erfolgreich schreiben

... und noch so manches mehr! Kommt einfach mal ins Café und schaut euch alles in Ruhe an.

Und das alles für einen Halbjahresbeitrag von nur 10 Euro.

Fertig

1 *Lest die Informationen auf der Homepage genau und notiert in Stichworten Gesichtspunkte, die für ein Internetcafé sprechen. Diese* **Stoffsammlung** *hilft euch dann, den Leserbrief zu schreiben.*

Stoffsammlung: Was spricht für das Internetcafé?
- fachkundige Betreuung bei allen Fragen rund um den Computer
- kein Alkoholausschank an Jugendliche
- ...

2 *Überlegt, welche Punkte eurer Stoffsammlung sich als Argumente eignen und welche sich als Beispiele verwenden lassen. Übertragt dazu die folgende Übersicht in euer Heft und ordnet eure Stoffsammlung.*

Behauptung (Meinung): Ein Internetcafé ist sinnvoll

1. Argument:	Beispiel zum 1. Argument:
– ...	– ...
2. Argument:	Beispiel zum 2. Argument:
– ...	– ...

3 *Findet selbstständig weitere Argumente und Beispiele, die für ein Internetcafé sprechen, und ergänzt eure Stoffsammlung.*

Bevor ihr einen Leserbrief schreibt, solltet ihr eine **Gliederung** entwerfen. Eine solche Gliederung gibt wie eine Art Bauplan den Aufbau und die wichtigsten Inhalte des Leserbriefs wieder. Für das Erstellen einer Gliederung gibt es folgende Möglichkeiten:

A Einleitung
B Hauptteil
1. erstes Argument
2. zweites Argument
3. drittes Argument
...
C Schluss: ...

1 Einleitung
2 Hauptteil
2.1 erstes Argument
2.2 zweites Argument
2.3 drittes Argument
...
3 Schluss: ...

4 *Entwerft mit Hilfe eurer Stoffsammlung eine Gliederung nach einem der oben aufgeführten Muster.*
a) Wählt aus eurer Stoffsammlung drei überzeugende Argumente aus, die ihr in eurem Leserbrief ausführen wollt.
b) Ordnet eure Argumente steigernd an (das weniger wichtige Argument zuerst, das wichtigste Argument am Schluss).
c) Schreibt eure Gliederung in Stichworten oder kurzen Sätzen auf.

A Nach Beschluss der Stadt Schönburg soll das Jugendparlament entscheiden, welches Jugendprojekt von der Stadt finanziert werden soll.
B Internetcafé ist sinnvolle Einrichtung
1. ...
...
...

5 *Vergleicht eure Gliederungen und besprecht, warum es sinnvoll ist, das wichtigste Argument am Schluss des argumentierenden Teils des Leserbriefes anzuführen.*

6 *Schreibt auf der Grundlage eurer Gliederung einen Leserbrief, in dem die Entscheidung für ein Internetcafé begründet wird. Beachtet dabei die Hinweise im Merkkasten.*

Die begründete Stellungnahme: Leserbrief
In einem **Leserbrief** äußern die Leserinnen und Leser einer Zeitung oder Zeitschrift ihre **Meinung** zu einem Thema, das dort behandelt wurde.

Sachliche Leserbriefe haben folgenden **Aufbau:**

Einleitung:
In der Einleitung wird knapp dargestellt, worauf sich der Leserbrief bezieht, z. B. auf ein bestimmtes Thema, über das in einem Zeitungsartikel berichtet wurde.

Hauptteil:
- **Behauptung (Meinung)** zum entsprechenden Thema
- **Argumente (Begründungen) und Beispiele:**
  Mit den Argumenten begründet die Verfasserin oder der Verfasser ihre/seine Meinung. Häufig ordnet man die Argumente nach dem Steigerungsprinzip an (von den weniger wichtigen zu dem wichtigsten Argument).
  Die Beispiele veranschaulichen und stützen die Argumente.

Schluss:
Der Schluss rundet das Thema ab. Man kann einen **Vorschlag** bzw. eine **Empfehlung** für die Zukunft geben. Oder man knüpft an die Einleitung an und **bekräftigt** noch einmal seine **Behauptung** (Meinung).

Hinweise zur **sprachlichen Gestaltung:**
Leserbriefe sollten klar und verständlich formuliert sein. Die Argumente und Beispiele werden durch Konjunktionen und Adverbien miteinander sinnvoll verknüpft.

Damit ein Leserbrief in der Zeitung erscheint, muss er an die entsprechende Redaktion geschickt werden, z. B. in Form eines sachlichen Briefes.

Absender, Ort und Datum		Gerald Vogel Gartenweg 22 94065 Schönburg Schönburg, 7. 8. 2005
Anschrift des Empfängers	5	Schönburger Anzeiger Redaktion: Leserbriefe Bahnhofstraße 5 94065 Schönburg
Bezug/Betreff		**Stellungnahme zum Artikel „Internetcafé in Schönburg bewilligt" vom 5. 7. 2005**
Anrede	10	Sehr geehrte Damen und Herren,
Einleitung		nach einem Beschluss des Jugendparlaments will der Stadtrat ein Internetcafé finanzieren, das Jugendlichen zugutekommen soll.
Meinung (Behauptung)		Wenn man bedenkt, dass Jugendliche heute sowieso die meiste Zeit vor dem Computer verbringen, halte ich dieses Projekt für reine Geldverschwendung.
Argumente und Beispiele	15	In einem Internetcafé finden Jugendliche keine Möglichkeit, ihre Fähigkeiten für Schule und Berufsleben auszubilden. Meist bleibt der Besuch eines Internetcafés darauf beschränkt, die neuesten Computerspiele auszuprobieren und unkontrolliert im Internet zu surfen. Der regelmäßige Besuch von Internetcafés ist zudem für die Jugendlichen eine teure Angelegenheit. Nicht nur die Kosten für die Benutzungsgebühren, sondern auch die Kosten für die Getränke, die die Jugendlichen in solchen Einrichtungen verzehren, müssen sie aus ihrer eigenen Tasche bezahlen. Zuletzt sei angemerkt, dass es in Jugendeinrichtungen wie Partyräumen oder Internetcafés aufgrund mangelnder Aufsicht sehr schnell drunter und drüber geht. Weil sich niemand für die Räume verantwortlich fühlt und kein Aufsichtspersonal zur Verfügung steht, verkommen solche Räumlichkeiten in kürzester Zeit. Vor zwei Jahren wurde beispielsweise ein Jugendtreff in unserem Ort eröffnet. Bald waren die Räume so „runtergekommen", dass sie heute von niemandem mehr aufgesucht werden.
	20, 25, 30	
Schluss (Vorschlag, Empfehlung, Bekräftigung der Behauptung)	35	Ich kann von der Finanzierung eines Internetcafés nur abraten. Wer sich in der Freizeit sinnvoll beschäftigen will, sollte lieber unsere Stadtbücherei aufsuchen. Dort wären übrigens auch die Gelder besser aufgehoben.
Grußformel		Mit freundlichen Grüßen
Unterschrift		*Gerald Vogel*

7 *a) Lest den Leserbrief und gebt in eigenen Worten wieder, welches Ziel der Verfasser mit diesem Leserbrief verfolgt.*
b) Untersucht den Aufbau des Leserbriefes. Beachtet dabei folgende Fragen:
- ☐ *Welche Behauptung wird aufgestellt?*
- ☐ *Mit welchen Argumenten und Beispielen wird die Behauptung belegt?*
- ☐ *Wie ist der Schluss des Leserbriefes gestaltet?*

In der Schönburger Bevölkerung gibt es sehr unterschiedliche Meinungen darüber, welche Einrichtung finanziert werden sollte.

8 *Welche Einrichtung oder welches Projekt würdet ihr befürworten? Überlegt euch ein Projekt oder eine Veranstaltung, die finanziert werden sollte, und verfasst einen Leserbrief, in dem ihr euer Anliegen ausführlich begründet. Beachtet dabei die Form des sachlichen Briefes. Die folgende Checkliste hilft euch dabei:*

TIPP

Checkliste zum Verfassen eines Leserbriefes

1. **Schritt:** Klärt das Thema und überlegt, welches Ziel euer Leserbrief haben soll.
2. **Schritt:** Formuliert eine Behauptung.
3. **Schritt:** Legt eine Stoffsammlung an, in der ihr überzeugende Argumente und anschauliche Beispiele für eure Behauptung sammelt.
4. **Schritt:** Prüft eure Stoffsammlung und ordnet eure Argumente steigernd an.
5. **Schritt:** Erstellt eine Gliederung für euren Leserbrief.
6. **Schritt:** Schreibt mit Hilfe eurer Gliederung den Leserbrief.
   - ☐ Fasst in der Einleitung knapp zusammen, worauf ihr euch bezieht.
   - ☐ Formuliert im Hauptteil eine Behauptung und begründet bzw. veranschaulicht sie durch Argumente und Beispiele.
   - ☐ Zum Schluss könnt ihr die Behauptung bekräftigen oder einen Vorschlag bzw. eine Empfehlung für die Zukunft geben.

2.2 Rechtschreibprüfung und Layout-Gestaltung mit dem Computer

Begründete Stellungnahmen gibt es in unterschiedlicher Form. Dazu zählen auch Anfragen und Anträge, in denen man einen Wunsch äußert und diesen begründet.
In Gelbach wird erwogen, aus Kostengründen das örtliche Freibad zu schließen. Weil dies einige Jugendliche verhindern wollen, beschließen sie, noch vor der entscheidenden Sitzung einen Brief an den Gemeinderat zu schreiben.

Word — Schwimmbad

Sehr geehrter Herr Bürgermeister! Gelbach, den 8. Juli 2005
Sehr geehrte Gemeinderätinnen und Gemeinderäte!

Wie wir erfahren haben, soll unser Schwimbad in Gelbach abgeschaft werden. Dies würden wir, die Jugendlichen aus Gelbach, sehr bedauern.
Denn das nächste Bad in Gatsdorf ist Zwanzig Kilometer von unserem Heimatdorf entfernt. Es würde sich also während der Schulzeit nicht lohnen, mit dem Fahrad dorthin zu fahren, wenn man bedenkt, das wir ja auch noch Hausaufgaben erledigen müssen. Außerdem ist die Straße nach Gatsdorf ziemlich eng und wegen des dichten Autoverkehrs für Radfahrer recht gefärlich. Einer unserer Klassenkameraden, Ernst Roedebach, erlit dort letztes Jahr einen schwere Unfall. Und viele Jugendliche haben kein Mofa und die Eltern sind oft nicht bereit oder haben einfach keine Zeit, ihre Kinder jeden Tag zum schwimmen nach Gatsdorf zufahren und wieder abzuholen. Ganz abgesehen davon, dass eine Verstärkung des Autoverkehr auf der ohnehin überlasteten Straße auch aus Gründen des Umweltschuzes nicht wünschenswert wäre.
Aus diesen Gründen bitten wir Sie: Faßen Sie sich ein Herz! Sparen sie lieber an einer anderen Stelle und erhalten Sie uns Jugendlichen das Freibad.

Mit freundlichen Grüßen

Lea Riedl

1 *Um möglichst viele Fehler zu vermeiden, hat Lea die Rechtschreibprüfung des Schreibprogramms eingeschaltet.*
a) Welche der Wörter sind als Fehlerwörter markiert, obwohl sie korrekt geschrieben sind? Findet Gründe, warum der Computer diese Wörter als Fehlerwörter anzeigt.
b) Findet die Fehlerwörter, die korrigiert werden müssen. Verbessert die Fehler und begründet die jeweilige Korrektur.

Korrekturhinweise gibt das Programm „Word“ unter: „Extras“ → „Rechtschreibung und Grammatik“.

2 *Einige Fehler hat das Rechtschreibprogramm nicht erkannt.*
a) Sucht diese Wörter, ordnet sie nach folgenden Kriterien und schreibt sie dann richtig in euer Heft.

Zusammen- und Getrenntschreibung	Groß- und Kleinschreibung	fehlender oder falscher Buchstabe
...	...	...

b) Überlegt, warum das Programm des Computers diese Fehler nicht anzeigt.

3 *Fasst zusammen, auf welche Art von Fehlern ihr besonders achten müsst, weil das Rechtschreibprogramm keine Hilfen anbietet.*

4 *Wenn man im Menü „Extras" den Programmpunkt „Rechtschreibung und Grammatik" anklickt, erscheint bei „Faßen" folgendes Fenster:*

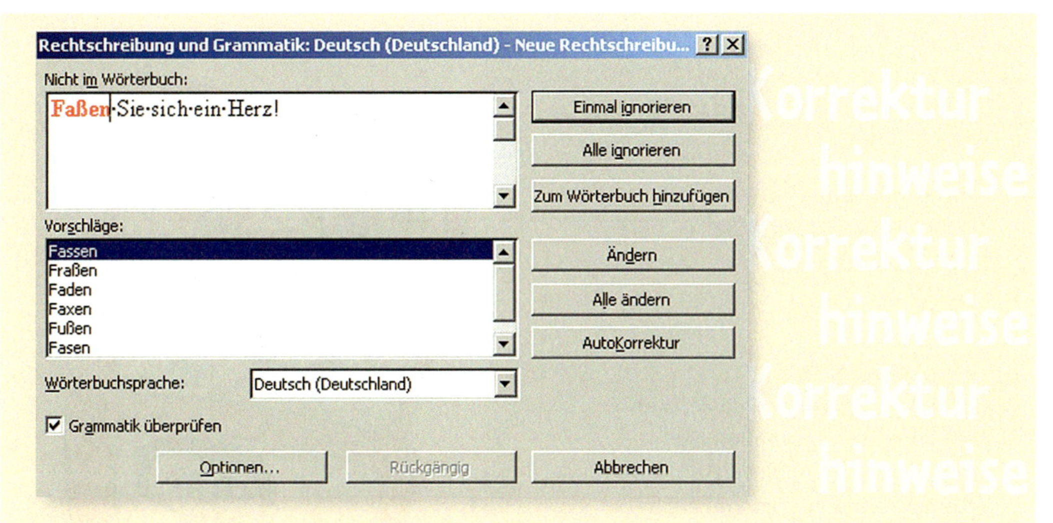

Einmal ignorieren: Das Programm belässt **dieses Wort** so, wie es ist.
Alle ignorieren: Das Programm belässt **im gesamten Text** dieses Wort so, wie es ist. Es wird nicht mehr als Fehlerwort markiert.
Zum Wörterbuch hinzufügen: Während der Rechtschreibprüfung werden die Wörter im Dokument mit den Einträgen im Hauptwörterbuch verglichen. Das Hauptwörterbuch enthält nur die gebräuchlichsten Wörter. Damit auch andere Wörter, wie Fachwörter oder Eigennamen, bei der Rechtschreibprüfung nicht beanstandet werden, kann man diese in das Wörterbuch aufnehmen.
Ändern: Das Wort wird entsprechend dem markierten Vorschlag geändert.
Alle ändern: Das Wort wird entsprechend dem markierten Vorschlag **im gesamten Dokument** geändert.
Autokorrektur: Das Wort wird vom Programm automatisch korrigiert.
Achtung: Die Vorschläge des Programms sind nicht immer richtig.

a) Lest die Erklärungen zu den einzelnen Optionen der Rechtschreibprüfung.
b) Besprecht, welche Vor- und Nachteile die einzelnen Optionen des Rechtschreibprogramms haben. Welche Erfahrung habt ihr mit dem Programm der „Rechtschreibprüfung" gemacht?

5 *Lea hat sich in ihrem Brief (▷ S. 50) weitgehend auf ein Argument beschränkt, das sie für besonders wichtig hält.*
a) Findet weitere Argumente, die gegen die Schließung eines Freibads sprechen.
b) Ergänzt Beispiele, die eure Argumente veranschaulichen.

6 *a) Besonders überzeugend wirkt eine Anfrage, wenn man neben stichhaltigen Argumenten auch auf einen flüssigen, gewandten Sprachstil achtet. Überarbeitet den Brief an den Gemeinderat am PC. Benutzt dazu das Rechtschreibprogramm eures Computers und achtet auf folgende Punkte:*
- ☐ *Nehmt eure überzeugendsten Argumente und Beispiele auf.*
- ☐ *Sucht sinnvolle Überleitungen und treffende Verknüpfungswörter (▷ S. 42).*
- ☐ *Achtet auf einen vollständigen Satzbau und vermeidet Umgangssprache.*

b) Tauscht euch anschließend über eure Erfahrungen mit der „Rechtschreibprüfung am Computer" aus. Welche Schwierigkeiten hattet ihr und welche Tipps könnt ihr euren Mitschülerinnen und Mitschülern geben?

Sehr geehrte Damen und Herren im Ministerium,

wir, eine Gruppe von Hauptschülern, Wirtschaftsschülern, Gymnasiasten und Fachoberschülern, möchten anfragen, ob es nicht möglich wäre, den morgendlichen Unterrichtsbeginn um eine Stunde auf 9 Uhr zu verschieben. Die meisten Fahrschüler müssen sehr früh aufstehen und werden deshalb oft schon am Vormittag müde.

Mit freundlichen Grüßen

Carina, Max, Anna-Lena, Julian, Alex, Sophie, Maria, Christoph, Hannah, Stefan, Viktoria, Ben, Pauline, David, Franziska, Georg, Teresa, Elias

7 *Untersucht, was an dem Brief geändert werden muss, damit er seine Absicht erreicht. Berücksichtigt dabei den Inhalt und die äußere Form des Briefes.*

8 *a) Stellt Argumente zusammen, die das Anliegen der Schülerinnen und Schüler begründen könnten.*
b) Tragt zusammen, mit welchen Gegenargumenten die zuständige Sachbearbeiterin oder der zuständige Sachbearbeiter das Ansinnen der Schüler ablehnen könnte.

9 *Bei Anfragen oder Anträgen, die man an Einrichtungen oder Amtspersonen richtet, sollte das Schriftbild ordentlich und die Seitenaufteilung übersichtlich sein. Deshalb werden sachliche Briefe meistens mit dem PC geschrieben. Schreibt mit Hilfe des Computers einen sachlichen Brief.*
Möglichkeit 1: *Begründet, warum man den Schulbeginn auf 9 Uhr verschieben sollte.*
Möglichkeit 2: *Begründet, warum ihr das Anliegen der Schülerinnen und Schüler ablehnt.*
Beachtet dabei die Tipps zur Layout-Gestaltung und Silbentrennung mit dem Computer.

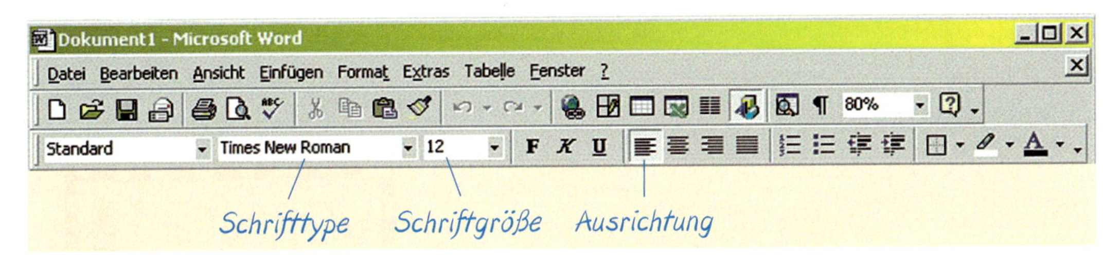

TIPP

Layout-Gestaltung und Silbentrennung mit dem Computer

- **Ausrichtung:** im Menü „linksbündig" oder „Blocksatz" auswählen.
- **Schriftgröße wählen:** entsprechenden Textteil markieren, in der Symbolleiste den Schriftgrad anklicken und die Schriftgröße auswählen, z. B. „11" oder „12".
- **Schrifttypen wählen:** entsprechenden Textteil markieren, in der Symbolleiste die Schriftart anklicken und eine Schrift auswählen.
- **Seitenränder festlegen:** im Menü „Datei" anklicken, „Seite einrichten" anklicken und Seitenränder festlegen, z. B. „Links" und „Rechts" jeweils „2,5 cm"; „Oben" und „Unten" jeweils „3 cm".
- **Zeilenabstand festlegen:** im Menü auf „Format" klicken, „Absatz" anklicken, „Zeilenabstand" auswählen, z. B. „Einfach" oder „1,5 Zeilen".
- **Silbentrennung:** im Menü auf „Extras" klicken, dann auf „Sprache" klicken und „Silbentrennung" auswählen. Wählt die manuelle Silbentrennung aus, das Programm schlägt dann nacheinander die zu trennenden Wörter vor und macht Vorschläge, nach welchen Silben getrennt werden soll.

10 *Wiederholt anhand der folgenden Wörter die Regeln zur Silbentrennung. Schreibt dazu die Wörter mit Silbentrennstrichen in euer Heft.*

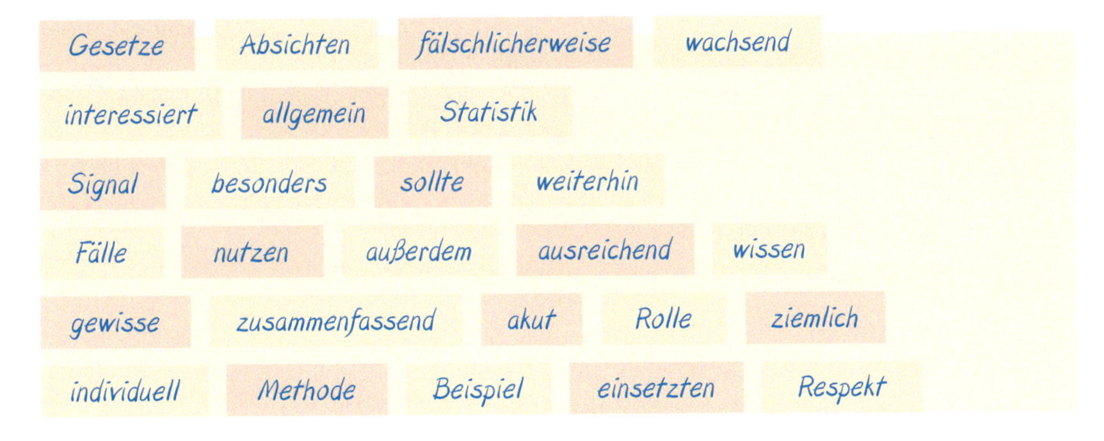

2.3 Begründete Stellungnahmen treffend formulieren

Eine Gruppe von Jugendlichen will den Jugendtreff in Schönburg in Eigeninitiative renovieren. Um Geld zu sparen, fragen sie bei verschiedenen Firmen an, ob diese die benötigten Materialien kostenlos zur Verfügung stellen. Iris hat folgende Anfrage verfasst:

Iris Klinger
Schmiedgasse 3
94065 Schönburg

Schönburg, 8.9.2005

Firma
Korbinian Weißfärber
Bannholz 32
94065 Schönburg

Jugendliche benötigen kostenlose Farbe

Herr Weißfärber,

wir haben uns sehr geärgert, dass die Stadt die Räumlichkeiten unseres Jugendtreffs nicht renoviert. So eine Unverschämtheit! Wir, d.h. eine Gruppe von Jugendlichen, die den Jugendtreff häufig besuchen, wollen jetzt selbst anpacken und die Räume in Eigenleistung renovieren. Das soll uns erst einmal einer nachmachen. Dazu brauchen wir Baumaterialien, wie z.B. Farbe. Diese sollten Sie uns kostenlos überlassen.
Sie wissen ja, wie vergammelt unser Jugendtreff momentan aussieht. Da kann sich ja keiner wohl fühlen! Die Wände sind richtig fleckig. Sie glauben ja gar nicht, was es für Schmutzfinken gibt! Da haben doch neulich ein paar Kerle von auswärts tatsächlich die Wand vollgekritzelt und mit Filzstiften Herzchen draufgemalt. Ekelhaft! Die Wände müssen deshalb unbedingt neu gestrichen werden. Sonst kommt niemand mehr in den Jugendtreff.
Der Jugendtreff ist für Schönburg aber sehr wichtig. Da kann man sich treffen, es gibt eine Aufsicht und die Jugendschutzbestimmungen werden streng beachtet. Kein Alkohol für Jugendliche unter 18. Wo sollen sich die Jugendlichen denn sonst gemütlich zusammensetzen? In einer Kneipe? Die Leiterin des Jugendtreffs organisiert auch immer ein super Programm. Ansonsten wird doch für uns Jugendliche nichts geboten.
Die Stadt gibt uns kein Geld. Wir haben uns deshalb gedacht, „selbst ist der Mann“, und wollen den Jugendtreff ohne finanziellen Zuschuss selbst renovieren. Darum fragen wir bei Firmen an, ob diese uns kostenlos Baumaterialien überlassen. Von Ihnen benötigen wir zehn Eimer weiße Wandfarbe und fünf Eimer gelbe Abtönfarbe. Sie werden uns die Farbe sicherlich kostenlos überlassen.

Liebe Grüße

Iris Klinger

1 *Überlegt, wie der Empfänger des Briefes reagieren wird. Begründet eure Meinung.*

2 *a) Untersucht, was an dem Brief geändert werden muss, damit er seine Absicht erreicht. Beachtet dabei folgende Punkte:*
- *formale Aspekte, z. B. Anrede, Grußformel,*
- *inhaltlicher Aufbau, z. B. Argumentation,*
- *sprachliche Gestaltung, z. B. Wortwahl.*

b) Überlegt, welche Textpassagen in dem Brief gestrichen werden sollten. Begründet eure Meinung.

3 *a) Sucht Argumente und Beispiele aus dem Brief heraus, die ihr für überzeugend haltet, und ordnet sie in einer Tabelle.*

Argumente (Begründungen)	Beispiele
– ...	– ...

b) Bildet Gruppen und findet dann gemeinsam weitere Argumente und Beispiele, mit denen man die Anfrage nach kostenlosen Materialien begründen könnte.

4 *Um in argumentierenden Texten die logischen Zusammenhänge sprachlich deutlich zu machen, verwendet man Konjunktionen und Adverbien.*

a) Überarbeitet den Brief. Achtet dabei darauf, eure Argumente und Beispiele durch Konjunktionen und Adverbien sinnvoll zu verknüpfen.

b) Tauscht eure überarbeiteten Briefe untereinander aus und überprüft, welche Aufgaben die Konjunktionen und Adverbien in euren Texten erfüllen. Geben sie einen Grund, einen Zweck, eine Folge ... an?

während – damit – folglich – nachdem
wenn – sodass – obwohl – indem
insofern – falls – deshalb – anfangs
da – deswegen – trotzdem – also
dennoch – darum – dazu – weil – so

Schuluniform auch in Deutschland?

Zwei Berliner Klassen wagen zurzeit auf Initiative der Tageszeitung „Tagesspiegel" den Versuch: Bis zu den Sommerferien tragen sie eine Schuluniform.

„Wir wollen einfach weg von diesem Grundsatz *Kleider machen Leute*", erzählt Klassenlehrerin Marianne Strohmeyer. Ihre Schüler tragen jetzt alles in Blau: Poloshirts, Freizeithosen und Sweatshirts. „Schüler definieren sich über den Klamottenkauf", weiß Berlins Schulsenator Klaus Böger. Viele Eltern könnten finanziell mit den Wünschen ihrer Sprösslinge nicht mithalten. Trotzdem will der Politiker keine Uniformen per Gesetz an den hauptstädtischen Schulen einführen. Auch ansonsten stößt der Vorschlag kaum auf Gegenliebe. Oft vertretene Ansicht: Wenn die Schüler nicht mehr mit ihren Klamotten angeben können, tun sie es vielleicht mit ihren Schultaschen ... oder dem Füller ... oder am Nachmittag. Viele Lehrer gaben laut einer dpa-Umfrage auch an, dass Markenwahn oder Sozialneid an ihrer Schule gar kein Problem sei. Ein weiterer Kritikpunkt: die Durchsetzung. „Es gibt höchstwahrscheinlich immer einen in der Klasse, der nicht mitmacht. Was soll man dann tun?", fragt zum Beispiel Schulleiter Michael Gomolzig aus Geradstetten.

1 *a) Im Text werden Gründe, die für das Tragen einer Schuluniform sprechen, sowie Probleme genannt. Übertragt die folgende Tabelle in euer Heft und notiert Gründe, die für (pro), und Gründe, die gegen (kontra) eine Schuluniform sprechen.*

pro Schuluniform	kontra Schuluniform
– ...	– ...

b) Sucht im Internet nach weiteren Informationen zum Thema „Schuluniform" und ergänzt Argumente pro und kontra Schuluniform.

2 *In begründeten Stellungnahmen sollte man seine Argumente mit Beispielen belegen. Dazu eignen sich auch Informationen, die man gehört oder gelesen hat.*
a) Sucht aus dem Zeitungstext „Schuluniform auch in Deutschland?" alle Aussagen in direkter Rede heraus und schreibt sie in euer Heft.
b) Gebt diese Aussagen wieder. Probiert dabei unterschiedliche Möglichkeiten der Redewiedergabe aus. Beachtet dabei den Tipp zur Redewiedergabe.

TIPP

Formen der Redewiedergabe
Zur Wiedergabe von Aussagen verwendet man in der Regel die indirekte Rede oder die Paraphrase. Wenn man einzelne wichtige Formulierungen wiedergeben will, nutzt man das Zitat.
indirekte Rede im Konjunktiv:
Die Politikerin sagte, dass der Umweltschutz weltweit zurückgegangen sei/ist.
Die Politikerin sagte, der Umweltschutz sei weltweit zurückgegangen.
Paraphrase (Umschreibung) mit Hinweis auf den Sprecher:
Nach Meinung der Politikerin ist der Umweltschutz weltweit zurückgegangen.
Zitat: Die Politikerin hielt den Umweltschutz „weltweit" für rückläufig.
(weitere Informationen zur indirekten Rede auf S. 106–110)

3 *Schreibt einen Leserbrief zum Thema „Schuluniform".*
a) Entscheidet, ob ihr für oder gegen die Einführung von Schuluniformen seid, und stellt eine Behauptung auf.
b) Sucht für diese Behauptung stichhaltige Argumente und Beispiele und verfasst einen Leserbrief.

4 *Lest euch eure Leserbriefe gegenseitig vor. Besprecht anschließend, welche Argumente ihr besonders überzeugend findet.*

3 Das Wichtigste in aller Kürze – Texte zusammenfassen

3.1 Jugendbuchausschnitte zusammenfassen

In Uwe Timms Abenteuerroman „Der Schatz auf Pagensand" begleitet der Leser vier Kinder bei einer Schatzsuche auf der Elbe. Als Benno, Georg, Jan und Jutta heimlich mit einem alten Segelboot aufbrechen, um auf einer der vielen unbewohnten Inseln einen längst vergessenen Schatz des mittelalterlichen Piraten Klaus Störtebeker zu heben, werden sie in immer abenteuerlichere Geschehnisse verwickelt. Als sie mit zahlreichen Karten und einem zusätzlichen Spezialauftrag des „Königs von Albanien" unterwegs sind, kommen ihnen sogar ein paar schießwütige Ganoven in die Quere! Damit nicht genug: Vor Pagensand erleiden die vier Schiffbruch und müssen plötzlich, völlig auf sich gestellt, um ihr Überleben kämpfen. Dabei machen sie eine folgenschwere Entdeckung …

1 *Macht euch dieser Klappentext neugierig auf den Roman? Begründet eure Antwort.*

2 *a) Welche anderen Abenteuerromane kennt ihr? Erzählt euren Mitschülern, worum es darin geht.*
b) Schreibt Stichworte zum Inhalt eines Abenteuerromans auf und entwerft selbst einen kurzen Klappentext.

Den Inhalt eines Textes verstehen

Die Klasse 7 a liest im Unterricht gerade den Roman „Der Schatz auf Pagensand" von Uwe Timm. Da ein Teil der Schülerinnen und Schüler wegen eines Sportwettkampfes am Vortag gefehlt hat, sollen die anderen Schüler den Inhalt des zuletzt besprochenen Kapitels kurz zusammenfassen. Sofort meldet sich Moritz und legt los:

Klar doch! Die vier sind endlich auf der Elbe und Jutta wird echt schlecht vom Schaukeln. Jan ist aber ein richtiger Profi. Jutta lernt, was die Fahrrinne ist und wann man noch vor einem Frachter kreuzen darf und wann nicht. Jutta lernt auch, wie man Knoten macht, und Jan hält dauernd ihre Hand. Da kommt Benno und will auf dem Schweinesand landen, weil dort angeblich der Pirat Störtebeker seine Handschuhe gelassen hat. Jan wird sauer und beruhigt sich erst, als Jutta allen Kuchen spendiert.

1 *a) Versetzt euch in die Lage der Mitschülerinnen und Mitschüler von Moritz. Können sie nach dieser Zusammenfassung wissen, was in dem Kapitel geschehen ist? Begründet eure Meinung.*
b) Notiert Fragen, die ihr Moritz stellen würdet, um genauer zu erfahren, worum es in diesem Kapitel geht.

2 *Beurteilt die sprachliche Gestaltung der Zusammenfassung von Moritz.*

Uwe Timm

Der Schatz auf Pagensand (1)

Benno, Georg, Jan und Jutta sind heimlich mit einem alten Segelboot aufgebrochen, um einen längst vergessenen Schatz zu heben.
Der folgende Textauszug ist aus der Sicht Juttas erzählt.

Wir segelten unter vollem Zeug. Das sagte Jan, so als hätten wir 28 Segel. Die Jolle[1] hatte aber nur zwei Segel, das Großsegel und die Fock[2]. Das Boot lag ziemlich schräg und am Anfang hatte ich mächtig Angst, dass wir kentern (5) könnten. Natürlich sagte ich nichts, sondern krallte mich möglichst unauffällig fest, wenn die Wellen ins Boot schwappten.
Wir mussten kreuzen, denn der Wind kam genau aus der Richtung, in die wir wollten, also (10) von der Nordsee. So fuhren wir im Zickzack von einem Ufer der Elbe zum anderen. Nach gut einer Stunde hatte ich keine Angst mehr vor der Schräglage, im Gegenteil, es war ein tolles Gefühl, so ein Kribbeln im Bauch, wenn sich (15) das Boot unter dem Winddruck schräg legte, wenn das Wasser an den Kajütfenstern vorbeigurgelte. Wir mussten dann alle auf der hohen Kante des Boots sitzen, um es besser zu trimmen, also aufrechter zu segeln. (20)

1 **Jolle:** kleines Boot
2 **Fock:** Vorsegel

Ich lernte eine Menge neuer Wörter. Als Benno Jan an der Pinne[3] ablöste, zeigte der mir, wie man Knoten macht. Knoten sind sehr wichtig. Sie müssen halten, müssen sich aber auch leicht wieder öffnen lassen.
Man muss Knoten mit geschlossenen Augen machen können, sagte Jan, und ich hörte dabei seinen Vater heraus. Jan fehlten eigentlich nur noch der rote Bart und die Pfeife, die sein Vater immer zwischen den Zähnen hatte, so eine ganz kurze Stummelpfeife.
Ich lernte, woher der Wind kommt und wie man Böen[4] rechtzeitig erkennt. Man sieht die Böen nämlich, sie rauen die Wasseroberfläche dunkel auf, kommen näher, und wenn die Bö in die Segel fällt, muss man mit dem Bug höher an den Wind gehen, dann richtet sich das Boot wieder auf. Dabei ächzt der Mast und in den Wanten[5] pfeift der Wind. Ich bewunderte Jan, wie er all die Dinge an Bord benennen konnte, wie er sich auf der Elbe auskannte, was er alles bemerkte, was ich nun zum ersten Mal sah und was auch seinen Namen bekam: Spierentonnen und Spitztonnen. Ich lernte, was die Fahrrinne ist und wann man noch vor einem Frachter kreuzen darf und wann nicht.
Klar zum Wenden, sagte Jan, dann musste ich das Seil, die Schot[6], von der Fock loslassen. Jan sagte: Ree, und er legte die Pinne hinüber und mit einem Rauschen der Segel ging der Bug durch den Wind.
Jan wirkte irgendwie größer und erwachsener, wenn er seine Kommandos gab und das Boot steuerte, und er kam mir auch nicht so neunmalklug vor, denn er erklärte nur, was er tat, und er machte das ohne angeberischen Ton.
Er ließ mich auch steuern, dabei hielt er meine Hand, um mir zu zeigen, wie gefühlvoll man die Pinne bedienen musste. Ich konnte mich aber gar nicht auf das Steuern konzentrieren, weil mir alles Mögliche durch den Kopf schoss. Mir wurde richtig heiß, ich sagte mir, eigentlich müsstest du ja deine Hand wegziehen, aber die Hand von Jan fühlte sich kräftig und doch so weich an, dass ich meine Hand nicht wegzog. Im Gegenteil: Als er seine Hand schließlich wegnahm, drückte ich die Pinne absichtlich in die falsche Richtung, damit Jan wieder nach meiner Hand griff.
Benno musste uns beobachtet haben. Ganz plötzlich wollte er nicht mehr weitersegeln, sondern sofort vor Anker gehen. Wir hatten gerade den Schweinesand erreicht. Das ist eine Insel, die vor Blankenese[7] liegt. Ich spürte, Benno wollte nur Jan und mich am Steuer trennen. Und das Sonderbare war: Ich freute mich darüber, dass Benno sich ärgerte. Er war auf Jan eifersüchtig, was er natürlich nicht zugab, er wiederholte nur: Wir müssen sofort am Schweinesand ankern.
Warum?, wollte Jan wissen, wir sind doch gerade so gut in Fahrt.
Wir brauchen Frischwasser.
Ach was, wir haben genug Wasser an Bord. Außerdem gibt es auf dem Schweinesand kein Wasser.
Aber wir sollten unbedingt den Schweinesand untersuchen, sagte Benno. Wisst ihr eigentlich, woher der Name kommt?
Nee.
Als die Hamburger das Schiff von Störtebeker gekapert hatten, begann Benno hastig zu erzählen, da haben sie auf dem Schiff auch zwei zahme Schweine gefunden. Das Männchen hieß Baro, das Weibchen Jule. Die waren so zahm, dass sie wie Hunde gehorchten. Ganz dicht lagen sie neben dem gefangenen Störtebeker, den die Hamburger mit einem Halseisen an den Mast gekettet hatten. Als die Hamburger Kogge[8] nun nahe an dieser Insel vorbeisegelte, da steckte Störtebeker jedem Schwein einen Lederhandschuh ins Maul und befahl: Los, Baro! Los, Jule! Springt über Bord! Die Handschuhe sollten sie wohl seiner Frau bringen, als Zeichen, dass die Hamburger ihn gefangen hatten. Zack sind die Schweine, noch bevor die Ham-

3 **Pinne:** Hebelarm am Steuerruder
4 **Bö** (auch Böe): heftiger Windstoß
5 **Want:** starkes (Stahl-)Seil zum Verspannen des Mastes
6 **Schot:** Segelleine
7 **Blankenese:** Stadtteil von Hamburg
8 **Kogge:** dickbauchiges Handelsschiff

burger zugreifen konnten, über Bord gesprungen und zur Insel geschwommen. Dort sind sie dann aber geblieben und haben sich vermehrt. 110 Und seitdem heißt diese Insel: Schweinesand.
Toll, sagte Georg.
Ich hatte über der Erzählung ganz Jans Hand vergessen, die immer noch auf meiner lag.
Jan sagte, das ist wieder eine deiner Spinnereien. 115 Alles Quatsch. Auf der Insel gibt es gar keine Schweine. Wenn wir jetzt ankern, können wir heute nicht mehr weitersegeln, weil bald die Flut einsetzt.
Ich denke, wir sollten den Schweinesand untersuchen, 120 sagte Benno. Vielleicht finden wir ja noch einen Handschuh von Störtebeker. Die waren nämlich mit Silber beschlagen.
Quatsch.
Ihr habt mich zum Expeditionsleiter gewählt.
Aber ich bin der Kapitän, sagte Jan, ich bestim- 125 me die Schiffsführung.
Ich zog meine Hand unter Jans hervor und überließ Jan die Pinne.
Georg schlug vor, einfach darüber abzustimmen, ob wir weitersegeln sollten oder nicht. 130
Jan lehnte das ab: Der Kapitän trägt die Verantwortung für Schiff und Besatzung. Der Kapitän hat das letzte Wort. Darüber kann man nicht abstimmen. Jan klang plötzlich wieder wie sein Vater. 135
Keine vier Stunden nachdem wir losgesegelt waren, kam es fast zu einer Meuterei.

3 *Um einen Text zusammenzufassen, muss man einen genauen Überblick über die inhaltlichen Zusammenhänge haben.*

a) Lest den Textauszug „Der Schatz auf Pagensand (1)" (▷ S. 58–60) gründlich durch. Versetzt euch dabei in die Lage der einzelnen Personen und versucht, euch die Handlung vorzustellen.

b) Der Text enthält viele Fachbegriffe aus der Seemannssprache. Schlagt alle Begriffe, die ihr nicht kennt, in einem Lexikon nach.

4 *Mit Hilfe der W-Fragen (wer?, wo?, was?, wann?) könnt ihr wichtige Informationen aus dem Text erschließen. Lest den Text noch einmal und notiert Stichworte, die die W-Fragen beantworten.*

5 *Fasst mit Hilfe eurer Notizen aus Aufgabe 4 den Text mündlich zusammen. Beschränkt euch dabei auf das Wesentliche und informiert kurz und sachlich über den Inhalt des Textes.*

TIPP

Wichtiges von Unwichtigem unterscheiden
Um Wichtiges von Unwichtigem zu unterscheiden, sollte man wichtige Textstellen unterstreichen oder mit einem Textmarker hervorheben.
Am besten ist es, wenn ihr den Text, den ihr zusammenfassen sollt, als Kopie vor euch liegen habt. Dann könnt ihr wichtige Textstellen markieren und in der Randspalte Anmerkungen zum Text notieren.
In Schulbüchern geht das natürlich nicht. Hier müsst ihr ohne Markierungen auskommen und mit einem Stichwortzettel arbeiten.

Den Text in Sinnabschnitte gliedern

6 *Um den Aufbau eines Textes zu erkennen, solltet ihr den Text in Sinnabschnitte gliedern.*

a) Überlegt, wo inhaltlich ein neuer Abschnitt beginnt, und unterteilt den Text „Der Schatz auf Pagensand (1)" (▷ S. 58–60) in Sinnabschnitte.
TIPP: Achtet darauf, an welchen Stellen des Textes eine Veränderung von Ort, Zeit, Personen oder Erzählweise stattfindet.

1. Abschnitt — Zeile 1–?
2. Abschnitt — Zeile ?–?
...

b) Fasst jeden Sinnabschnitt in einem Satz oder in einer Überschrift zusammen und schreibt ihn/sie neben eure Zeilenangaben aus Aufgabe 6a.

TIPP

Sinnabschnitte erkennen
Um einen Text zusammenzufassen, müsst ihr den Aufbau des Textes herausarbeiten und ihn in so genannte Sinnabschnitte gliedern.
Den Beginn eines solchen Sinnabschnittes erkennt man häufig an folgenden Merkmalen:

- eine neue Handlung setzt ein,
- ein Gespräch beginnt oder endet,
- der Ort der Handlung wechselt,
- Figuren kommen hinzu oder entfernen sich,
- ein Zeitsprung wird gemacht.

Das Handeln der Figuren erklären

7 *Eine Textzusammenfassung informiert den Leser nicht nur über die äußere Handlung, sondern auch über die Gründe der Handlung und der Ereignisse.*

a) Teilt euch in Gruppen auf und überlegt, welche Hintergründe für das Verständnis des Textes „Der Schatz auf Pagensand (1)" (▷ S. 58–60) wichtig sind. Schreibt dazu drei Warum-Fragen zum Text auf.

b) Tauscht eure Fragen untereinander aus und versucht, sie zu beantworten.

c) Besprecht eure Ergebnisse in der Gruppe. Wenn ihr unterschiedlicher Meinung seid, nehmt zur Klärung den Text zu Hilfe.

8 *Im folgenden Textauszug aus „Der Schatz auf Pagensand (1)" (▷ S. 59, Z. 47–61) sind wichtige Textstellen markiert und einige Anmerkungen in der Randspalte notiert.*

Klar zum Wenden, sagte Jan, dann musste ich das Seil, die Schot, von der Fock loslassen. Jan sagte: Ree, und er legte die Pinne hinüber und (50) mit einem Rauschen der Segel ging der Bug durch den Wind.	*Jan bringt Jutta das Segeln bei*
Jan wirkte irgendwie größer und erwachsener, wenn er seine Kommandos gab und das Boot steuerte, und er kam mir auch nicht so neun- (55) malklug vor, denn er erklärte nur, was er tat, und er machte das ohne angeberischen Ton.	*Jan beeindruckt Jutta mit seinem Können, erklärt sachlich*
Er ließ mich auch steuern, dabei hielt er meine Hand, um mir zu zeigen, wie gefühlvoll man	*er führt ihre Hand am Steuer*
die Pinne bedienen musste. Ich konnte mich (60) aber gar nicht auf das Steuern konzentrieren, weil mir alles Mögliche durch den Kopf schoss.	*Jutta denkt nicht mehr ans Segeln*

a) Besprecht, weshalb gerade diese Textstellen markiert wurden.

b) Nicht alle Anmerkungen in der Randspalte finden sich wörtlich im Text. Zeigt, wo die Anmerkungen eigenständig formuliert sind, und erklärt dieses Vorgehen.

9 *Schreibt für den gesamten Text „Der Schatz auf Pagensand (1)" (▷ S. 58–60) eure Anmerkungen auf. Versucht, euch vom Text zu lösen und das Handeln der Figuren mit euren eigenen Worten wiederzugeben. Beachtet dabei den unten stehenden Tipp.*

TIPP

Das Handeln der Figuren erklären

Bei einer Textzusammenfassung wird der **Inhalt** des Textes nicht einfach nacherzählt, sondern **mit eigenen Worten** knapp wiedergegeben. Was für die Handlung wichtig ist, müsst ihr also straffen, d. h. in wenigen Worten oder kürzeren Sätzen zusammenfassen. Damit die **Zusammenhänge der Handlung** klar bleiben, müsst ihr auch über die Gründe und die Folgen der Handlung und der Ereignisse informieren.

Die Handlungsschritte in die richtige Reihenfolge bringen – Einen Schreibplan erstellen

10 *In einer Textzusammenfassung müsst ihr die Handlungsschritte in der zeitlich richtigen Reihenfolge wiedergeben. Moritz hat sich für den ersten Teil des Textes „Der Schatz auf Pagensand (1)“ (*▷ S. 58/59, Z. 1–83*) folgende Anmerkungen herausgeschrieben. Leider sind sie durcheinandergeraten.*

Jan bringt Jutta das Segeln bei, damit beeindruckt er Jutta (Grund: Können, prahlt nicht)

er erfindet einen Grund (neues Frischwasser), um die Reise zu unterbrechen

Benno wird eifersüchtig, deshalb will er die beiden trennen

Jutta kann sich nicht aufs Steuern konzentrieren

Jan führt Juttas Hand an der Pinne

Benno sieht die beiden

Jutta genießt Bennos Eifersucht

er erklärt Fachbegriffe, zeigt Handgriffe

Jutta genießt die Berührung der Hände und beginnt, für Jan zu schwärmen

a) Bringt die Anmerkungen in die richtige Reihenfolge und schreibt sie in euer Heft. Achtet dabei auf die zeitlich richtige bzw. die logische Abfolge der Handlungsschritte.
b) Zeigt, welche Stichpunkte die Gründe und die Folgen der jeweiligen Handlung erläutern.
c) Überlegt, welche Informationen die wichtigsten sind, und streicht Unwichtiges mit einem Bleistift durch.

11 *Warum ist es sinnvoll, vor der Ausformulierung einer Textzusammenfassung die Handlungsschritte zu ordnen und in einem Schreibplan festzuhalten? Begründet eure Meinung.*

12 *a) Erstellt für den gesamten Text „Der Schatz auf Pagensand (1)“ (*▷ S. 58–60*) einen Schreibplan. Bringt dazu eure Anmerkungen von Aufgabe 9 (*▷ S. 62*) in die zeitlich richtige Reihenfolge.*

Schreibplan „Der Schatz auf Pagensand (1)“

- Vier Kinder segeln auf der Elbe, weil sie den Schatz von Störtebeker finden wollen.
- Jutta hat Angst vor dem Segeln, versucht, dies aber nicht zu zeigen.
- ...

b) Geht noch einmal euren Schreibplan durch und überlegt, welche Informationen die wichtigsten sind. Streicht dann Unwichtiges mit einem Bleistift durch.

TIPP

Einen Schreibplan erstellen
In einer Textzusammenfassung müsst ihr die Handlung in der richtigen Reihenfolge wiedergeben.
Damit euch dies leichter gelingt, solltet ihr vorher einen **Schreibplan** anlegen. In einem Schreibplan könnt ihr die **Handlungsschritte des Textes zeitlich geordnet,** d. h. in der logischen Reihenfolge der Ereignisse, Punkt für Punkt festhalten. So habt ihr einen roten Faden für eure Textzusammenfassung.

Wörtliche Rede umformen

Die wörtliche Rede macht eine Erzählung lebendig und gehört deshalb nicht in eine sachliche Textzusammenfassung. Im folgenden Textausschnitt aus „Der Schatz auf Pagensand (1)" (▷ S. 60, Z. 114–126) diskutieren Jan und Benno miteinander.

Jan sagte, das ist wieder eine deiner Spinnereien. Alles Quatsch. Auf der Insel, gibt es gar keine Schweine. Wenn wir jetzt ankern, können wir heute nicht mehr weitersegeln, weil bald die Flut einsetzt. 115
Ich denke, wir sollten den Schweinesand untersuchen, sagte Benno. Vielleicht finden wir ja noch einen Handschuh von Störtebeker. Die waren nämlich mit Silber beschlagen. 120
Quatsch.
Ihr habt mich zum Expeditionsleiter gewählt.
Aber ich bin der Kapitän, sagte Jan, ich bestimme die Schiffsführung. 125

TIPP

In literarischen Texten werden bei der wörtlichen Rede häufig die Anführungszeichen weggelassen.

13 a) *Formt die wörtliche Rede für eine Textzusammenfassung um. Verwendet für die Redewiedergabe als Zeitform das Präsens. Beachtet dabei den Tipp auf S. 65.*
Beispiel:
Jan sagt, das **sei** wieder eine seiner Spinnereien.
Jan hält dies für eine Spinnerei.
b) *Überlegt, welche Sätze für eure Textzusammenfassung wichtig sind. Unterstreicht sie in eurem Heft.*

TIPP

Wörtliche Rede umformen
Die **wörtliche Rede** solltest du in einer Textzusammenfassung **vermeiden.** Sind Äußerungen von Figuren für das Textverständnis von besonderer Bedeutung, dann formt man die wörtliche Rede um. Dazu gibt es verschiedene Möglichkeiten:

- **indirekte Rede im Konjunktiv,** z. B.:
  „Da mach ich nicht mit", sagt Jan. → Jan sagt, er mache da nicht mit.
- **dass-Satz im Indikativ oder im Konjunktiv,** z. B.:
  „Da mach ich nicht mit", sagt Jan. → Jan sagt, dass er da nicht mitmache/ mitmacht.
- **einen Aussagesatz,** z. B.:
  „Da mach ich nicht mit", sagt Jan. → Jan will da nicht mitmachen.

(▷ weitere Informationen zur wörtlichen Rede auf S. 106–110)

Eine Einleitung gestalten

14 a) *Wie ihr schon aus der fünften und sechsten Klasse wisst, geht dem Hauptteil eines Aufsatzes eine Einleitung voraus. Begründet, warum es sinnvoll ist, auch der Textzusammenfassung eine Einleitung voranzustellen.*

b) *Vergleicht die folgenden Einleitungen von Textzusammenfassungen. Was haltet ihr für gelungen, was nicht? Begründet eure Meinung.*

1
Der vorliegende Text stammt aus dem Roman „Der Schatz auf Pagensand" von Uwe Timm. Es wird erzählt, wie vier Kinder mit einem Boot auf der Elbe segeln, um auf einer Insel den Schatz des Piraten Klaus Störtebeker zu heben. Das Kapitel ist aus der Sicht Juttas erzählt.

2
Ich habe die Aufgabe gestellt bekommen, den Inhalt eines Textauszuges aus dem Roman „Der Schatz auf Pagensand" von Uwe Timm wiederzugeben. In der Geschichte, die erzählt wird, wollen vier Kinder den Schatz des Piraten Klaus Störtebeker heben. Deshalb segeln sie mit einem Boot auf der Elbe.

3
Jan, Benno, Georg und Jutta wollen den Schatz des Piraten Klaus Störtebeker heben. Sie fahren mit einem Segelboot über die Elbe, denn hier soll auf einer Insel der Schatz vergraben sein.

c) *Überlegt in Partnerarbeit, welche Informationen eine Einleitung enthalten sollte. Schreibt dann Hinweise zur Gestaltung einer Einleitung in euer Heft.*

Die Textzusammenfassung ausformulieren

15 *Eine Textzusammenfassung wird im Sachstil geschrieben. Sucht aus dem Boot die sprachlichen Gestaltungsmittel heraus, die ihr in eurer Textzusammenfassung berücksichtigen müsst, und schreibt sie in euer Heft.*

schildernde Elemente | ausschmückende Adjektive | sachliche Sprache
Zeitform: Präsens (bei Vorzeitigkeit: Perfekt) | wörtliche Rede
Verwendung eigener Formulierungen | spannungssteigernde Elemente
Umformen der wörtlichen Rede | präzise Bezeichnungen
knappe Ausdrucksweise | passende Konjunktionen

16 *Fasst den Text „Der Schatz auf Pagensand (1)“ (▷ S. 58–60) mit Hilfe eures Schreibplans aus Aufgabe 12 (▷ S. 63) zusammen. Berücksichtigt dabei die Regeln zur Textzusammenfassung aus dem Merkkasten.*

Eine Textzusammenfassung schreiben

Inhalt und Absicht:
Eine **Textzusammenfassung** informiert **kurz und sachlich** über den Inhalt des Textes. Sie beschränkt sich auf das Wesentliche und verdeutlicht den gedanklichen Aufbau des Textes. Der Leser wird über die **Gründe der Handlung und der Ereignisse** informiert. Die Handlungsschritte werden dabei **zeitlich geordnet** und in der logischen **Reihenfolge der Handlungsschritte** wiedergegeben.

Aufbau:
Eine Textzusammenfassung gliedert man in zwei Teile:
Die **Einleitung** informiert über den Autor, den Titel, die Textart (sofern bekannt), Ort, Zeit und Personen der Handlung sowie über das Thema des Textes.
Im **Hauptteil** werden die wichtigsten Ereignisse der Handlung in chronologischer Reihenfolge mit eigenen Worten zusammengefasst.

Stil und Sprache:
Die verwendete Zeitform ist das **Präsens** (bei Vorzeitigkeit das Perfekt). Der Stil ist sachlich und knapp (Sachstil). Der Inhalt des Textes wird bei einer Zusammenfassung **mit eigenen Worten** wiedergegeben, die Zusammenhänge der Handlung werden durch **Konjunktionen und Adverbien** dargestellt.
In einer Textzusammenfassung erscheint **keine wörtliche Rede.** Sind Äußerungen von Figuren besonders wichtig, dann formt man die direkte Rede in die indirekte Rede oder in einen Aussagesatz um.

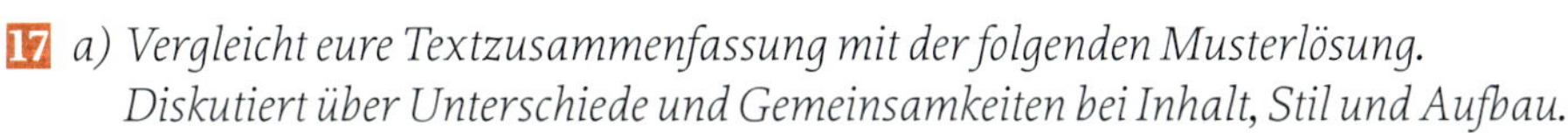

17 *a) Vergleicht eure Textzusammenfassung mit der folgenden Musterlösung. Diskutiert über Unterschiede und Gemeinsamkeiten bei Inhalt, Stil und Aufbau.*

b) Besprecht gemeinsam mit einer Partnerin oder einem Partner, was ihr bei euren Zusammenfassungen verbessern könntet, und überarbeitet sie.

Textzusammenfassung „Der Schatz auf Pagensand (1)" (▷ S. 58–60)

Der vorliegende Textauszug stammt aus dem Roman „Der Schatz auf Pagensand" von Uwe Timm. Es wird erzählt, wie vier Kinder mit einem Boot auf der Elbe segeln, um auf einer Insel den Schatz des Piraten Klaus Störtebeker zu heben. Das Kapitel ist aus der Sicht Juttas erzählt.
Benno, Jan, Georg und Jutta segeln auf der Elbe. Jan, der Kapitän des Schiffes, hat von seinem Vater eine Menge über das Segeln gelernt und erklärt Jutta viele Fachbegriffe, Regeln und Handgriffe der Seefahrt. Weil er sachlich erklärt und nicht mit seinem Wissen prahlt, macht er auf Jutta einen großen Eindruck. Als er Juttas Hand an der Pinne führt, genießt sie die Berührung der Hände und beginnt, für Jan zu schwärmen. Benno beobachtet die beiden und wird eifersüchtig. Er will die beiden trennen und fordert deshalb eine Unterbrechung der Bootsfahrt. Er schlägt vor, am Schweinesand zu ankern, um Frischwasser zu besorgen. Als er damit keinen Erfolg hat, erzählt Benno seinen Freunden, dass der Pirat Störtebeker auf dem Schweinesand silberbeschlagene Handschuhe gelassen habe. Die könne man suchen. Weil Jan nicht einverstanden ist, auf der Insel Halt zu machen, kommt es zum Streit. Benno, Jan und zuletzt auch Georg streiten sich darüber, wer auf dem Boot zu bestimmen hat.

Textzusammenfassungen üben

Uwe Timm

Der Schatz auf Pagensand (2)

Auf dem Schweinesand haben die vier Schatzsucher einen seltsamen alten Mann getroffen, der sich für den vertriebenen König von Albanien hält und die Insel als sein Exil bezeichnet. Nachdem er die Kinder bewirtet hat, erzählt er ihnen von einem Staatsschatz, der angeblich auf dem Pagensand versteckt ist, und von Spionen, die ihn von der Insel vertreiben wollen. Die erste Nacht verbringen die vier auf dem Boot vor dem Strand des Schweinesandes. Der Morgen aber hält ein neues Abenteuer für sie bereit.

Morgens wachte ich von einem kratzenden Geräusch an der Bordwand auf. Ich stand vorsichtig auf und blickte aus dem Luk. Der Wind hatte gedreht und unser Boot ins Schilf getrieben. Benno war schon auf und studierte seine Karten.
Bist du schon lange wach?
Ja, sagte er, ich bin aufgewacht, als es hell wurde. Der Wind hat gedreht.
Wir hörten das Dröhnen eines Motorboots. Wir mussten uns auf das Kajütdach stellen, um

über das hohe Schilf hinwegzusehen. Ein großes weißes Motorboot fuhr heran, stoppte, der Anker fiel ins Wasser und ein Beiboot wurde heruntergelassen. Drei Männer stiegen in das Beiboot und fuhren zum Strand, gaben nochmals Gas, dann zog einer schnell den Außenbordmotor hoch. Das Boot schoss ein Stück weit auf den Strand. Die Männer sprangen aus dem Boot. Der eine zog etwas aus der Tasche. Er hantierte daran herum, dann steckte er es wieder in die Tasche, ich konnte nicht erkennen, was es war.

Vorsichtig, flüsterte Benno, den Kopf runter. Wir bückten uns.

Was war das?

Eine Pistole, flüsterte Benno.

Ich glaubte ihm nicht, dachte, er übertreibt mal wieder. Vorsichtig lugten wir aus dem Schilf. Die drei Männer verschwanden gerade in dem Weidengestrüpp.

Ich schleich mal hinterher, sagte Benno.

Warte, ich komm mit, sagte ich.

Nee, besser nicht.

Doch, ich komme mit, basta.

Benno weckte Jan und Georg, sagte, sie sollten aufpassen, da seien gerade drei Männer an Land gegangen. Der eine habe eine Pistole bei sich.

Was? Pistole? Du spinnst mal wieder, sagte Jan, der noch ganz verschlafen war. Nein, es stimmt.

Benno und ich stiegen ins Wasser und wateten an Land. Vorsichtig, flüsterte Benno. Ich hatte wieder dieses Kribbeln im Bauch wie bei der Schräglage im Boot. Vor uns, weit entfernt, hörten wir das Knacken trockener Weidenzweige unter den Schritten der Männer. Hin und wieder sah man eine Gestalt durch das Grün schimmern. Mir schlug das Herz wie ein Hammer in der Brust. Dann kam die Lichtung. Wir versteckten uns hinter einem dichten Brombeerstrauch.

Die drei standen vor der Hütte. Hallo, brüllte der eine. Caesar, das Schwein, schoss aus dem Gemüsegarten hervor und rannte böse grunzend auf die drei Männer zu. Der eine gab ihm einen Tritt in die Flanke, sodass es laut aufquiekte. Es schlug einen Haken und griff die drei Männer wieder an, der eine Mann schlug mit dem Stock nach Caesar. Plötzlich tauchte der König von Albanien aus dem Gebüsch auf.

Caesar, lass ab, rief er. Lasst das Tier in Ruhe, brüllte er die Männer an. Und ging auf sie zu, in der Rechten einen seiner Farbstöcke.

In dem Moment zog der Mann eine Pistole aus der Tasche und sagte zu dem König: Los, leg den albernen Stock weg!

Der König zögerte einen Moment, dann ließ er den blauweißen Stock fallen. So, du bist also noch immer da, sagte der Mann mit der Pistole. Selbstverständlich, sagte der König, ich werde auch bleiben. Mich bringen hier keine zehn Pferde weg. Und wenn ihr nicht verschwindet, ruf ich meine Leibwache und lass dich verhaften, Geierklaue.

Deine Leibwache? Dass ich nicht lache. Das Schwein da, was? Der Mann grinste, hob die Pistole und schoss wenige Meter vor dem Schwein in den Boden, Erdbrocken spritzten auf. Das Schwein machte einen Satz, quiekte entsetzt und rannte ins Gebüsch.

Der König zuckte zusammen, schaute einen Moment traurig in die Richtung, in der das 85 Schwein verschwunden war, dann reckte er sich entschlossen und sagte: Ich verbiete euch, auf meine Tiere zu schießen. Das ist ein Befehl!

Jawohl, Eure Hoheit, sagte der Mann. Du hast 90 hier zu verschwinden. Sonst schieß ich nicht auf die Tiere, sondern auf dich, du Idiot. Was du Schwachkopf nicht weißt: Ich bin Kunstschütze, pass mal auf. Er schoss in schneller Folge auf die im Boden steckenden Glasflaschen. Das 95 Glas zersplitterte bei jedem Schuss.

Halt, nicht die blauen Flaschen!, schrie der König.

Der Mann griff in die Tasche und holte ein neues Magazin heraus, steckte es in die Pistole. Al-100 so? Wann verschwindest du?

Ich protestiere, schrie der König, ich werde internationale Behörden benachrichtigen. Truppen holen.

Halt die Klappe, sonst stopf ich dir das Maul.

105 Ich verbitte mir den Ton, rief der König und er sah, wie er dastand mit hoch erhobenem Haupt, wirklich königlich aus, trotz seiner zerrissenen Hose.

Da hob Geierklaue blitzschnell die Pistole, ich 110 schrie vor Schreck auf, leise nur, aber doch so, dass alle mich hörten. Mit zwei, drei Sätzen waren die beiden anderen Männer bei uns und zerrten uns hinter dem Gebüsch hervor. Die Brombeeren zerkratzten mir die Arme, aber ich 115 merkte es in dem Moment gar nicht, denn ich hatte eine wahnsinnige Angst und dachte nur: Jetzt ist es aus.

Lasst die Kinder in Ruhe, schrie der König von Albanien. Sie stehen unter meinem persön-120 lichen Schutz!

Die Männer hielten uns fest. Was sucht ihr hier?, fragte der Mann mit der Pistole.

Au, rief ich, loslassen, loslassen! Ich trat nach dem Mann, der drehte mir den Arm um. Was 125 ist? Wo kommt ihr her? Los, raus mit der Sprache!

Und da sagte Benno, dem der andere Mann den Arm auf den Rücken gedreht hatte: Wir machen einen Klassenausflug.

Ich muss sagen, ich habe Benno richtig bewun- 130 dert. Das war wirklich geistesgegenwärtig. Das wäre mir nicht eingefallen, schon weil ich so eine fürchterliche Angst hatte. Denn das war klar, Klassenausflug hieß, dass da noch viel mehr Kinder, zwanzig, dreißig Kinder auf der 135 Insel waren. Aber dann dachte ich – es ist schon komisch, was einem alles blitzschnell durch den Kopf schießt –, es sind ja Ferien. Und da bekam ich nochmals einen tiefen Schreck. Geierklaue musterte uns. Der Mann wirkte nicht un- 140 angenehm, nichts, was mir auffiel, auch jetzt, wenn ich versuche, mich zu erinnern. Ich weiß nur noch, dass er nachdenklich mich und dann Benno ansah. Die Pistole hielt er wie vergessen in der Hand. Wenn der Kinder hat, dachte ich, 145 dann wird er sagen: Es gibt keinen Klassenausflug. Ihr habt nämlich Ferien. Wo ist euer Pauker und wo sind die anderen?, fragte Geierklaue.

Unser Lehrer ist drüben auf dem Festland. Er 150 hat uns rübergebracht, jetzt holt er die anderen. Passen immer nur zwei ins Ruderboot. Wir sollten hier nachsehen, ob es Süßwasser gibt. Für die ganze Klasse.

Nach einem Augenblick machte Geierklaue ei- 155 ne unwirsche Bewegung mit der Pistole und sagte: Lasst sie los!

Die beiden Männer ließen uns sofort los.

So, jetzt verschwindet, sagte Geierklaue.

160 Wieso, ist doch nicht verboten hier zu zelten, sagte Benno richtig patzig. Oder?
Werd nicht frech, du Knirps, sonst lass ich dich mal an dieser Knospe riechen, sagte einer der beiden Männer, die uns festgehalten hatten, 165 und er hielt Benno die Faust unter die Nase. Wenn die Knospe aufgeht, dann gehst du ein.
Seht ihr, sagte Geierklaue zu uns, wir spielen auch ein bisschen Räuber und Gendarm. Der König ist nämlich aus einer Irrenanstalt entwischt. Der muss zurück. Wir kommen wieder, 170 sagte der Mann und steckte die Pistole in die Tasche. Die drei verschwanden im Gestrüpp der Weiden.

1 *Fasst den Textauszug „Der Schatz auf Pagensand (2)“ (▷ S. 67–70) mit Hilfe der folgenden Checkliste zusammen.*

TIPP

Checkliste: Inhalt eines Textes zusammenfassen

1. Schritt:
Lest den Text gründlich. Versetzt euch dabei in die Lage der einzelnen Personen und versucht, euch die Handlung vorzustellen.

2. Schritt:
Klärt mit Hilfe der W-Fragen (wer?, wo?, was?, wann?) den Inhalt des Textes. Schreibt wichtige Informationen mit Zeilenangaben heraus.

3. Schritt:
Gliedert den Text in Sinnabschnitte. Fasst jeden Sinnabschnitt in einem Satz oder einer treffenden Überschrift zusammen.

4. Schritt:
Schreibt Stichpunkte auf, die über Gründe und Folgen der Handlung und der Ereignisse informieren.

5. Schritt:
Erstellt einen Schreibplan, in dem ihr die Handlungsschritte zeitlich ordnet und in einer logischen Reihenfolge festhaltet.

6. Schritt:
Schreibt alle Informationen (Autor, Textart, Ort, Zeit, Personen der Handlung) für die Einleitung auf.

7. Schritt:
Fasst mit Hilfe eures Schreibplans den Text zusammen. Schreibt im Präsens und vermeidet wörtliche Rede.

2 *Überarbeitet zusammen mit einer Partnerin oder einem Partner eure Textzusammenfassungen.*
a) Tauscht eure Zusammenfassungen aus. Markiert die Textstellen, die eurer Meinung nach überarbeitet werden sollten, und schreibt eure Überarbeitungsvorschläge dazu auf.
b) Besprecht eure Überarbeitungsvorschläge und überarbeitet eure Zusammenfassungen.

3.2 Von Schiffen, Schätzen und Piraten – Sachtexte zusammenfassen

Froschmänner retten die Darßer[1] Kogge[2]

Vor dem Darß ankert das Forschungsschiff „Seefuchs", Tauchbasis für ein Team von Unterwasserforschern: Sie versuchen, eine gesunkene Hanse-Kogge für die Nachwelt zu erhalten.

Von Marcus Stöcklin

Prerow (OZ.) Prerow, Strandaufgang 22. Ein rotes Schlauchboot jagt hinaus auf die Ostsee. An Bord: vier Unterwasser-Archäologen. Nach kurzer Fahrt erreichen sie ihr Ziel: das Forschungsschiff „Seefuchs", das wenige hundert Meter vor der Küste ankert. Genau an der Stelle, an der vor 700 Jahren eine voll beladene Hanse-Kogge sank.

„Nach diesem Wrack tauchen wir jetzt", sagt Projektleiter Thomas Förster (36) vom Landesamt für Denkmalpflege. Die Männer ziehen sich Neoprenanzüge an, setzen gelbe Taucherbrillen auf. Dann gleiten sie in die gekräuselte See. Erstaunliches haben sie schon zutage gefördert: bronzene Kannen, Töpfe, Rentiergeweihe. Rentiergeweihe? Wozu? Wo kam dieses Schiff her, wo wollte es hin?

Thomas Förster grinst. Auf viele Fragen hat er inzwischen eine Antwort. Schon vor zwei Jahren hörte er zum ersten Mal von dem Wrack vor Prerow. „Zuerst war ich skeptisch", gesteht er. Ein Rettungsschwimmer hatte ihn informiert, da liege was im Sand. Ein altes Schiff, vermutlich eine Kogge aus dem Mittelalter. Ein vager Hinweis. „Vor der Küste von M-V[3] liegen ja über 700 Schiffswracks", erklärt Förster.

Doch schon nach dem ersten Tauchgang wusste der Archäologe: ein Volltreffer. „Die Kogge ist eine der ältesten, die je gefunden wurden. Historisch außerordentlich bedeutsam."

Mit einem Taucherteam des Landesamtes für Bodendenkmalpflege kam Förster im vergangenen Frühjahr wieder, unternahm eine erste Probegrabung unter Wasser.

Ergebnis: Die Kogge kam aus der ostpreußischen Hansestadt Elbing, ist komplett aus Eichenholz gebaut. „Das Holz wurde um 1293 in der Weichselgegend geschlagen." Auch die Kogge muss also in dieser Zeit fertig gestellt worden sein, folgern die Wissenschaftler.

Die Ladung gab weitere Aufschlüsse. Förster: „Im Schiffsbauch lagern außer Rentiergeweihen auch Wetzsteine aus norwegischem Glimmerschiefer und Überreste von Stockfisch." Für ihn ist klar, dass das Schiff in Norwegen geladen hatte. „Wahrscheinlich in einer der großen Handelsniederlassungen Bergen, Tönsberg oder Oslo." Auf einem Fass ein eingeritztes Datum: 1335, das Jahr, in dem die Kogge gesunken sein muss.

1 **Darß:** Halbinsel an der Ostseeküste
2 **Kogge:** dickbauchiges Handelsschiff
3 **M-V:** Mecklenburg-Vorpommern

Offenbar war sie unterwegs nach Barth oder Ribnitz-Damgarten. Der Fundort nämlich liegt unmittelbar vor der Stelle, an der damals der Prerow-Strom in die Ostsee mündete. „Der war im Mittelalter noch schiffbar. Es ist anzunehmen, dass die Kogge diesen Weg nehmen wollte."
Warum aber sank das Schiff so kurz vor dem Ziel? Förster vermutet, dass die starke Strömung vor dem Darß dem mittelalterlichen Segler zum Verhängnis wurde. „Wenn die Seeleute an dieser Stelle aus der Fahrrinne abtrieben und zu nah an die Küste kamen, versuchten sie meist, Anker zu werfen. Aber dafür ist der Meeresboden dort zu weich." Folge: Die Schiffe wurden von der Strömung an den Strand gedrückt, kippten um und brachen auseinander. Das passierte oft: 18 Wracks liegen unweit der Kogge. „In der Regel wurden diese Schiffe dann die Beute von Strandräubern oder Fischern." Ein echter Glücksfall, dass dies mit der Elbinger Kogge nicht geschah. „Sie liegt in sechs Metern Tiefe." Zu tief für die Plünderer.
Hinzu kommt, dass Plünderer mit der Ladung vermutlich wenig anfangen konnten. Förster: „Aus den Rentiergeweihen wurden Kämme und Spielsteine hergestellt oder Perlen für Pilgerketten. Mit den Wetzsteinen konnte man Messer schärfen." Der im Wrack gefundene Bronzetopf diente zum Kochen. Gefunden wurden auch eine Kanne aus Wales, ein Bleilot für die Tiefenbestimmung und eine lederne Schiffslaterne. „Darin brannte früher eine Kerze", weiß Förster. Auf die Laterne ist er besonders stolz: „So etwas findet man nicht an Land."
Gehoben werden soll die Kogge nicht. Im Gegenteil: „Wir versuchen, das Wrack unter Wasser zu erhalten", sagt Förster. Das ist die neue Aufgabe, der sich die Forscher stellen. Im Rahmen eines EU-Projekts, das auf Initiative des Landesamtes vergangenen August startete.
„Das Wrack muss vor allem vor der Schiffsbohrmuschel geschützt werden. Außerdem setzt die Fäulnis dem Holz zu." Herauszufinden, wie das gesunkene Schiff unter Wasser erhalten werden kann, ist der Hauptjob der Wissenschaftler. Sechs deutsche und österreichische Experten sind ständig vor Ort, die „Seefuchs" dient ihnen als Basis.
In Zusammenarbeit mit der Fachhochschule Neubrandenburg wird das Wrack fotografisch vermessen. Die FH Wismar analysiert den Zustand der Hölzer. Um den Schiffsbohrwurm zu stoppen, wird jetzt eine feine Gaze[4]-Hülle um das Wrack gelegt. „Die füllt sich mit Sand, da kommen die Bohrwürmer dann nicht mehr durch." Im nächsten Jahr sollen die Rettungsarbeiten für die Kogge abgeschlossen sein. Danach hat Friedrich Lüth (45), Chef des Landesamtes für Bodendenkmalpflege, mit dem Wrack etwas Besonderes vor: „Es soll für Tauchtouristen zugänglich gemacht werden."
Und nicht nur das. Von Fischland bis Rügen wissen die Forscher von 120 gesunkenen Schiffen. Weitere liegen an der skandinavischen Ostseeküste. „Die größeren Fundstellen möchten wir auf den Seekarten als Unterwasser-Nationalparks ausweisen", sagt Lüth. Sachkundige „Ranger" sollen die Tauchtouristen führen. „In fünf Jahren sind wir so weit." Dann können die Hobby-Froschmänner kommen.

4 **Gaze:** durchsichtiges Gewebe

1 *a) Im Text werden mögliche Abfahrts- und Zielorte der Kogge genannt. Sucht diese Orte auf der Karte (**▷ S. 71**).*
b) Begründet mit Hilfe des Textes, worauf die Forscher ihre Vermutungen über die Route der Kogge stützen.

2 *a) Besprecht, weshalb der Fund so bedeutsam ist und warum die gesunkene Kogge nicht bereits geplündert wurde.*
b) Erklärt, wie die Forscher das Alter der Kogge bestimmen konnten. Begründet eure Aussage mit Textbelegen.

3 *Einige Stellen des Textes setzt der Verfasser in Anführungszeichen. Sie geben an, dass er etwas zitiert, also so wiedergibt, wie es andere gesagt haben.*
a) Beschreibt, wie diese Stellen auf euch wirken.
b) Vergleicht eure Eindrücke und überlegt gemeinsam, was der Autor damit erreichen möchte.

4 *a) Dieser Sachtext ist in verschiedene Themenbereiche gegliedert. Lest den Text genau und schreibt wichtige Schlüsselwörter mit Zeilenangaben heraus.*
b) Gliedert den Text in Sinnabschnitte und fasst jeden Abschnitt in einem Satz oder in einer treffenden Überschrift zusammen.
TIPP: *Achtet dabei darauf, wo ein neuer Gesichtspunkt angesprochen wird.*
c) Schreibt zu jedem Abschnitt wichtige Informationen heraus.
d) Bringt eure Notizen in eine sinnvolle Reihenfolge und fasst den Text zusammen.

Wie lebten die Piraten?

1 *Betrachtet die Szene aus dem Film „Die Piratenbraut“. Beschreibt, welches Bild hier vom Piratenleben entworfen wird.*

2 *Bestimmt kennt ihr noch andere Piratenfilme oder -romane.*
Wie wird dort das Leben der Piraten dargestellt?

a) Teilt euch in Gruppen auf und sammelt eure Beobachtungen in einem Cluster.

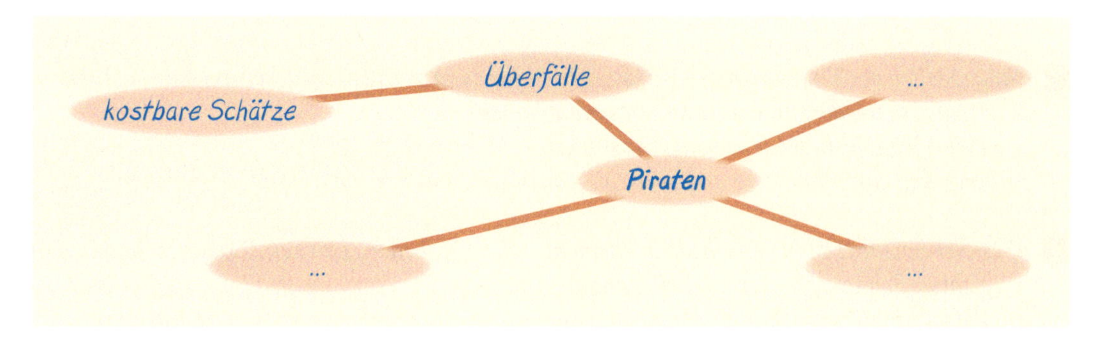

b) Stellt eure Ergebnisse in der Klasse vor.

David Cordingly

Piraten. Die Herren der sieben Meere

Vor wenigen Jahren entdeckte man ein Wrack in den Gewässern North-Carolinas. Die Lage des Wracks sowie Größe und das Alter der Waffen, die man bergen konnte, weisen darauf hin, dass es sich mit an Sicherheit grenzender Wahrscheinlichkeit um die Überbleibsel der *Queen Anne's Revenge* handelt, dem Schiff, das einst der legendäre Pirat Blackbeard kommandierte, der berüchtigtste und schillerndste Seeräuber in der Karibik. Die Entdeckung erregte ein großes öffentliches Interesse, Zeitungen und Fernsehsender hielten ihr Publikum über die Unterwasserarbeiten auf dem Laufenden. Warum konnte dieses Wrack so viel Aufmerksamkeit gewinnen, und was fasziniert uns so an den Piraten?

Obwohl es nur wenige von ihnen verdienten, haben Piraten ein merkwürdig romantisches Image erworben. Ein Teil ihrer Anziehungskraft beruht darauf, dass man sie als Freigeister und Rebellen gegen jede Autorität ansieht. Das Leben der meisten von uns ist vorhersagbar. Wir fügen uns den Regeln der Gesellschaft und folgen einer täglichen Routine, die oft langweilig und selten spannend ist. Piraten gehorchen keinen Regeln, sie handeln gesetzlos und spontan. Sie segeln, wohin und wann sie wollen. Sie leben an exotischen Orten. Die meisten Piraten des 17. und 18. Jahrhunderts hielten sich in den tropischen Gewässern des Karibischen und Indischen Ozeans auf. Deswegen assoziieren wir Piraten mit Koralleninseln und weißen, palmengesäumten Stränden. Wir verbinden sie in Gedanken mit Schätzen und hölzernen Kisten, die überquellen von Golddublonen, Silberbarren und kostbaren Münzen.

Einige Piraten sind sicher durch das Plündern von Schatzschiffen reich geworden, doch die typische Beute eines Raubzugs bestand eher aus Seiden- und Baumwollballen, Fässern mit Tabak und Rum, ein paar Ersatzsegeln und dem Werkzeug des Schiffszimmermanns. Wie vergrabene Schätze und der Gang über die Planke[1] entspringt vieles, was wir mit Piraten assoziieren, mehr der Fiktion als historischer Realität. Unser Piratenbild wurde durch Gedichte, Balladen, Theaterstücke, Abenteuerromane und Filme geprägt. Robert Louis Stevensons Buch *Die Schatzinsel*, das 1881 veröffentlicht wurde,

1 **der Gang über die Planke:** Angeblich mussten die Gefangenen mit verbundenen Augen über die Planke (schmales Brett) gehen.

war zum größten Teil verantwortlich für das Bild von Schatzkarten, vergrabenen Schätzen, schwarzen Schonern[2] und einbeinigen Piraten mit Papageien auf der Schulter. J.M. Barries *Peter Pan* brachte uns den furchterregenden Käpt'n Hook und machte die irreführende Idee populär, dass die Opfer über die Planke gehen mussten. Tatsächlich töteten Piraten die Opfer eher oder setzten sie auf einsamen Inseln aus. Das Glamourbild des Piratenführers wurde verstärkt durch eine Reihe von Piratenfilmen mit säbelrasselnden Stars in der Hauptrolle, wie Douglas Fairbanks, Errol Flynn und Burt Lancaster.

Piraterie blühte entlang den Routen, die von der Handelsschifffahrt genutzt wurden, insbesondere dort, wo die Routen durch enge Meeresstraßen führten. Inseln waren ein beliebtes Schlupfloch der Piraten, weil sie sich auf ihnen verstecken und sie als Ausgangspunkt für ihre Angriffe nutzen konnten. Die vielen unbewohnten Inseln in der Karibik waren ideal, sie hatten frisches Wasser, abgeschlossene Strände, wo Schiffe gereinigt und repariert werden konnten, reichlich Nahrung wie Schildkröten, Fische und Wildschweine. Die Taktik der Piraten war auf der ganzen Welt die gleiche. Wenn sie ein mögliches Opfer am Horizont erspäht hatten, beschatteten sie es aus der Entfernung. War es ein Marineschiff oder ein schwer bewaffneter Ostindienfahrer, scherten sie aus und suchten ein leichteres Ziel. Wenn das Schiff bei näherer Inspektion leicht bewaffnet schien und aussah, als trüge es reiche Ladung, zogen sie näher. Oft hissten sie die Flagge einer befreundeten Nation, um das Opfer nicht misstrauisch zu machen. Auf ein Signal des Anführers starteten sie den Angriff. Die befreundete Flagge wurde durch die Piratenflagge ersetzt und ein Schuss gegen den Bug gefeuert als Aufforderung, das Schiff möge beidrehen. Um den Schrecken auf den Höhepunkt zu treiben und die sofortige Aufgabe zu erzwingen, schleuderten die Piraten Granaten auf das Handelsschiff und schrien markerschütternde Drohungen herüber, sie feuerten Pistolen ab und schwangen Entermesser und -beile. Da Piratenschiffe über große Mannschaften von 50 bis 100 Mann verfügten, der durchschnittliche Kauffahrer aber selten mehr als 20 Mann an Bord hatte, stand das Ergebnis fest. Manchmal raubten die Piraten nur Gold, Silber, Alkohol, Waffen und die Ausrüstung, die sie brauchten, und ließen das Schiff weitersegeln. Manchmal unterwarfen sie die Besatzung der Folter und willkürlicher Gewalt. Die Kapitäne der Handelsschiffe, die unter Verdacht standen, besonders grausam zu ihren Leuten zu sein, wurden oft ermordet und ihr Schiff in Brand gesteckt. Kräftige Seeleute und solche, die über besondere Fertigkeiten verfügten, wie Zimmerleute und Böttcher, wurden überredet oder gezwungen, sich den Piraten anzuschließen.

2 **Schoner** (engl.): zweimastiges Segelschiff

Studien über Piratenmannschaften, die vor Gericht gestellt wurden, sowie Berichte von Kolonialgouverneuren und Kapitänen zeigen, dass die Mehrheit der Piraten frühere Seeleute waren, die ihr Handwerk auf Handelsschiffen oder in der Marine gelernt hatten. Einige waren Deserteure[3], andere waren als überflüssig entlassen worden, wenn es nach Kriegszeiten zum Friedensschluss gekommen war, wieder andere waren Meuterer, einige waren in die Piraterie gezwungen worden. Wie der größte Teil der Seeleute auch waren es junge Männer um die zwanzig Jahre, denn bei jedem Wetter auf einem Segelschiff in der Takelung herumzuklettern war kein Job für jemanden, der nicht fit und beweglich war. Anführer, Quartiermeister und Bootsleute waren meist etwas älter, aber wenige Piratenführer hielten länger als drei bis vier Jahre durch. Die Karriere der meisten Piraten wurde durch Schiffbruch, Tod, Verletzungen im Gefecht, tropische Krankheiten oder Gefangennahme frühzeitig beendet. [...] Indem sie gegen despotische[4] Regime rebellierten, entwickelten die Piraten sogar eine Form der Demokratie. Viele Piraten unterzeichneten Verträge, die in starkem Gegensatz zu den Regeln standen, die man auf Marineschiffen jener Zeit vorfand. Piratenkapitäne wurden von der Mannschaft gewählt und konnten auch wieder abgewählt werden, wenn sie sich im Kampf als ungeeignet erwiesen; jeder Pirat war stimmberechtigt bei „aktuellen Anlässen“, jeder Schatz und alle erbeuteten Werte wurden gerecht verteilt, eine Art medizinisches Versicherungssystem wurde eingerichtet, indem man Geld beiseitelegte, das an diejenigen ausgezahlt wurde, die bei Aktionen verletzt wurden. Von einigen bemerkenswerten Ausnahmen abgesehen waren Frauen an Bord von Piratenschiffen nicht willkommen.

3 **Deserteur:** Fahnenflüchtiger, Überläufer (zur Gegenseite)

4 **despotisch:** willkürlich, gewalttätig, herrisch

1 *a) Gebt mit eigenen Worten wieder, worum es in dem Text geht.*
b) Klärt die Bedeutung der folgenden Fremdwörter aus dem Textzusammenhang (Kontext) heraus.

Image (Z. 19) | Routine (Z. 24) | assoziieren (Z. 31) | Fiktion (Z. 45) | Glamourbild (Z. 59)

2 *Im Text werden Gründe genannt, warum die Piraten ein „romantisches Image“ (Z. 18/19) erworben haben.*
a) Schreibt in Stichworten auf, welche Gründe nach Meinung des Verfassers dafür ausschlaggebend sind.
b) Tauscht euch darüber aus, ob die genannten Gründe auch euer Piratenbild beeinflusst haben.

3 *a) Die letzten drei Textabschnitte (Z. 64–152) enthalten viele Tatsachen und Fakten über das Piratenleben. Teilt euch in Gruppen auf und erstellt ein Informationsplakat zum Thema „Piraterie". Geht dabei folgendermaßen vor:*

- ☐ *Lest den Text genau und notiert wichtige Schlüsselwörter und Wortgruppen.*
- ☐ *Gliedert den Text in Sinnabschnitte und formuliert zu jedem Abschnitt eine treffende Überschrift.*
- ☐ *Schreibt zu jedem Abschnitt wichtige Informationen heraus. Schreibt sie übersichtlich auf ein Notizblatt oder auf einzelne Karteikarten.*

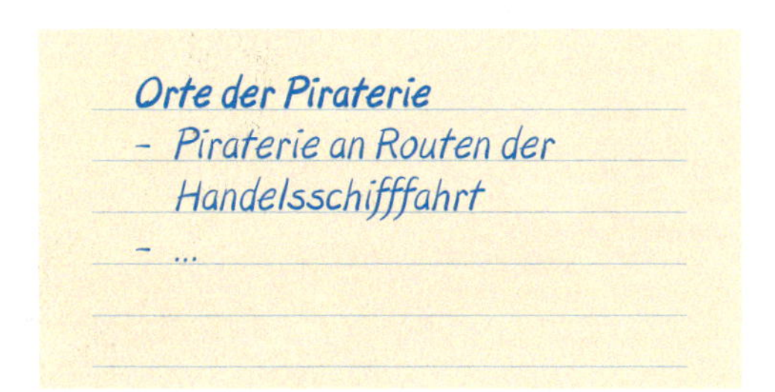

- ☐ *Wenn ihr euch über bestimmte Themenbereiche genauer informieren wollt, nutzt weitere Informationsquellen, z. B. Lexika, Sachbücher oder das Internet, und ergänzt eure Informationen (Tipps zur Informationsrecherche findet ihr auf S. 336).*
- ☐ *Gliedert euer Informationsplakat, z. B. in verschiedene Themengruppen.*
- ☐ *Sucht zu den verschiedenen Themen Fotos, Bilder, Zeichnungen oder Skizzen.*
- ☐ *Ordnet eure Texte und Bilder übersichtlich auf dem Plakat an. Ihr könnt eure Texte auch mit dem Computer schreiben.*

b) Präsentiert eure Plakate in der Klasse.

Doris Möller

Produktpiraten: Die Seeräuber des 20. Jahrhunderts

Jedem deutschen Urlauber begegnen die fliegenden Händler am Straßenrand, die vermeintliche Markenware so „preiswert" anbieten. Ob in der Türkei, in Griechenland, Spanien, Italien 5 – überall das gleiche Bild. Wer gerät da nicht einmal in Versuchung, das in Deutschland so teure „Nike"-Shirt oder die „Levi's"-Jeans vermeintlich günstig einzukaufen. Die „Schnäppchen" dort sind keine Originalwaren, sondern 10 Fälschungen, Plagiate. Auch in Deutschland selbst gibt es Produktpiraterie, wenn auch meist nicht so offen zur Schau gestellt wie in den genannten Urlaubsländern.

Als Produktpiraterie wird die Verletzung „ge- 15 werblicher Schutzrechte" oder, verständlicher gesagt, der Diebstahl geistigen Eigentums bezeichnet. Jemand verkauft z. B. Ware, die aufgrund der angebrachten Marke vermeintlich von einem bekannten Markenartikelhersteller stammt. Statt des Originals bietet er ein Plagiat 20 an und täuscht so über die Warenherkunft. Der Produktpirat stiehlt und betrügt.

Die Geschichte der Fälschungen reicht bis in die Antike zurück. Archäologen finden bei Ausgrabungen immer wieder Kopien von Sta- 25 tuen, die bereits in vorchristlicher Zeit ihre Abnehmer fanden. Im Unterschied zu den antiken Plagiatoren fälschten die Piraten zur See keine Produkte, sondern enterten Schiffe, um sich das Hab und Gut anderer zu eigen zu machen, 30 also zu rauben und zu stehlen.

Die heutigen Produkt- und Markenpiraten

stehlen ebenfalls, nämlich das Know-how von Unternehmen, deren Forschungs- und Entwicklungsleistungen. Ohne die Notwendigkeit, selbst Werbeaufwand und Innovationen vorweisen zu müssen, profitieren sie von der mit viel Werbeaufwand und Kosten errungenen Marktposition anderer. Der Profit ist garantiert. All die eingesparten Entwicklungs- und Werbekosten helfen, die Produkte meist zu geringerem Preis, oft aber auch von geringerer Qualität am Markt anzubieten. Sicherheitsvorgaben oder Qualitätsbestimmungen scheren sie nicht.

Die Piraten von heute entern im Nadelstreifenanzug Absatzmärkte. Kein lautes Säbelrasseln und offener Kampf unterstreichen die räuberische Vorgehensweise. Die Eroberung erfolgt lautlos, ohne Gefahr für das eigene „Piratenleben". Allenfalls rasseln Maschinen. Arbeiter und Arbeiterinnen, die in Drittländern manchmal nur für eine Schale Reis rackern, wirken und werkeln für die modernen Freibeuter. Zuweilen laufen die Fertigungen auch in zweiter und dritter Schicht auf denselben Maschinen, auf denen die Originalprodukte hergestellt werden – nur, der Rechtsinhaber weiß davon nichts. Über den Hinterausgang gelangt die Ware dann auf die Märkte.

Produkt- und Markenpiraten haben deshalb mit Klaus Störtebeker eines gemeinsam. Sie sind beileibe keine Helden! Sie bereichern sich auf Kosten anderer, indem sie Kaufleute, Unternehmer bestehlen. Diese haben investiert, sozial abgesicherte Arbeitsplätze geschaffen, Innovationen entwickelt und Know-how aufgewandt, um ein erfolgreiches Produkt am Markt zu platzieren. Durch die Fälscher werden sie um ihren rechtmäßigen Profit betrogen.

Die Bevölkerung nimmt hiervon kaum Notiz. Oft kauft gerade die junge Generation sogar ganz bewusst Fälschungen. Natürlich ist das gefälschte „Nike"- oder „Tommy Hilfiger"-Sweatshirt oft billiger als das Original. „Tolles Schnäppchen" – denkt sich der Kunde. Der besonders günstige Preis steigert das Kaufvergnügen. Manch einer wirft dem Markenartikelhersteller sowieso vor, das Produkt zu einem viel zu hohen Preis abzusetzen: „Der Originalhersteller soll nur sehen, dass er mit diesen Preisen nicht gewinnen kann ..." Eine solche Auffassung zeugt von wenig Wirtschaftsverständnis. Keiner scheint sich darüber bewusst zu sein, dass ein Kauf Schaden verursacht und auf Dauer sichere Arbeitsplätze gefährdet. Es wäre schön, wenn dieses Hintergrundwissen ihn von seinem Kauf abhalten könnte.

Das „Schnäppchen" ist gesamtgesellschaftlich gesehen aber ein „Eigentor", fließt der Gewinn

doch oft genug ins Drogenmilieu, oder es gehen schlicht Arbeitsplätze verloren, indem der Originalhersteller aufgrund seiner Absatzverluste seinen Personalbestand abbauen muss; schließlich gehen dem Staat und damit uns allen erhebliche Steuereinnahmen verloren, für die wir letztlich alle wieder zahlen müssen.
Wird es in Zukunft gelingen, dies besser in das Bewusstsein zu rücken? Sollte es die Hoffnung geben, dass beim Zeigen einer falschen „Rolex" nicht mit Bewunderung – „Ach, das ist ein toller Kauf" –, sondern eher nachdenklich – „Weißt du überhaupt, wie viel den Leuten bezahlt wird, die das herstellen?" – reagiert wird? Beim Hören einer Piraten-CD wird vielleicht angemerkt: „Ich hoffe, du weißt, dass der Vertrieb gefälschter CDs mit dem Drogenhandel verbunden ist." Oder beim Tragen eines falschen „Lacoste"-Shirts die Feststellung folgt: „Das ist aber nicht gerade cool!"
Von einem derartigen Verbraucherverhalten sind wir jedoch leider noch weit entfernt. Schaut man auf die Statistik des deutschen Zolls, so hat sich die Zahl der Beschlagnahmungen im Bereich der Produkt- und Markenpiraterie an der Grenze der europäischen Gemeinschaft von 1990 bis 1999 drastisch erhöht. 1990 bestand erstmals aufgrund des damals neuen so genannten „Produktpirateriegesetzes" die Möglichkeit, „Piratenwaren" an der Grenze zu beschlagnahmen. Neun Jahre nach Inkrafttreten des Gesetzes und Neuerungen der EU-Verordnung zur Grenzbeschlagnahme ist die Anzahl der Beschlagnahmungen auf rund 2500 gestiegen. Dabei stellen diese Zahlen nur die Spitze eines Eisberges dar. Nicht alles, was die Außengrenzen der Gemeinschaft an gefälschten Produkten passiert, wird vom Zoll entdeckt. Gerade einmal 5 Prozent beträgt der Anteil der durch den Zoll tatsächlich gecheckten Waren. Auch innerhalb der Europäischen Gemeinschaft findet Produktpiraterie statt, und dort gibt es keine Grenze mehr, an der die Warensendungen angehalten werden können. Will ein Unternehmen heute tatsächlich aktiv gegen die modernen Piraten vorgehen, helfen oft nur eigene Ermittlungen. Der Deutsche Industrie- und Handelstag (DIHT) und der Aktionskreis Deutsche Wirtschaft gegen Produkt- und Markenpiraterie (APM) e. V. schätzen, dass allein in Deutschland der Schaden durch entgangene Umsätze und Lizenzeinnahmen etwa 27 Mrd. € beträgt. Dr. Franz Schoser, Hauptgeschäftsführer des Deutschen Industrie- und Handelstages und Vorsitzender des APM, schätzt, dass ca. 70 000 Arbeitsplätze mehr in Deutschland bestehen könnten, wenn es diese Form der Wirtschaftskriminalität nicht gäbe.

Der Kauf von „Piraten-Schnäppchen" sollte für
150 uns alle ein Tabu werden. Würden die Fälscher keine Absatzmärkte finden, wäre das Delikt bald erledigt. Wie wäre es, wenn wir alle daran arbeiten, dass die modernen Piraten ihr Betätigungsterrain verlieren? Freibeuterei sollte sich für niemanden auszah- 155 len. Hierzu können wir alle beitragen: Don't buy fakes!

1 *Erklärt die Begriffe „Plagiat" (Z. 10) und „Produktpiraterie" (Z. 11).*

2 *a) Erläutert, warum im Text die Markenfälschung mit der Seeräuberei der Piraten verglichen wird.*
b) Schreibt in Stichworten auf, welche Folgen die Produktpiraterie hat.

3 *Nach Meinung der Verfasserin soll der Kauf von „Piraten-Schnäppchen" für uns alle ein Tabu werden (Z. 149–157).*
a) Diskutiert darüber, ob sich dieser Wunsch erfüllen wird. Greift dazu auf die Informationen des Textes, aber auch auf eure eigenen Erfahrungen zurück.
b) Untersucht, mit welchen sprachlichen Mitteln die Verfasserin ihre Meinung im Text verdeutlicht.

4 *a) Fasst den Text nach folgendem Verfahren zusammen:*

Arbeitsschritte	**Tipps**
☐ Lest den Text genau und markiert wichtige Schlüsselwörter oder Wortgruppen.	☐ Verwendet eine Kopie des Textes.
☐ Gliedert den Text in Sinnabschnitte.	☐ Kennzeichnet die Abschnitte durch Markierungen.
☐ Findet für jeden Abschnitt eine treffende Überschrift.	☐ Orientiert euch an den Schlüsselwörtern.
☐ Fasst den Text zusammen.	☐ Schreibt möglichst in eigenen Worten.

b) Stellt eurer Zusammenfassung eine kurze Einleitung voraus, z. B.:

In dem Text „Produktpiraten: Die Seeräuber des 20. Jahrhunderts" geht es um ...
Überall, auch in Deutschland, gibt es ...

Fragen zu den Texten „Von Schiffen, Schätzen und Piraten" (▷ S. 71–80)

5 *Untersucht, welche Merkmale die jeweiligen Texte haben. Stellt Gemeinsamkeiten und Unterschiede heraus.*
- ☐ *Wie sind die Texte aufgebaut?*
- ☐ *Welche Intention (Absicht) haben die jeweiligen Texte und für welche Adressaten sind sie geschrieben?*
- ☐ *Wie sind die Texte sprachlich gestaltet? Welcher Wortschatz wird verwendet? Welche Fremd- und Fachwörter findet ihr?*

3.3 Die sprachliche Gestaltung einer Textzusammenfassung

Uwe Timm

Der Schatz auf Pagensand (3)

Nachdem Jutta, Benno, Georg und Jan festgestellt haben, dass auf dem Medem-Grund, einer Insel in der Elbe, unmöglich ein Schatz versteckt sein kann, treten sie ihren Rückweg an. Als sie am Pagensand vorbeikommen, beschließen sie, dort nach dem angeblich versteckten Staatsschatz des Königs von Albanien zu suchen. Bevor sie die Insel erreichen, bringt jedoch ein heftiges Unwetter ihr Schiff zum Sinken. Nur mit Mühe können sich die Kinder ans Ufer retten.

1 *Überlegt, welche der folgenden vier Sätze den Handlungszusammenhang deutlich zeigen. Begründet eure Meinung.*

2 *Konjunktionen und Adverbien verknüpfen Sätze miteinander und stellen dadurch gedankliche Verbindungen her. Mit ihrer Hilfe kann man Zusammenhänge knapp und treffend formulieren.*

Jan hat Angst um die Ölzeughose.
Die Ölzeughose gehört seinem Vater.

Die vier erkunden die Insel. Sie entdecken die alte Ruine eines Bunkers.

Benno und seine Freunde erforschen den Bunker. Sie finden nichts.

Die Kinder wollen den Schatz des Königs finden. Sie hoffen, eine große Entdeckung zu machen.

Die Schatzkarte ist verloren gegangen. Die vier Abenteurer müssen sich auf Bennos Gedächtnis verlassen. Ihm hat der seltsame Alte den Fundort verraten.

Die Schiffbrüchigen suchen länger am Strand. Sie finden immer mehr Gegenstände ihrer Ladung.

a) *Verbindet die Sätze durch treffende Konjunktionen und Adverbien und schreibt sie in euer Heft.*
TIPP: *Ihr könnt die Sätze auch umstellen.*
Beispiel:

Jan hat Angst um die Ölzeughose, da sie seinem Vater gehört.

Weil die Ölzeughose seinem Vater gehört, hat Jan Angst um sie.

b) *Vergleicht euer Ergebnis mit dem einer Partnerin oder eines Partners. Wo seid ihr zu unterschiedlichen Lösungen gekommen?*

3 *Infinitivsätze helfen euch dabei, Aussagen knapper und abwechslungsreich zu formulieren (▷ Infinitivsätze, S. 322).*
Formt die folgenden Sätze um, indem ihr Infinitivsätze verwendet. Beispiel:

Um sich gegen die Witterung zu schützen, bauen sie sich ein Zelt aus Segeltuch.

Die Gestrandeten wollen sich gegen die Witterung schützen, deshalb bauen sie sich ein Zelt aus Segeltuch.

Schon bald ziehen die Abenteurer los, denn sie suchen den Staatsschatz von Albanien.

Benno glaubt, dass er weiß, wo der Schatz liegt.

Sie graben viele Löcher, weil sie die ersehnte Truhe finden wollen.

Benno und Jutta machen sich schließlich alleine auf, weil sie den Schatz heben wollen.

4 *Mit Hilfe von Relativsätzen kann man zwei Hauptsätze zu einem Satzgefüge umformen und damit oft eine Doppelung von Informationen vermeiden.*

Benno sucht mit Jutta weiter nach dem Schatz. Der Schatz muss irgendwo auf der Insel vergraben sein.

Die beiden stoßen beim Graben plötzlich auf eine Metallkassette. Die Metallkassette ist alt und anscheinend vor langer Zeit vergraben worden.

Stolz präsentieren sie Jan und Georg ihren Fund. Der Fund beeindruckt die beiden Jungen sehr.

Plötzlich bemerken die Freunde die Ankunft der Männer. Die Männer haben vor ein paar Tagen den König von Albanien bedroht.

Im Bunker verstecken die Gauner Päckchen. Die Päckchen enthalten weißes Pulver.

Für die vier Schatzsucher wird die Situation äußerst gefährlich. Die vier Schatzsucher werden von den Ganoven entdeckt.

Am Strand liegt das kleine Boot der Ganoven. Mit diesem Boot gelingt den vier Kindern die Flucht.

a) Formt die Hauptsätze zu einem Satzgefüge um, das aus Hauptsatz und Relativsatz besteht. Setzt dabei die nötigen Kommas.
b) Vergleicht euer Ergebnis mit dem einer Partnerin oder eines Partners. Besprecht, welche Nomen durch die Relativsätze genauer erklärt werden. Markiert die Bezugsnomen und die dazugehörigen Relativpronomen.

Uwe Timm

Der Schatz auf Pagensand (4)

Benno, Georg, Jan und Jutta sind als Schiffbrüchige auf dem Pagensand gestrandet und begeben sich auf Schatzsuche. Und tatsächlich finden sie eine alte Metallkassette.
Als Geierklaue und seine Männer auf die Insel kommen, um dort ihre geschmuggelte Ware zu verstecken, kapern die Kinder in einer abenteuerlichen Aktion deren Boot. Kurze Zeit später werden sie von der Wasserschutzpolizei aufgegriffen.

Wir fuhren mit dem Boot der Wasserschutzpolizei zurück, Richtung Hamburg. Ein sonderbares Gefühl, auf einem schnellen Boot zurückzufahren und in wenigen Stunden das 5 zu schaffen, wofür wir bei der Hinfahrt zwei Tage gebraucht hatten. Aber das Segeln hat eben doch weit mehr Spaß gemacht.
Was habt ihr denn auf der Insel gesucht?
Den Staatsschatz von dem König von Albani- 10 en. Erst lachten die Polizisten blöd, aber als sie sich die Kassette ansahen, wurden sie neugierig. Aber auch sie durften die Kassette nicht aufknacken. Die gehörte schließlich dem König von Albanien. Und da erklärten sie sich 15 doch noch bereit, uns zum Schweinesand zu fahren.
War der wirklich mal König von Albanien, fragte ich.
Quatsch, sagte der Polizist.
20 Und was ist das, fragte er, als Benno die drei verrosteten Splitter aus der Tasche zog.
Das sind Reste von den Schwertern und Helmen der Störtebeker-Mannschaft, erklärte Benno, haben wir auf der Insel ausgegraben.
25 Störtebeker? Nee. Der Polizist lachte schon wieder. Das sind Flaksplitter. Und mit dem König ist das so: Während des Krieges standen auf der Insel Flakgeschütze. Die sollten die englischen Bomber, die nach Hamburg flogen, 30 beschießen. Die Granaten, die in der Luft explodierten, regneten als Splitter runter. Der König von Albanien war damals bei der Flak Soldat. Ist dann ein bisschen komisch im Kopf geworden, wollte nicht mehr schießen. Tja, und als 35 der Krieg zu Ende war, ist er als Einsiedler auf dem Pagensand geblieben. Später haben die Engländer den Bunker gesprengt. Und da haben sie ihn, weil er sich weigerte, die Insel zu verlassen, mit der Polizei abholen und nach 40 Hamburg bringen lassen. Da ist er dann ganz durchgedreht. Glaubte, er sei König von Albanien, sagte, der Pagensand sei Albanien. Daraufhin wollte man ihn in die Klapsmühle bringen, da ist er ausgebüxt und auf den Schweinesand 45 gegangen. Dort lebt er seitdem. Bisschen verrückt, aber tut ja keinem was.

Das Polizeiboot ankerte am Schweinesand. Wir fuhren mit einem Beiboot hinüber. Zwei Polizisten begleiteten uns. Die waren neugierig
50 und wollten natürlich auch wissen, was in der Kassette war.
Wieder begrüßte uns das schwarze Schwein Caesar, wobei die Polizisten doch ein paar Schritte zurückwichen. Gelassen tätschelte
55 ich das Schwein vor ihren Augen, musste mir aber Mühe geben, nicht loszuprusten, weil ich daran dachte, wie ich bei der ersten Begegnung an dem Erlenstämmchen gehangen hatte. Das Schwein führte uns zu der Lichtung, wo die
60 Hütte stand. Der König saß im Schaukelstuhl auf seiner Veranda und rauchte.
Ich will keine fremden Truppen auf meinem Territorium, sagte er streng zu den Polizisten und verbot ihnen, seinen Palast zu betreten.
65 Die haben hier nichts zu suchen. Es sei denn, Sie nehmen die Mützen ab und legen sie dort hinten bei dem Baumstumpf ab.
Die Polizisten nahmen denn auch brav die Mützen ab. Benno überreichte ihm die Schatulle.
70 Mein Staatsschatz, rief er und stand aus dem Schaukelstuhl auf. Er stellte die Kassette vorsichtig auf den Tisch, klatschte wie ein Kind in die Hände, stand dann stramm und sang diesen merkwürdig schnarrenden, grunzenden
75 Gesang, seine Nationalhymne. Endlich kann ich meine Minister bezahlen, endlich Verbesserungen im Lande vornehmen. Er holte unter seinem Hemd einen Schlüssel hervor, den er an einer Lederschnur um den Hals trug. Der
80 Schlüssel passte in das Schloss und nach einigem Rucken sprang es auf. Ich werde euch reich belohnen. Er öffnete vorsichtig den Deckel. Darin lag ein Wachstuchpäckchen. Behutsam faltete er es auf. Mehrere Bündel
85 Banknoten lagen darin, Reichsmark, alte, inzwischen wertlose Banknoten. Jeder von euch bekommt dreitausend Mark.
Darf ich das Dokument sehen, Eure Majestät, fragte der eine Polizist.
90 Ja, bitte.
Der Polizist las den Zettel und gab ihn dann zurück. Er nickte mit dem Kopf und erzählte uns später, dass es die Kasse einer deutschen Division gewesen sei. Wahrscheinlich war die vor
95 den anrückenden Engländern auf der Insel in Sicherheit gebracht worden.
Der König von Albanien muss sie später auf der Insel vergraben haben. Das war damals tatsächlich ein Schatz gewesen: 120 000 Reichs-
100 mark. Aber inzwischen, nach der Währungsreform, hatten die Noten nur noch den Wert von Altpapier.
Der König überreichte jedem von uns dreitausend wertlose Mark. Und für dich, sagte er
105 zu Benno, habe ich noch etwas Besonderes. Er schenkte Benno eine Münze. Eine Silbermünze. Die hab ich auf dem Pagensand gefunden. Nach einer Sturmflut, da ist die Münze freigespült worden.
110 Benno hielt die Münze in der Hand. Lubec stand darauf und das Datum 1365.
Eine Münze aus dem Störtebeker-Schatz, sagte Benno.

So, sagte der König von Albanien, ich muss jetzt
115 die Audienz beenden, meine Minister warten.
Kommt recht bald wieder.
Übrigens, sagte Georg, vor der Geierklaue und
seinen Männern müssen Sie keine Angst mehr
haben. Die kommen hinter Schloss und Riegel.
120 Stimmt das?, fragte der König die Polizisten.
Ja.
Ich danke euch, er drückte uns die Hand. Orden
vergebe ich grundsätzlich nicht, aber der Dank
all meiner Untertanen ist euch gewiss.
125 Die beiden Polizisten, die ihm auch die Hand
drücken wollten, wedelte er einfach weg. Er ging
zu seinen Ziegen und begann, sie zu melken.

1 *Fasst den Textauszug „Der Schatz auf Pagensand (4)“ (▷ S. 84–86) zusammen.*
a) Erstellt Schritt für Schritt einen Schreibplan zum Textausschnitt.
Geht dabei folgendermaßen vor:
- *Lest den Text gründlich und versucht, euch die Handlung vorzustellen.*
- *Klärt mit Hilfe der W-Fragen den Inhalt des Textes.*
- *Gliedert den Text in Sinnabschnitte. Fasst jeden Sinnabschnitt in einem Satz oder einer treffenden Überschrift zusammen.*
- *Schreibt Stichpunkte auf, die über Gründe und die Folgen der Handlung und der Ereignisse informieren.*
- *Erstellt einen Schreibplan, in dem ihr die Handlungsschritte zeitlich ordnet und in einer logischen Reihenfolge festhaltet.*

b) Fasst den Text mit Hilfe eures Schreibplans zusammen. Stellt eurer Zusammenfassung eine Einleitung voran.

2 *a) Überarbeitet eure Zusammenfassungen mit Hilfe der folgenden Tipps:*

TIPP

Die sprachliche Gestaltung einer Textzusammenfassung

- **Konjunktionen und Adverbien** verknüpfen Sätze miteinander und stellen dadurch gedankliche Verbindungen her. Mit ihrer Hilfe kann man Zusammenhänge (Ursache und Wirkung, zeitliche Zusammenhänge etc.) knapp und treffend formulieren, z. B.:
„*Weil* Geierklaue und seine Männer im Gefängnis sind, muss der alte Mann keine Angst mehr haben.“
- Mit **Infinitivsätzen** lassen sich Aussagen knapper formulieren und abwechslungsreicher gestalten, z. B.:
„Die Polizisten willigten ein, *zum Schweinesand zu fahren.*“
- Mit Hilfe von **Relativsätzen** kann man zwei Hauptsätze zu einem Satzgefüge umformen und damit oft eine Doppelung von Informationen vermeiden, z. B.:
„Der alte Mann schenkt Benno eine Silbermünze, *die er auf dem Pagensand gefunden hat.*“

b) Tragt eure Zusammenfassungen in der Klasse vor und besprecht deren inhaltliche und sprachliche Gestaltung.

4 Gemischte Gefühle – Gestalterisches Schreiben

4.1 Mit allen Sinnen – Erlebnisse schildern

Sinneseindrücke schildern

1 *Versetzt euch in die Situation, die das Bild zeigt, und überlegt, mit welchen Sinnen man die Umgebung besonders gut wahrnehmen kann.*

2 *a) Übertragt die folgende Tabelle in euer Heft und schildert die Sinneswahrnehmungen, die zu dieser Situation passen. Achtet auf anschauliche Formulierungen.*

Sehen	Hören	Riechen/Schmecken	Fühlen
- Nebelschwaden hängen an den Bergen	- …	- …	- ein kalter Wind

b) Überlegt euch eine Geschichte zu diesem Bild. Erzählt sie in der Klasse und gestaltet sie mit Hilfe der Sinneswahrnehmungen aus eurer Tabelle ausdrucksvoll und lebendig.

Mark Twain

Zeckenjagd

Je eifriger Tom sich bemühte, seine Aufmerksamkeit auf das Buch zu konzentrieren, desto mehr irrten seine Gedanken ab. So gab er es schließlich mit einem Seufzer und einem Gähnen auf. Ihm schien, die Mittagspause werde nie kommen. Die Luft war totenstill. Nicht der leiseste Windhauch regte sich. Es war der schläfrigste aller schläfrigen Tage. Das einlullende Gemurmel der fünfundzwanzig lernenden Schüler umschmeichelte die Seele wie das magische Summen der Bienen. Fern im flammenden Sonnenschein stiegen die grünen Ränge des Cardiff-Hügels auf, hinter einem flimmernden Hitzeschleier, durch die Entfernung violett gefärbt; auf trägen Schwingen schwebten hoch oben am Himmel ein paar Vögel; sonst war kein lebendes Wesen zu sehen, außer einigen Kühen, und die schliefen. Toms Herz lechzte danach, frei zu sein oder wenigstens irgendetwas Interessantes unternehmen zu können, um die öde Zeit zu vertreiben. Seine Hand wanderte in die Tasche und sein Gesicht erhellte sich vom Glühen der Dankbarkeit, die ein Gebet war, obwohl er das nicht wusste. Verstohlen kam die Zündhütchenschachtel zum Vorschein. Er befreite die Zecke und setzte sie auf das flache Pult. Wahrscheinlich empfand das Geschöpf in diesem Augenblick ebenfalls eine Dankbarkeit, die einem Gebet gleichkam, aber das war voreilig: Als es sich nämlich frohlockend entfernen wollte, schob Tom es mit einer Nadel herum und zwang es, seine Richtung zu ändern.

1 *Fasst in drei Sätzen zusammen, was Tom in dieser Episode erlebt.*

2 *a) Untersucht in Partnerarbeit, mit welchen sprachlichen Gestaltungsmitteln die Stimmung dieses heißen, ruhigen Tages im Text geschildert wird. Übertragt dazu die Tabelle in euer Heft und vervollständigt sie mit Beispielen aus dem Text.*

Verben	Adjektive/Partizipien	Vergleiche/Metaphern	Personifikationen
- …	- totenstill (Z. 6)	- wie das magische Summen der Bienen (Z. 10–11)	- …

b) Überlegt, wie diese sprachliche Gestaltung auf den Leser wirkt.

3 *Im Text heißt es, Tom versuchte, sich im Unterricht zu konzentrieren, aber es „irrten seine Gedanken ab“ (▷ Z. 1–3).*
a) Überlegt, woran er in dieser Situation denken könnte, und gebt seine Gedanken in wörtlicher Rede wieder.

b) Spielt die Szene, in der Tom „laut denkt“, vor der Klasse und sprecht darüber, wie echt diese Empfindungen auf euch wirken.

4 *Was würdet ihr in einer vergleichbaren Situationen empfinden? Erzählt, wie ihr euch verhalten würdet, und schildert eure Gedanken und Gefühle.*

Erzählen und gestalten

1 *Erzählt in wenigen Sätzen, was in den Situationen, die dargestellt sind, geschieht.*

2 *a) Betrachtet die Personen auf den Bildern und notiert, was sie jeweils fühlen und denken könnten.*
b) Sammelt zur jeweiligen Situation sprachliche Mittel (z. B. anschauliche Adjektive, Verben, Vergleiche, Metaphern, Personifikationen), mit denen ihr die Stimmung besonders ausdrucksvoll wiedergeben könnt.

3 *a) Wählt ein Bild aus und schreibt mit Hilfe eurer Notizen aus Aufgabe 2 eine kurze Erzählung, in der ihr die Sinneseindrücke, Gefühle und Gedanken einer Person anschaulich schildert.*
b) Tragt eure Erzählungen vor. Achtet darauf, an welchen Stellen ihr eine Pause machen und welche Wörter ihr besonders betonen wollt. Probiert auch, wie ihr die Stimmführung und Lautstärke variieren könnt.

!

Gestaltend erzählen: schildernde Passagen verfassen
Beim anschaulich gestaltenden Erzählen gibt man die **innere Handlung,** d. h. die Gedanken und Gefühle einer Person, besonders ausführlich und ausdrucksvoll wieder. Damit der Leser die Stimmung einer Situation besonders gut nachempfinden kann, schildert man **Sinneseindrücke** (Sehen, Hören, Riechen/Schmecken, Fühlen), die mit der äußeren Handlung verknüpft sind.
Eine besonders anschaulich geschilderte Passage ist oft als Höhepunkt in eine Erzählung eingebettet. Das so genannte szenische Präsens trägt dazu bei, dass dem Leser das Geschehen unmittelbar vergegenwärtigt wird.
Zur **sprachlichen Gestaltung** von schildernden Passagen verwendet man:
- ausdrucksstarke Verben und Partizipien,
- stimmungsvolle Adjektive,
- Vergleiche und Metaphern,
- Personifikationen,
- wörtliche Rede zur Gedankenwiedergabe,
- kurze Sätze bzw. Satzbruchstücke.

Am Matthias-Grünewald-Gymnasium in Würzburg wurde eine Theatergruppe gegründet. Sie möchte sich einem größeren Publikum vorstellen, um Mitglieder zu werben. Dazu veranstaltet sie einen Geschichtenwettbewerb zum Thema „Theater". Eine der eingereichten Geschichten wird in der Schülerzeitung abgedruckt.

Lampenfieber

„Alexander der Große besiegte die Perser 334 vor Christus am Granikos, darauf 333 bei …" Ich rutschte auf meinem Stuhl hin und her und wartete auf das lang ersehnte Klingelzeichen, das diesen Schultag beenden sollte. Aber unser Geschichtslehrer warf mit wichtigen historischen Daten nur so um sich. Mein Blick schweifte aus dem Fenster in den grauen, nebligen Herbsttag. Kein gutes Vorzeichen für die Premiere unserer Theatergruppe heute Nachmittag!

Das schrille Klingeln der Schulglocke riss mich aus meinen Gedanken und kurz darauf saß ich schon im Bus zum Theater. Während der Fahrt wanderten meine Gedanken immer wieder zu der bevorstehenden Aufführung. Heute würde ich zum ersten Mal in einer richtigen Rolle auftreten. Nein, keine Hauptrolle, aber eine mit Text. „Oje, der Text! Hätte ich ihn nur gründlicher gelernt!", schoss es mir durch den Kopf. Nun sah ich vor meinem geistigen Auge, wie mich die Zuschauer anstarren würden, wenn ich stecken blieb. Und dann würden sie wahrscheinlich lauthals lachen. „Ich werde mich unsterblich blamieren", dachte ich, „Mama und Papa werden enttäuscht sein." Allmählich kroch ein mulmiges Gefühl in mir hoch und mein Magen krampfte sich zusammen. Da rüttelte mich Hannes an den Schultern. Beinahe hätte ich das Aussteigen verpasst. Hannes spielte die Hauptrolle und schien keine Spur aufgeregt zu sein. Meine Beine waren schwer wie Blei, als wir die Treppe zu den Künstlergarderoben hinaufstiegen. Dort warteten bereits unsere Helfer mit Schminke und Kostümen. Ein süßlicher Duft von Parfum und ein muffiger von den alten Kostümen stieg mir in die Nase. In diese Spiegel haben schon große Künstler geschaut. Und wer hat nicht schon alles auf diesem Stuhl gesessen! Während wir uns für den Auftritt vorbereiteten, plapperten Hannes und die anderen ununterbrochen. Ich brachte kein Wort heraus. Meine Kehle war wie zugeschnürt. Ich merkte, wie mir der Schweiß auf die Stirn trat. Schließlich musste ich schon im ersten Akt auftreten.

Jetzt stehen wir alle direkt hinter der Bühne. Der Vorhang hebt sich langsam und ich höre, wie der Applaus zögernd einsetzt und immer kräftiger wird. Meine Hände sind eiskalt und feucht. Ich schlucke ein paar Mal und räuspere mich. Wie aus der Ferne dringt Hannes' kräftige und sichere Stimme zu mir. Mein Text, oh Gott, er ist wie weggeblasen! Mein Herz klopft so laut, dass man es bestimmt im ganzen Theater hören kann. Doch nun muss ich hinaus auf die Bühne. Ein tonnenschweres Gewicht legt sich auf meine Schulter. Es ist die Hand unseres Regisseurs. „Toi, toi, toi", raunt er mir zu und schiebt mich vor. Das grelle Scheinwerferlicht blendet mich. Ich trete zwei Schritte vor und plötzlich sind alle Ängste wie weggeblasen. Da ist mein Stichwort. Die folgende Stunde verging wie im Flug. Ich trat auf, spulte meinen Text herunter, reagierte mechanisch auf alle Zeichen und Stichwörter. Erst als der Vorhang fiel und der Beifall toste, wachte ich wieder auf. Ich schwebte fast an den Bühnenrand, um mich zu verbeugen. Lampenfieber, davon war ich überzeugt, würde ich nie wieder haben.

Katja Thielen, 7 a

1 *a) Erschließt den Aufbau der Geschichte (Einleitung, Hauptteil mit Erzählschritten, Schluss).*
b) Stellt fest, in welchen Abschnitten besonders viele schildernde Elemente verwendet werden.
c) Überlegt, warum die Geschichte aus der Ich-Perspektive erzählt wird.

2 *Untersucht, mit welchen sprachlichen Mitteln die Erzählerin ihre Sinneseindrücke schildert. Zeigt ihre Wirkung auf den Leser.*

3 *Stellt äußere und innere Handlung in einer Tabelle gegenüber.*

äußere Handlung	innere Handlung
– ...	– ...
– Die Ich-Erzählerin fährt nach Unterrichtsschluss mit dem Bus zum Theater.	– Sie stellt sich das Publikum vor. – Sie hat Angst, die Aufführung zu verpatzen. – ...

4 *Begründet die Tempuswechsel in der Geschichte.*

Gedanken und Gefühle anschaulich gestalten

Um Gedanken und Gefühle anschaulich und abwechslungsreich zu gestalten, muss man über einen ausdrucksstarken Wortschatz verfügen. Der Stilduden hilft euch bei der Suche nach treffenden Formulierungen. Er listet zu einzelnen Stichwörtern verschiedene Ausdrucksmöglichkeiten auf. Zu den Begriffen „Atem" und „Herz" findet man im Stilduden folgende Einträge:

Atem, kurzer, schneller, schwacher A.; der A. setzt aus, steht still, geht stoßweise, pfeifend, rasselnd; ihm stockte der A.; A. holen, schöpfen; er hielt einige Augenblicke den A. an; die Angst presste, schnürte ihr den A. ab; das Tempo verschlug, raubte ihr den A.; außer A. kommen, geraten, sein; die Frau rang nach A.; er kam allmählich wieder zu A.; A. holen/schöpfen (sich zu weiterem Tun rüsten); einen langen A. haben; den längeren A. haben *(es lange, länger als der Gegner aushalten);* etwas verschlägt jmdm. den A. *(etwas macht jmdn. sprachlos).*

Herz: das H. schlägt, klopft, pocht, hämmert, flattert; ihm stockte das H. vor Schreck *(er erschrak heftig);* vor Wut schlug ihm das H. bis zum Hals [hinauf]; bildl. (dichter.): das H. wollte ihm zerspringen [vor Freude]; jmdn. ans, an sein H. drücken *(an sich drücken, umarmen);* ein H. aus Stein *(ohne Mitempfinden);* diese Frau hat kein H. *(ist herzlos, gefühllos);* etwas bedrückt jmdm. das H.; reinen/reines Herzens etwas sagen können; traurigen Herzens nahm er Abschied; im Grunde seines Herzens *(im Innersten)* dachte er anders; das H. auf dem rechten Fleck haben *(eine vernünftige, richtige Einstellung haben);* etwas auf dem Herzen haben *(ein Anliegen haben);* jmdm. fällt eine schwere Last/eine Zentnerlast, ein Stein vom Herzen *(jmd. ist sehr erleichtert über etwas);* seinem Herzen einen Stoß geben *(sich zu etwas überwinden);* sich etwas [sehr] zu Herzen nehmen *(etwas beherzigen; etwas sehr schwer nehmen);* sich (Dativ) ein H. fassen *(seinen ganzen Mut zusammennehmen);* (ugs.:) jmdm. rutscht/fällt das H. in die Hose[n] *(jmd. bekommt große Angst);* etwas bricht jmdm. das H. *(etwas bekümmert jmdn. so sehr, dass er daran stirbt).*

1 *a) Überprüft, welche sprachlichen Wendungen aus dem Stilduden ihr in der Geschichte „Lampenfieber“ (▷ S. 90–91) verwenden könntet.*
b) Schlagt nach, was im Stilduden zu den Stichwörtern „Angst“, „Schreck“ und „Aufregung“ steht.

2 *a) Schreibt zu einem der Erinnerungsstücke eine Erzählung mit schildernden Passagen. Achtet dabei auf anschauliche Mittel der Gestaltung.*
b) Findet eine passende Überschrift für eure Erzählung.

3 *Erzählt von eigenen Erinnerungsstücken und schreibt eine anschauliche Geschichte dazu.*

4.2 Sehnsucht nach Heimat und Ferne – Gestalterisches Schreiben in Gedichtform

Mascha Kaléko

Mascha Kaléko wurde 1912 als Tochter jüdischer Eltern in Schildow (Polen) geboren. In den 20er Jahren fand sie in Berlin Anschluss an die literarischen Künstlerkreise und veröffentlichte ihre Gedichte in verschiedenen Berliner Tageszeitungen. 1933 hatte sie mit dem „Lyrischen Stenogramm" ihren ersten großen Erfolg. Nach Angriffen durch die Nazi-Presse emigrierte sie 1938 in die USA. Der Verlust von Heimat und Muttersprache traf sie schwer und prägte fortan ihre Gedichte. 1966 siedelte Mascha Kaléko nach Israel über, 1975 starb sie in Zürich.

Mascha Kaléko

Sehnsucht nach einer kleinen Stadt

Jetzt müsste man in einer Kleinstadt sein
Mit einem alten Marktplatz in der Mitte,
Wo selbst das Echo nächtlich leiser Schritte
Weithin streut jeder hohle Pflasterstein,

Wo vor dem Rathaus rostge Brunnen stehen
In einem toten, längst vergessnen Stil,
Wo selbst aus Erz die Statuen mit Gefühl
Des Abends Liebespaare wandeln sehen,

Wo alte Höfe unentdeckt noch träumen,
Als wären sie von einer andern Welt,
Nur ab und zu ein Dackel leise bellt,
Und blonde Kinder spielen unter Bäumen.

Da blühn Geranien, Tulpen und Narzissen
Vor Fenstern winzig wie im Puppenhaus.
Zum ziegelroten Giebeldach heraus
Hängt bunt kariert ein bäurisch Federkissen.

Hier haben alle Menschen immer Zeit,
Als machte das Jahrhundert eine Pause.
Hier sitzt man noch auf Bänken vor dem Hause.
20 Und etwas abseits gibts noch Einsamkeit.

Nichts stört die klare Stille in der Nacht.
Wie unbegreiflich nah sind hier die Sterne.
Gespenstergleich verlischt die Gaslaterne,
Wenn familiär der Mond herunterlacht.

25 Da scheint uns – fern von allem – vieles glatt,
Was man zuvor mit anderm Maß gemessen.
Man könnte wohl so mancherlei vergessen
In einer solchen braven kleinen Stadt.

1 *a) Beschreibt das äußere Erscheinungsbild der Stadt im Gedicht. Welche Wörter und Wendungen fallen euch besonders auf?*
b) Stellt zusammen, mit welchen sprachlichen Mitteln die Autorin die Atmosphäre und die Stimmung in der kleinen Stadt schildert.

2 *a) Untersucht, wer in diesem Gedicht spricht.*
b) Überlegt, wo sich der Sprecher des Gedichts befindet und an wen er sich wendet.
c) Schreibt ein Gedicht, das beginnt mit: „Jetzt bin ich ..."

3 *Untersucht die äußere Form des Gedichts (Strophenbau, Reim, Metrum). Gibt es einen Zusammenhang zwischen der äußeren Form und dem Inhalt des Gedichts?*

4 *Jeder Mensch hat Sehnsüchte. Wonach sehnt ihr euch?*
a) Findet andere Gedichtüberschriften, die eure Sehnsüchte benennen, z. B.:
Sehnsucht nach Urlaub, Sehnsucht nach ...
b) Sucht euch eine Überschrift aus und schreibt nach dem Vorbild von Mascha Kaléko ein Parallelgedicht.
TIPP: *Versucht, eure Gedanken und Gefühle so anschaulich wie möglich wiederzugeben.*

Walter Tausendpfund

Naus

Walter Tausendpfund, geb. 1944, lebt und arbeitet in Pegnitz (Oberfranken). Er schreibt Gedichte und Theaterstücke in oberfränkischer Mundart und betreibt heimatkundliche Studien.

Claude Monet: In der Blumenwiese (1876)

Iich meched naus ...
einfach naus ...

naus aafd Schdrooß
laafn wäi e ... Hund, e Kads,
5 laafn wäi e ... Gaal, e Wandere ...

ainfach naus ...
odde fläing wäi a Vuugl,
wäi e ... Schmedderling,
wäi e Zidroonefalde,
10 fläing, immezuu fläing ...

iibe Bisch und Zain,
iibe klane Baam ...
iibe Wiesn,
fläing,
15 iimezuu fläing,

niiebe ze Blumme
doohiie und doo ...

suu meched iich naus,

naus aus deere enge Schduum,
20 naus aus dene vier Wend,
naus aus den Luuch ...
naus zen Fensde,
niiebe zen Fluss,
niiebe zen Wald ...
25 nauf in Himml ...
naus ...

und frai sai,
Mensch sai,
ainfach e soo ...
30 nix drum rum,
ainfach e soo ...
wäi e Schmedderling ...
frai!

1 *a) Lest das Gedicht leise durch.*
b) Fasst in wenigen Sätzen zusammen, wovon das Gedicht handelt.

2 *a) Übertragt das Gedicht ins Hochdeutsche.*
b) Vergleicht das „Original“ mit eurer Übersetzung. Welcher Text wirkt besser? Begründet eure Meinung.
c) Überlegt, warum Walter Tausendpfund Gedichte in seiner Mundart schreibt. Diskutiert über Vor- und Nachteile.

3 *a) Informiert euch über Mundartdichterinnen und Mundartdichter in eurer Region.*
b) Wählt eines ihrer Mundartgedichte aus und bereitet es für einen Gedichtvortrag vor.

Hans Adolf Halbey

urlaubsfahrt

koffer koffer kindertragen
flaschen taschen puppenwagen
papa mama koffer kinder
autokarte notlichtblinker

5 früh geweckt gefrühstückt raus
winke winke schlüssel haus
autobahnen autoschlange
kinderplappern mama bange

schlange kriechen sonne heiß
10 stinken staub benzin und schweiß
stockung hunger mama brote
papa skatspiel radio: tote

schlafen schimpfen hupen schwitzen
weiterfahren weitersitzen
15 müde mitternacht hotel pension
dreißigtausend warten schon

1 *a) Lest das Gedicht laut vor. Was sind eure ersten Eindrücke?*
b) Gebt die Handlung des Gedichts mit eigenen Worten wieder. Findet ihr eure Vorstellungen und Erfahrungen von einer Urlaubsfahrt im Gedicht wieder? Erläutert eure Meinung.
c) Untersucht, welche Wortarten in dem Gedicht verwendet werden. Welche Wirkung wird durch die sprachliche Gestaltung und die äußere Form erzielt?

2 *Verfasst selbst ein Gedicht in diesem Stil, z. B. zu den Situationen:*
Volksfest, Fußballstadion, Einkaufszentrum, Zoo, Kino, Gewitter ...

3 *Betrachtet das Gedicht „urlaubsfahrt" von Halbey als Erzählkern und gestaltet es zu einer anschaulichen Geschichte aus.*

4 *Vergleicht den Inhalt und die sprachliche Gestaltung der Gedichte „urlaubsfahrt" von Halbey und „Naus" von Tausendpfund (▷ S. 95). Stellt Gemeinsames und Unterschiedliches heraus.*

Theodor Storm

Theodor Storm (1817–1888) wurde in Husum geboren, das damals zum Königreich Dänemark gehörte. Storm studierte Jura in Kiel und wurde Rechtsanwalt. Er beteiligte sich an der Volkserhebung gegen die dänische Regierung Schleswigs und wurde deswegen mit einem Berufsverbot belegt. Nach Aufenthalten in Potsdam (1853) und Heiligenstadt (1864) kehrte er 1864 in seine Heimat zurück.
Über seine Heimatstadt Husum schrieb Theodor Storm: „Es ist nur ein schmuckloses Städtchen, meine Vaterstadt; sie liegt in einer baumlosen Küstenebene und ihre Häuser sind alt und finster. Dennoch habe ich sie immer für einen angenehmen Ort gehalten."

Theodor Storm

Die Stadt

Am grauen Strand, am grauen Meer
Und seitab liegt die Stadt;
Der Nebel drückt die Dächer schwer,
Und durch die Stille braust das Meer
5 Eintönig um die Stadt.

Es rauscht kein Wald, es schlägt im Mai
Kein Vogel ohn' Unterlass;
Die Wandergans mit hartem Schrei
Nur fliegt in Herbstesnacht vorbei,
10 Am Strande weht das Gras.

Doch hängt mein ganzes Herz an dir,
Du graue Stadt am Meer;
Der Jugend Zauber für und für
Ruht lächelnd doch auf dir, auf dir,
15 Du graue Stadt am Meer.

1 *a) In dem Gedicht kommen Elemente der Natur vor. Beschreibt, wie Natur und Stadt zueinander in Beziehung gesetzt werden.*
b) Stellt zusammen, mit welchen sprachlichen Mitteln Theodor Storm die Atmosphäre und die Stimmung der Stadt schildert.

2 *Überlegt, was die Stadt am Meer für den Sprecher des Gedichts bedeutet. Begründet eure Aussagen mit Beispielen aus dem Gedicht.*

3 *a) Beschreibt in einem Brief euren Heimatort so, dass ihr damit eure Brieffreundin oder euren Brieffreund zu einem Besuch anregt.*
b) Schildert in einem kurzen Text oder Gedicht euren Traumort, an dem ihr gerne wohnen oder Urlaub machen würdet.

4 ***PROJEKT:*** *Entwerft in Gruppenarbeit anschauliche Texte für einen Fremdenverkehrsprospekt für Kinder und Jugendliche von eurem Ort bzw. eurer Region. Stellt das Charakteristische eurer Stadt und Gegend heraus und berücksichtigt möglichst verschiedene Jahreszeiten, Attraktionen und Feste.*

Robert Muthmann

Zuhause

Der Feldweg.
Der Baum.

Der Bach.
Die Bank.

5 Der Turm.
Die Glocken.

Das Haus.
Die Blumen.

Deine Stimme.
10 Dein Gesicht.

1 *a) Bestimmt die Wortarten, die in dem Gedicht verwendet werden, und besprecht die Wirkung dieser sprachlichen Gestaltung.*
b) Schreibt das Gedicht ab und ersetzt dabei die bestimmten Artikel und die Possessivpronomen durch unbestimmte Artikel.
Wie wirkt das Gedicht jetzt? Gebt eurem Text einen passenden Titel.

2 *Gebt in eigenen Worten wieder, worum es in dem Gedicht geht. Warum hat Robert Muthmann den Titel „Zuhause" für seinen Text gewählt?*

3 *Verfasst zu einem für euch bedeutsamen Ort ein ähnliches Gedicht. Spielt dabei mit den Wortarten.*

Zu den Gedichten über „Sehnsucht nach Heimat und Ferne" ***(▷ Seite 93–98)***

1 *Besprecht, welches Gedicht euch besonders beeindruckt hat. Begründet eure Meinung.*

2 *Stellt Gemeinsamkeiten und Unterschiede der Gedichte zusammen.*

3 *a) Sucht aus einem Stadtplan ungewöhnliche Bezeichnungen von Straßen, Plätzen und Gebäuden heraus und stellt sie euch in eurer Fantasie vor.*
- *Wie könnten diese Orte aussehen?*
- *Welche Atmosphäre herrscht dort?*
- *Welche Sinneseindrücke kann man dort wahrnehmen?*

b) Schreibt einen anschaulich gestalteten Text über einen dieser Orte.
Ihr könnt euch auch in eine andere Zeit hineinversetzen und einen Ort aus dieser Zeit schildern.

4.3 Schreibwerkstatt – Texte ausdrucksvoll gestalten

Situationen bewusst wahrnehmen und anschaulich wiedergeben

1 *a) Versetzt euch in die Situation „Herbstmorgen an einer Bushaltestelle". Notiert in Stichworten Sinneseindrücke, die ihr mit dieser Situation verbindet.*

b) Bildet mit jedem Sinneseindruck einen ausdrucksstarken Satz. Verwendet dabei anschauliche Adjektive, Vergleiche, Metaphern, Personifikationen und treffende Verben, z. B.:

Nebelschwaden hüllten die Häuserdächer wie Watte ein.
Langsam kroch die Morgenkälte in mir hoch und ließ mich frösteln.

grellfarbige Regenjacken

kalte, feuchte Türklinke

Prasseln der Tropfen auf den Schirm

im Park Geruch nach feuchter Erde

2 *Was verbindet ihr mit einem „Regenmorgen in der Stadt"? Findet weitere Sinneseindrücke und schreibt sie in euer Heft.*

3 *Klaus und Jürgen schildern ihre Eindrücke von einem „Regenmorgen in der Stadt".*

Klaus:
Ich ging aus dem Haus.
Es regnete heftig.

Jürgen:
Noch schlaftrunken und leicht fröstelnd, schloss ich die Haustür hinter mir.
Dicke Regentropfen prasselten auf den Asphalt.

a) Vergleicht die beiden Texte:
- *Beschreibt, welche Wirkung die Texte jeweils auf den Leser haben.*
- *Zeigt auf, mit welchen sprachlichen Mitteln die Situation anschaulich geschildert wird.*

b) Führt Jürgens Schilderung des „Regenmorgens in der Stadt" selbstständig weiter.

4 *Versetzt euch in andere Situationen und schildert mögliche Sinneseindrücke. Ihr könnt euch auch in Situationen versetzen, die nicht alltäglich sind oder die ihr nicht selbst erleben könnt.*

- Am Bahnhof
- Im Kaufhaus
- In der Wüste
- Weihnachtsmarkt
- Silvester
- Leben in einer Ritterburg
- Bei einem Popkonzert
- Mit dem Spaceshuttle auf dem Weg ins All
- Markttreiben im Mittelalter

Stimmungen wahrnehmen und einordnen

1 *Stimmungen und Gefühle können sehr unterschiedlich sein.*

a) Zeichnet ein „Stimmungsbarometer" in euer Heft und ordnet folgende Adjektive in die Skala von „sehr ernst" bis „sehr heiter" ein.

zufrieden | fröhlich | überglücklich

enttäuscht | ausgelassen | bedrückt | verzweifelt

b) Sucht weitere Adjektive für Gefühle und Stimmungen und ordnet sie ebenfalls in das Stimmungsbarometer ein.

2 *Es gibt viele Redewendungen, die Gefühle und Stimmungen zum Ausdruck bringen.*

a) Findet heraus, zu welchen Adjektiven aus Aufgabe 1 die folgenden Redewendungen passen.

Ich könnte die ganze Welt umarmen.

Ich weiß nicht mehr ein noch aus.

Das war ein schwarzer Tag für mich.

Ich fühle mich wie auf Wolke sieben.

b) Sammelt weitere Redewendungen für eure Stimmungen und Gefühle und ordnet sie in die Skala des Gefühlsbarometers ein.

3 ***PARTNERARBEIT:*** *Schreibt mit den Redewendungen einen kleinen Dialog. Verwendet in den Redebegleitsätzen anschauliche Verben und Adjektive.*
TIPP: *Achtet auf die Kommasetzung bei den Redebegleitsätzen.*
„Am liebsten würde ich mich in ein Mauseloch verkriechen", seufzte ich niedergeschlagen.

4 *Mimik und Gestik unterstreichen das Gesagte. Bei der Pantomime wird die Ausdruckskraft der Körpersprache besonders betont.*

a) Denkt euch einen kurzen Satz oder eine Redewendung aus, der/die ein bestimmtes Gefühl treffend beschreibt, und notiert ihn/sie auf einem Zettel, z. B.: Ich habe keine Ahnung!

b) Jeder von euch zieht nun einen Zettel und spielt der Klasse das Gesagte in Form einer Pantomime vor. Die Zuschauer notieren, was sie erkannt haben. Sprecht darüber, ob alle Zuschauer das Gesagte erkannt haben oder warum es zu Missverständnissen gekommen ist.

5 Wie gestalten wir unsere Welt? – Modusformen und Modalverben

5.1 Was wäre, wenn …? – Vom Gebrauch des Konjunktivs II

Martin Auer

Zufall

Wenn statt mir jemand anderer
auf die Welt gekommen wär'.
Vielleicht meine Schwester
oder mein Bruder
5 oder irgendein fremdes blödes Luder –
wie wär' die Welt dann,
ohne mich?
Und wo wäre denn dann ich?
Und würd' mich irgendwer vermissen?
10 Es tät' ja keiner von mir wissen.
Statt mir wäre hier ein ganz anderes Kind,
würde bei meinen Eltern leben
und hätte mein ganzes Spielzeug im Spind.
Ja, sie hätten ihm sogar
15 meinen Namen gegeben!

1 *Benennt die Fragen, die im Gedicht gestellt werden. Habt ihr euch auch schon einmal diese Fragen gestellt?*

2 *Jeder hat Wünsche, von denen er träumt. Schreibt auf, was ihr tun würdet, wenn ihr in die Rolle eines anderen schlüpfen könntet, z. B.:*

Wenn ich ein Millionär wäre, …
Wenn ich ein Popstar wäre, …
Wenn ich Bundeskanzlerin wäre, …
Wenn ich …
Wenn …
…

Während der letzten Sommerferien spielte ich oft mit meinen Freunden in unserem Baumhaus im nahen Forst. Es liegt hoch oben in einer alten Eiche. Man kann es nur über eine Strickleiter erreichen, die wir schnell nach oben ziehen, wenn wir hinaufgeklettert sind. Die Hütte ist gar nicht mal klein, wir haben dort alles hineingeschafft, was man zum Überleben braucht. Es gibt Matratzen und Kerzen und natürlich viele Vorräte. Einmal gab es ein furchtbares Unwetter. Der Sturm peitschte die Äste unserer Eiche und der Stamm schwankte hin und her. Wir stellten uns vor, dass wir an Bord der „Santa María" säßen. Ich wäre der berühmte Kolumbus, der um sein Leben kämpfen müsste. Die Wellen schlügen gegen die Bordwand und ein Orkan zerbräche unseren Fockmast. Natürlich hätte ich keine Angst, denn ich wäre ein erfahrener Kapitän. Ich gäbe rasch Befehle und hielte das Steuerruder immer auf Kurs. Meine Mannschaft betete zu Gott, dass er ihnen hülfe. Da legte sich der Sturm und wir kletterten durchnässt zu Boden.

(Anja Heidger, 7c)

3 a) *Überlegt, was Anja wirklich erlebt hat und was sie sich nur vorgestellt hat. Schaut euch dazu die Verbformen des Textes noch einmal genau an und besprecht, was mit ihnen ausgedrückt werden soll.*
b) *Benennt alle Verbformen in diesem Text, die ihr kennt.*

4 a) *Untersucht die Verbformen aus dem Text genauer. Legt dazu eine Tabelle in eurem Heft an und tragt die Verbformen in die erste Tabellenspalte ein, die ausdrücken, dass etwas nicht wirklich geschehen ist.*
b) *Ergänzt die anderen Verbformen in den übrigen Spalten.*

Verbformen aus dem Text (Konjunktiv II)	Präteritum	Infinitiv
wir säßen (Z. 18)	wir saßen	sitzen

Der Modus: Indikativ und Konjunktiv

Man unterscheidet in der Sprache verschiedene Aussageweisen des Verbs, die so genannten Modi (Sg.: der Modus). Indikativ und Konjunktiv sind zwei Aussageweisen des Verbs. Sie ermöglichen uns auszudrücken, ob ein Geschehen wirklich (Indikativ) oder möglich (Konjunktiv) ist.

- **Indikativ (Wirklichkeitsform)**
  Wenn man ausdrücken möchte, dass etwas wirklich geschieht oder eine Aussage uneingeschränkt gültig ist, steht das Verb im Indikativ, z. B.:
  Weil die Sonne ***scheint, fahren*** *wir ins Freibad.*
  Ich ***heiße*** *Anja.*

- **Konjunktiv (Möglichkeitsform)**
  Wenn man ausdrücken möchte, dass etwas möglich, wünschenswert oder unwahrscheinlich ist, steht das Verb im Konjunktiv II, z. B.:
  Wenn die Sonne ***schiene, führen*** *wir ins Freibad.*
  Ach, ***wäre*** *ich doch schon 15 Jahre alt.*
  Hätte *ich Flügel,* ***flöge*** *ich auf und davon.*

- **Bildung des Konjunktivs II**
  Der Konjunktiv II wird vom Indikativ Präteritum des Verbs abgeleitet (oft mit Umlaut, d. h. Wechsel von a, o, u, au zu ä, ö, ü, äu). Beispiele: *sie ging* → *sie ginge, wir fuhren* → *wir führen, sie waren* → *sie wären.*

Indikativ Präteritum	Konjunktiv II
ich gab	ich gäb-e
du gabst	du gäb-est
er/sie/es gab	er/sie/es gäb-e
wir gaben	wir gäb-en
ihr gabt	ihr gäb-et
sie gaben	sie gäb-en

- **Umschreibung mit „würde"**
  Wenn der Konjunktiv II (im Textzusammenhang) nicht vom Indikativ Präteritum zu unterscheiden ist, wählt man die Umschreibung mit „würde". Beispiel:
  Wenn ich viel Geld hätte, ***machte*** *ich eine große Reise.* (Konjunktiv II)
  Wenn ich viel Geld hätte, ***würde*** *ich eine große Reise* ***machen.*** (Umschreibung mit „würde")
  Die Umschreibung mit „würde" wählt man auch, wenn die Konjunktiv-II-Form ungebräuchlich ist oder als „geziert" empfunden wird, z. B.:
  ich empfähle → *ich würde empfehlen, er höbe* → *er würde heben.*

5 *Der Text auf S. 102 enthält viele Verbformen im Konjunktiv II. Untersucht noch einmal diese Verbformen im Textzusammenhang und überlegt, welche Verbformen ihr durch die Umschreibung mit „würde" ersetzen würdet. Begründet eure Entscheidung.*

schlafen | essen | sitzen | gehen | stehen | bieten
ziehen | wissen | liegen | kommen | fallen | nehmen

6 *a) Legt eine Tabelle nach folgendem Muster an und vervollständigt sie mit den obigen Verbformen.*

Infinitiv	Präteritum	Konjunktiv II
schlafen	er schlief	er schliefe

b) Wählt fünf Konjunktiv-II-Formen aus eurer Tabelle aus und verwendet sie in „wenn-dann"-Satzgefügen, z. B.: Wenn jeder Tag ein Sonntag wäre, dann schliefe ich jeden Tag bis zum Mittag.

Wenn heute mein Geburtstag (sein), (bleiben) ich zu Hause. Ich (schlafen) besonders lange. Meine Freunde (kommen) zu mir und ich (bekommen) vielleicht viele Geschenke. Es (geben) sicher viele schöne Überraschungen. Mein bester Freund (anrufen) mich. Sicher (zusammenkommen) meine ganze Familie, um zu feiern. Ich (haben) ein lustiges Fest. Die ganze Familie (sitzen) gemütlich beim Kaffeetrinken. Ich (essen) besonders viel und gut.

7 *Übernehmt den Text in euer Heft und ergänzt die fehlenden Verbformen im Konjunktiv II.*

Wundermittel

Schon seit Menschengedenken versucht man, ein Mittel zu finden, das wieder jung macht. Aber bisher ist ein solches Wundermittel noch nicht hergestellt worden. Was würde passieren, wenn es tatsächlich ein Mittel geben würde, das Menschen wieder jung machen kann?
Ganz sicher würde sich die Welt sehr verändern: Kinder wären älter als ihre Mütter oder genauso alt wie ihre Großväter. Man bräuchte keine Altenheime mehr, dafür aber immer mehr Wohnungen, weil die Menschen sehr lange, vielleicht sogar ewig, leben würden.

8 *a) Der Text enthält einige Umschreibungen mit „würde". Ersetzt sie durch Verbformen im Konjunktiv II, z. B.:* Z. 4: würde passieren → passierte.
b) Vergleicht die Texte. Welche der beiden Möglichkeiten gefällt euch besser? Begründet eure Entscheidung.
c) Überlegt, was alles passieren könnte, wenn es solch ein Wundermittel gäbe, und schreibt den Text dann weiter. Verwendet dabei Verbformen im Konjunktiv II oder die Umschreibung mit „würde".

Linda erzählt aus ihrem Leben

Ich sitze in meinem Lieblingssessel und schaue in den weitläufigen Garten, wo hinter der Hecke meine Pferde weiden. Neben den Tennisplätzen taucht die spiralförmige Rutsche in unser Schwimmbad ein. Im Sommer tobe ich jeden Nachmittag im Wasser herum. Aber auch bei schlechtem Wetter ist mir nie langweilig, denn in dem Schloss, in dem ich wohne, gibt es viele Zimmer, in denen alle möglichen Spiele zu finden sind. Mit meinen Freunden streife ich durch die Räume und wir probieren jeden Tag etwas anderes aus. Heute haben wir unter dem Dach eine riesige Eisenbahnanlage aufgebaut, mit der wir uns gegenseitig Getränke und Knabbersachen geschickt haben.
Natürlich muss ich nicht in die Schule. Die Lehrer kommen zu mir ins Schloss. Wenn ich keine Lust mehr habe, schicke ich sie nach Hause oder wechsle das Unterrichtsfach. Schulaufgaben gibt es nicht und ich habe natürlich auch niemals Hausaufgaben auf, denn die Lehrer wissen, dass mir so etwas nicht gefällt. Nachmittags fahre ich lieber mit unserem Ferrari in der Gegend herum oder skate auf meiner eigenen Halfpipe hinter dem Pferdestall. Das Leben ist einfach herrlich!

9 *a) Was haltet ihr von Lindas Leben? Tauscht euch darüber aus.*
b) Linda stellt sich diese Dinge nur vor. Wie müsste der Text lauten, damit der Leser sofort weiß, dass es sich um einen Wunschtraum handelt? Schreibt den Text um und verwendet dabei Verbformen im Konjunktiv II oder Umschreibungen mit „würde“.

Ich sitze in meinem Lieblingssessel und stelle mir vor, dass ich in den weitläufigen Garten schauen würde, wo ...

10 *Sicher habt ihr auch einen Wunschtraum. Schreibt in einem kurzen Text auf, wie euer Leben aussähe, wenn ihr im Land eurer Träume leben würdet.*

5.2 Handys in der Diskussion – Konjunktiv in der indirekten Rede

Das Handy auf der Anklagebank

Das jahrelange Telefonieren mit dem Handy ist nach Ansicht eines 41-jährigen Amerikaners schuld an seinem Gehirntumor. Jetzt hat der Arzt in Baltimore eine Klage in Höhe von 800 Millionen Dollar gegen zwei Firmen eingereicht.
Das ist eine Meldung vom letzten August. Inzwischen gibt es viele ähnliche Klagen gegen die amerikanische Mobilfunkindustrie. Die Gerichte werden es nicht leicht haben zu entscheiden, ob die Krankheit des Mannes wirklich durch das stundenlange Telefonieren mit seinem Mobiltelefon verursacht wurde oder ob er einfach nur „Pech" hatte. Denn zurzeit weiß man einfach nicht sicher, ob Handys krank machen können.

1 *a) Diskutiert darüber, ob es nicht besser wäre, auf ein Handy zu verzichten.*
b) Sammelt Gründe für (pro) und gegen (kontra) Handys.

2 *Ihr habt den Artikel in einem Magazin gelesen und möchtet eure Freundin oder euren Freund darüber informieren. Wie könnt ihr deutlich machen, dass eure Informationen aus „zweiter Hand" sind? Erzählt eurer Nachbarin oder eurem Nachbarn, was ihr gelesen habt.*

Der Konjunktiv in der indirekten Rede
Wenn man wiedergeben möchte, was jemand gesagt hat, verwendet man die indirekte Rede. Das Verb steht im Konjunktiv I.
*Anja sagt: „Ich **komme** heute etwas später zu euch."* (wörtliche Rede im Indikativ)
*Anja hat gesagt, sie **komme** heute etwas später zu uns.* (indirekte Rede im Konjunktiv I)
Bei dem Wechsel von der direkten Rede zur indirekten Rede verändert sich oft das Personalpronomen.

Bildung des Konjunktivs I
Der Konjunktiv I wird durch den Stamm des Verbs (Infinitiv ohne „-en") und die entsprechende Personalendung gebildet, z. B.:
kommen → er komme, haben → sie habe, gehen → sie gehen.

Indikativ Präsens	Konjunktiv I
ich komm-e	ich komm-e
du komm-st	du komm-est
er/sie/es komm-t	er/sie/es komm-e
wir komm-en	wir komm-en
ihr komm-t	ihr komm-et
sie komm-en	sie komm-en

Ersatzformen
Wenn der Konjunktiv I (im Textzusammenhang) nicht vom Indikativ Präsens zu unterscheiden ist, wählt man den Konjunktiv II als Ersatzform oder die Umschreibung mit „würde".
Die Politiker sagen: „Wir ***denken*** *nicht an eine Beschwerde."* (wörtliche Rede im Indikativ)
↓
Die Politiker sagten, sie ~~***denken***~~ *nicht an eine Beschwerde.* (Konjunktiv I geht nicht)
↓
Die Politiker sagten, sie ***dächten*** *nicht an eine Beschwerde.* (Konjunktiv II als Ersatzform)
Die Politiker sagten, sie ***würden*** *nicht an eine Beschwerde* ***denken.*** (Umschreibung mit „würde" als Ersatzform)

3 *Formt die folgenden Aussagen in die indirekte Rede um und benutzt dazu den Konjunktiv I. Überlegt, wann ihr den Konjunktiv II oder die Umschreibung mit „würde" wählen müsst.*
TIPP: *Bei dem Wechsel von der direkten Rede zur indirekten Rede verändert sich oft das Personalpronomen.*

1. Franziska behauptet: „Handys strahlen nicht, wenn man sie ausschaltet."
2. Peters Vater erzählt: „In unserer Straße wird ein Mobilfunkmast aufgestellt."
3. Maxi sagt seinem Freund Julian: „Ich gebe mein Handy zurück."
4. Frau Huber klagt: „Ich habe seit Tagen Kopfschmerzen."
5. Sie fragt sich: „Liegt das etwa an der zunehmenden Strahlung?"
6. Lea sagt: „Ich bin ein Handy-Fan. Ohne gehe ich nicht aus dem Haus."
7. Die Schülerinnen und Schüler antworten: „Wir haben keine Handys."
8. Severin fragt Kathrin: „Sind die Mobilfunkbetreiber nur am Umsatz interessiert oder auch an der Gesundheit der Menschen?"
9. Julia berichtet: „Ich komme gut ohne ein Mobiltelefon aus."
10. Christophs Mutter meint: „Gegenüber der Industrie sind die Verbraucher machtlos und können nichts bewirken."

4 *Untersucht an folgenden Beispielen, wann ihr bei der Umformung in die indirekte Rede den Wechsel vom Konjunktiv I zum Konjunktiv II oder die Umschreibung mit „würde" durchführen müsst. Setzt dazu die folgenden Sätze in die indirekte Rede.*

Der Reporter behauptet,

er selbst ...
viele Anwohner ...
ihr ...
ich ...
wir beide ...
du ...

... (den neuen Sendemast gesehen haben).

5 *Stellt euch vor, ihr würdet als Reporterin oder Reporter eine Meinungsumfrage zum Thema Handys durchführen.*

a) Bereitet in Gruppen ein Interview zum Thema Handys vor, indem ihr mögliche Fragen aufschreibt. Ihr könnt dazu auch die Pro- und Kontra-Argumente von Aufgabe 1b auf S. 106 zu Hilfe nehmen.

b) Führt das Interview in der Klasse durch. Stellt jeweils einer Mitschülerin oder einem Mitschüler eine Frage. Gebt dann die jeweiligen Antworten in indirekter Rede wieder.

Frage: „Bist du der Meinung, dass du auf ein Handy verzichten kannst?"
Antwort: „Nein, mittlerweile kann ich nicht mehr auf mein Handy verzichten, denn ..."
indirekte Rede: Thomas denkt, er könne mittlerweile nicht mehr auf sein Handy verzichten, denn ...

Gesundheitsrisiko Mobilfunk

Beim Thema Mobilfunk tobt ein gesellschaftlicher Streit zwischen Netzbetreibern und Herstellern auf der einen Seite sowie Gegnern von Sendeanlagen auf der anderen Seite. Bürgerinitiativen und Umweltverbände warnen verstärkt vor gesundheitsschädlicher Strahlung, die Telekommunikationsindustrie fürchtet teure Prüfungsverfahren und die Politik versucht, es sich mit keiner Seite zu verderben.

Karl Niedermaier, stolzer Inhaber einer Metzgerei im bayrischen Dachau, hat derzeit wenig zu lachen: Seit er im Jahr 2000 für zirka 5000 Euro jährlich sein Dach an T-Mobile vermietet habe, laufe die Gemeinde Sturm gegen ihn, sagt der alteingesessene Metzger. Der Grund dafür sei, dass die Mobilfunktochter der Deutschen Telekom auf dem Giebel seines Ladens einen UMTS-Sender installieren wolle.

„Wir wollen diesen Mobilfunksender nicht", verkünden Transparente an den Gartenzäunen der Nachbarn. „Es war wohl naiv zu glauben, es würde keinen Streit wegen der Mobilfunkantenne auf meinem Dach geben", äußert sich der Metzger selbstkritisch.

Heute ist Herr Niedermaier der Ansicht, die Angst seiner Nachbarn vor einer möglichen Gesundheitsgefährdung durch Mobilfunkmasten unterschätzt zu haben. „Ehrlich gesagt bereue ich es sogar, dass ich mein Dach an T-Mobile vermietet habe", behauptet er.

Doch jetzt ist es für solche Einsichten zu spät. Die Antenne ist zwar noch nicht angeschlossen – dafür hat die Dachauer Bürgerinitiative gegen Mobilfunk gesorgt. Aber seit sie vor fast zwei Jahren montiert wurde, meiden viele Kunden die Metzgerei. Wie Herr Niedermaier glaubhaft berichtet, seien hohe Umsatzeinbußen die Folge. Den Zehnjahresvertrag mit T-Mobile habe er darum kürzlich fristlos gekündigt, den Telekom-Technikern gar Hausverbot erteilt.

Ob er das allerdings darf, darüber streiten derzeit die Anwälte. Nachbar Xaver Leininger, einer der führenden Köpfe der Bürgerinitiative, unternimmt alles, damit die Mobilfunkpläne von T-Mobile in Dachau nicht verwirklicht werden. „Wir fürchten um unsere Gesundheit und um die unserer Kinder", begründet Leininger seinen Kampf.

6 *a) Gebt in eigenen Worten wieder, worum es in diesem Zeitungstext geht.*

b) Sammelt Beispiele aus dem Text, die zeigen, wie die Aussagen der Beteiligten wiedergegeben werden.

c) Überlegt, welche Gründe es haben könnte, dass die Aussagen auf unterschiedliche Weise wiedergegeben werden.

Formen der Redewiedergabe
In der Berichterstattung der Medien (z. B. in der Zeitung, im Fernsehen oder im Hörfunk) begegnen uns Textteile, die nicht vom Berichterstatter selbst stammen, sondern Aussagen anderer Sprecher wiedergeben. Wenn man die Darstellung von Ereignissen aus der Sicht anderer wiedergibt oder gar deren Meinungen und Wertungen zitiert, dann will man das auch deutlich machen. Dabei gibt es unterschiedliche Möglichkeiten, die Aussagen eines anderen darzustellen.

1. Äußerungen einer anderen Person gibt man meistens in der **indirekten Rede** wieder:
   - in einem **dass-Satz** (das Verb kann dabei im Indikativ oder im Konjunktiv stehen), z. B.: *Frau Reuter behauptet, dass wir gegenüber der Industrie machtlos seien/sind.*
   - in einem **uneingeleiteten Nebensatz** im Konjunktiv, z. B.: *Frau Reuter behauptet, wir seien gegenüber der Industrie machtlos.*
   - durch eine **Infinitivkonstruktion,** z. B.: *Frau Reuter behauptet, gegenüber der Industrie machtlos zu sein.*
   - in einem **wie-Satz,** z. B.: *Wie Frau Reuter behauptet, sind wir gegenüber der Industrie machtlos.*
   - durch ein **Präpositionalgefüge,** z. B.: *Nach Frau Reuters Behauptungen sind wir gegenüber der Industrie machtlos.*
2. Die Aussage einer Person kann von einem anderen in **wörtlicher, direkter Rede** wiedergeben werden, z. B.: *„Gegenüber der Industrie sind wir machtlos“, behauptet Frau Reuter.*

Peter: „Ich will auf mein Handy nicht verzichten.“
Eva: „Betreiber von Mobilfunkanlagen sollen wirklich mehr Rücksicht auf unsere Gesundheit nehmen.“
Stefan: „Es ist doch gar nicht bewiesen, dass Elektrosmog krank macht.“
Carolin: „Ich kann mir ein Leben ohne Handy nicht vorstellen, da muss man eben die Risiken in Kauf nehmen.“
Mira: „In zwanzig Jahren sind vielleicht viele Menschen schon sehr krank, dann ist es zu spät, um zu reagieren.“

7 *a) Schreibt die Sätze in indirekter Rede in euer Heft. Probiert dabei verschiedene Möglichkeiten der Redewiedergabe aus. Nehmt dazu das Merkwissen oben zu Hilfe.*
b) Vergleicht anschließend eure Ergebnisse und bewertet die unterschiedlichen Möglichkeiten der Redewiedergabe. Überlegt, mit welcher Absicht z. B. eine Journalistin oder ein Journalist zu einer bestimmten Formulierung greift.

Machen Handys krank?

Ein Interview mit Dr. Angelika Burkert, Strahlenmedizinerin der TU München

INTERVIEWER: Das Handy ist aus Beruf und Freizeit kaum wegzudenken. Aber wie sieht es mit der auftretenden Strahlung aus?

FRAU DR. BURKERT: Die elektromagnetische Strahlung der Mobiltelefone unterscheidet sich von fast allen herkömmlichen Strahlungen, wie sie z. B. von Radio- oder Fernsehsendern ausgesendet wird. Ob diese Art der Strahlung Auswirkungen auf den Menschen hat, das versuchen wir an den Forschungseinrichtungen durch Studien zu ergründen. Erste Anzeichen dafür, dass die Handystrahlung Gehirnströme beeinflusst, haben Medizinphysiker bereits entdeckt.

INTERVIEWER: Und was wurde genau herausgefunden?

FRAU DR. BURKERT: Sowohl bei schnurlosen Telefonen als auch bei Handys reagiert das biologische System in gleicher Weise, und zwar mit der Veränderung der Hirnströme, der Hauttemperatur und der Durchblutung. Ob man davon krank wird, lässt sich nicht abschließend beantworten.

INTERVIEWER: Gibt es überhaupt Erkrankungen, die mit dem Handy in Verbindung gebracht werden?

FRAU DR. BURKERT: Ja. Durch Zufall haben wir festgestellt, dass Patienten, die über Schlafstörungen oder Kopfschmerzen klagen, häufig Vieltelefonierer sind. Blutuntersuchungen deuten auf einen Zusammenhang hin. Wir untersuchten das Blut von Patienten vor und nach dem Telefonieren unter dem Mikroskop und kamen zu folgendem Ergebnis: Zunächst sind die Blutkörperchen aktiv, bewegen sich frei und sind in der Lage, ihrer Aufgabe nachzukommen. Ein dreiminütiges Telefonat mit dem Handy reicht aus, um das Blutbild radikal zu verändern. Die Blutkörperchen sind dann zusammengeklebt wie in einem Geldrollenpaket. Normalerweise stoßen sich die Blutkörperchen gegenseitig wie Pingpongbälle ab, sind mobil und aktiv. Wenn sie plötzlich durch das Feld des Telefons wie magnetisch angezogen aneinanderkleben und diese Zusammenballung durch kleine Gefäße hindurchfließen muss, dann ist die Gefahr relativ hoch, dass es zu Verstopfungen kommt, also z. B. zu Thrombosen, Infarkten oder Schlaganfällen.

8 a) *Informiert euch über die Bedeutung der im Text genannten Fachbegriffe. Schlagt dazu in einem Fremdwörterbuch oder in einem Lexikon nach.*

b) *Notiert in Stichworten die Gesundheitsrisiken, die durch den Gebrauch von Handys verursacht werden können.*

9 *Schreibt die Aussagen von Frau Dr. Burkert in indirekter Rede in euer Heft.*
Sammelt zuerst unterschiedliche Verben, mit denen ihr die indirekte Rede abwechslungsreich und treffend einleiten könnt, und schreibt sie auf.
sagen, sprechen, behaupten, mitteilen, antworten, …

5.3 Ratschläge, Anweisungen, Verbote – Modalverben machen's möglich

1 *a) Schaut euch das Foto an und sprecht über das Verhalten der abgebildeten Personen. Benennt mögliche Gefahrensituationen.*
b) Erzählt von ähnlichen Situationen, die ihr selbst erlebt habt.

Verhalten auf der Straße

Bislang kann man die Skater immer noch keiner Gruppe zuordnen. Sind wir Fußgänger, Fahrzeuge oder Läufer? Eigentlich sind wir eine Kombination ihrer besten Seiten. Zuerst und vor allem sind wir flexibel: Wir können uns auf Gehwegen ebenso bewegen wie auf Straßen. Du solltest aber daran denken: Du bist nicht allein auf der Straße! Läufer, Radfahrer, Autos und andere Skater wollen und müssen die Verkehrsflächen mit dir teilen.
Du ◎ zum Beispiel plötzlich von rechts überholt werden. Oder: Jemand kommt geradewegs auf dich zu. *Als Spaziergänger ◎ du in aller Ruhe sagen: „Entschuldigen Sie bitte", zur Seite treten und ihn vorbeilassen. Beim Skaten ist die Zeit jedoch begrenzt, und du ◎ dich schnell entscheiden, um einen möglichen Unfall zu vermeiden.*
Natürlich ◎ du als Skater bei den meisten kontrollierten Konfrontationen rechts bleiben: Der andere ◎ dann links vorbeigehen. Aber in einem unkontrollierten Augenblick, wenn jemand mit großer Geschwindigkeit auf dich zukommt und du selbst auch nicht gerade langsam fährst, bleibt selten Zeit für Formalitäten und Entschuldigungen. Die meisten Regeln werden über Bord geworfen. Um einen Frontalzusammenstoß zu vermeiden, denk daran: *Du ◎ selbst die Situation unter Kontrolle halten!* Lass den anderen nicht über dein Schicksal entscheiden! Es wird dich überraschen, wie sehr andere es begrüßen, wenn du die Kontrolle übernimmst. Ich würde allerdings davon absehen, im dichten Verkehr zu skaten. *Wenn es aber so ist, dass du dein Ziel nur über Straßen erreichen kannst, dann ◎ du die Verkehrsregeln befolgen, die für Autos und Fahrräder gelten.*

2 *Untersucht den ersten Abschnitt des Textes auf S. 111 genauer (Z. 1–10).*
a) Wer schreibt hier für wen? Erklärt die Perspektive und die Absicht des Textes.
b) Untersucht, wie die Empfehlungen des Textes sprachlich ausgedrückt werden. Schreibt dazu Formulierungen aus dem Text heraus, die eine Möglichkeit, eine Empfehlung, eine Notwendigkeit oder eine Absicht enthalten.

Modalverben
Die Verben **können, sollen, müssen, dürfen, wollen, mögen** nennt man Modalverben, da sie die Bedeutung eines anderen Verbs modifizieren, also verändern. Beispiele:
Fabian ***kann*** *singen.* (Fabian hat die Möglichkeit/Fähigkeit zu singen.)
Sophia ***muss*** *beim Abwasch helfen.* (Sophia ist gezwungen, beim Abwasch zu helfen.)

3 *a) Schreibt die hervorgehobenen Sätze im zweiten Abschnitt des Textes (Z. 11–36) ab und ergänzt dabei die fehlenden Modalverben.*
b) Vergleicht eure Ergebnisse. Wo seid ihr zu unterschiedlichen Ergebnissen gekommen?

Straßenverkehrsordnung – StVO
§ 2 (1) Fahrzeuge müssen die Fahrbahn benutzen, von zwei Fahrbahnen die rechte.
§ 2 (4) Radfahrer müssen einzeln hintereinanderfahren, nebeneinander dürfen sie nur fahren, wenn der Verkehr nicht behindert wird. Sie haben Radwege zu benutzen; linke Radwege dürfen sie nur benutzen, wenn diese für die Gegenrichtung freigegeben sind. Sie haben ferner rechte Seitenstreifen zu benutzen, wenn keine Radwege vorhanden sind und Fußgänger nicht behindert werden.

Wie verändert sich dadurch der Text?

4 *a) Besprecht, wie die Gesetze in der Straßenverkehrsordnung formuliert sind.*
b) Findet eine andere Umschreibung für die Formulierung „haben ... zu benutzen", die zwei Mal im Text vorkommt.
c) Verfasst einen neuen Paragrafen für die StVO, in dem das Verhalten der Skaterinnen und Skater geregelt wird.

5 *Was drücken die einzelnen Modalverben aus? Übertragt die Tabelle in euer Heft und ergänzt sie.*

können	sollen	müssen	dürfen	wollen	mögen
Möglichkeit	...	...	...	...	...
Fähigkeit	...	...	...	...	...

6 *Stellt eine Liste von Texten zusammen, in denen besonders häufig Modalverben verwendet werden. Erfindet für jede Textsorte einen Beispielsatz mit einem passenden Modalverb.*
Gesetze: Fahrzeuge müssen die Fahrbahn benutzen.
Gebote: Du sollst Vater und Mutter ehren.
...

Pflichten und Verbote für Skater

- Immer hochblicken! Auf alles achten, was ca. 5 m vor dir passiert. (Seiten nicht vergessen!)
- Auf der äußersten rechten Seite der Straße oder des Fußweges bleiben.
- Kein Fahrzeug „angeln", um sich beim Fahren anzuhängen.
- Keine Kopfhörer tragen. Achte auf alles, was dich umgibt!
- Mit dem Verkehrsfluss skaten.
- Auf Autotüren achten oder auf Autos, die aus einer Parklücke, Nebenstraße oder über Kreuzungen kommen.
- Andere Verkehrsteilnehmer respektieren, höflich sein.
- Nicht im Zickzack oder Slalom auf vollen Straßen laufen.

7 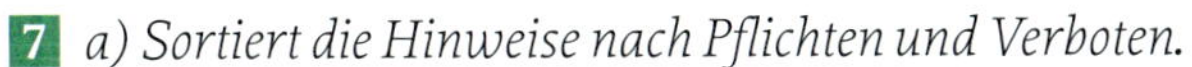
a) Sortiert die Hinweise nach Pflichten und Verboten.

b) Formt sie in Aufforderungssätze um und verwendet dabei passende Modalverben.

8 *a) Untersucht gemeinsam die folgende Karikatur. Listet mindestens sechs Verhaltensweisen auf, die ihr für besonders problematisch haltet.*
b) Verfasst mit Hilfe eurer Liste „Verhaltensregeln für friedliebende und freundliche Mitmenschen".

Wortarten wiederholen

Die *Schüler* der Klasse 7c *diskutieren* über die Risiken *im* Straßenverkehr. *Einige* haben *ein* Fahrrad, mit dem sie *täglich* zur Schule kommen, und berichten über ihre Erfahrungen. Andere erzählen von *ihren* Erlebnissen, *als* sie mit ihren Rollerblades unterwegs gewesen sind. Dabei wäre es so *manches* Mal zu Zusammenstößen mit Fußgängern oder Streitereien mit Fahrradfahrern gekommen, *obwohl* sie aufgepasst hätten. Am Schluss sind sich alle einig, *dass* alle Verkehrsteilnehmer mehr Rücksicht aufeinander nehmen *sollten*. *Nur* so lassen sich Unfälle und damit Schäden *und* Verletzungen vermeiden.

1 *a) Bestimmt die Wortart der hervorgehobenen Wörter.*
b) Ordnet die verschiedenen Wortarten in eine Tabelle ein. Überlegt, wie viele Spalten ihr anlegen müsst.

Nomen	Verben	...
Schüler	...	...
...		

c) Sucht für jede Spalte weitere Beispiele und schreibt sie in die Tabelle.

2 *Legt eine Grammatikkartei zu den verschiedenen Wortarten an.*
a) Beschriftet dazu neun Karteikarten (für jede Wortart eine). Schreibt auf die Vorderseite die Wortart und listet die Merkmale auf, an denen ihr sie erkennen könnt.
b) Sucht drei bis vier Beispielwörter zu der jeweiligen Wortart und schreibt sie auf die Rückseite.
c) Vergleicht eure Ergebnisse gegebenenfalls mit dem Grundwissen (S. 309–316).
TIPP: *Ergänzt eure Karteikarten, z. B. bei Verbesserungen von Texten oder Schulaufgaben.*

Nomen
Merkmale:
- werden großgeschrieben
- können dekliniert werden
- ...

Numeralia
Merkmale:
- Mengenangaben
- bestimmt oder unbestimmt
- ...

Adverbien
Merkmale:
- ...

3 *Übernehmt die folgende Übersicht in euer Heft und ergänzt die entsprechenden Wortarten.*

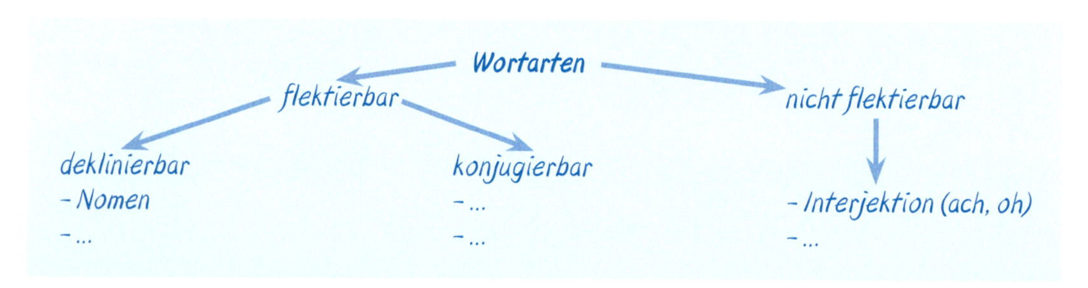

6 Sagen aus dem Mittelalter – Nebensätze genauer untersuchen

6.1 König Arthur, ein Sagenheld des Mittelalters – Adverbialsätze, Subjekt- und Objektsätze

Unterschiedliche Satzarten

Käthe Recheis

König Arthur und die Ritter der Tafelrunde (1)

König Arthur war ein Sagenheld der Briten. In deutschen Sagen wird er König Artus genannt. Im Mittelalter galt der Hof des Königs Arthur als Vorbild für die Lebensweise und die Tugenden des Rittertums. Aus den Sagen, die sich um die Gestalt dieses Königs ranken, erfahren wir viel über die Idealvorstellungen der damaligen Zeit. Liebe, Ritterturniere und Kämpfe um Leben und Tod bestimmten das edle und heldenhafte Leben eines tapferen Ritters. Die Ritter, die die Ehre hatten, sich am Hof König Arthurs aufzuhalten, nannte man die Ritter der Tafelrunde. Für das Jugendbuch „König Arthur und die Ritter der Tafelrunde" nutzte Käthe Recheis Quellen aus dem Mittelalter.

In alten Zeiten, so weit zurück, dass niemand mehr weiß, wann es war, lebte in England ein König, der Uther-Pendragon hieß. Er war ein gütiger und gerechter Herrscher, das Volk liebte ihn und während seiner Regierungszeit 5 herrschten Friede und Wohlstand. Sein Ratgeber war ein alter Weiser namens Merlin, den viele für einen mächtigen Zauberer hielten. Man sagte ihm nach, dass er in die Zukunft sehen könne, jedermann kannte seinen Namen, aber niemand wusste, wer er in Wirklichkeit war und woher er kam. Er zog in vielerlei Gestalten durch das Land, war einmal da und einmal dort. Manchen erschien er als Bettler, anderen als Spielmann. Immer hielt er einen guten Rat bereit und wer das Glück hatte, ihm zu begegnen, zögerte nicht, diesen Rat auch zu befolgen.

Als Uther-Pendragon schon ein älterer Mann war, verliebte er sich in die schöne Igraine, die Witwe des Herzogs von Tintegal, und holte sie mit ihren drei Töchtern – Elaine, Margaise und Morgana – an seinen Hof. Morgana war noch ein Kind, die anderen zwei Töchter feierten gleichzeitig mit ihrer Mutter Hochzeit. Elaine heiratete König Lot von Orkney, Margaise heiratete König Urien von Gore.

Als Igraine einen Sohn gebar, erschien Merlin am Hof und prophezeite dem König, dass er nicht mehr lange zu leben habe. „Ein heftiges Fieber wird Euch befallen", sagte er, „und nach Eurem Tod wird dieser Knabe hier in der Wiege, die Hoffnung des Reichs, in großer Gefahr sein. Mächtige Fürsten und Ritter werden die Herrschaft anstreben und sich gegen Euren Sohn erheben. Vertraut ihn daher mir an, Herr! Ich werde ihn an einen geheimen Platz bringen, wo er vor Verfolgung sicher ist, bis er für sich selber einstehen kann."

Niemand hört gerne, dass seine Lebensfrist dem Ende zugeht. Der König runzelte die Stirn, antwortete aber dann gefasst: „Sterben müssen wir alle, das ist nun einmal das Los der Menschen. Mir war ein langes Leben vergönnt, ich will also nicht klagen. Mit meinem Sohn ist es etwas anderes. Außerdem ist er das wertvollste Erbe, das ich meinem Land hinterlassen kann. Tut also, was Ihr für richtig haltet, mein Freund."

Noch in der gleichen Nacht verließ Merlin die Burg. Er trug den Knaben mit sich fort und niemand wusste, wohin er ihn brachte, nicht einmal die Königin selbst. Kurze Zeit danach trat alles ein, was Merlin prophezeit hatte. Uther-Pendragon starb an einem heimtückischen Fieber und nach seinem Tod kamen schwere Jahre für England. Die Fürsten und Herren kämpften untereinander um die Herrschaft und da niemand mehr für Gerechtigkeit und Ordnung eintrat, verwüsteten habgierige Ritter und Barone das Land, überfielen friedliche Reisende, erschlugen und beraubten sie oder ließen sie nur gegen hohes Lösegeld frei. Damals war es kein ungewöhnlicher Anblick, einen Toten am Wegrand zu finden. Ganze Dörfer wurden niedergebrannt und geplündert.

Achtzehn Jahre vergingen. Als die Not immer größer wurde, rief der Erzbischof von Canterbury den weisen Mann zu sich. „Wählt einen König", bat er, „damit der Übermut der Herren gebrochen wird und England wieder Ruhe und Frieden findet!"

„Herr", antwortete Merlin, „England wird bald einen König haben und er wird an Weisheit

75 und Größe selbst Uther-Pendragon übertreffen. Mehr noch – er wird sein eigener Sohn sein.“
Der Erzbischof hatte mit steigendem Erstaunen zugehört. Kein Mensch in England glaubte mehr des Königs Sohn am Leben, viele er-
80 innerten sich überhaupt nicht mehr daran, dass Igraine jemals einen Sohn geboren hatte.
„Woran soll das Volk den rechten König erkennen?“, fragte der Erzbischof und erklärte dann, er habe seine Zweifel, ob sich die hohen Herren
85 mir nichts, dir nichts einen Herrscher vor die Nase setzen ließen, von dem bislang niemand etwas gehört habe.
„Überlasst das nur mir!“, antwortete Merlin.
Nun war der Erzbischof nicht wenig neugierig
90 und wollte wissen, was Merlin vorhabe. Merlin verriet kein Sterbenswörtchen. Zauberer und weise Männer lassen sich nicht gerne in ihre Karten blicken, sie lieben es, sich geheimnisvoll zu geben, das erhöht ihr Ansehen. Kurze
95 Zeit danach zauberte er einen großen Marmorblock vor das Tor der Kathedrale. Auf dem Marmorblock stand ein mächtiger Amboss, in dem ein Schwert bis zum Knauf steckte. Rund um den Knauf konnte man in goldenen Buchsta-
100 ben lesen:
Wer dieses Schwert aus dem Amboss zieht, ist der rechtmäßige König von England.

1 *a) Erklärt, warum der alte König sich entschließt, auf den Rat des Zauberers Merlin zu hören.*
b) Fasst mit eigenen Worte zusammen, was nach dem Tod des Königs in England geschieht.
c) Wie soll das Volk den wahren König erkennen? Überlegt, warum Merlin gerade diese Prüfung gewählt hat.

2 *Überlegt gemeinsam, wie die Handlung weitergehen könnte, und schreibt dann eine Fortsetzung der Geschichte in euer Heft.*

3 *a) Kürzt den ersten Satz der Geschichte so, dass nur die Bauform des einfachen Aussagesatzes (Subjekt, Prädikat) übrig bleibt.*
b) Überlegt, welche Funktionen die nun fehlenden Bestandteile des Satzes erfüllt haben.

4 *a) Formt den zweiten Satz der Geschichte (Z. 3–6) so um, dass ein Satzgefüge mit Nebensätzen entsteht, und schreibt den überarbeiteten Satz in euer Heft. Achtet dabei darauf, dass der Sinn des Satzes erhalten bleibt.*
b) Überlegt, warum die Autorin nicht diese Form des Satzbaus verwendet hat.

Käthe Recheis

König Arthur und die Ritter der Tafelrunde (2)

Unter all den Edlen, die der Erzbischof in die Stadt London gerufen hatte, befand sich auch ein Ritter namens Ector von Bonmaison. Dieser Ritter wurde „Der Zuverlässige" genannt, weil 5 er ein Versprechen, das er einem Mann gegeben hatte, mit unverbrüchlicher Treue hielt, ob dieser nun von hoher oder niedriger Geburt war. Auch verriet er niemals ein Geheimnis, das man ihm anvertraute. Herr Ector hatte zwei Söhne. 10 Kay war ein junger und vielversprechender Ritter. Der zweite Sohn hieß Arthur. Er war ein Bursche von achtzehn Jahren, der seinem Bruder als Knappe diente.

Sobald sich alle Geladenen in London einge- 15 funden hatten, gab der Erzbischof für den Morgen des Weihnachtstages eine Versammlung vor der Kathedrale bekannt. Dort wolle er jenen zum König von England ernennen, der das Schwert aus dem Amboss zöge.

5 *a) Übertragt den Text „König Arthur und die Ritter der Tafelrunde (2)" in euer Heft.*
b) Unterstreicht anschließend die Hauptsätze mit einem blauen und die Nebensätze mit einem grünen Stift.
c) Vergleicht die Nebensätze mit den Hauptsätzen und erklärt die Unterschiede im Satzbau.

6 *a) Vergleicht die Sätze in der linken Spalte der Tabelle mit denen in der rechten Tabellenspalte, indem ihr den Satzbau und den Informationsgehalt untersucht.*

Satzreihe	Satzgefüge
Der König starb, für England begannen schreckliche Jahre.	Nachdem der König gestorben war, begannen für England schreckliche Jahre.
Merlin schwieg und niemand kannte das Versteck Arthurs.	Da Merlin schwieg, kannte niemand das Versteck Arthurs.

b) Erklärt mit eigenen Worten, was unter Satzreihe und was unter Satzgefüge zu verstehen ist.

7 *Unterscheidet die Satzarten im Satzgefüge.*

Satzgefüge

	Hauptsatz	Nebensatz	
Beispiel	Arthur sucht nach einem Schwert,	**weil** er seinem Bruder helfen **will.**	
Signale	Komma	Konjunktion	Personalform des Verbs am Satzende
Funktion	Grundinformation	Zusatzinformation: Begründung	

a) *Zeichnet für den folgenden Satz ein Modell nach obigem Muster in euer Heft.*
Arthur wurde König, weil er das Schwert aus dem Amboss zog.

b) *Ersetzt die Konjunktion „weil" durch „nachdem" und „obwohl" und erklärt, was sich dadurch verändert.*

8 a) *Verknüpft die folgenden Sätze durch treffende Konjunktionen, sodass sinnvolle Satzgefüge entstehen. Achtet auf die Kommasetzung.*

- Arthur zog das Schwert aus dem Amboss. Er wurde als König erkannt.
- Arthur war noch sehr jung. Dennoch wurde er zum König gekrönt.
- Als König machte Arthur seinen Bruder zum Seneschall des Reiches. Kay sollte nicht traurig sein.
- König Arthur kämpfte gegen seine Feinde. Sie verließen das Reich.

b) *Vergleicht euer Ergebnis mit dem einer Partnerin oder eines Partners. Erklärt, warum es mehrere richtige Lösungen für die Satzverknüpfungen gibt.*

9 *a) Untersucht die folgenden Stufenmodelle für Satzgefüge und erklärt die Unterschiede (HS = Hauptsatz, NS = Nebensatz).*
b) Erklärt die besondere Wirkung der Version C.

Version A
Arthur schätzt Merlin sehr, weil er ein guter Berater ist.
——— HS ———,
——— NS ———.

Version B
Weil Merlin ein guter Berater ist, schätzt ihn Arthur sehr.
——— HS ———.
——— NS ———,

Version C
Arthur schätzt Merlin, weil er ein guter Berater ist, sehr.
——— HS ———, —— HS (Fortsetzung).
——— NS ———,

10 *Zeichnet entsprechende Stufenmodelle zu den Satzgefügen aus Aufgabe 6 (▷ S. 118).*

Satzreihe
Eine **Satzreihe** besteht aus **aneinandergereihten Hauptsätzen.** Sie werden durch **Komma** voneinander getrennt, z. B.: „Er war ein gütiger Herrscher, das Volk liebte ihn." Hauptsätze werden oft durch nebenordnende Konjunktionen verbunden, z. B.: „Arthur war noch sehr jung, aber er war ein guter König."
Das **Komma kann entfallen,** wenn die Hauptsätze durch Konjunktionen wie „und", „oder", „entweder ... oder" oder „weder ... noch" verbunden sind, z. B.: „Das Volk liebte ihn und während seiner Regierungszeit herrschte Frieden."

Satzgefüge
Satzgefüge sind Sätze, die aus mindestens einem **Hauptsatz und einem Nebensatz** zusammengesetzt sind. Der Nebensatz ist dem Hauptsatz untergeordnet und wird durch **Komma** vom Hauptsatz getrennt. Nebensätze werden oft mit unterordnenden Konjunktionen wie „dass", „weil", „wenn", „als", „bevor" eingeleitet, z. B.: „Als Igraine ihren Sohn gebar, erschien Merlin am Hof."

11 *Verknüpft die folgenden Sätze, indem ihr Satzgefüge bildet. Achtet auf die Kommasetzung.*
- Merlin war ein weiser Mann. Der König Uther-Pendragon vertraute ihm.
- Er gab Merlin seinen Sohn Arthur. Arthur konnte in Sicherheit gebracht werden.
- Der König starb. Die Not in England wurde immer größer.
- England brauchte einen neuen König. Keiner in England erinnerte sich mehr an den Sohn des Königs.
- Viele edle Herren kamen nach London. Der Erzbischof wollte den neuen König von England ernennen.

Adverbialsätze

Käthe Recheis

Wie König Arthur mit dem Schwarzen Ritter kämpfte

Eines Tages erfuhr König Arthur, dass mitten in den einsamsten Wäldern eine düstere Burg lag, deren Herr ein Ritter in schwarzer Rüstung war. Dieser Ritter forderte jeden, der sich zufällig dorthin verirrte, zum Kampf auf und hatte bisher noch immer gesiegt. Als Zeichen der Schande nahm er den Unterlegenen zuerst den Schild ab und jagte sie dann fort. Vor allem schien er es auf Gefolgsleute des Königs abgesehen zu haben. Arthur beschloss daher, der Sache selbst auf den Grund zu gehen, den Schwarzen Ritter aufzusuchen und ihn zum Zweikampf zu fordern. „Denn ich kann es nicht dulden", so sagte sich der König, „dass ein einzelner Ritter meine Herren zum Gespött macht und das Ansehen des Reiches schädigt."

Die Burg ragte düster und drohend auf, nichts regte sich rundum, nur das Schweigen der riesigen Wälder umgab den jungen König und Merlin. Vor der Burg, auf einem ebenen, grasbewachsenen Platz, stand ein mächtiger Baum, der mit unzähligen Schilden behangen war. Manche der Schilde bedeckte eingetrocknetes Blut, andere waren gespalten und zerhauen. Am Stamm war ein schwarzer Schild angebracht, der eine Inschrift in roter Farbe trug.

Wer auf diesen Schild schlägt, der wagt sein Leben!

Daneben hing einladend ein Eisenhammer. Unwillkürlich fiel Arthur die Warnung Merlins ein. Ein kalter Schauer lief ihm den Rücken

hinab. Dann aber dachte er daran, dass ein König zwar nicht davor gefeit war, Angst zu haben, dass es aber sehr unköniglich wäre, aus Angst die königlichen Pflichten zu vergessen. Seine Pflicht war es nun einmal, dem Schwarzen Ritter das Handwerk zu legen. Er schloss sein Visier, ritt hin, nahm den Eisenhammer und schlug mit aller Macht auf den Schild. Das Echo brach sich in den Mauern der Burg und hallte unheimlich wider. Die Antwort ließ nicht lange auf sich warten. Wenige Augenblicke danach rasselte die Zugbrücke herunter und ein Ritter in schwarzer Rüstung stürmte auf einem pechschwarzen Rappen heraus. Ein paar Schritte vor Arthur zügelte er sein Pferd. „Ha, unbekannter Herr Ritter", begrüßte er den König hochmütig.

1 *Verfasst den Dialog, der sich zwischen den beiden Rittern nun entspinnt, als Fortsetzung der Geschichte.*

2 *a) Bildet aus den folgenden Sätzen ein Satzgefüge.*
Unwillkürlich fiel Arthur die Warnung Merlins ein. Ein kalter Schauer lief ihm den Rücken hinab. (Z. 30–32)
b) Überlegt, warum die Autorin zwei Hauptsätze bevorzugt.

3 *a) Bestimmt bei den folgenden Sätzen mit Hilfe der Umstellprobe die Satzglieder.*

- Aus Stolz kämpfte König Arthur gegen den Schwarzen Ritter.
- Trotz der eindringlichen Warnung Merlins ließ sich Arthur nicht von dem Kampf gegen den Schwarzen Ritter abbringen.
- Nach einem beschwerlichen Ritt erreichte König Arthur die Burg des Schwarzen Ritters.
- Durch lautes Schlagen auf den Schild machte er sich bemerkbar.
- Zum besseren Schutz klappte er das Visier seines Helmes herunter.
- Bei einer Fortsetzung des Kampfes wären beide Ritter tödlich verwundet worden.

b) Bestimmt die adverbialen Bestimmungen in den einzelnen Sätzen genau. Beispiel:

Aus Stolz kämpfte König Arthur gegen den Schwarzen Ritter.
Warum kämpfte König Arthur gegen den Schwarzen Ritter?
→ adverbiale Bestimmung des Grundes

4 *a) Formt die Sätze aus Aufgabe 3 zu Satzgefügen um, indem ihr die adverbialen Bestimmungen zu Gliedsätzen mit passenden Konjunktionen ausformuliert.*
b) Vergleicht eure Lösungen mit den ursprünglichen Sätzen. Was stellt ihr fest?
c) Bestimmt eure Adverbialsätze mit Hilfe des folgenden Merkkastens.

!

Adverbialsätze

Nebensätze nehmen oft die Stelle eines Satzglieds ein; man nennt sie dann Gliedsätze. Wenn ein Gliedsatz die Stelle einer adverbialen Bestimmung einnimmt, heißt er Adverbialsatz. Adverbialsätze lassen sich genau wie adverbiale Bestimmungen nach ihrer Zusatzinformation näher bestimmen.

Adverbialsätze werden mit einer Konjunktion eingeleitet. Sie werden vom Hauptsatz durch ein **Komma** getrennt.

- **Temporalsätze** geben Zeitverhältnisse an. Einleitende Konjunktionen sind z. B.: „als", „während", „nachdem", „seitdem".
  Beispiel: „*Als beide Ritter nicht mehr kämpfen konnten*, brachte Merlin den verwundeten König zu einem Einsiedler."
- **Kausalsätze** geben den Grund oder die Ursache an. Einleitende Konjunktionen sind z. B.: „weil", „da".
  Beispiel: „Merlin blieb sehr lange bei Arthur, *weil der junge König mit dem Tod kämpfte.*"
- **Konditionalsätze** geben eine Bedingung an. Einleitende Konjunktionen sind z. B.: „wenn", „falls", „sofern".
  Beispiel: „*Wenn Arthur bei diesem Kampf gestorben wäre*, hätte England seinen König verloren."
- **Finalsätze** geben einen Zweck an. Einleitende Konjunktion ist z. B.: „damit".
  Beispiel: „*Damit der Schwarze Ritter dem König nicht mehr gefährlich werden konnte*, ließ Merlin ihn durch einen Zauberspruch in einen tiefen Schlaf sinken."

- **Konsekutivsätze** geben die Folge oder Wirkung an. Einleitende Konjunktion ist z. B.: „sodass" (auch: „so ..., dass").
  Beispiel: „Arthur war krank und schwach, *sodass er die unbekannte Dame nur verschwommen erkennen konnte.*"
- **Modalsätze** geben die Art und Weise an. Einleitende Konjunktionen sind z. B.: „indem", „wie", „als".
  Beispiel: „Die schöne Gwinever trug viel zu seiner Genesung bei, *indem sie Tag und Nacht an seinem Lager wachte.*"
- **Konzessivsätze** geben eine Einräumung an. Einleitende Konjunktionen sind z. B.: „obwohl", „obgleich", „wenn auch".
  Beispiel: „*Obwohl Arthur die schöne Dame nur undeutlich erkennen konnte,* beeindruckte ihn deren Schönheit sehr."
- **Adversativsätze** geben einen Gegensatz an. Einleitende Konjunktion ist z. B.: „während".
  Beispiel: „*Während Arthur den Kampf so bald wie möglich fortsetzen wollte,* war Merlin ganz und gar gegen eine erneute Gefährdung des Königs von England."

5 *Erfragt bei den Satzgefügen im Merkkasten (▷ S. 122–123) die Adverbialsätze mit den entsprechenden Satzgliedfragen. Fragt und antwortet jeweils in einem vollständigen Satz.*

6 *Die schöne unbekannte Dame Gwinever pflegte König Arthur im Haus des Einsiedlers gesund.*
a) Verfasst eine Geschichte, in der ihr die Herkunft der schönen unbekannten Dame Gwinever erklärt. In eurer Geschichte soll jede Art des Adverbialsatzes ein Mal vorkommen.
b) Tauscht eure Geschichten mit eurer Banknachbarin oder eurem Banknachbarn aus und bestimmt die Adverbialsätze.

Käthe Recheis

Wie König Arthur zu seinem Schwert „Excalibur" kam (1)

Als König Arthur genesen war, wollte er den Kampf gegen den Schwarzen Ritter fortsetzen. Da Arthur aber sein eigenes Schwert im Kampf verloren hatte, benötigte er ein neues Schwert. Damit der König nicht noch einmal so schwer verletzt werden konnte, wollte Merlin Arthur zu einem besonderen Schwert mit Zauberkraft verhelfen. Er führte ihn in den Wald der Abenteuer. Sie ritten immer weiter, bis sie zu einem verzauberten See kamen. Eine wunderschöne Fee zeigte Arthur sein Schwert, indem sie wortlos auf die Mitte des Sees deutete. Obwohl Arthur es kaum glauben konnte, sah er doch einen weißen Arm aus dem See herausragen. Dieser Arm hielt das Schwert Excalibur. Während allen anderen Rittern dieses Schwert verwehrt worden war, konnte Arthur es mühelos und mit der Erlaubnis der Fee holen.

7 *a) Sucht aus dem Text alle Satzgefüge heraus und schreibt sie in euer Heft.*
b) Unterstreicht die Adverbialsätze und bestimmt diese genau.

Käthe Recheis

Wie König Arthur zu seinem Schwert „Excalibur“ kam (2)

„Merlin, träume ich?“, flüsterte Arthur. Er wagte kaum zu sprechen und konnte sich an dem verzauberten See und an dem wunderbaren Schwert nicht sattsehen. Bevor er sich von seinem Staunen erholt hatte, sah er eine Frau durch die Blumen am Ufer auf sich zukommen. Wenn er auch noch so verwirrt sein mochte, vergaß er doch nicht die Höflichkeit, die jeder Frau gebührt. Er stieg vom Pferd und ging ihr entgegen. Als er der Fremden gegenüberstand, war er betroffen von ihrer Schönheit. Ihr Gesicht war makellos wie Elfenbein, die schwarzen Augen strahlten wie Sterne in der Nacht. Seidenes, schwarz glänzendes Haar hing wie ein Mantel zur Erde herunter. Gekleidet war die Dame in ein weich fließendes grünes Gewand und um den Hals hing eine goldene, mit Smaragden besetzte Kette, von der ein solcher Glanz ausging, dass der König geblendet wurde. „Lady“, stammelte er und sank auf die Knie, „Ihr seid keine Sterbliche!“

„Ihr sagt es, König Arthur“, antwortete die Frau. „Ich komme aus Faery, aus dem anderen Land, dem Reich der Feen. Mein Name ist Nymue und man nennt mich die Dame vom See. Meine Schwester und ich haben diesen See geschaffen, damit unser Reich vor den Augen der Sterblichen verborgen bleibt. Jetzt wisst Ihr alles über mich. Nun möchte ich wissen, was Euch zu mir führt.“

„Herrin, mein Schwert ist zerbrochen und ein König mit zerbrochenem Schwert ist ein seltsamer König. Ich bitte Euch, gebt mir das Eure.“

Die Dame vom See lächelte. „Eine große Bitte! Jedem anderen würde ich sie abschlagen. Aber, um die Wahrheit zu sagen, so ist dieses Schwert – es heißt Excalibur – von Anfang an nur für Euch bestimmt gewesen. Steigt ein und holt es Euch!“

8 *a) Sucht aus dem Text „Wie König Arthur zu seinem Schwert ‚Excalibur‘ kam (2)“ alle Adverbialsätze heraus und schreibt sie in euer Heft.*
Bestimmt dann die Adverbialsätze genau.
b) Wandelt die Adverbialsätze in adverbiale Bestimmungen um. Was stellt ihr fest?

9 *In der Sage um König Arthur und die Ritter der Tafelrunde verwickeln sich viele Personen in Streitgespräche. Es werden gegensätzliche Meinungen und Wünsche, aber auch Lebenswege angesprochen. Einige davon habt ihr schon kennen gelernt.*
Formuliert zehn Adversativsätze, die diese Gegensätze aus der Arthur-Sage ausdrücken.
Achtet dabei auf die Kommasetzung.
Beispiel:
Während König Arthur von Zweifeln geplagt wurde, wusste Merlin, dass der junge König die Gunst Gwinevers gewinnen würde.

Subjekt- und Objektsätze

Käthe Recheis

Wie König Arthur sich als Gärtnerjunge verkleidete und Gwinever freite

„Merlin, ich sterbe vor Sehnsucht nach Gwinever", gestand Arthur seinem Freund.
„Dagegen gibt es ein gutes Mittel, Herr. Geht nach Cameliard und bittet Leodegranz um die Hand seiner Tochter."
„Und wenn sie mich nicht haben will? Ich könnte es nicht ertragen, von ihr abgewiesen zu werden. Aber ich muss sie sehen. Ich will ihr nahe sein, Tag für Tag, doch nicht als ihr König, sondern als Unbekannter. Merlin, Ihr habt schon viele wunderbare Dinge vollbracht, die keinem anderen Menschen möglich sind. Verleiht mir durch Eure Zauberkunst eine andere Gestalt. Dann werde ich nach Cameliard gehen und wenn ich weiß, dass Gwinever meine Liebe erwidert, sie fragen, ob sie meine Frau werden will."
Merlin lächelte insgeheim über die Verliebtheit des Königs. Am nächsten Tag brachte er ihm eine kleine Kappe. Es war eine Zauberkappe und als Arthur sie aufgesetzt hatte, sah er aus wie ein einfacher Bauernbursche. Statt der königlichen Kleider trug er einen einfachen Leinenkittel und seine Füße steckten in derben Schuhen. Nicht einmal seine besten Freunde hätten ihn wiedererkannt.

Ohne dass seine Ritter davon wussten, verließ er heimlich Tintagalon und ging nach Cameliard. Dort verdingte er sich als Gärtnerbursche und obwohl er schwere und ganz unkönigliche Arbeiten verrichten musste, nannte er sich glücklich, denn Gwinever pflegte mit ihren Fräulein jeden Tag in den Garten zu kommen.
Es geschah aber, dass zu jener Zeit König Leodegranz in große Bedrängnis geriet. Von Nordwales kam König Ryence mit einer großen Heerschar nach Cameliard gezogen und verlangte, Leodegranz sollte Gwinever seinem Vetter, dem Herzog Mordaunt von Northumberland, zur Frau geben.
Schon am nächsten Morgen erschien Herzog Mordaunt in voller Rüstung vor dem Tor und forderte mit prahlerischen Worten einen Ritter zum Zweikampf auf. Herzog Mordaunt war von riesiger Gestalt und bekannt wegen seiner Stärke und des schrecklichen Jähzorns, der ihn bei jedem Kampf überfiel und unüberwindlich machte. Herzog Mordaunt verspottete die Gefolgsleute Leodegranz', nannte sie Schwächlinge und feige Burschen und fragte höhnisch, wie sie der Heerschar Ryences Widerstand leisten wollten, wenn ihnen schon der Anblick eines einzigen gewappneten Ritters solche Angst einjage. Gwinever glaubte vor Scham zu sterben. Noch dazu war Mordaunt ein hässlicher Kerl mit schlechten Sitten. Die Aussicht, ihn als Gatten zu erhalten, war wenig erfreulich.

1 *Gebt den Inhalt des Textes mit eigenen Worten wieder.*

2 *a) Erfragt bei den folgenden Sätzen die zu ergänzenden Satzteile. Welche Satzglieder werden so erfragt?*

- *Ich halte um Gwinevers Hand an, wenn ich weiß, ...*
- *Aber ich ertrage nicht, ...*
- *Jedem Ritter auf der Burg war klar, ...*
- *Im ganzen Land war bekannt, ...*
- *Der rechtmäßige König von England ist, wer ...*
- *Sein Leben wagt, wer ...*
- *Gwinever war ziemlich bald klar, ...*

b) Übertragt die Sätze in euer Heft und ergänzt sie.

Käthe Recheis

Der Kampf um Gwinevers Freiheit

Zu diesem Zeitpunkt wusste niemand, dass König Arthur auch am Hof Gwinevers weilte. Die Sage erzählt, wie der König das Ansehen der Gefolgschaft Leodegranz' und die Dame Gwinever rettete. Wie der König als Gärtnerjunge (5) verkleidet die Burg verließ und sich bei einem Kaufmann Pferd und Rüstung besorgte, wird ausführlich geschildert. Dass ausgerechnet ein unbekannter Ritter ohne Wappen für ihre Freiheit kämpfen wollte, überraschte die schöne (10) Dame. Gwinever hätte zu gerne gewusst, wer der tapfere unbekannte Ritter war. Dieser stellte sich unter ihren Balkon und forderte, dass sie ihm als Unterpfand für den Kampf ihre Perlenkette gebe. Wer den Tod des jungen Ritters (15) schon vor Augen gesehen hatte, wurde eines Besseren belehrt. Noch lange erzählten sich die Menschen, wie ein unbekannter Ritter den gefürchteten Herzog scheinbar mühelos besiegt hatte. (20)

3 *Erfragt bei jedem Satz die Satzglieder. Klärt gemeinsam, was mit den Subjekten und Objekten geschehen ist.*

4 *Objekte lassen sich durch Nebensätze ersetzen.*
a) Sucht aus dem Text „Der Kampf um Gwinevers Freiheit" alle Objektsätze heraus. Führt dabei die Ersatzprobe durch und ersetzt die Nebensätze durch ein Objekt.
b) Schreibt die Sätze nach dem Muster des folgenden Satzbaukastens in euer Heft.

Subjekt	**Prädikat**	**Objekt**
Niemand	wusste	etwas.
Niemand	wusste,	dass König Arthur am Hof Gwinevers weilte.
Hauptsatz		**Nebensatz anstelle eines Objektes = Objektsatz**

5 *Auch Subjekte lassen sich durch Nebensätze ersetzen.*
a) Sucht aus dem Text „Der Kampf um Gwinevers Freiheit“ (▷ S. 126) Beispiele für solche Subjektsätze heraus. Macht dabei die Ersatzprobe und ersetzt den Nebensatz durch ein Subjekt.
b) Schreibt die Sätze nach dem Muster des folgenden Satzbaukastens in euer Heft.

Subjekt	Prädikat	Objekt
Etwas	überraschte	die schöne Dame.
Dass ein unbekannter Ritter für sie kämpfen wollte,	überraschte	die schöne Dame.
Nebensatz anstelle eines Subjektes = Subjektsatz	Hauptsatz	

Subjektsätze und Objektsätze

Subjektsätze und Objektsätze sind **Gliedsätze,** weil sie die Stelle eines Satzgliedes einnehmen. Sie übernehmen die Rolle des Subjekts bzw. des Objekts für den Hauptsatz und lassen sich genauso wie Subjekt oder Objekt durch Satzgliedfragen ermitteln.
Subjekt- und Objektsatz werden durch ein **Komma** vom Hauptsatz abgetrennt.

Beispiel:
„Wer dieses Schwert aus dem Amboss zieht, ist der rechtmäßige König von England.“
Frageprobe: „Wer oder was (= Subjekt) ist der rechtmäßige König von England?“

Beispiel:
„Sich zu verstellen, hatte er nie gelernt.“
Frageprobe: „Wen oder was (= Objekt) hatte er nie gelernt?“

Subjekt- und Objektsätze können unterschiedliche Gestalt annehmen:

Satzform	Subjektsatz	Objektsatz
indirekter Fragesatz	*Wer diesen Ritter schlägt,* ist ein Held.	Niemand wusste, *wie er hieß.* Er wusste nicht, *ob er überleben würde.*
dass-Satz	*Dass er kämpfen wollte,* erstaunte Gwinever.	Er erkannte, *dass er kämpfen musste.*
Infinitivsatz	*Auf einem Pferd zu reiten,* machte ihm Freude.	Er erklärte, *nichts zu wissen.*

6 *In den Geschichten um König Arthur werden immer wieder Satzgefüge mit Subjektsätzen formuliert, z. B.: „Wer auf diesen Schild schlägt, wagt sein Leben.“*
Erfindet weitere Satzgefüge mit Subjektsätzen, die zu den Abenteuern Arthurs passen, und schreibt sie in euer Heft.

Käthe Recheis

Nach dem siegreichen Zweikampf

Nach dem erfolgreichen Zweikampf vor den Augen seiner Angebeteten fühlte Arthur sich so ausgelassen, dass es ihn danach gelüstete, mit seinen Rittern einen kleinen Scherz zu treiben. Er beschloss, sich nicht zu erkennen zu geben, ritt mit geschlossenem Visier auf sie zu und forderte sie zum Tjosten[1] auf. Als Bedingung stellte er, dass jeder, den er aus dem Sattel warf, sieben Tage lang seiner Herrin dienen müsste.

„Unbekannter Ritter", antwortete Gawein für seine Gefährten, „wir sind gerne bereit, Eure Forderung anzunehmen, wenn auch Ihr Euch bereit erklärt, an den Hof König Arthurs, unseres Herrn, zu reiten und ihm sieben Tage lang zu dienen, falls einer von uns Euch aus dem Sattel sticht."

Arthur gab lachend sein Einverständnis. Er ritt zuerst gegen Erek an, dann gegen Iwein, Pellias und Gawein und warf sie der Reihe nach aus dem Sattel. Nachher trug er ihnen auf, sich in Cameliard bei Lady Gwinever zu melden und ihr zu sagen, dass der Ritter mit der Perlenkette sie im Kampf besiegt habe. Auf sein Gebot müssten sie ihr nun sieben Tage lang dienen.

„Wir werden Eurer Dame sieben Tage lang dienen", antwortete Gawein. „Aber nachher treffen wir uns wieder, Herr! Es ist leicht, einen Ritter aus dem Sattel zu werfen, aber schwerer, ihn im Schwertkampf zu besiegen. Dann erst werden wir sehen, wie diese Sache endet." „Wie Ihr wollt!", antwortete Arthur. „Nur glaube ich, dass keiner von Euch nach diesen sieben Tagen große Lust hat, mich zum Kampf aufzufordern."

Als Arthur am nächsten Morgen auf die Burg kam, wartete der Gärtner mit einer Birkenrute und wollte ihn tüchtig verprügeln, weil er die Arbeit im Stich gelassen hatte. Sobald der Mann aber den vermeintlichen Gärtnerjungen am Gürtel gepackt hatte und die Rute zum Streich erhob, wurde er im nächsten Augenblick mit solcher Gewalt zu Boden geschleudert, dass ihm Hören und Sehen verging. Voller Wut ging er zu Gwinever und beklagte sich über den Gärtnerjungen. „Herrin, dieser Bub verschwindet zwei Tage lang und wenn ich ihn dafür züchtigen will, wie er es verdient, fällt er wie ein Wilder über mich her. Ich bitte Euch, bestraft ihn und schickt ihn dann fort!"

Gwinever lachte fröhlich. „Lass ihn in Ruhe", antwortete sie, „und kümmere dich nicht darum, ob er seiner Arbeit nachkommt oder nicht."

Der arme Mann wusste nicht, ob er selbst verrückt geworden war oder ob seine Herrin plötzlich den Verstand verloren hatte. Gwinever aber war so guter Laune wie schon lange nicht mehr.

Am gleichen Tag sandte Mordaunt einen Herold zu König Leodegranz.

„Niemand kann meinen Herrn daran hindern, Eure Tochter mit Gewalt zu nehmen. Trotzdem

1 **Tjosten:** Lanzenkampf zu Pferd

will er Euch seine Großmut zeigen und Euch dieses Angebot machen: Morgen früh, bei Sonnenaufgang, wird er mit sechs seiner Ritter vor den Mauern der Burg erscheinen. Er ist bereit, gegen eine ebenso große Anzahl von Rittern aus Cameliard zu kämpfen. Sollte er besiegt werden, gibt er alle Ansprüche auf Lady Gwinever auf. Wenn sich aber bis Sonnenuntergang keine Ritter zum Kampf stellen, wird er mit König Ryence von Nordwales Burg und Stadt im Sturm nehmen, Euch gefangen setzen und Lady Gwinever zwingen, ihn zum Gatten zu nehmen." Diese Nachricht versetzte Leodegranz in tiefe Niedergeschlagenheit, denn er wusste nur zu gut, dass in seiner Burg keine sieben Ritter waren, die es mit dem Herzog Mordaunt aufnehmen konnten. Er fragte nach dem Weißen Ritter und ließ ihn überall suchen. Der Weiße Ritter aber war verschwunden und niemand konnte sagen, wo er zu finden war.

7 *a) Ermittelt aus dem Text (▷ S. 128–129) die Satzgefüge, die einen Subjekt- oder Objektsatz enthalten.*
b) Ordnet diese nach ihren Satzformen und haltet euer Ergebnis in einer Tabelle fest.

Satzform	Subjektsatz	Objektsatz
indirekter Fragesatz	...	...
dass-Satz	...	...
Infinitivsatz	...	...

8 *a) Untersucht im vorangegangenen Text (▷ S. 128–129), welche Verben im Hauptsatz die Subjekt- und Objektsätze einleiten, und schreibt diese Verben in euer Heft.*
b) Überlegt, welche Gemeinsamkeiten diese Verben haben.

Käthe Recheis

König Leodegranz und seine Tochter Gwinever

„Diesen Herzog werde ich nicht heiraten", sagte Gwinever zornig. „Lieber sterbe ich. Man sagt, seine Tischmanieren seien so gräulich, dass jedem anderen an der Tafel der Appetit vergehe." „Liebe Tochter", stöhnte Leodegranz, „ich gäbe mein Königreich her, um dir das zu ersparen. Nur fürchte ich, dass er mir mein Reich auf jeden Fall nehmen wird, ohne mich zu fragen, und dich dazu!"

9 *a) König Leodegranz und seine Tochter Gwinever sind ratlos und suchen nach einem Ausweg. Verfasst eine Fortsetzung des Gesprächs. Verwendet dabei möglichst viele Subjekt- und Objektsätze.*
b) Tauscht eure Texte mit eurer Banknachbarin oder eurem Banknachbarn aus und bestimmt die Sätze genau.

Infinitivsätze

Käthe Recheis

Wie König Arthur den Schwarzen Ritter besiegte und einen Feind zum Freund machte

König Arthur ritt mit Merlin ein zweites Mal zur Burg des Schwarzen Ritters. Als sie dort angekommen waren, verbot er Merlin, sich in den Kampf einzumischen und seine Zauberkraft zu gebrauchen.
In seinem Stolz verletzt, wollte er den Schwarzen Ritter nun endgültig besiegen. *Um seine Stärke zu beweisen,* verzichtete er auf die Hilfe Merlins und dessen Zauberkraft. Merlin machte sich aber gar keine Sorgen, denn er wusste um die geheimnisvolle Kraft des Schwertes Excalibur.
Der König siegte und freute sich über seine Kraft und Stärke, *ohne von dem heimlichen Kampfvorteil etwas zu ahnen.* Großzügig verzieh er dem Schwarzen Ritter und lud ihn auf seine Burg ein, *um die Feindschaft zu beenden.*
Merlin erzählte ihm erst danach, dass sein Schwert und dessen Scheide den Träger vor jeder Wunde schützten. Erbost über die heimliche Hilfe wollte der stolze König sofort sein Schwert zurückgeben. Merlin hielt ihn davon ab, um das Leben des Königs von England zu retten. Er verbot ihm, töricht zu sein. Schließlich gehöre sein Leben nicht ihm alleine, sondern dem ganzen Volk von England. Widerstrebend musste Arthur seinem Freund Recht geben. Aber er benutzte das Schwert von da an nur noch, um die Feinde seines Volkes zu bekämpfen, niemals aber mehr für einen Zweikampf. Von nun an sollte es alle Ritter mit Stolz erfüllen, mit dem König in den Kampf zu ziehen.

1 *a) Übertragt die im Text hervorgehobenen Infinitivsätze in euer Heft.*
b) Formt die Infinitivsätze zu Gliedsätzen um. Achtet darauf, dass der Sinn des Satzes erhalten bleibt.
c) Vergleicht die Infinitivsätze mit euren Gliedsätzen. Welchen Unterschied stellt ihr fest?

2 *a) Der Text enthält noch weitere Infinitivsätze, die nicht hervorgehoben sind. Sucht diese Infinitivsätze aus dem Text heraus und schreibt sie in euer Heft.*
b) Formt die Infinitivsätze ebenfalls zu Gliedsätzen um.

Infinitivsätze
Gliedsätze, also Adverbialsätze, Subjekt- und Objektsätze, können zu Infinitivsätzen verkürzt werden. Dadurch lässt sich die Nennung des Subjekts vermeiden. Beispiel:
„Arthur behielt das Schwert, damit er seinem Land helfen konnte."
„Arthur behielt das Schwert, *um seinem Land zu helfen.*"
Ein **Infinitivsatz**, der aus einem Infinitiv mit *zu* und mindestens einem weiteren Wort besteht, **muss häufig durch Kommas abgetrennt werden,** und zwar immer dann,

- wenn der Infinitivsatz durch ein „um", „ohne", „statt", „anstatt", „außer", „als" eingeleitet wird, z. B.: „Er verzichtete auf die Zauberkraft Merlins, *um* seine Stärke zu beweisen."
- wenn der Infinitivsatz von einem Nomen abhängt, z. B.: „König Arthur hatte *den Plan,* den schwarzen Ritter zu besiegen." oder
- wenn durch ein hinweisendes Wort wie „daran", „darauf", „dazu" oder „es" auf den Infinitivsatz Bezug genommen wird, z. B.: „Er bestand ausdrücklich *darauf,* den Ritter ohne fremde Hilfe zu besiegen."

In allen anderen Fällen ist das Komma freigestellt. **Es empfiehlt sich, die Kommas immer zu setzen**, weil sie die Gliederung des Satzes verdeutlichen und niemals falsch sind.

3 *Formt in den folgenden Satzgefügen die Gliedsätze zu Infinitivsätzen um. Setzt entsprechend der Regel die Kommas.*

- König Arthur ritt sehr schnell, wobei er sich nicht umblickte.
- Merlin redete sehr streng mit dem jungen König, weil er ihm den Ernst der Lage deutlich machen wollte.
- Er bestand darauf, dass er das Schwert behalte.
- Arthur wollte in Zukunft überlegter handeln, weil er sein Leben als König nicht gefährden durfte.
- Er glaubte daran, dass er in England wieder Frieden und Wohlstand schaffen könnte.

Partizipialsätze

- Schwer verletzt durch den Kampf mit dem Schwarzen Ritter(,) wurde er von Lady Gwinever in der Hütte des Einsiedlers gesund gepflegt.
- Nach Camelot zurückgekehrt(,) überfiel den König eine große Unruhe.
- Von der Krankheit gut erholt(,) war er dennoch nicht glücklich.
- Von großer Sehnsucht getrieben(,) wollte er jene Dame wiedersehen.
- Von großen Selbstzweifeln geplagt(,) bat der sonst so stolze König Merlin um Hilfe.
- Über so viel Unbeholfenheit lächelnd(,) wollte Merlin ihm helfen.

1 *a) Bestimmt die Satzglieder in diesen Sätzen.*
b) Untersucht, welche Form die adverbialen Bestimmungen in den Sätzen haben.
c) Formt die adverbialen Bestimmungen zu Adverbialsätzen um.

Partizipialsätze
Adverbialsätze können zu Partizipialsätzen verkürzt werden. Wie bei den Infinitivsätzen lässt sich so die Nennung des Subjekts vermeiden.
Ein erweitertes **Partizip Präsens** (Partizip I) drückt Gleichzeitigkeit mit dem Geschehen des übergeordneten Satzes aus. Es wird aus dem Verbstamm und der Endung **-(e)nd** gebildet, z. B.: *brems**end**, trag**end**, zitter**nd**.*
„*Während er vor Aufregung zitterte,* wartete Arthur auf Lady Gwinever." →
„*Zitternd vor Aufregung(,)* wartete Arthur auf Lady Gwinever."
Ein erweitertes **Partizip Perfekt** (Partizip II) bringt die Vorzeitigkeit zum Geschehen des übergeordneten Satzes zum Ausdruck. Es wird aus der Vorsilbe **ge-**, dem Verbstamm und der Endung **-(e)t** oder **-en** gebildet, z. B.: ***ge**bau**t**, **ge**schwomm**en**.*
„*Nachdem sie auf ihrem Schloss angekommen waren,* verließ den jungen König der Mut." →
„*Auf ihrem Schloss angekommen(,)* verließ den jungen König der Mut."

Ein **Partizipialsatz** muss normalerweise nicht durch ein Komma vom übergeordneten Satz getrennt werden. Ein Komma kann gesetzt werden, wenn der Partizipialsatz als Zusatz gekennzeichnet werden soll.
Ein **Komma muss stehen,**
- wenn durch ein **hinweisendes Wort** auf den Partizipialsatz Bezug genommen wird, z. B. mit „so".
  Beispiel: „Um Worte ringend, *so* stellte sich Arthur der Lady vor."
- wenn der Partizipialsatz als **Einschub** die gewöhnliche Satzstellung unterbricht.
  Beispiel: „Der König, *vor Freude lächelnd,* lief auf sie zu."
- wenn der Partizipialsatz einen **Nachtrag** darstellt.
  Beispiel: „Er verweilte im Garten, *nach ihren Blicken heischend.*"

Der ganze Königshof litt mit dem jungen König. Wieder vollständig genesen hätte er allen Grund dazu gehabt glücklich zu sein. Aber wie alle Verliebten zweifelte er daran die Gunst seiner Dame gewinnen zu können. Rat für seinen Liebeskummer suchend irrte der König durch die Gemächer und ließ sich kaum ablenken. Um nicht von den schrecklichen Träumen gequält zu werden schlief er nie lange. Und doch gelang es ihm nicht die schöne Gwinever zu vergessen. Er verbrachte oft Stunden in Einsamkeit in seinen Gedanken bei ihr verweilend.

2 a) *Schreibt den Text ab und setzt entsprechend den Kommaregeln auf S. 131 und S. 132 die fehlenden Kommas.*

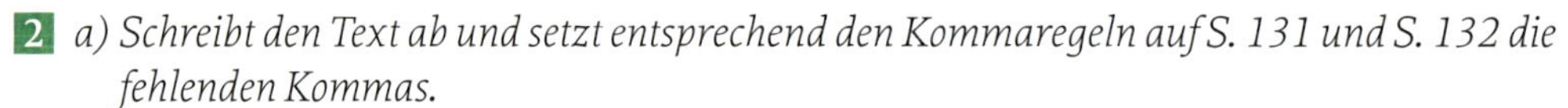

b) *Besprecht mit eurer Banknachbarin oder eurem Banknachbarn, wo ein Komma gesetzt werden muss, und klammert diejenigen Kommas ein, die auch weggelassen werden können.*
c) *Bestimmt alle Infinitiv- und Partizipialsätze und formt diese, soweit möglich, zu Gliedsätzen um.*

3 *Verfasst eine Fortsetzung der Sage, in der Merlin Arthur in einer Notsituation hilft. Verwendet Infinitiv- und Partizipialsätze, wo es möglich ist. Setzt entsprechend den Regeln die Kommas.*

6.2 Das Leben des Ritters Arnoul – Attributsätze von Gliedsätzen unterscheiden

Georges Duby

Die Ritter: An den Leser (1)

Georges Duby (1919–1996) war ein berühmter Professor für mittelalterliche Geschichte in Frankreich. Er galt als einer der bedeutendsten Experten für Fragen des Mittelalters und machte sich als historischer Schriftsteller international einen Namen. Dies ist der Anfang seines Sachbuchs „Die Ritter“.

Ich nehme dich mit. Wir begeben uns auf Abenteuerreise. Ein bisschen so wie die Forschungsreisenden, die versuchen, in Neuguinea oder Amazonien unbekannte Volksstämme kennen zu lernen. Auch wir machen uns auf die Suche nach Menschen. In unserem Fall sind es die Ritter. Wir wollen herausfinden, wie sie gelebt haben, was und wie sie gedacht haben – und das ist gar nicht einfach.
Denn dazu müssen wir uns auf einen weiten Weg machen, allerdings nicht in undurchdringliche Wälder wie die Naturforscher, sondern auf den weiten Weg zurück in vergangene Jahrhunderte. Das Rittertum ist vor etwa tausend Jahren entstanden. Etwas später, zwischen 1160 und 1220, während der Regierungszeit des französischen Königs Philipp August, ist es in der Nordhälfte Frankreichs – also des Landes, in dem das Rittertum entstanden ist – bereits voll entwickelt. Genau in diese Zeit und in diese Gegend werden wir uns begeben, um die Ritter zu beobachten und dabei alle Spuren zu sammeln, die sie auf ihrem Weg hinterlassen haben.
Am besten wäre es, einen von ihnen näher kennen zu lernen und ihn zum Sprechen zu bringen. So gehen die Forschungsreisenden vor, wenn sie die Lebensweise eines Stammes kennen lernen möchten. Aber natürlich können wir nie einem Ritter begegnen, seine Gäste sein, seine Mahlzeiten mit ihm teilen und ihm Fragen stellen.
Dafür profitieren wir im Vergleich zum Forschungsreisenden aber von einem wesentlichen Vorteil: Die Menschen des 12. Jahrhunderts kannten die Schrift. Aus der Zeit sind Schriftstücke erhalten, Pergamente, die in Archiven aufbewahrt werden, Berichte und Geschichten, seien es wahre oder erfundene.
Eine dieser Geschichten ermöglicht es uns, einem Ritter ziemlich nahezukommen. Dieser Ritter wird unser Hauptzeuge sein: **Arnoul, Graf von Guines.**

1 *a) Der Autor möchte dem Leser das Rittertum und die Zeit, in der die Ritter lebten, näherbringen. Erläutert, woher er die Informationen über das Leben der Ritter erhält.*
b) Überlegt, welche Probleme sich bei dieser Art von Nachforschung ergeben können.
c) Besprecht, welche Quellen der Autor noch benutzen könnte.

2 *Dieser Text enthält verschiedene Infinitivsätze (▷ S. 322). Schreibt alle Infinitivsätze heraus. Entscheidet dann, welches Satzglied sie jeweils ersetzen.*

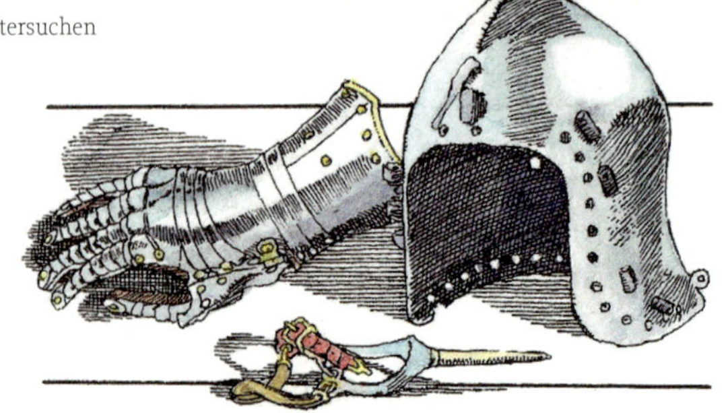

Georges Duby

Die Ritter: An den Leser (2)

Der Ritter Arnoul war der Sohn des Grafen von Guines und der Herr der Burg Andres. Diese Burg liegt im heutigen Departement Pas-de-Calais um die französische Stadt Calais. Ein Priester, der in der Burg die Messen las, hat zwischen 1194 und 1203 die Großtaten der Vorfahren von Arnoul niedergeschrieben. Über die Zeit davor sind wenige Fakten bekannt. Man weiß, dass dieser Priester Lambert hieß.
Lambert berichtet im Lauf dieser Erzählung auch von den Abenteuern Arnouls. Arnoul, der Ritter, ist der wahre Held der Erzählung Lamberts. Seine Taten und Handlungen erscheinen darin in strahlendem Licht. Allerdings ist die Geschichte über den Ritter Arnoul kurz. Was darin steht, reicht als Informationsquelle nicht aus. Ich muss mich noch an anderen Orten erkundigen und mein Wissen über Arnoul vervollständigen. Ich kann meine Kenntnisse erweitern, indem ich andere Erzählungen nutze. Und ich kann weitere Informationen erhalten, indem ich mir viele Bilder aus dieser Zeit ansehe. Auch Skulpturen und Reste von Waffen oder Werkzeugen interessieren mich. Diese Dinge haben Archäologen, Erforscher der Vergangenheit, bei ihren Grabungen zutage gefördert.

3 *a) Findet im Text über den Ritter Arnoul mit Hilfe der Umstellprobe alle Gliedsätze und unterscheidet diese nach Adverbialsätzen, Subjekt- oder Objektsätzen (▷ S. 320–321).*
b) Verkürzt die Adverbialsätze aus dem Text zu adverbialen Bestimmungen.

4 *Ermittelt mit Hilfe der Umstellprobe die Satzglieder des Textes. Bestimmt dann mit Hilfe der Frageproben ihre Funktion im Satz.*
TIPP: *Informationen zu den einzelnen Satzgliedern findet ihr im Grundwissen auf S. 317–319.*

5 *Ein Attribut macht nähere Angaben zu seinem Bezugswort. Es ist Teil eines Satzglieds und bleibt bei der Umstellprobe mit seinem Bezugswort verbunden.*
a) Untersucht die einzelnen Satzglieder des Textes nach Attributen. Bestimmt dann die Bezugswörter und die dazugehörigen Attribute.
b) Es gibt verschiedene Formen des Attributs. Übertragt die Tabelle in euer Heft und ordnet die Attribute aus dem Text mit ihren Bezugswörtern in die entsprechenden Spalten ein.

Adjektiv als Attribut	präpositionales Attribut	Genitivattribut	Adverb als Attribut	Pronomen als Attribut	Zahlwort als Attribut	Apposition als Attribut
französische Stadt	die Vorfahren **von Arnoul**	Sohn **des Grafen**	die Zeit **davor**	**sein** Buch	**wenige** Fakten	Arnoul, **der Ritter, …**

6 *a) Im letzten Satz des Textes findet ihr eine besondere Form des Attributs. Vergleicht diese Form des Attributs mit den übrigen Attributen. Was stellt ihr fest?*
b) Bildet fünf Sätze zum Thema „Ritter“, die Appositionen enthalten.

Die Apposition
Die **Apposition** ist eine besondere Form des Attributs. Sie ist im Kern ein nachgestelltes Nomen und steht im gleichen Kasus (Fall) wie ihr Bezugswort. Die Apposition wird **in Kommas eingeschlossen.** Beispiele:
„Arnoul, *ein Ritter,* ist der wahre Held der Erzählung Lamberts."
„Georges Duby, *einer der bedeutendsten Mittelalterexperten,* schrieb dieses Buch."

7 *Mit Attributen kann man etwas genauer beschreiben. Tragt zusammen, was ihr über Ritter wisst. Verwendet dabei verschiedene Formen von Attributen.*

Georges Duby

Die Ritter: Die Schwertleite[1]

Es gab ein Datum, das kein Ritter jemals vergaß. Dies war der Tag seiner Aufnahme in den Ritterstand. Am 24. Mai 1181, es war Pfingsten, wurde Arnoul zum Ritter geschlagen. An diesem Sonntag erhielt er die mächtige Ausrüstung eines Ritters. Er war damals etwa zwanzig Jahre alt und seine „Kinderjahre" waren zu Ende. Bei den sportlichen Wettkämpfen war er durch seine Tapferkeit, seine Freigebigkeit und sein fröhliches Wesen aufgefallen. Mit großem Prunk wurde er in den Kreis der Erwachsenen aufgenommen.
Die Zeremonie fand üblicherweise in dem Haus statt, in dem der junge Mann seine Lehrzeit beendete. Es gehörte zu den Pflichten des Hausherrn, ihm die Waffen auszuhändigen. Es war aber auch das Vorrecht des Hausherrn, auf das er großen Wert legte. Dies war mit beträchtlichen Ausgaben verbunden, denn der Hausherr musste für das Schlachtross, die Sporen, das Schwert und den Umhang aufkommen und die Feier ausrichten. Das alles war sehr teuer. Andererseits entschädigte ihn der so genannte „neue Ritter" dafür mit lebenslanger Treue. Es war also eine Bindung, die sehr eng war. Ähnlich wie die Bindung zwischen einem Kind und seinem Taufpaten. Indem der Herr des Hauses die Jungen, die er ernährt und erzogen hatte, zum Ritter schlug, vergrößerte er die Zahl seiner Getreuen und gewann an Ansehen und Macht.

1 **Schwertleite:** feierliche Aufnahme in den Ritterstand, auch Ritterschlag genannt

1 *Gebt in eigenen Worten wieder, was ihr im Text über die Zeremonie der Schwertleite erfahrt.*

2 *Vergleicht die folgenden Sätze und erklärt den Unterschied im Satzbau. Wendet dazu die Umstellprobe an und bestimmt die Satzglieder.*
Wenn die Jungen sechs oder sieben Jahre alt waren, wurden sie von ihren Schwestern getrennt.
Sie mussten das Haus, in dem sie aufgewachsen waren, verlassen.

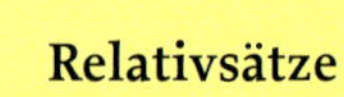

Relativsätze

Nebensätze, die mit einem Relativpronomen (z. B. „der"/„die"/„das" oder „welcher"/„welche"/„welches") eingeleitet werden, heißen Relativsätze. Relativsätze nehmen oft die Stellung eines Attributs ein. Sie heißen dann Attributsätze. Wie ein Attribut gibt ein Relativsatz **nähere Informationen über sein Bezugswort** und kann nur zusammen mit diesem umgestellt werden.

Ein Relativsatz wird durch **Komma(s)** vom übergeordneten Satz, der das Bezugswort enthält, abgetrennt. Beispiele:

„Die Mädchen schliefen in einem Turm, ***der*** *sehr streng bewacht wurde.*"

„Die Rüstung, ***die*** *Arnoul bekam,* war sehr kostbar."

Je nach Bedeutung des Relativsatzes kann vor dem Relativpronomen zusätzlich eine Präposition stehen, z. B.: „Das Haus, ***in dem*** *Arnoul aufwuchs,* war sehr groß."

3 *Sucht aus dem Text „Die Schwertleite" (▷ S. 135) alle Relativsätze mit dem jeweiligen Bezugswort heraus.*

4 *Bei den folgenden Sätzen zur Schwertleite gehören jeweils zwei Hauptsätze zusammen. Bildet aus den zusammengehörenden Hauptsätzen Satzgefüge und schreibt sie in euer Heft. Formt dabei einen der Sätze in einen Relativsatz um. Achtet auf die Kommasetzung, z. B.:*
Die Schwertleite war ein großes Ereignis, das mit beträchtlichen Ausgaben verbunden war.

Die Schwertleite war ein großes Ereignis.

Der Ritterschlag konnte nur ein Mal im Leben erfolgen.

Das Schwert war geweiht.

Der Herr richtete die Feier aus.

Die Schwertleite war mit beträchtlichen Ausgaben verbunden.

Jeder Edelmann wurde mit der Schwertleite zum Ritter.

Die Schwertleite machte ihn in der Gesellschaft erst zum Mann.

Die Ritter mussten vor ihrem Herrn niederknien und den Ritterschwur ablegen.

Durch den Ritterschlag gelobte der Neuritter seinem Herrn ewige Treue.

Bei der Schwertleite wurde dem angehenden Ritter ein Schwert überreicht.

5 *a) Vergleicht den Satzbau der folgenden Sätze, indem ihr die Satzglieder bestimmt.*

Die Schwertleite war ein Ereignis, das kein Junge jemals vergaß.
Man sagte, dass er nun in die Gemeinschaft der Ritter aufgenommen war.

b) Formuliert eine Regel zur Unterscheidung des Relativpronomens „das" von der Konjunktion „dass".

Wir informieren uns in der Bibliothek

1 *Sucht in der Bibliothek nach Büchern, die über die Ritter oder das Leben im Mittelalter informieren oder die Geschichte einer Stadt im Mittelalter behandeln.*

2 *Sucht ein Buch eurer Wahl aus und verfasst eine Buchempfehlung. Benutzt dabei möglichst viele Subjekt- und Objektsätze. Achtet auf die Kommasetzung.*

Einleitung
Das Buch handelt davon, dass ...
Das Buch zeigt, wie ...
Es geht darum, dass ...
Das Buch macht deutlich, warum ...
...

Hauptteil
Man erfährt, wie ...
Der Autor erwähnt, dass ...
Der Leser erfährt, dass ...
...
...

Schluss
Ich finde es gut, dass ...
Mir gefällt, wie ...
Ich weiß nicht, ob ...
...
...

Übungen zur Kommasetzung

Georges Duby

Die Freude am Kämpfen

Die Ritter sahen im Krieg ihren Lebenszweck. Im 12. Jahrhundert war Krieg ein Dauerzustand sodass die Ritter junge tapfere Männer jeden Sommer mit Kämpfen verbrachten. Ein Anlass der sich stets fand war zum Beispiel ein Streit zwischen zwei Lehnsherren[1] um eine Heirat oder eine Erbfolge. Der Herausforderer suchte seinen Widersacher auf und beleidigte ihn indem er ihm einen Handschuh ins Gesicht schleuderte.

Das Turnier

Im Lauf des 11. Jahrhunderts kam im Norden Frankreichs ein anderes Mittel auf die Rauflust der Ritterschaft im Zaum zu halten. Die Fürsten richteten an den Grenzen ihrer Provinzen neuartige Kampfveranstaltungen aus: die Turniere. Anstelle zweier Einzelpersonen die Gott um ein Urteil anriefen trafen bei diesen Begegnungen mehrere starke Mannschaften aufeinander die in Form eines Kampfspiels um den Sieg rangen.
Am Ende des Turniers verliehen die anwesenden sachkundigen Schiedsrichter Preise an die besten Wettkämpfer.
Während der warmen Jahreszeit folgte ein Turnier dem nächsten wobei die Veranstaltungen einem ausgeklügelten Terminkalender folgten und durch geschickte Werbung überall bekannt gemacht wurden.

Üben für die Schlacht

Diese Scheingefechte stellten für die Ritterschaft eine Übung dar. Sie konnten ihr Ungestüm austoben ohne den einfachen Leuten Schaden zuzufügen. Nicht zuletzt machten sich die Ritter auf den Turnieren eine schöne Zeit was ihre Ergebenheit gegenüber den Fürsten denen sie einen so vergnüglichen Zeitvertreib verdankten noch steigerte.

1 **Lehnsherr:** Ein Lehnsherr hatte im Lehnswesen des Mittelalters die Fürsorgepflicht gegenüber seinen Gefolgsmännern (Vasallen). Er musste diesen ein Land oder Amt (Lehen) überlassen und ihnen Unterhalt und Schutz gewähren. Die Gefolgsmänner waren dafür ihrem Lehnsherrn zu Gehorsam, Treue und Waffendienst verpflichtet.

1 *a) Schreibt den Text abschnittsweise in euer Heft und ergänzt die fehlenden Kommas.*

b) Überprüft gemeinsam mit eurer Banknachbarin oder eurem Banknachbarn die Kommasetzung in euren Texten. Bespricht, wo ein Komma gesetzt werden muss, und klammert diejenigen Kommas ein, die auch weggelassen werden können.

2 *Unterstreicht alle Nebensätze und Appositionen und erklärt die Kommasetzung.*

6.3 Nördlingen – Eine Stadtrallye durch das Mittelalter

König Ludwig, genannt der Bayer, befahl am 3. Mai 1327 dem Rat und den Bürgern von Nördlingen, die Stadt mit einer Stadtmauer zu sichern. Diese Stadtmauer ist noch heute vollständig erhalten. Die Pergamenturkunde von 1327 liegt im Stadtarchiv Nördlingen sicher und wohl verwahrt.

Nördlingen

1327 Mai 3

Wir, Ludwig, von Gottes Gnaden römischer König, zu allen Zeiten Mehrer des Reichs, entbieten den bescheidenen Mannen, dem Rat und der Gemeinde der Bürger zu Nördlingen, unseren lieben Getreuen, unsere Huld und alles Gute. Da wir die, die uns und dem Heiligen Reich angehören, schützen sollen vor allem, das ihnen schädlich ist oder hinfür Schaden bringen möchte, haben wir Folgendes erkannt: Es ist eine Gefahr, dass eure Stadt zu Nördlingen sehr leicht wohl bezwungen möchte werden.
Und damit euch, uns und auch dem Reich dasselbe Gebrechen verhütet werde, befehlen wir euch und heißen es euch auch, dass ihr ein Ungeld [1] in eurer Stadt zu Nördlingen aufsetzt. Und dasselbe Ungeld sollt ihr einnehmen von nächstkünftigen Pfingsten acht ganze Jahre nacheinander. Und dasselbe Ungeld sollt ihr verwenden und anlegen, dass eure Stadt jährlich gebessert werde, so wie ihr es am besten vermögt.
Eure Stadt soll gefestigt und umfangen werden, dass ihr der vorderen Sorgen entladet werdet.

1 **Ungeld:** Steuer auf Wein und Bier

1 *Die Menschen im Mittelalter schrieben und sprachen anders als wir heute.*
a) Gebt mit eigenen Worten wieder, was in der Urkunde festgehalten wird.
b) Untersucht den Satzbau der Urkunde. Was fällt euch auf?
c) Bestimmt in der vorliegenden Urkunde alle Gliedsätze und Relativsätze.

2 *1998 feierte Nördlingen 1100 Jahre Stadtgeschichte. Die Spuren aus dem fernen Mittelalter haben sich in dieser Stadt ganz besonders gut erhalten. Bildet Arbeitsgruppen und schickt eure Mitschülerinnen und Mitschüler auf Spurensuche.*

Das Rathaus ist das älteste Steinhaus der Stadt. Es stammt aus dem 13. Jahrhundert. Von 1313, nach dem Erwerb des Hauses durch das Kloster Heilsbronn, wird es bis 1382 als Messekaufhaus verwendet. Ab 1382 wird es ununterbrochen als Rathaus der Stadt genutzt.

St.-Georgs-Kirche mit Kirchturm „Daniel":
Die St.-Georgs-Kirche ist eine spätgotische Hallenkirche mit einem 90 m hohen Turm über dem Westportal, im Volksmund „Daniel" genannt. Am 17. 10. 1427 fällt der Entschluss zum Bau des Gotteshauses.

a) Studiert den Stadtplan ganz genau und informiert euch im Internet über die Geschichte und die mittelalterlichen Baudenkmäler in Nördlingen.
TIPP: *Informationen findet ihr auch auf der Homepage der Stadt Nördlingen unter der Internetadresse www.noerdlingen.de.*

b) Denkt euch für eine Stadtrallye Aufgaben aus, die eure Mitschülerinnen und Mitschüler in Nördlingen vor Ort erfüllen könnten. Denkt dabei auch an Rätselfragen. Sammelt eure Ideen auf einem Stichwortzettel.

Stichwortzettel zur Stadtrallye in Nördlingen
- Wo steht in Nördlingen ein „Daniel" aus Stein und woher hat er seinen Namen?
- Findet das älteste Steinhaus der Stadt und ermittelt seine unterschiedlichen Verwendungszwecke durch die Jahrhunderte.
- Erklärt einen Straßennamen.
- ...

3 *Formuliert die Fragen und die Aufgaben für eure Stadtrallye in der Ausdrucksweise des Mittelalters. Besonders wirkungsvoll sind Gliedsätze und nachgestellte Relativsätze wie in der Urkunde auf* *Seite 139.*

7 Wie wird's geschrieben?

7.1 Groß- und Kleinschreibung

Zur Erinnerung: Nominalisierungen

Die Schulaufgabe in Mathematik drohte. In der nächsten Woche würden sie im Physiksaal schreiben. „Das habt ihr euch selbst eingebrockt“, hatte Trautmann gesagt. „Wir machen das nur wegen des Spickens. Wenn ich mich darauf verlassen könnte, dass kein Einziger abzuschreiben versucht, bräuchte es dieses Herumziehen von Raum zu Raum nicht. Aber ihr wisst ja wohl noch, was bei der letzten Schulaufgabe los war. Wer nächste Woche versucht abzuschreiben, bekommt wegen Unterschleifs ein Ungenügend.“ Unterschleif – was das schon für ein Wort war! Etwas Unmöglicheres konnte man sich kaum ausdenken. Kein Mensch wusste, was es eigentlich bezeichnete. Zum Lachen war das geradezu. Aber ihm war weiß Gott nicht zum Lachen zumute. Es war völlig klar, dass er nächste Woche jedes Pfuschen unterlassen musste. Trautmann würde wie ein Luchs aufpassen, das stand völlig außer Zweifel. Die Gefahr, erwischt zu werden, war groß. Andererseits konnte er sich nichts Langweiligeres als

Mathematik vorstellen. Was also tun? Nach langem Grübeln und Nachsinnen kam die Einsicht in das Unvermeidliche: Lernen war angesagt! Hefte und Mathebuch raus und den Stoff wiederholen. Zuerst schien keine Lösung in Sicht, aber dann entwickelte sich ein winziges Etwas an Hoffnung, das bald zur Gewissheit wurde: Was nächste Woche drankommen würde, konnte er noch wiederholen und begreifen.

1 *Der Text enthält eine Reihe von Nominalisierungen.*

a) Schreibt aus dem Text alle Nominalisierungen mit ihren Signalwörtern heraus und bestimmt die Wortart der Nomensignale. Legt dazu eine Tabelle nach folgendem Muster an.

Nominalisierung	Nomensignal
Z. 5: des Spickens	Artikel
Z. 6: kein Einziger	Pronomen
...	...

b) Bestimmt die Pronomen, die ihr als Nomensignale in eurer Tabelle aufgeführt habt, genau.

kein Einziger – Indefinitpronomen, ...

Nominalisierungen

Verben, Adjektive, Partizipien und andere Wörter können als Nomen gebraucht werden. Man schreibt sie dann groß. Ihr könnt solche nominalisierten Wörter häufig an denselben **Signalwörtern** erkennen wie Nomen, z. B.:

- an einem vorausgehenden **Artikel:**
  „gehen", „gähnen", „13-jährig" – „*das* Gehen", „*ein* Gähnen", „*die* 13-Jährige"
- an einer vorausgehenden **Präposition** (die auch mit einem Artikel verschmolzen sein kann):
  „gut", „böse" – „*im* (in dem) Guten", „*im* (in dem) Bösen"
- an einem vorangestellten **Pronomen** oder einer **Mengenangabe:**
  „lachen", „arbeiten", „jammern" – „*mein* Lachen", „*dieses* Arbeiten", „*kein* Jammern"
  „schön", „neu", „alt" – „*viel* Schönes", „*wenig* Neues", „*nichts* Altes"

Nicht immer wird ein nominalisiertes Wort durch ein Signalwort angekündigt. Mache die Probe: Wenn du ein Signalwort ergänzen könntest, schreibst du groß, z. B.: „Wenn man *(das)* Gelb mit *(einem)* Blau mischt, entsteht *(ein)* Grün."

Achtung:

Nominalisierungen, die aus zwei Wörtern zusammengesetzt sind, schreibt man zusammen, z. B.: „das Radfahren", „das Schlangestehen".

2 *a) Schreibt die folgenden Schlagzeilen in der richtigen Groß- und Kleinschreibung in euer Heft.*

NACH LANGEM HIN UND HER:

GOLD
FÜR DEN JUNGEN
ZEHNKÄMPFER

EMPFANG MIT GROßEM HALLO

BEIM TRAINIEREN DIE SCHNELLSTE

FRÜHES AUS FÜR
DEN FAVORITEN

IM FOLGENDEN:
DIE LOTTOZAHLEN

KÖSTLICHKEITEN
VOM FEINSTEN

TROTZ REFORMEN:
ALLES BEIM ALTEN

b) Tauscht eure Hefte aus und kontrolliert gegenseitig eure Rechtschreibung.

3 *a) Bildet mit den folgenden Wörtern Redensarten. Schreibt die Redensarten untereinander auf und beachtet dabei die richtige Groß- und Kleinschreibung. Beispiel:* auf dem Trockenen sitzen

trocken	sitzen	acht	nehmen	gleich	vergelten
trüb	fischen	kürzer	ziehen	arg	liegen
weit	suchen	nichts	stehen	richtig	tun

b) Überlegt, was die Redensarten bedeuten, und schreibt neben jede Redensart ihre übertragene Bedeutung auf, z. B.: Auf dem Trockenen sitzen: in (finanzieller) Not sein

Groß- und Kleinschreibung von Zahlwörtern

Die Rechnung sollte spätestens am ZEHNTEN beglichen werden.
In der Mathematikschulaufgabe habe ich eine ZWEI geschrieben.
Ich hole dich heute Nachmittag an Gleis ELF des Hauptbahnhofs ab.
Ich habe noch einen ZWANZIGER im Portemonnaie.
Das ERSTE Lokal war das beste.
Ich wohne im SIEBTEN Stockwerk.
Wir haben das Fußballspiel FÜNF zu DREI gewonnen.
Es ist schon DREI Minuten nach EINS.
Sie kam vom HUNDERTSTEN ins TAUSENDSTE.
Nur EINER von ZEHN konnte die Fragen richtig beantworten.

1 *Schreibt die Zahlwörter in der richtigen Groß- und Kleinschreibung in euer Heft. Beachtet dabei die Regeln im folgenden Merkkasten.*

!

Schreibung von Zahlwörtern

- Zahlwörter bilden keine selbständige Wortart, sondern verteilen sich auf die Wortarten Nomen („die *Million*"; „der *Zehnte*"), Adjektive („*zwei* Gruppen"; „der *zweite* Platz") und Adverbien („*fünfmal*"; „*erstens*").
- **Zahlwörter**, die **Nomen** sind oder als Nomen verwendet werden (Nominalisierung), schreibt man **groß**, z. B.: „die *Million*" (Nomen), „der *Zehnte*" (Nomen), „am *Zehnten*" (Nominalisierung), „zum *Zweiten*" (Nominalisierung).
- **Zahlwörter**, die **Adjektive** oder **Adverbien** sind, schreibt man **klein**, z. B.: „*sechs* Monate" (Adjektiv), „Sie hat *zweimal* angerufen." (Adverb).
- Die Zahlwörter „hundert", „tausend" oder „dutzend" können groß- oder kleingeschrieben werden, wenn mit ihnen eine unbestimmte Menge angegeben wird, z. B.: „Es gab *Dutzende/dutzende* von Verletzungen.".

Groß- und Kleinschreibung von Zeitangaben

Dumm gelaufen

Warum hatte das gerade ihr passieren müssen? Wäre ihre Schwester nur ein wenig später gekommen, hätte sie nichts bemerken können, nichts wäre aufgefallen. Verdammt noch mal, nur eine Minute später! Aber es hatte ja so laufen müssen: Freitagnachmittag! Ja, es war ein Freitag. Mein Gott, sie war nicht abergläubisch, aber warum geschahen solche Sachen immer freitags! Zum Heulen war das.

Aber wie sollte da auch ein Mensch nicht in Versuchung geführt werden? Seit vier Wochen rief dieser komische Kerl nun fast täglich ihre Schwester an. Zu Anfang meist nachmittags, aber dann wurde es immer später. Schließlich hatte Mami protestiert: Alles, was recht sei, aber diese Telefonate spätabends gingen denn doch zu weit. Sie habe ja nichts dagegen, dass Theresa mit ihrem Freund rede, aber bitte doch zu normalen Zeiten! Letzten Dienstagabend habe das ganze Haus schon geschlafen, als mitten in der Nacht noch das Telefon gegangen sei!

Na, und seit einer Woche bekam ihre Schwester dann auch Briefe, nicht mit der Post, natürlich nicht, das wäre ihr sicher peinlich gewesen. Aber dieser Steffen schrieb ihrer Schwester Briefe, das war klar. Zum ersten Mal hatte sie es montags bemerkt: Als sie am Nachmittag in Theresas Zimmer ging, las sie gerade in einem Brief und hatte ein seliges Lächeln im Gesicht. Aber sowie sie bemerkte, dass sie nicht mehr allein war, ließ sie den Brief hastig unter ihrem Lateinbuch verschwinden. Sie wurde ganz rot und nervös, wo sie doch kurz zuvor noch so entspannt dagesessen hatte. War es denn verwunderlich, dass sie unbedingt hatte wissen wollen, was dieser komische Kerl ihrer Schwester zu sagen hatte? Nun, gestern Abend, als Theresa mit eben diesem Steffen ausgegangen war, hatte sie der Versuchung, nach den Briefen zu suchen, noch widerstehen können. Aber heute Nachmittag, nachdem Thessy zum Tennisspielen losgezogen war, konnte sie nicht mehr an sich halten. Sie hatte lange mit sich gekämpft und schließlich war sie an den Schreibtisch ihrer Schwester gegangen. Die Briefe waren gar nicht schwer zu finden gewesen. Warum nur hatte Thessy sie nicht besser versteckt?

Hm, und dann war sie zurückgekommen, früher als sonst, wesentlich früher. Gesagt hatte sie gar nicht viel, nur kreidebleich war sie geworden, sofort als sie begriffen hatte, was ihre kleine Schwester da in Händen hielt. „Leg das weg", hatte sie gemurmelt. „Leg das sofort weg!" Und dann, nach einer kurzen Pause, wesentlich schärfer: „Mach, dass du rauskommst! Verschwinde, aber sofort! Ich will dich nicht mehr sehen!"

Mein Gott, wie konnte sie das jetzt wieder gutmachen? Warum hatte sie das nur getan?

1 *a) Fasst den Inhalt des Textes möglichst knapp zusammen. Achtet dabei auf die zeitlich richtige Reihenfolge der Ereignisse.*

b) Beschreibt die Perspektive, aus der das Geschehen erzählt wird, und die sprachlichen Mittel, die der Erzähler einsetzt, um diese Perspektive deutlich zu machen.

2 *a) Übertragt die Tabelle in euer Heft und ordnet alle Zeitangaben aus dem Text (▷ S. 144) in die entsprechenden Spalten ein.*

großgeschriebene Zeitangaben (Nomen)	**kleingeschriebene Zeitangaben** (Adverbien und Adjektive)	**kombinierte Zeitangaben** (Adverb/Adjektiv + Nomen)
Z. 6: Freitagnachmittag	Z. 2: später	...
...	...	...

b) Formuliert eine Rechtschreibregel für die Groß- und Kleinschreibung von Zeitangaben.
Zeitangaben werden großgeschrieben, wenn ...
Zeitangaben werden kleingeschrieben, wenn ...
Bei kombinierten Zeitangaben schreibt man ... klein und ... groß.

!

Schreibung von Zeitangaben

- **Zeitangaben,** die **Nomen** sind, werden großgeschrieben. Ihr könnt sie häufig an den Signalwörtern erkennen.
  - an einem vorausgehenden Artikel: „*der* Mittwoch“, „*ein* Sonntag“
  - an einer vorausgehenden Präposition (mit Artikel): „*am* Abend“
  - an einem vorangestellten Adjektiv (oft mit Artikel) oder Partizip: „an einem *schönen* Morgen“, „*kommenden* Freitag“
  - an einem vorangestellten Pronomen oder einer Mengenangabe: „*jeden* Morgen“, „*dieser* Abend“, „*drei* Sonntage“
- **Zeitangaben,** die **Adverbien** oder **Adjektive** sind, werden kleingeschrieben, z. B.: „früher“, „später“, „stündlich“, „gestern“, „übermorgen“, „heute“, „sonntags“, „mittags“, „abends“.
  TIPP: Adverbien, die Tageszeiten oder Wochentage bezeichnen, erkennt ihr an der Endung -s.
- Bei **kombinierten Zeitangaben** schreibt man entsprechend der Regel die Adverbien oder Adjektive klein und die Nomen groß, z. B.: „gestern Abend“, „heute Nachmittag“.

3 *a) Diktiert euch gegenseitig folgende Zeitangaben und korrigiert dann gemeinsam eure Rechtschreibung.*

Montagvormittag	morgen Nachmittag	gestern Abend
werktags	am Mittag	jeden Freitag
gegen Abend	frühmorgens	um Mitternacht
vorgestern Morgen	Samstagnachmittag	ein Septembermorgen

b) Beschreibt in einigen Sätzen, was an den einzelnen Tagen der letzten Woche Besonderes passiert ist.
Letzten Montag war ich ...

c) Tauscht eure Hefte untereinander aus und überprüft gegenseitig die Rechtschreibung.

Namen richtig schreiben – Eigennamen und Herkunftsbezeichnungen

Bertolt Brecht

Bertolt Brecht (1898–1956) gehörte zu den großen deutschen Schriftstellern des 20. Jahrhunderts. Ihn interessierten und beschäftigten vor allem gesellschaftliche und politische Ungerechtigkeiten, mit denen er sich in Theaterstücken, kurzen Erzähltexten und auch Gedichten auseinandersetzte. Gleich zu Beginn der Nazi-Herrschaft floh der Sozialist Brecht aus Deutschland, um in Dänemark, Finnland und den USA als Schriftsteller zu leben. Nach dem Ende des Zweiten Weltkriegs entschied er sich, nach Ostberlin zu gehen. Dort leitete er bis zu seinem Tod das berühmte „Berliner Ensemble", mit dem er seine Auffassung eines gesellschaftskritischen Theaters umzusetzen versuchte.

Bertolt Brecht

Fragen eines lesenden Arbeiters

Wer baute das siebentorige Theben?
In den Büchern stehen die Namen von Königen.
Haben die Könige die Felsbrocken herbeigeschleppt?
Und das mehrmals zerstörte Babylon –
5 Wer baute es so viele Male auf? In welchen Häusern
Des goldstrahlenden Lima wohnten die Bauleute?
Wohin gingen an dem Abend, wo die Chinesische Mauer fertig war,
Die Maurer? Das große Rom
Ist voll von Triumphbögen. Wer errichtete sie? Über wen
10 Triumphierten die Cäsaren? Hatte das vielbesungene Byzanz
Nur Paläste für seine Bewohner? Selbst in dem sagenhaften Atlantis
Brüllten in der Nacht, wo das Meer es verschlang,
Die Ersaufenden nach ihren Sklaven.

Der junge Alexander eroberte Indien.
15 Er allein?
Cäsar schlug die Gallier?
Hatte er nicht wenigstens einen Koch bei sich?
Philipp von Spanien weinte, als seine Flotte
Untergegangen war. Weinte sonst niemand?
20 Friedrich der Zweite siegte im Siebenjährigen Krieg. Wer
Siegte außer ihm?

Jede Seite ein Sieg.
Wer kochte den Siegesschmaus?
Alle zehn Jahre ein großer Mann.
25 Wer bezahlte die Spesen?

So viele Berichte.
So viele Fragen.

1 *Erarbeitet im Klassengespräch die Kernaussage dieses Gedichtes. Untersucht dazu auch die Satzarten, die im Gedicht verwendet werden.*

2 *Das Gedicht enthält Eigennamen (z. B. Namen von Personen, Städten und Bauwerken), die aus einfachen Nomen oder Wortgruppen bestehen.*
a) Schreibt alle Eigennamen aus dem Gedicht heraus.
b) Bestimmt die Wortarten der mehrteiligen Eigennamen.

Katharina die Große, Otto der Erste, die Französische Revolution, der Westfälische Friede, der Zweite Weltkrieg, das Schwarze Meer, der Pazifische Ozean, das Weiße Haus, der Internationale Frauentag, die Schwäbische Alb, die Erste Bundesliga, die Europäische Union, das Deutsche Museum, der Heilige Abend, die Süddeutsche Zeitung, die Vereinigten Arabischen Emirate, das Erste Deutsche Fernsehen, das Fleißige Lieschen, der Erste Bürgermeister

3 *a) Übertragt die Tabelle in euer Heft und ordnet die oben stehenden Eigennamen den passenden Oberbegriffen zu.*

Personenbezeichnungen	geografische Begriffe	geschichtliche Ereignisse	Institutionen	sonstige Begriffe
Katharina die Große	...	...	...	...

b) Sucht für jede Spalte weitere Beispiele und schreibt sie in die Tabelle.

Eigennamen
Eigennamen werden **großgeschrieben,** z. B.: „Thomas", „Indien", „München".
Bei mehrteiligen Eigennamen werden die Adjektive, Partizipien, Pronomen und Zahlwörter großgeschrieben, wenn sie Bestandteile des Eigennamens sind, z. B.: „Peter der Große", „die Chinesische Mauer", „der Siebenjährige Krieg".
Eigennamen sind:
- Personennamen, z. B.: „Friedrich der Zweite", „der Alte Fritz", „Alexander der Große"
- geografische Begriffe (Namen), z. B.: „der Bayerische Wald", „das Tote Meer"
- Namen von Institutionen und Einrichtungen, z. B.: „das Rote Kreuz", „die Schweizerischen Bundesbahnen", „das Europäische Parlament"
- geschichtliche Ereignisse, z. B.: „der Zweite Weltkrieg", „der Westfälische Friede"
- Titel und Ehrenbezeichnungen, z. B.: „der Heilige Vater", „der Regierende Bürgermeister"
- besondere Kalendertage, z. B.: „der Heilige Abend", „der Erste Mai"
- feste fachsprachliche Begriffe, z. B.: „der Rote Milan" (Vogel), „das Fleißige Lieschen" (Pflanze)

Leipzig – Messe und mehr

Das Handelszentrum: **die Leipziger Messe**
Es ist kein Zufall, dass sich Leipzig zu einem Haupthandelszentrum Deutschlands entwickeln konnte. Seine Lage am Schnittpunkt dreier bedeutender Verkehrsrouten hätte nicht besser sein können: **Die Wiener und Prager Fernstraßen** nach Hamburg und Lübeck, die Straßen aus dem **Frankfurter Gebiet** um Rhein und Main über das **hessische Fulda** und das **thüringische Erfurt** nach Krakau oder Danzig und von den großen **italienischen Städten** über das **schwäbische Augsburg** und das **fränkische Nürnberg** trafen hier zusammen.
Im 13. Jahrhundert erließ Markgraf Dietrich von Landsberg ein Schutzprivileg für Kaufleute und das Messeprivileg Kaiser Maximilians von 1507 schaltete die **Naumburger** und **Erfurter Konkurrenz** aus. Die Alte Handelsbörse erinnert an die große Handelstradition der Stadt.

Leipziger Kaffeeklatsch
Was wäre Leipzig ohne Kaffee?! Lieber verzichten die Leipziger auf ihr **„Leipziger Allerlei"**, als ein Schälchen Kaffee zu entbehren. Das „Haus zum Kaffeebaum" in der Fleischergasse 4, unweit des Marktes, ist die zweitälteste deutsche Kaffeestube. – Nachdem auch August der Starke hier entzückt seinen Kaffee genossen hatte, bekam der Wirt das Privileg eines **„sächsischen Hofchocolatiers"** verliehen.

Ausflug ins Grüne:
Etwa im 18. Jahrhundert kam es in Mode, dass sich betuchte Bürger Landhäuser zulegten, so auch rund um Leipzig in den Dörfern Connewitz, Eutrilzsch und Gohlis, die inzwischen längst Stadtteile von Leipzig sind. Besonders reizvoll ist das **Gohliser Schlösschen** anzusehen, 1756 als Sommersitz für den **Leipziger Kaufmann** Caspar Richter erbaut.

1 *Der Text enthält eine ganze Reihe von Herkunftsbezeichnungen.*
a) Ordnet die hervorgehobenen Herkunftsbezeichnungen in eine Tabelle ein. Überlegt, wie viele Spalten ihr anlegen müsst.
b) Vergleicht euer Ergebnis mit dem eurer Nachbarin oder eures Nachbarn und formuliert gemeinsam eine Rechtschreibregel für jede Spalte.

2 *Diktiert euch abwechselnd den ersten Textabschnitt (Z. 1–13) und korrigiert dann gegenseitig eure Texte.*

!

Herkunftsbezeichnungen
- Die von geografischen Namen abgeleiteten Herkunftsbezeichnungen mit dem Suffix **„-er"** schreibt man groß, z. B.: *Hamburg**er** Hafen, Schwarzwäld**er** Rauchschinken, München**er** Olympiastadion.*
- Die von geografischen Namen und Personennamen abgeleiteten Adjektive auf **„-(i)sch"** werden kleingeschrieben, z. B.: *ind**isch**er Tee, bay(e)r**isch**es Bier, goethe**sch**e Dramen, platon**isch**e Liebe.*
  Ausnahme: Wenn die Adjektive auf „-(i)sch" Teil eines Eigennamens sind, werden sie großgeschrieben, z. B.: *der Bay(e)r**isch**e Wald, der Ind**isch**e Ozean.*

3 *Jede Region hat ihre eigenen Spezialitäten und Sehenswürdigkeiten. Könnt ihr das folgende Rätsel lösen? Schreibt die Lösungen in der richtigen Groß- und Kleinschreibung in euer Heft.*

Frankfurt · Schweiz · Mauer · Käse · England · Salami · Bayern

Tee · Ungarn · Bier · Frankreich · China · Würstchen · Wein

7.2 Getrennt- und Zusammenschreibung

wenn Die wörter Nicht Mehr Richtig Groß- Und Kleingeschrieben Werden, Wundert Man Sich Schon Sehr, aber der sinn des textes, UM DEN ES DA GEHT, Bleibt Doch Noch Irgendwie Erkennbar.

Schwierigerwirdesbereits,wenndieWörternic htmehrdenRegelnentsprechendgetrenntund zusammengeschriebenwerden.Mankanndan nnurnochmitgrößterMüheerkennen,waseige ntlichgesagtwerdensoll.

1 *a) Schreibt den Text in der richtigen Groß- und Klein-, Getrennt- und Zusammenschreibung in euer Heft.*
b) Stimmt ihr der Aussage des Textes zu? Begründet eure Meinung.

sitzen bleiben	Auto fahren	spazieren gehen	laut singen
blau färben	Gitarre spielen	deutlich machen	lesen lernen
Schlange stehen	logisch denken	schnell laufen	

2 *a) Untersucht, aus welchen Wortarten die oben stehenden Ausdrücke zusammengesetzt sind.*
b) Ordnet die Wortgruppen in eine Tabelle ein. Überlegt, wie viele Spalten ihr anlegen müsst, und findet für jede Spalte einen passenden Oberbegriff.
c) Sucht euch vier Wortgruppen aus und bildet mit ihnen Sätze.

TIPP

Wörter, die im Text nebeneinanderstehen und inhaltlich zusammengehören, schreibt man **normalerweise getrennt**. Wenn ihr unsicher seid, schlagt im Rechtschreibwörterbuch nach.

Wortgruppen aus Nomen und Verb

1 *Sucht zu jedem Nomen ein passendes Verb und bildet sinnvolle Wortgruppen, z. B.:* Angst haben, ...

Wortgruppen aus Nomen und Verb
Wortgruppen aus Nomen und Verb werden **meist getrennt geschrieben**, z. B.: „Rad fahren", „Angst haben".
Bei der Erweiterung des Infinitivs mit „zu" bleibt die Getrenntschreibung erhalten, z. B.: „Thomas beschloss, jeden Tag Klavier zu spielen."
Achtung: Werden diese Verbindungen wie Nomen gebraucht (nominalisiert), schreibt man sie zusammen, z. B.: „Das Radfahren macht mir Spaß." „Soll ich dich zum Fußballspielen abholen?"

Winter- oder Sommerurlaub?

„In unserem letzten Winterurlaub konnten wir viel häufiger (Ski/laufen) und (Snowboard/fahren) als im Jahr zuvor. Damals mussten wir wegen des schlechten Wetters in der Halle (Schlittschuh/laufen) und jeden Tag bestimmt eine halbe Stunde (Schlange/stehen), bis wir in der Halle waren. Aber eigentlich hat mir das gar nicht viel ausgemacht, denn wir konnten in dieser Zeit (Musik/hören)."
„Bei mir war es in den vergangenen Sommerferien ganz ähnlich, denn wir sind dieses Mal nicht weggefahren. Meine Schwester wollte (Tennis/spielen), weil das ganz groß in Mode war. Aber auch (Rad/fahren) stand auf unserem Plan. Dann hat es aber oft geregnet, sodass wir nicht rausgehen konnten. So konnte ich intensiv (Klavier/spielen). Vielleicht findest du mich ja komisch, aber mir macht (Klavier/spielen) riesigen Spaß."

2 *Schreibt den Text ab und entscheidet jeweils, ob getrennt- oder zusammengeschrieben wird. Beachtet dabei die Regeln im Merkkasten oben.*

Nur wenige Verbindungen aus Nomen und Verb sind Zusammensetzungen und werden zusammengeschrieben. Diese Zusammensetzungen prägst du dir am besten ein: „heimfahren", „heimgehen", „heimkommen", „teilnehmen", „stattfinden", „irreführen", „preisgeben", „wetteifern", „wettlaufen", „kopfrechnen", „handhaben", „leidtun", „standhalten", „eislaufen", „kopfstehen".

irreführen | teilhaben | teilnehmen | heimfahren | preisgeben

3 *Bildet mit den Verben Infinitivsätze mit „zu", z. B.:* Es war nicht leicht, ihn irrezuführen.

Wortgruppen aus Verb und Verb

1 *a) Verbindet jeweils zwei Verben zu einer Wortgruppe.*
TIPP: Manche Verben müsst ihr mehrfach verwenden.

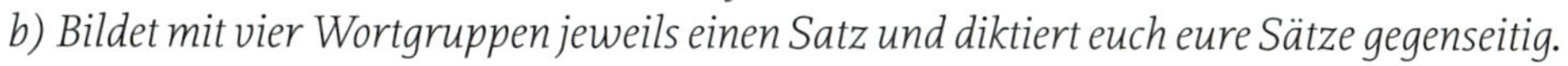

b) Bildet mit vier Wortgruppen jeweils einen Satz und diktiert euch eure Sätze gegenseitig.

!

Wortgruppen aus Verb und Verb
Wortgruppen aus Verb und Verb können immer **getrennt geschrieben** werden, z. B.: „*einkaufen gehen* – Wir wollen *einkaufen gehen.*“
Dies gilt für alle Formen des Verbs, auch für die Verbindung von Partizip und Verb, z. B.: „*spazieren gehen* – Ich bin heute *spazieren gegangen.*“

Wortgruppen aus Adjektiv und Verb

Der Bankräuber wurde von der Polizei festgenommen.
Heute früh habe ich laut gesungen.

1 *Aus welchen Teilen bestehen die unterstrichenen Wortverbindungen?*

!

Wortgruppen aus Adjektiv und Verb
Bei Wortgruppen aus Adjektiv und Verb kann man eine Probe machen:
- Wortgruppen aus **Adjektiv und Verb** werden **getrennt geschrieben,** wenn Adjektiv und Verb wörtlich genommen einen Sinn ergeben, z. B.:
  „richtig machen → Sie möchte beim nächsten Test alles richtig machen."
  „schwarz streichen → Er wollte die Wand schwarz streichen."
- Wortgruppen aus **Adjektiv und Verb** werden **zusammengeschrieben**, wenn durch das Zusammentreffen von Adjektiv und Verb eine neue Gesamtbedeutung entsteht, z. B.:
  „richtigstellen (= berichtigen) → Sie wollte die Sache richtigstellen."
  „schwarzfahren (= ohne Fahrschein fahren) → Weil er kein Geld bei sich hatte, wollte er heute schwarzfahren."
  „schwerfallen (= Probleme bereiten) → Die Klassenarbeit ist mir schwergefallen."

2 *Prüft, ob bei den folgenden Sätzen die Wortgruppen aus Adjektiv und Verb getrennt oder zusammengeschrieben werden, und schreibt dann die Sätze in der richtigen Schreibweise in euer Heft.*

Der Angeklagte wurde frei/gesprochen.
Bei einem Vortrag solltest du deutlich/sprechen.
Für unsere Klassenfahrt werden wir einen Termin fest/setzen.
Ich möchte das Kleid blau/färben.
Um den Zug zu erreichen, müssen wir schnell/fahren.
Heute Abend werde ich ausgiebig fern/sehen.
Musst du denn immer alles so genau/nehmen?
Die Bank hat meinen Zinsertrag gut/geschrieben.
Die Ergebnisse der Meinungsumfrage wurden hoch/gerechnet.
Am Wochenende kann ich endlich lang/schlafen.
In dieser Situation kannst du letztlich nichts falsch/machen.
Du sollst mich nicht immer so nervös/machen.
Er wird die Arbeit bestimmt gut/machen.

Wortgruppen mit „sein"

da sein	zurück sein	müde sein	beisammen sein
fertig sein	zusammen sein	vorbei sein	dabei sein
pleite sein	zumute sein	vorhanden sein	schuld sein

1 *Bildet mit den Wortgruppen mindestens sechs Sätze oder ein kurzes Gedicht.*

Wortgruppen mit dem Hilfsverb **„sein"** werden immer **getrennt geschrieben,** z. B.: „da sein", „traurig sein", „zurück sein".

Zusammen oder getrennt? – Testet euer Wissen

Wahr oder erfunden?

Ein Räuber hatte sich darauf spezialisiert, Juwelierläden auszurauben, indem er die Fensterscheiben zertrümmerte und in die ●, was er wegtragen konnte. Trotz der funktionierenden Alarmanlage war der Dieb jedes Mal schneller als die Polizei.
Einer der Juweliere wollte nicht ● und einfach ●, was mit seinem Laden passieren würde. Er ersetzte die Glasscheibe durch eine Plexiglasscheibe.
Nach einigen Wochen war es wieder soweit: Der Schmuckdieb war wieder auf Einbruchtour. Kurz nach ein Uhr in der Nacht wollte er die Auslagen des Juwelierladens ●. Er schleuderte einen Stein gegen die Scheibe, dieser prallte am Plexiglas ab, knallte dem Dieb an den Kopf, sodass dieser ohnmächtig zu ● und ●.
So fand ihn ein Mann, der so spät noch mit seinem Hund ●. Gleich darauf kam auch schon die Polizei und konnte den Dieb ●.

Bodensankuntätigbleibenfestnehmenliegenblieb

Taschepacktespazierengingschnellabräumenruhigabwarten

2 *a) Schreibt die fehlenden Lückenwörter in der richtigen Getrennt- oder Zusammenschreibung in euer Heft.*
b) Tauscht eure Hefte aus und kontrolliert eure Rechtschreibung. Schlagt in Zweifelsfällen die entsprechende Regel nach (▷ S. 329).

Heulen Wölfe den Mond an?

Die sentimentalen Regungen eines Romantikers, die diesen anwandeln, wenn der Mond **blässlich/leuchtet**, sind den Wölfen **gänzlich/fremd**.
Ihre **schaurig/gesungenen** Heularien ertönen in mondlosen Nächten ebenso wie bei Vollmond. Und auch tagsüber müssen die Wölfe keineswegs die **Schnauze/halten**.
Die Wolfsgesänge dienen dem sozialen Zusammenhalt innerhalb des Rudels ebenso wie als Signale an andere Wölfe in der Umgebung, dass dieses Revier schon **besetzt/ist**. Nicht immer sind Wölfe im Rudel unterwegs. Es ist zu beobachten, dass sie kurze Strecken auch **getrennt/laufen**, wenn sie auf der Jagd sind. Denn wenn mehrere Kundschafter unterwegs sind, können sie die Beute **schneller/aufspüren**, als wenn sie miteinander **jagen/gehen**.
Wenn ein Wolf auf eine heiße Spur gestoßen ist, informiert er heulend sein Rudel, denn: Damit die Jagd **erfolgreich/ist**, muss sich das ganze Rudel beteiligen.
Übrigens müssen die Menschen angesichts von Wölfen nicht in **Panik/ausbrechen**. Wölfe sind scheue Tiere.

3 *a) Überlegt, wie die hervorgehobenen Wörter geschrieben werden: zusammen oder getrennt? Notiert sie dann in der richtigen Schreibweise in euer Heft.*

b) Vergleicht eure Lösungen mit denen eurer Banknachbarin oder eures Banknachbarn und begründet bei jeder Wortgruppe die Getrennt- oder Zusammenschreibung. Schlagt gegebenenfalls noch einmal die Regeln nach (▷ S. 329).

Leben auf dem Eis

Um Enten und Gänse muss man sich im Winter keine Sorgen machen. Friert ihr Stammsee zu, machen sie sich auf zum nächsten Gewässer. Wenn in der Nähe kein offener See mehr **übrig/bleibt**, müssen sich die Tiere vorübergehend mit einem Leben auf dem Trockenen **zufrieden/geben**. Dies ist nicht schlimm, denn sie können auch einige Wochen außerhalb des kühlen Nasses **gut/leben**. Statt Wasserpflanzen zu fressen, müssen sie dann von Gras **satt/werden**. In der Nacht schlafen die Vögel auf dem zugefrorenen See. Dort können sie vor Feinden **sicher/sein**.
Damit die schlafenden Tiere auf dem Eis nicht **fest/frieren**, hat sich die Natur einen Trick ausgedacht: Enten und Gänse haben immer kalte Füße. Während der Körper die Temperatur bei etwa 41 Grad **konstant/hält**, kühlen die Füße bis auf null Grad ab.
Wenn die Füße **warm/bleiben** würden wie der Körper, würde das Eis zunächst schmelzen, dann aber wegen der eisigen Lufttemperatur wieder frieren. Die Vögel würden dann auf dem Eis **fest/sitzen.**

4 *a) Überlegt, ob die hervorgehobenen Wörter zusammen- oder getrennt geschrieben werden.*

b) Diktiert euch den Text „Leben auf dem Eis" gegenseitig. Kontrolliert anschließend die Rechtschreibung. Schlagt gegebenenfalls die entsprechende Regel zur Zusammen- und Getrenntschreibung auf S. 329 nach.

7.3 Wir wiederholen und vertiefen

Rechtschreibschwächen erkennen und Lösungshilfen nutzen – Schärfung, Dehnung, s-Laute

Können Schulen auch gute und schlechte Noten bekommen?

Wenn Schüler gefragt werden, was sie an der Schule stört, heißt es oft als Erstes: Die Hausaufgaben, wir kriegen viel zu viele Hausaufgaben auf. Kein Lehrer kümmere sich darum, was die Kollegen den Schülern schon aufgebrummt haben. Jedes Fach stehe für sich: Meines gegen alle, diese Einstellung hätten manche Lehrer.
Was die Kinder ebenfalls stört, ist jede Form von Ungerechtigkeit. Wieso hat Felix die gleiche Punktzahl wie ich, aber trotzdem eine bessere Note? Wieso ruft mich der Lehrer nie auf, aber Lisa muss nur den kleinen Finger hochrecken und schon kommt sie dran? Vielleicht beschweren sich die Kinder heute auch schneller als früher. Und das ist gut so: Wenn die Schülerinnen und Schüler gegen Ungerechtigkeit aufbegehren, ihre Meinung vertreten, sich nicht alles gefallen lassen, stellt das eigentlich auch den Schulen ein gutes Zeugnis aus.
Viele Schüler geben zu, es sei wichtig, dass man etwas lerne. Und das sagen sie nicht nur, weil sie von den Eltern ferngesteuert werden. Sie ahnen selber, wie viel Wissen bedeutet. Sie fügen aber auch hinzu, dass sie gerne zur Schule gehen, dafür könne die Schule eigentlich nichts. Sie wollen nämlich in der Schule vor allem ihre Freunde treffen. Aber könnten sie das nicht genauso gut außerhalb der Schule? So gesehen ist das auch ein verstecktes Lob für die Schule. Und spätestens in den Ferien geht es den Kindern ja ähnlich wie den Rentnern. Die nämlich vermissen ihre Arbeit und ihre Kollegen ebenfalls schmerzlich.

Diskutiert darüber, was ihr an eurer Schule gut findet und was ihr verbessern würdet.

2 *a) Diktiert euch gegenseitig den Text.*
b) Korrigiert anschließend eure Rechtschreibung mit Hilfe der Rechtschreibtipps auf S. 156–158.
TIPP: *Wenn euch Zweifel über die richtige Schreibweise bleiben, schlagt im Wörterbuch nach.*

3 *Um beim Schreiben Fehler zu vermeiden, solltet ihr feststellen, wo eure Fehlerschwerpunkte liegen. So könnt ihr durch gezielte Übungen eure Rechtschreibung verbessern.*
a) Sammelt Wörter, die ihr in Aufsätzen, Diktaten oder anderen Übungen falsch geschrieben habt, und nehmt sie in eure Rechtschreibkartei auf.
b) Stellt fest, wo eure Fehlerschwerpunkte liegen. Auf den nächsten Seiten findet ihr Tipps und Übungen, mit denen ihr eure Fehler aufarbeiten könnt. Wählt je nach Fehlerschwerpunkt passende Übungen aus.

Training mit der Rechtschreibkartei

Ihr könnt die Wörter, bei denen ihr oft Fehler macht, in eure Rechtschreibkartei aufnehmen.

- Schreibt das Fehlerwort auf die Vorderseite der Karteikarte und markiert euren Fehlerschwerpunkt.
- Sucht drei bis vier verwandte Wörter zu eurem Fehlerwort und schreibt sie auf die Rückseite. Oder bildet mit dem Fehlerwort Wortgruppen oder Sätze. Wenn es zu eurem Fehlerwort eine Regel gibt, schreibt diese dazu.

Doppelkonsonanten

er hofft

er hofft, die Hoffnung,
hoffentlich, hoffnungsvoll
***Regel:** Nach betontem kurzem Vokal zwei Konsonantenbuchstaben*

Die Schärfung: Schreibung nach kurzen Vokalen

fallen, klappen, rennen, still, hoffen, der Mittag, kaputt, spannend, interessant, bestellen, dünn, schnell, blass, füttern, offen, besser, kämmen, die Nummer, der Ball, der Sonntag, der Augenblick, backen, verletzen, setzen, passieren, gewinnen

4 *a) Übertragt die Tabelle in euer Heft und ordnet die Wörter in die entsprechenden Spalten ein.*

Wörter mit Doppelkonsonanten		
Nomen	*Verben*	*Adjektive*
der Mittag	...	...
...		

b) Ergänzt jede Spalte um vier weitere Beispiele.
c) Kreist alle Doppelkonsonanten ein und markiert die kurzen Vokale mit einem Punkt.

!

Doppelkonsonanten
Nach einem betonten kurzen Vokal folgt oft ein doppelter Konsonant, z. B.: *Pu**dd**ing, Ko**ff**er, schü**tt**eln.*
Achtung: Statt verdoppeltem **k** schreibt man **ck**, z. B.: *Glü**ck**, zwi**ck**en, wa**ck**eln.*
Statt verdoppeltem **z** schreibt man **tz**, z. B.: *Hi**tz**e, plö**tz**lich, nü**tz**lich.*

Die Dehnung: Schreibung nach langen Vokalen

sparen, lesen, quälen, die Uhr, schälen, er fiel, strahlen, berühmt, schwer, Papier, fliegen, frieren, der Verkehr, das Tor, ahnen, Mühle, wahrscheinlich, gießen, das Paar, er schrieb, nämlich, fahren, wählen, lieb, wohnen, hohl, viel, die Not, der Stiel, der Sohn, das Boot

5 *Oft wird die Länge eines Vokals durch ein Dehnungszeichen gekennzeichnet.*
a) Übertragt die Tabelle in euer Heft und ordnet die Wörter in die entsprechenden Spalten ein.

Wörter mit langen Vokalen			
Wörter ohne Dehnungszeichen	Wörter mit Dehnungs-h	Wörter mit Dehnungs-e	Wörter mit Doppelvokal
...	...	...	...

b) Bildet zu den Wörtern aus der zweiten Spalte verwandte Wörter und unterstreicht die Wortstämme.
fahren: die Fahrt, die Abfahrt, verfahren, Gefahr, erfahren, ...

Wörter mit langem Vokal
Nach langem Vokal steht oft ein **h.** Das Dehnungs-h im Wortstamm bleibt erhalten.
Merke: Einmal h – immer h!

Schreibung der s-Laute

verla●en, es hat gego●en, beschlie●en, verge●en, Intere●e, **schlie●en,** grö●er,

wi●en, mü●en, **me●en,** grü●en, bei●en, sto●en, der Schlü●el, au●en

6 *a) Schreibt die Wörter in euer Heft und entscheidet, ob sie mit ss oder ß geschrieben werden.*
b) Bildet mit den hervorgehobenen Verben die entsprechenden Zeitformen. Begründet eure Schreibung.

Infinitiv	Präteritum	Partizip Perfekt
verlassen	verließ	verlassen
...	...	...

Am Freitagabend beschlo✿en wir, in✿ Kino zu gehen. Eine be✿ere Idee hätten wir gar nicht haben können, denn drau✿en go✿ e✿ in Strömen. Wir nahmen die U-Bahn, lösten eine Fahrkarte zum halben Prei✿ und stiegen in der Ebersstra✿e aus. Nachdem wir an der Kinoka✿e bezahlt hatten, kauften wir Popcorn, Ei✿ und Erdnü✿e und lie✿en un✿ in die bequemen Kinose✿el fallen. Schon nach den er✿ten Minuten verga✿ ich den ganzen Stre✿ der Woche und geno✿ den Film. Auch meine Freundin Katja bi✿ genü✿lich in ihr Ei✿ und sah ziemlich zufrieden au✿.

7 *Schreibt den Text ab und ergänzt dabei die fehlenden s-Laute (s, ss oder ß). Korrigiert anschließend eure Rechtschreibung.*

Schreibung des stimmlosen s-Lautes

- **ß** steht nur **nach langem Vokal** oder **Diphthong,** z. B.: *Soße, er heißt, sie grüßt.*
- **ss** steht nur **nach kurzem Vokal,** z. B.: *Wasser, Kissen, sie küsst.*

„das" oder „dass"?

8 *Schreibt die Sätze in euer Heft und entscheidet, ob ihr „das" oder „dass" einsetzen müsst. Kontrolliert dann gemeinsam eure Sätze und begründet die Schreibung von „das" und/oder „dass".*

Da✿ ist eben so.
Da✿ da✿ Schwimmbad geschlossen ist, wusste ich nicht.
Er hoffte, da✿ er die Wette gewinnen würde.
In der Zeitung stand, da✿ eine Fußgängerin bei einem Unfall verletzt wurde.
Du wusstest doch, da✿ wir verabredet waren.
Da✿ Plakatieren der Wände ist verboten.

„das" oder „dass"?

- **„das"** wird mit **s** geschrieben, wenn es ein Artikel, ein Relativpronomen oder ein Demonstrativpronomen ist. Das Demonstrativpronomen „das" kann durch „dieses", das Relativpronomen „das" durch „welches" ersetzt werden.
- **„dass"** wird mit **ss** geschrieben, wenn es sich um die Konjunktion „dass" handelt. Durch „dass" wird immer ein Nebensatz eingeleitet.

Fremdwörter – Wörter mit Geschichte

Die Herkunft von Fremdwörtern

Wie viele Sprachen übernimmt auch das Deutsche seit seiner Entstehung Wörter aus anderen Sprachen. In den ersten nachchristlichen Jahrhunderten war der Einfluss des Lateinischen auf die germanischen Sprachen sehr groß, denn die Römer hielten große Teile Germaniens besetzt. In dieser Zeit übernahmen die Germanen viele Dinge von den Römern und mit ihnen auch ihre lateinischen Bezeichnungen. Einige Wörter hatten auch schon die Römer übernommen, z. B. von den Griechen.
Bis ins 16. Jahrhundert hinein blieb Latein in Deutschland die Sprache der Wissenschaften, der Theologie und der Philosophie.
Im 17. und 18. Jahrhundert war das Französische die führende Sprache in Europa. Die französische Sprache wurde die Sprache der gehobenen Gesellschaftsschichten, Deutsch sprachen nur noch die einfachen Bürger. Bei vielen Wörtern sehen wir noch ihre französische Herkunft, z. B. beim „Ingenieur" oder bei der „Montage".
Seit dem 20. Jahrhundert dominiert weltweit eine andere Sprache, nämlich Englisch. So verwundert es nicht, dass viele neue Wörter aus dem Englischen in unsere Sprache aufgenommen wurden. Das „Internet" und die „E-Mail" sind hierfür bekannte Beispiele.
Oft wandert auch ein Fremdwort durch viele Sprachen. Beim Wort „Computer" denken wir natürlich sofort, es stamme aus dem Englischen. Und tatsächlich haben wir auch dieses Wort aus der englischen Sprache übernommen. Aber woher haben es die Engländer? Auch sie haben es schon übernommen, auch für sie ist „Computer" bereits ein Fremdwort. Wieder einmal schauen die „alten Römer" um die Ecke, denn „Computer" kommt von lateinisch „computare", und das heißt rechnen. Denn Rechnen ist schließlich genau das, was jeder Computer tut, um seine unendlichen Mengen an Daten zu verwalten. Deshalb sprechen auch einige, die sich gegen die Fremdwortflut aus dem Englischen wehren, bewusst von ihrem Rechner.

1 a) *Fasst zusammen, was ihr über die Herkunft von Fremdwörtern erfahren habt. Nennt dabei auch Gründe, warum Fremdwörter ins Deutsche übernommen werden.*
b) *Erklärt, woran ihr bei den Wörtern „Ingenieur" und „Montage" (▷ Z. 21) erkennen könnt, dass es sich um Fremdwörter handelt.*

Sauce Komplikation Jogging diskutieren Konkurrenz Aktion Balkon Comeback
Malheur Physik Klischee Theorie Fete Manager Team Theater Fan Athlet

2 *Übertragt die Tabelle in euer Heft und ordnet die Fremdwörter nach ihrer Herkunft in die entsprechenden Spalten ein.*

Fremdwörter aus dem Griechischen/Lateinischen	Fremdwörter aus dem Französischen	Fremdwörter aus dem Englischen
...	Sauce	...
...	...	...

3 *a) Schreibt die Wörter mit den passenden Suffixen auf. Manchmal gibt es zwei Möglichkeiten, z. B.:*
Monteur, Montage.

Mont▶	Gar▶	Charm▶	Konstrukt▶	Report▶	-eur
Malh▶	Sabot▶	Spion▶	Blam▶	Regiss▶	-age

b) Schlagt die Bedeutung unbekannter Wörter im Wörterbuch nach.

4 *Gerade im Bereich Sport und Freizeit haben wir viele Wörter aus dem Englischen übernommen.*

sprinten trainieren Doping Dress Match Motocross Squash fair Comeback

a) Schreibt mit den Fremdwörtern Schlagzeilen, z. B. zu Sportberichten. Ihr könnt auch verwandte Wörter verwenden, z. B.:
Fußballfrauen im Trainingslager
b) Diktiert euch gegenseitig eure Schlagzeilen.

!

Fremdwörter
Viele Fremdwörter kann man an ihren Suffixen erkennen.
- **Nomen** haben oft die Suffixe **-(t)ion, -eur, -age, -ie,** z. B.:
  *Konstruk**tion**, Mon**teur**, Blam**age**, Industr**ie**.*
- Bei **Verben** gibt es oft das Suffix **-ieren,** z. B.:
  *inform**ieren**, diskut**ieren**.*
- **Adjektive** haben oft das Suffix **-iv** oder **-(i)ell,** z. B.:
  *intens**iv**, finanz**iell**, aktu**ell**.*

rebellieren, instruieren, studieren, konzentrieren, informieren, diskutieren, installieren, interpretieren, konsumieren, konkurrieren, fusionieren

5 *Schreibt zu den Verben verwandte Nomen auf und unterstreicht die Suffixe.*
rebellieren – Rebellion

6 *In manchen Fremdwörtern wird der Konsonant verdoppelt, obwohl der vorausgehende kurze Vokal nicht betont ist. Der Doppelkonsonant im Wortstamm bleibt erhalten.*
Schreibt die folgenden Wörter in euer Heft und sucht verwandte Wörter oder bildet Zusammensetzungen. Markiert die Doppelkonsonanten, z. B.:
Appetit: appetitlich, ...
Milliarde: milliardenschwer, ...

Appetit, Milliarde, Effekt, Konkurrenz, Attraktion, Kommentar, Grammatik, Symmetrie, Parallele, Apparat, Million, Porzellan

Über die Bedeutung von Wörtern nachdenken

Johann Peter Hebel

Der Generalfeldmarschall Suwarow

Johann Peter Hebel ist einer der bekanntesten Verfasser der so genannten Kalendergeschichten. Er kommt 1760 in dem Dorf Hausen bei Basel als Kind armer Leute zur Welt. Schon mit 13 Jahren ist der Junge Vollwaise. Der Pfarrer, dem der begabte Hans Peter auffällt, sorgt für eine Schulbildung, die sonst Kindern aus wohlhabenden Familien vorbehalten bleibt. Nach dem Besuch des Gymnasiums in Karlsruhe studiert Hebel Theologie an der Universität Erlangen. Er wird zunächst Hauslehrer, später Gymnasialprofessor und Kirchenrat. Außerdem arbeitet er in der Redaktion des „Badischen Landkalenders" mit, deren Leitung er 1807 übernimmt. Er gestaltet den Kalender jetzt nach seinen Vorstellungen und nennt ihn „Der Rheinländische Hausfreund". Seine Gedichte und Kalendergeschichten machen Hebel in ganz Deutschland bekannt. Auch viele berühmte Dichter, wie zum Beispiel Goethe, gehören zu seinen begeisterten Lesern.

Das Stücklein von Suwarow im Kalender 1809 hat dem geneigten Leser nicht übel gefallen. Von ihm selber wäre viel Anmutiges zu erzählen.

Wenn ein vornehmer Herr nicht hochmütig ist, sondern redet auch mit geringen Leuten und stellt sich manchmal, als wenn er nur ihresgleichen wäre, so sagt man zu seinem Lob: Er ist ein gemeiner Herr. Suwarow konnte manchen schimmernden Ordensstern an die Brust hängen, manchen Diamantring an die Finger stecken und aus mancher goldenen Dose Tabak schnupfen. War er nicht Sieger in Polen und in der Türkei, russischer Generalfeldmarschall und Fürst und an der Spitze von dreimal hunderttausend Mann, so viel als seinesgleichen ein anderer? Aber bei dem allen war er ein sehr gemeiner Herr.

Wenn es nicht sein musste, so kleidete er sich nie wie ein General, sondern wie es ihm bequem war. Manchmal, wenn er kommandierte, so hatte er nur einen Stiefel an. An dem andern Bein hing ihm der Strumpf herunter und die Beinkleider waren auf der Seite aufgeknüpft. Denn er hatte einen Schaden am Knie.

Oft war er nicht einmal so gut gekleidet. Morgens, wenn's noch so frisch war, ging er aus dem Bett oder von der Streue[1] weg vor dem Zelt im Lager spazieren, nackt und bloß wie Adam im Paradies, und ließ ein paar Eimer voll kaltes Wasser über sich herabgießen zur Erfrischung. Er hatte keinen Kammerdiener und keinen Heiduck[2], nur einen Knecht, keine Kutsche und kein Ross. In dem Treffen[3] setzte er sich aufs nächste beste.

Sein Essen war gemeine Soldatenkost. Niemand freute sich groß, wenn man von ihm zur Mittagsmahlzeit eingeladen wurde. Manchmal ging er zu den gemeinen Soldaten ins Zelt und war wie ihresgleichen.

Wenn ihn auf dem Marsch oder im Lager oder wo es war etwas ankam, wo ein anderer an einen Baum steht oder hinter eine Hecke geht, da machte er kurzen Prozess. Seinetwegen durfte ihm jedermann zuschauen, wer's noch nie gesehen hat.

1 **Streue:** ein nur „hingestreuter" Schlafplatz, meist aus Stroh
2 **Heiduck:** ursprünglich Bezeichnung für einen ungarischen (Grenz-)Soldaten; hier ist ein vornehmer Diener, ein Lakai gemeint
3 **Treffen:** Schlacht

Bei den vornehmsten Gelegenheiten, wenn er in der kostbarsten Marschallsuniform voll Ehrenkreuzen und Ordenssternen dastand und, wo man ihn ansah, von Gold und Silber 55 funkelte und klingelte, trieb er's doch wie ein säuberlicher Bauer, der wegwirft, was ein Herr in die Rocktasche steckt. Er schnäuzte die Nase mit den Fingern, strich die Finger am Ärmel ab und nahm alsdann wieder eine Prise aus der goldenen Dose. 60
Also lebte der General und Fürst Italinsky Suwarow.

1 *a) Erklärt die heutige Bedeutung des Wortes „gemein".*
b) Beschreibt die Bedeutung des Wortes „gemein" in Hebels Kalendergeschichte. Achtet dabei genau auf den Textzusammenhang.

Wenn wir wissen wollen, woher Wörter stammen, wie sie gebildet worden sind und was sie ursprünglich bedeutet haben, müssen wir ein **etymologisches Wörterbuch** (Herkunftswörterbuch) zur Hand nehmen. Der Fachbegriff „Etymologie" leitet sich von den griechischen Wörtern „étymos" (wahr) und „lógos" (Wort) ab und bedeutet also „wahre Bedeutung eines Wortes".

gemein: Das altgerm. Adjektiv, mhd. *gemein[e]*, ahd. *gimeini*, got. *gamains*, niederl. *gemeen*, engl. *gemæne*, dem außerhalb des Germ. lat *communis* „gemeinsam, gemeinschaftlich" (↑ Kommune) entspricht, gehört zu der unter ↑ Meineid dargestellten idg. Wurzel **mei-* „tauschen, wechseln". Es bedeutete ursprünglich „mehreren abwechselnd zukommend", woraus sich die Bedeutungen „gemeinsam, gemeinschaftlich, allgemein" entwickelten. Da das, was vielen gemeinsam ist, nicht wertvoll sein kann, erhielt das Wort den abwertenden Nebensinn „unheilig, alltäglich, gewöhnlich, roh, niederträchtig".

2 *Lest den Eintrag aus einem etymologischen Wörterbuch und erklärt, wie sich die Bedeutung des Wortes „gemein" im Laufe der Zeit gewandelt hat.*

Gift (althochdeutsch), germanische Bildung zu geben, ursprünglich Femininum; 1. **„Gabe"** (wie noch englisch *gift*), so noch vereinzelt in neuerer Zeit, z. B. bei Goethe: *des Kaisers Wort ist groß und sichert jede Gift; das ist Gottes wahre Gift, wenn die Blüte zur Blüte trifft.* Daneben in heutiger Bedeutung: 2. **„Tod oder Krankheit bewirkende Substanz";** frühneuhochdeutsch noch Femininum, später Neutrum, zuweilen Maskulinum: *ich habe selbst den Gift an Tausende gegeben* (Goethe), umgangssprachlich *da kannst du Gift drauf nehmen:* „das ist ganz sicher"; übertragen „Zorn": *Gift speien, Gift und Galle;* daneben als Phrase *etwas ist Gift für jemanden:* „sehr schädlich, abträglich"; häufig im Vergleich für moralisch Verwerfliches (frühneuhochdeutsch): *Wolllust ... ein süßes Gift.*

3 *a) Erklärt mit Hilfe des Lexikoneintrags, welche zwei Bedeutungen das Wort „Gift" im Deutschen ursprünglich hatte. Welche Bedeutung hat das Wort heute?*
b) Es gibt noch ein deutsches Wort, das die verloren gegangene, erste Bedeutung des Wortes „Gift" aufbewahrt hat. Braucht ihr einen Tipp? Dann denkt ans Heiraten!

4 *Bei den folgenden Wörtern erkennt ihr leicht, dass ein Wort von dem anderen abgeleitet ist. Versucht, den Bedeutungswandel folgender Wörter zu erklären.*
TIPP: *Ihr könnt auch ein etymologisches Wörterbuch zu Hilfe nehmen.*

Heim → geheim | *Fahrt → Gefährte* | *Last → lästig; belästigen*

8 Geschichten von menschlichen Stärken und Schwächen

8.1 Unterhaltsames und Nachdenkliches – Anekdoten und Kurzgeschichten

Auf den Punkt gebracht: Anekdoten

Richard Strauss, der Komponist und Dirigent, probte seine Alpensinfonie.

Bei den wilden Geigenpassagen im Abschnitt „Gewitter und Sturm" entfiel plötzlich einem Geiger der Bogen.

Strauss klopfte ab und bemerkte: ...

1 *a) Schaut euch die Bilderfolge an und lest dann die Bildunterschriften.*
Was könnte Richard Strauss gesagt haben? Formuliert einen kurzen, witzigen Schluss.
b) Lest euch eure Ergebnisse gegenseitig vor und besprecht, wie die Geschichte jeweils wirkt.

Heinrich von Kleist

Anekdote

Bach, als seine Frau starb, sollte zum Begräbnis Anstalten machen[1]. Der arme Mann war aber gewohnt, alles durch seine Frau besorgen zu lassen; dergestalt, dass, da ein alter Bedienter kam und ihm für Trauerflor, den er einkaufen wollte, Geld abforderte, er unter stillen Tränen, den Kopf auf einen Tisch gestützt, antwortete: „Sagt's meiner Frau."

1 **Anstalten machen,** hier: die Vorbereitungen treffen

2 *Kleist charakterisiert mit seiner Anekdote den Komponisten Johann Sebastian Bach.*
a) Überlegt, auf welche menschliche Stärke und Schwäche er hinweisen will.
b) Diskutiert, ob ihr diese Geschichte angesichts des Todes der Ehefrau witzig, traurig oder gar geschmacklos findet.

3 *„Wenn es nicht wahr ist, so ist es doch gut erfunden", sagen die Italiener, wenn sie solche kleinen Geschichten hören.*
a) Tauscht euch darüber aus, ob es wichtig ist, dass dieses Ereignis tatsächlich stattgefunden hat.
b) Sprecht darüber, warum auch erfundene Geschichten über Personen erzählt werden.

Anekdote über Mozart

Mozart bewegte sich stets sehr ungezwungen. Einmal machte ein General den Kaiser Joseph II. darauf aufmerksam, dass Mozart an der Hoftafel sich nicht benähme, wie es die Etikette verlangte. Der Kaiser erwiderte darauf dem General: „Lasse Er mir den Mozart in Ruhe. Einen General kann ich alle Tage machen, aber einen Mozart nie wieder!“

4 a) *Besprecht, welche Wesenszüge des Komponisten Mozart und welche Eigenschaften des Kaisers Joseph in dieser Anekdote besonders deutlich werden.*

b) *Informiert euch in einem Lexikon oder im Internet über Kaiser Joseph II. (1741–1790) sowie über den Komponisten Mozart (1756–1791).*

c) *Vergleicht eure Ergebnisse mit der Geschichte, die in der Anekdote erzählt wird. Was stellt ihr fest?*

...

Als sich Franz Schubert sein Geld noch durch Klavierunterricht verdiente, wurde er von einem Freund zu einem Spaziergang abgeholt. Während sie aus der Haustür traten, sagte Schubert: „Wenn ich tot bin, wird an diesem Haus eine Tafel angebracht werden.“ „So berühmt bist du noch nicht“, zweifelte der Freund, „was kann schon auf der Tafel stehen?“

5 *Findet für diese Anekdote eine Überschrift. Sammelt verschiedene Vorschläge und entscheidet euch dann für den treffendsten. Begründet, warum ihr euch für diese Überschrift entschieden habt.*

Anekdote über Händel

Georg Friedrich Händel war zu Besuch bei einer Dame, deren Hündchen mitten in der Unterhaltung zu bellen begann. Da erhob sich Händel, öffnete das Fenster und warf den Hund hinaus. „Aber Meister“, fragte die Dame entsetzt, „was macht Ihr da?“ Händel erwiderte gelassen: „...“

6 *a) Was könnte der Komponist Georg Friedrich Händel erwidert haben? Formuliert einen kurzen, witzigen Schlusssatz.*
b) Lest euch eure Ergebnisse gegenseitig vor und besprecht, wie die Anekdote jeweils wirkt.

7 *Bereitet eine der vier Musiker-Anekdoten (▷ S. 163–164) als Stegreifspiel vor.*
a) Teilt euch dazu in Gruppen auf und wählt eine Anekdote aus.
b) Spielt eure Szenen der Klasse vor.
c) Sprecht über eure Spielszenen und beachtet dabei folgende Punkte:
- ☐ *Entspricht der Aufbau der Szene dem Inhalt der Anekdote?*
- ☐ *Sind die Dialoge knapp und treffend?*
- ☐ *Ist die Pointe (überraschende Schlusswendung) getroffen?*

Die Anekdote
Eine Anekdote ist eine **kurze Geschichte mit einer heiteren Pointe,** d. h. einem überraschenden und geistreichen Höhepunkt. Anekdoten erzählen über bedeutende Persönlichkeiten, gesellschaftliche Gruppen oder über interessante Ereignisse. Bestimmte Eigenschaften oder Eigenarten einer bekannten Persönlichkeit oder eines denkwürdigen Ereignisses werden dabei scharf und blitzlichtartig charakterisiert. Bei der knappen Schilderung des Geschehens wird als **sprachliches Mittel** häufig der **Dialog** (Rede und Gegenrede) verwendet.
Das Geschehen der Anekdote spielt in der Vergangenheit, jedoch muss das Erzählte nicht unbedingt der historischen Wahrheit entsprechen, sondern soll nur möglich und glaubwürdig sein.

Ursprünglich wurden Anekdoten aus Rücksichtnahme auf die dargestellten Personen nur **mündlich weitererzählt.** Weil jedoch diese kleinen Geschichten – die erfundenen wie die wahren – häufig sehr originell sind, wurden sie später auch schriftlich festgehalten.

Das Wort „Anekdote" kommt aus dem Griechischen (von „an-ekdoton" = nicht herausgegeben) und bedeutet eigentlich etwas noch nicht schriftlich Veröffentlichtes, also das aus Gründen der Diskretion nur mündlich Überlieferte.

8 *Schreibt selbst eine Anekdote.*
Überlegt, von welchem Ereignis oder welcher Persönlichkeit aus eurem Schulalltag oder aus eurem Freundes- oder Familienkreis ihr erzählen wollt.
- ☐ *Welche Eigenschaften oder Eigenarten wollt ihr in eurer Anekdote herausstellen?*
- ☐ *Welche Pointe könnte eure Anekdote haben?*

TIPP: Lest noch einmal im Merkkasten nach, wie eine Anekdote aufgebaut ist.

9 *a) Tragt eure Anekdoten vor und besprecht, welche Geschichten besonders gelungen sind und was ihr noch verbessern könnt.*
b) Überarbeitet eure Anekdoten.
TIPP: Ihr könnt auch ein Anekdotenheft anlegen, das eure Geschichten enthält. Tipps zum Layout und zur Textüberarbeitung am PC findet ihr auf den Seiten 51 und 53.

Kurze Geschichten – Kurzgeschichten

Wolfgang Borchert

Nachts schlafen die Ratten doch

Wolfgang Borchert wurde 1921 in Hamburg geboren und starb im Alter von nur 26 Jahren. Mit 17 Jahren verließ er die Oberrealschule und begann eine Buchhändlerlehre. Gleichzeitig nahm er Schauspielunterricht. 1941 wurde er zum Wehrdienst eingezogen und sehr bald verwundet. Weil ihm vorgeworfen wurde, sich selbst die Verwundung zugefügt zu haben, kam er 1942 wegen des Verdachts der Selbstverstümmelung in Nürnberg in Untersuchungshaft. Die drohende Todesstrafe wurde zur so genannten „Feindbewährung" in erneuten Fronteinsatz umgewandelt. Schwer krank kehrte er am Ende des Krieges 1945 nach Hamburg zurück, wo er zunächst als Schauspieler arbeitete, dann aber, fast völlig ans Bett gefesselt, nur noch schreiben konnte. Dies tat er allerdings wie ein Besessener.
In den zwei Jahren, die ihm bis zu seinem Tode blieben, schrieb er das Drama „Draußen vor der Tür" und zahlreiche Kurzgeschichten und Kurzprosa, darunter die Kurzgeschichten „Nachts schlafen die Ratten doch", „Das Brot" und „Die drei dunklen Könige".
Wolfgang Borchert starb am 20. November 1947 in Basel, einen Tag vor der Uraufführung seines Dramas „Draußen vor der Tür".

Das hohle Fenster in der vereinsamten Mauer gähnte blaurot voll früher Abendsonne. Staubgewölke flimmerte zwischen den steilgereckten Schornsteinresten. Die Schuttwüste döste.
5 Er hatte die Augen zu. Mit einmal wurde es noch dunkler. Er merkte, dass jemand gekommen war und nun vor ihm stand, dunkel, leise. Jetzt haben sie mich!, dachte er. Aber als er ein bisschen blinzelte, sah er nur zwei etwas
10 ärmlich behoste Beine. Die standen ziemlich krumm vor ihm, dass er zwischen ihnen hindurchsehen konnte. Er riskierte ein kleines Geblinzel an den Hosenbeinen hoch und erkannte einen älteren Mann. Er hatte ein Messer
15 und einen Korb in der Hand. Und etwas Erde an den Fingerspitzen.
Du schläfst hier wohl, was?, fragte der Mann und sah von oben auf das Haargestrüpp herunter.
20 Jürgen blinzelte zwischen den Beinen des Mannes hindurch in die Sonne und sagte: Nein, ich schlafe nicht. Ich muss hier aufpassen.
Der Mann nickte: So, dafür hast du wohl den großen Stock da?
25 Ja, antwortete Jürgen mutig und hielt den Stock fest.
Worauf passt du denn auf?
Das kann ich nicht sagen. Er hielt die Hände fest um den Stock.
30 Wohl auf Geld, was? Der Mann setzte den Korb ab und wischte das Messer an seinem Hosenbein hin und her.
Nein, auf Geld überhaupt nicht, sagte Jürgen verächtlich. Auf ganz etwas anderes.
35 Na, was denn?
Ich kann es nicht sagen. Was anderes eben.
Na, denn nicht. Dann sage ich dir natürlich auch

nicht, was ich hier im Korb habe. Der Mann stieß mit dem Fuß an den Korb und klappte das Messer zu. 40
Pah, kann mir denken, was in dem Korb ist, meinte Jürgen geringschätzig, Kaninchenfutter.
Donnerwetter, ja!, sagte der Mann verwundert, bist ja ein fixer Kerl. Wie alt bist du denn?
Neun. 45
Oha, denkt mal an, neun also. Dann weißt du ja auch, wie viel drei mal neun sind, wie?
Klar, sagte Jürgen und um Zeit zu gewinnen, sagte er noch: Das ist ja ganz leicht. Und er sah durch die Beine des Mannes hindurch. Drei mal neun, nicht?, fragte er noch mal. Siebenundzwanzig. Das wusste ich gleich. 50
Stimmt, sagte der Mann, genau so viel Kaninchen habe ich.
Jürgen machte einen runden Mund: Siebenundzwanzig? 55
Du kannst sie sehen. Viele sind noch ganz jung. Willst du?
Ich kann doch nicht. Ich muss doch aufpassen, sagte Jürgen unsicher. 60
Immerzu?, fragte der Mann. Nachts auch?
Nachts auch. Immerzu. Immer. Jürgen sah an den krummen Beinen hoch. Seit Sonnabend schon, flüsterte er.
Aber gehst du denn gar nicht nach Hause? Du musst doch essen. 65
Jürgen hob einen Stein hoch. Da lag ein halbes Brot. Und eine Blechschachtel.
Du rauchst?, fragte der Mann. Hast du denn eine Pfeife? 70
Jürgen fasste seinen Stock fest an und sagte zaghaft: Ich drehe. Pfeife mag ich nicht.
Schade, der Mann bückte sich zu seinem Korb, die Kaninchen hättest du ruhig mal ansehen können. Vor allem die Jungen. Vielleicht hättest du dir eines ausgesucht. Aber du kannst hier ja nicht weg. 75
Nein, sagte Jürgen traurig, nein, nein.
Der Mann nahm den Korb und richtete sich auf. Na ja, wenn du hier bleiben musst – schade. Und er drehte sich um. 80
Wenn du mich nicht verrätst, sagte Jürgen da schnell, es ist wegen den Ratten.
Die krummen Beine kamen einen Schritt zurück: Wegen den Ratten? 85
Ja, die essen doch von Toten. Von Menschen. Da leben sie doch von.
Wer sagt das?
Unser Lehrer.
Und du passt nun auf die Ratten auf?, fragte der Mann. 90
Auf die doch nicht! Und dann sagte er ganz leise: Mein Bruder, der liegt nämlich da unten. Da. Jürgen zeigte mit dem Stock auf die zusammengesackten Mauern. Unser Haus kriegte eine Bombe. Mit einmal war das Licht weg im Keller. Und er auch. Wir haben noch gerufen. Er war viel kleiner als ich. Erst vier. Er muss hier ja noch sein. Er ist doch viel kleiner als ich. 95
Der Mann sah von oben auf das Haargestrüpp. Aber dann sagte er plötzlich: Ja, hat euer Lehrer euch denn nicht gesagt, dass die Ratten nachts schlafen? 100
Nein, flüsterte Jürgen und sah mit einmal ganz müde aus, das hat er nicht gesagt. 105
Na, sagte der Mann, das ist aber ein Lehrer, wenn er das nicht mal weiß. Nachts schlafen

die Ratten doch. Nachts kannst du ruhig nach Hause gehen. Nachts schlafen sie immer. Wenn es dunkel wird, schon.
Jürgen machte mit seinem Stock kleine Kuhlen in den Schutt.
Lauter kleine Betten sind das, dachte er, alles kleine Betten. Da sagte der Mann (und seine krummen Beine waren ganz unruhig dabei): Weißt du was? Jetzt füttere ich schnell meine Kaninchen und wenn es dunkel wird, hole ich dich ab. Vielleicht kann ich eins mitbringen. Ein kleines, oder was meinst du?
Jürgen machte kleine Kuhlen in den Schutt. Lauter kleine Kaninchen. Weiße, graue, weißgraue. Ich weiß nicht, sagte er leise und sah auf die krummen Beine, wenn sie wirklich nachts schlafen.
Der Mann stieg über die Mauerreste weg auf die Straße. Natürlich, sagte er von da, euer Lehrer soll einpacken, wenn er das nicht mal weiß. Da stand Jürgen auf und fragte: Wenn ich eins kriegen kann? Ein weißes vielleicht?
Ich will mal versuchen, rief der Mann schon im Weggehen, aber du musst hier so lange warten. Ich gehe dann mit dir nach Hause, weißt du? Ich muss deinem Vater doch sagen, wie so ein Kaninchenstall gebaut wird. Denn das müsst ihr ja wissen.
Ja, rief Jürgen, ich warte. Ich muss ja noch aufpassen, bis es dunkel wird. Ich warte bestimmt. Und er rief: Wir haben auch noch Bretter zu Hause, Kistenbretter, rief er.
Aber das hörte der Mann schon nicht mehr. Er lief mit seinen krummen Beinen auf die Sonne zu. Die war schon rot vom Abend und Jürgen konnte sehen, wie sie durch die Beine hindurchschien, so krumm waren sie. Und der Korb schwenkte aufgeregt hin und her. Kaninchenfutter war da drin. Grünes Kaninchenfutter, das war etwas grau vom Schutt.

1 *Der Text „Nachts schlafen die Ratten doch" ist kurz nach dem Zweiten Weltkrieg (1939–1945) entstanden.*
- *a) Beschreibt eure ersten Eindrücke, die ihr nach dem Lesen der Geschichte habt. Begründet, wodurch diese Eindrücke entstehen.*
- *b) Besprecht, in welcher Situation sich Menschen während eines Krieges und nach einem Krieg befinden. Betrachtet dazu auch das Foto rechts.*
- *c) Beschreibt, welchen Zusammenhang ihr zwischen der Geschichte und ihrer Entstehungszeit seht.*

2 *In einer Geschichte spielen die handelnden Personen eine wichtige Rolle. Stellt in Partnerarbeit stichwortartig die wichtigsten Informationen über diese Personen zusammen und besprecht eure Ergebnisse anschließend in Sechsergruppen.*
Beachtet dabei folgende Fragen:
- ☐ *Welche Personen spielen eine Rolle?*
- ☐ *Wie werden sie dem Leser vorgestellt?*
  - ■ *Wie wird ihr Äußeres beschrieben?*
  - ■ *Was erfahrt ihr über ihr Verhalten?*

3 *Der alte Mann und der Junge sprechen miteinander; sie führen einen Dialog.*
a) Lest dieses Gespräch (▷ Z. 17–139) mit verteilten Rollen.
b) Besprecht, wie sich die beiden Personen am Anfang und am Ende des Gesprächs verhalten. Was hat sich verändert?

4 *a) Gliedert das Gespräch zwischen dem alten Mann und dem Jungen in Abschnitte. Beachtet dabei, an welchen Stellen eine Veränderung der Personen oder der Erzählweise stattfindet.*
b) Formuliert zu jedem Abschnitt eine passende Überschrift.
c) Untersucht den Wortschatz und den Satzbau des Gesprächs und beschreibt den Sprachstil.

5 *Begründet, warum Borchert den Satz „Nachts schlafen die Ratten doch" als Titel für seine Geschichte gewählt hat.*

6 *Im letzten Satz spielen Farben eine wichtige Rolle. Lest noch einmal den letzten Abschnitt der Geschichte (▷ Z. 140–147) und sprecht darüber, welche Bedeutung sie haben könnten.*

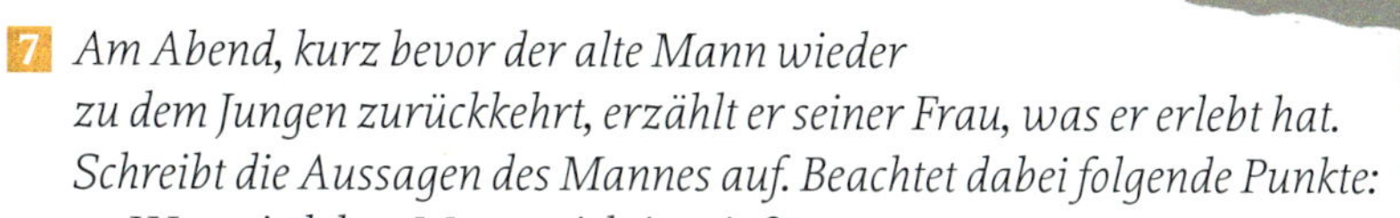

7 *Am Abend, kurz bevor der alte Mann wieder zu dem Jungen zurückkehrt, erzählt er seiner Frau, was er erlebt hat. Schreibt die Aussagen des Mannes auf. Beachtet dabei folgende Punkte:*
- *Was wird dem Mann wichtig sein?*
- *Welche Informationen braucht seine Frau, um die Geschichte zu verstehen?*
- *Denkt daran, auch Gefühle und Stimmungen wiederzugeben.*

Die Kurzgeschichte
Die Kurzgeschichte ist eine **knappe, moderne Erzählung,** die eine Momentaufnahme, einen krisenhaften Ausschnitt oder eine wichtige Episode aus dem Alltagsleben eines oder mehrerer Menschen zeigt.
Kurzgeschichten haben meist folgende **Merkmale:**
- **geringer Umfang**
- Ausschnitt aus einem **alltäglichen Geschehen,** der für die dargestellten Figuren von besonderer Bedeutung ist
- **unmittelbarer Einstieg** in das Geschehen, der schlagartig eine Situation aufreißt
- **zielstrebiger Handlungsverlauf** hin zu einem Höhe- oder Wendepunkt
- **offener Schluss,** der viele Deutungsmöglichkeiten zulässt
- meist **Alltagssprache** mit einfachem Satzbau und umgangssprachlichen Elementen in der direkten Rede (passend zur alltäglichen Thematik der Kurzgeschichte)

Die ersten deutschen Kurzgeschichten entstanden nach dem Zweiten Weltkrieg (1939–1945) und behandelten Themen der Kriegs- und Nachkriegszeit, später kamen andere, aus dem Alltagsleben entnommene Themen hinzu.
Der Name Kurzgeschichte ist eine Übersetzung des amerikanischen Begriffs „short story".

8 *Überprüft mit Hilfe des Merkkastens auf Seite 169, ob die Geschichte von Borchert alle Kennzeichen einer Kurzgeschichte enthält. Legt dazu eine Tabelle mit den sechs wichtigsten Merkmalen einer Kurzgeschichte an und notiert für jedes Merkmal einen Beleg oder ein Beispiel aus der Geschichte.*

Merkmale einer Kurzgeschichte	Borchert, Nachts schlafen die Ratten doch
- geringer Umfang	- ca. zwei Seiten
- Ausschnitt aus einem alltäglichen Geschehen	- ...
	- ...
- ...	- ...

Siegfried Lenz

Die Nacht im Hotel

Der Nachtportier strich mit seinen abgebissenen Fingerkuppen über eine Kladde, hob bedauernd die Schultern und drehte seinen Körper zur linken Seite, wobei sich der Stoff seiner Uniform gefährlich unter dem Arm spannte. (5)
„Das ist die einzige Möglichkeit", sagte er. „Zu so später Stunde werden Sie nirgendwo ein Einzelzimmer bekommen. Es steht Ihnen natürlich frei, in anderen Hotels nachzufragen. Aber ich kann Ihnen schon jetzt sagen, daß wir, (10) wenn Sie ergebnislos zurückkommen, nicht mehr in der Lage sein werden, Ihnen zu dienen. Denn das freie Bett in dem Doppelzimmer, das Sie – ich weiß nicht, aus welchen Gründen – nicht nehmen wollen, wird dann auch einen (15) Müden gefunden haben."
„Gut", sagte Schwamm, „ich werde das Bett nehmen. Nur, wie Sie vielleicht verstehen werden, möchte ich wissen, mit wem ich das Zimmer zu teilen habe; nicht aus Vorsicht, ge- (20) wiß nicht, denn ich habe nichts zu fürchten. Ist mein Partner – Leute, mit denen man eine Nacht verbringt, könnte man doch fast Partner nennen – schon da?"
„Ja, er ist da und schläft." (25)
„Er schläft", wiederholte Schwamm, ließ sich die Anmeldeformulare geben, füllte sie aus

und reichte sie dem Nachtportier zurück; dann ging er hinauf.
Unwillkürlich verlangsamte Schwamm, als er die Zimmertür mit der ihm genannten Zahl er- (30) blickte, seine Schritte, hielt den Atem an, in der Hoffnung, Geräusche, die der Fremde verursachen könnte, zu hören, und beugte sich dann zum Schlüsselloch hinab. Das Zimmer war dunkel. In diesem Augenblick hörte er jeman- (35) den die Treppe heraufkommen, und jetzt mußte er handeln. Er konnte fortgehen, selbstver-

ständlich, und so tun, als ob er sich im Korridor geirrt habe. Eine andere Möglichkeit bestand darin, in das Zimmer zu treten, in welches er rechtmäßig eingewiesen worden war und in dessen einem Bett bereits ein Mann schlief.
Schwamm drückte die Klinke herab. Er schloß die Tür wieder und tastete mit flacher Hand nach dem Lichtschalter. Da hielt er plötzlich inne: neben ihm – und er schloß sofort, daß da die Betten stehen müßten – sagte jemand mit einer dunklen, aber auch energischen Stimme:
„Halt! Bitte machen Sie kein Licht. Sie würden mir einen Gefallen tun, wenn Sie das Zimmer dunkel ließen."
„Haben Sie auf mich gewartet?" fragte Schwamm erschrocken; doch er erhielt keine Antwort. Statt dessen sagte der Fremde:
„Stolpern Sie nicht über meine Krücken, und seien Sie vorsichtig, daß Sie nicht über meinen Koffer fallen, der ungefähr in der Mitte des Zimmers steht. Ich werde Sie sicher zu Ihrem Bett dirigieren. Gehen Sie drei Schritte an der Wand entlang, und dann wenden Sie sich nach links, und wenn Sie wiederum drei Schritte getan haben, werden Sie den Bettpfosten berühren können."
Schwamm gehorchte: Er erreichte sein Bett, entkleidete sich und schlüpfte unter die Decke. Er hörte die Atemzüge des anderen und spürte, daß er vorerst nicht würde einschlafen können.
„Übrigens", sagte er zögernd nach einer Weile, „mein Name ist Schwamm."
„So", sagte der andere.
„Ja."
„Sind Sie zu einem Kongreß hierhergekommen?"
„Nein. Und Sie?"
„Nein."
„Geschäftlich?"
„Nein, das kann man nicht sagen."
„Wahrscheinlich habe ich den merkwürdigsten Grund, den je ein Mensch hatte, um in die Stadt zu fahren", sagte Schwamm. Auf dem nahen Bahnhof rangierte ein Zug. Die Erde zitterte, und die Betten, in denen die Männer lagen, vibrierten.
„Wollen Sie in der Stadt Selbstmord begehen?" fragte der andere.
„Nein", sagte Schwamm, „sehe ich so aus?"
„Ich weiß nicht, wie Sie aussehen", sagte der andere, „es ist dunkel."
Schwamm erklärte mit banger Fröhlichkeit in der Stimme:
„Gott bewahre, nein. Ich habe einen Sohn, Herr ... (der andere nannte nicht seinen Namen), einen kleinen Lausejungen, und seinetwegen bin ich hierhergefahren."
„Ist er im Krankenhaus?"
„Wieso denn? Er ist gesund, ein wenig bleich zwar, das mag sein, aber sonst sehr gesund. Ich wollte Ihnen sagen, warum ich hier bin, hier bei Ihnen, in diesem Zimmer. Wie ich schon sagte, hängt das mit meinem Jungen zusammen. Er ist äußerst sensibel, mimosenhaft, er reagiert bereits, wenn ein Schatten auf ihn fällt."
„Also ist er doch im Krankenhaus."
„Nein", rief Schwamm, „ich sagte schon, daß er gesund ist, in jeder Hinsicht. Aber er ist gefährdet, dieser kleine Bengel hat eine Glasseele, und darum ist er bedroht."
„Warum begeht er nicht Selbstmord?" fragte der andere.
„Aber hören Sie, ein Kind wie er, ungereift, in solch einem Alter! Warum sagen Sie das? Nein, mein Junge ist aus folgendem Grunde gefährdet: Jeden Morgen, wenn er zur Schule geht – er geht übrigens immer allein dorthin –, jeden Morgen muß er vor einer Schranke stehenbleiben und warten, bis der Frühzug vorbei ist. Er steht dann da, der kleine Kerl, und winkt, winkt heftig und freundlich und verzweifelt."
„Ja und?"
„Dann", sagte Schwamm, „dann geht er in die Schule, und wenn er nach Hause kommt, ist er verstört und benommen, und manchmal heult er auch. Er ist nicht imstande, seine Schularbeiten zu machen, er mag nicht spielen und nicht sprechen: Das geht nun schon seit Monaten so, jeden lieben Tag. Der Junge geht mir kaputt dabei!"
„Was veranlaßt ihn denn zu solchem Verhalten?"

„Sehen Sie“, sagte Schwamm, „das ist merkwürdig. Der Junge winkt, und – wie er traurig sieht – es winkt ihm keiner der Reisenden zurück. Und das nimmt er sich so zu Herzen, daß wir – meine Frau und ich – die größten Befürchtungen haben. Er winkt, und keiner winkt zurück; man kann die Reisenden natürlich nicht dazu zwingen, und es wäre absurd und lächerlich, eine diesbezügliche Vorschrift zu erlassen, aber ...“

„Und Sie, Herr Schwamm, wollen nun das Elend Ihres Jungen aufsaugen, indem Sie morgen den Frühzug nehmen, um dem Kleinen zu winken?“

„Ja“, sagte Schwamm, „ja.“

„Mich“, sagte der Fremde, „gehen Kinder nichts an. Ich hasse sie und weiche ihnen aus, denn ihretwegen habe ich – wenn man’s genau nimmt – meine Frau verloren. Sie starb bei der ersten Geburt.“

„Das tut mir leid“, sagte Schwamm und stützte sich im Bett auf. Eine angenehme Wärme floß durch seinen Körper; er spürte, daß er jetzt würde einschlafen können.

Der andere fragte: „Sie fahren nach Kurzbach, nicht wahr?“

„Ja.“

„Und Ihnen kommen keine Bedenken bei Ihrem Vorhaben? Offener gesagt: Sie schämen sich nicht, Ihren Jungen zu betrügen? Denn, was Sie vorhaben, Sie müssen es zugeben, ist doch ein glatter Betrug, eine Hintergehung.“

Schwamm sagte aufgebracht: „Was erlauben Sie sich, ich bitte Sie, wie kommen Sie dazu!“ Er ließ sich fallen, zog die Decke über den Kopf, lag eine Weile überlegend da und schlief dann ein.

Als er am nächsten Morgen erwachte, stellte er fest, daß er allein im Zimmer war. Er blickte auf die Uhr und erschrak: Bis zum Morgenzug blieben ihm noch fünf Minuten, es war ausgeschlossen, daß er ihn noch erreichte.

Am Nachmittag – er konnte es sich nicht leisten, noch eine Nacht in der Stadt zu bleiben – kam er niedergeschlagen und enttäuscht zu Hause an.

Sein Junge öffnete ihm die Tür, glücklich, außer sich vor Freude. Er warf sich ihm entgegen und hämmerte mit den Fäusten gegen seinen Schenkel und rief: „Einer hat gewinkt, einer hat ganz lange gewinkt.“ „Mit einer Krücke?“ fragte Schwamm.

„Ja, mit einem Stock. Und zuletzt hat er sein Taschentuch an den Stock gebunden und es so lange aus dem Fenster gehalten, bis ich es nicht mehr sehen konnte.“

1 *a) Lest die Kurzgeschichte von Siegfried Lenz gründlich durch.*
b) Notiert euch in Stichworten Aussagen zum Inhalt der Geschichte. Es fällt euch sicher nicht schwer, wenigstens zehn Beobachtungen zu finden.
c) Tauscht eure Beobachtungen untereinander aus.

2 *Ordnet nun eure Notizen in einem Cluster.*

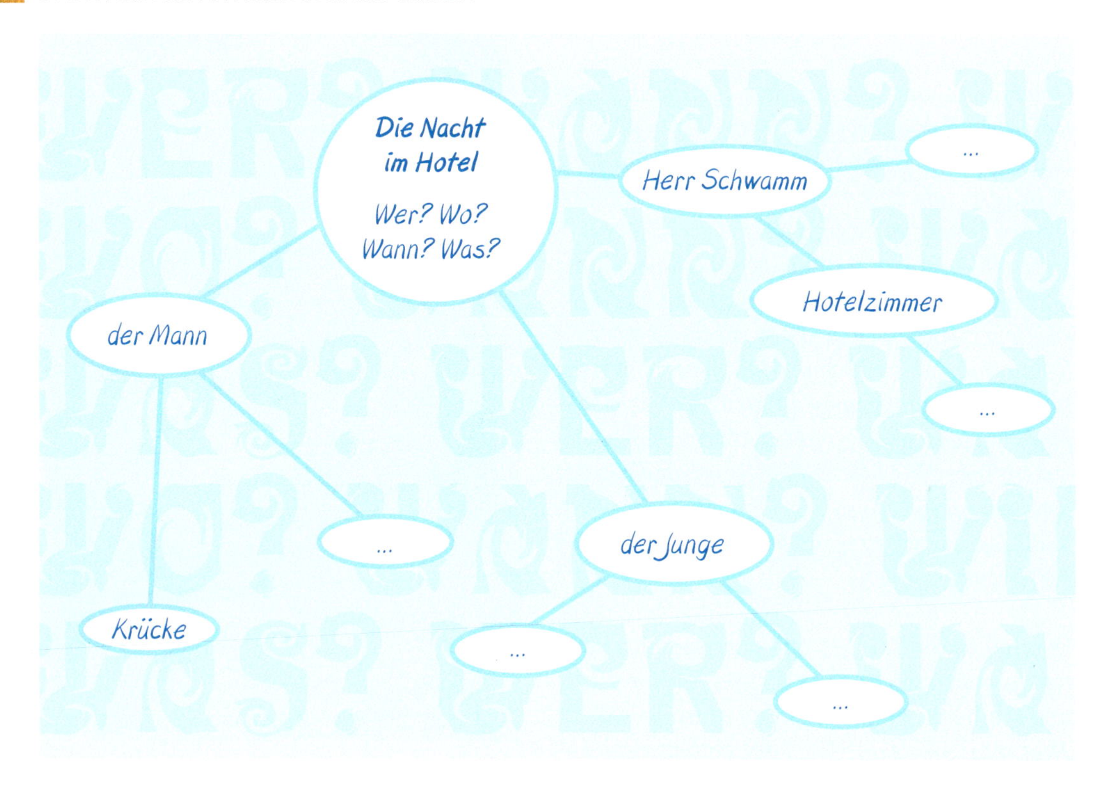

3 *Stellt in Stichworten zusammen, was ihr über Herrn Schwamm und den Mann im Hotelzimmer erfahrt. Achtet dabei besonders darauf, wie sie sich im Gespräch verhalten, und stützt eure Aussagen mit Textbelegen.*

4 *Im Gespräch des Mannes mit Herrn Schwamm stellt der Mann eine entscheidende Frage. Sucht diese Stelle im Text und diskutiert darüber, ob ihr die Bedenken des Mannes für berechtigt haltet.*

5 *Lest noch einmal das Ende der Kurzgeschichte. Entspricht dieser Schluss euren Erwartungen? Begründet eure Meinung.*

6 *Könnt ihr euch vorstellen, was Herr Schwamm über dieses Ereignis in sein Tagebuch schreiben könnte? Verfasst eine Tagebuchnotiz. Denkt daran, dass im Tagebuch auch Gedanken und Gefühle wiedergegeben werden.*

7 *Vergleicht eine der beiden Kurzgeschichten (▷ S. 166–168; S. 170–172) mit den Anekdoten am Anfang des Kapitels (▷ S. 163–164). Untersucht, welche Unterschiede ihr bei der inhaltlichen und sprachlichen Gestaltung feststellen könnt. Findet auch Gemeinsamkeiten.*

8.2 Das Rad der Zeit – Erzähltempora untersuchen

Otto Flake

Die Versuchung des Richters

Otto Flake wurde 1880 in Metz, das damals zum Deutschen Reich gehörte, geboren und wuchs im Elsass auf. Nach seinem Studium in Straßburg lebte er in Paris und Berlin, wo er als Mitarbeiter der „Neuen Rundschau" tätig war.
1918 schloss er sich der Züricher Dada-Bewegung an, eine extreme revolutionäre Kunst- und Literaturrichtung zwischen 1916–1924, die die überlieferte Kultur und Kunst in Frage stellte. In den folgenden Jahren unternahm er ausgedehnte Reisen nach Russland, England und Frankreich. Von 1928 bis zu seinem Tode 1963 lebte er mit seiner Familie in Baden-Baden. 1954 erhielt Otto Flake den Hebel-Preis, 1960 den Literaturpreis der Bayerischen Akademie der Schönen Künste.

Es schellte; die Tochter und das Mädchen[1] waren ausgegangen, der alte Richter öffnete selbst und erblickte den Mann in Polizeiuniform.
„Was führt Sie zu mir?", fragte er etwas verwundert.
„Eine Nachforschung", lautete die Antwort. „Wir haben eine junge Frauensperson verhaftet und festgestellt, dass sie früher bei Ihnen diente – eine gewisse Adelheid H. Ihre Wirtin hat sie wegen Diebstahls angezeigt. Unter ihren Sachen befinden sich Gegenstände, über die sie sich nicht ausweisen kann. Wir vermuten, dass auch sie entwendet sind, und ich soll mich erkundigen, ob in Ihrem Haushalt etwas vermisst worden ist, nachdem das Mädchen gegangen war."
„Nun, in einem Haushalt wird wohl immer etwas vermisst. Ich müsste meine Tochter fragen. Um welche Gegenstände handelt es sich denn?" Der Polizist zog eine Liste hervor und las ab: „drei Meter Seidentaft; vier silberne Esslöffel, mit E. v. B. gezeichnet; ein vergoldetes Teesieb."
Es folgten noch ein paar Kleinigkeiten. Der Richter erklärte:
„Wie gesagt, ich muss mit meiner Tochter sprechen, die ausgegangen ist. Sie erhalten Bescheid. Es war sehr freundlich, dass Sie sich bemüht haben." Der Polizist ging, der Richter stellte sich ans Fenster. Der Seidentaft gehörte der Tochter, die aufgeregt nach ihm gesucht hatte. Die mit E. v. B. gezeichneten Löffel stammten aus der Mitgift seiner verstorbenen Frau.
Als die Tochter nach Hause kam, sagte er nichts von dem Besuch des Polizisten.
Die Tochter klagte bei Tisch über die Teuerung in den Läden. „Ich wollte mir Stoff für ein Abendkleid kaufen und konnte mich nicht entschließen", berichtete sie, „wenn ich nur wüsste, was aus dem Taft geworden ist. Ich

1 **Mädchen:** Dienstmädchen

meine immer, das Ostzonenmädel[2] hat ihn mitgenommen. Ob man nicht eine Durchsuchung bei ihr vornehmen kann?"

Der Richter gab keine Antwort. Er sah das junge, verzweifelte Gesicht vor sich; sie hatte ein Fähnchen am Leib und einen Karton in der Hand, als sie an seiner Tür um einen Teller Suppe bat. „Wie wäre es mit einem Spaziergang?", fragte er.

Sie verließen das Haus. „Nehmen wir den Tee in der Stadt", sagte der Richter und schlenderte mit der Tochter durch die Gassen.

Sie blieben vor dieser oder jener Auslage stehen. Der Richter wusste, wo die Damen ihre Stoffe kauften, und lenkte die Tochter in das Geschäft. Der Taft zum Abendkleid wurde erstanden, dann tranken sie ihren Tee.

Am Abend im Arbeitszimmer allein, schlug der Richter eines der vergilbten Hefte, die seine Tagebücher waren, auf und las: 12. November 1909. Meine künftigen Schwiegereltern luden mich in die Traube zum Frühstück ein und hatten nichts dagegen, dass ich nachher Elsbeth ins Warenhaus begleitete. Es war das erste Mal, dass ich diesen Neubau von innen ansah. Ihr Vater, der als Polizeidirektor Bescheid wusste, hatte erzählt, es werde viel gestohlen und in allen Abteilungen seien Detektive zu finden.

Während Elsbeth an der Kasse zahlte, ging ich herum und blieb vor einer Auslage stehen, die Porzellanfigürchen im Meißner Stil enthielt. Ich nahm eines in die Hand, beschaute den Fuß, las den Preis, der zwei Mark betrug, stellte das hohle Gebilde an seinen Platz zurück, hielt es aber fest und ließ es in der Tasche meines Überziehers verschwinden.

Einen Augenblick war ich darauf gefasst, die Aufforderung zu hören: Wollen Sie mir bitte folgen. Nichts geschah, Elsbeth kam, wir gelangten ins Freie. Auf dem Weg zur Potsdamer Brücke zog ich das Ding heraus und sagte: „Das habe ich geklaut."

Sie schaute mich ungläubig an. „Doch, doch", versicherte ich, „es war ganz leicht, kein Detektiv legte mir die Hand auf die Schulter."

„Ich sah dich vor diesen Figuren stehen, es ist also wahr?"

„Völlig wahr."

„Und was hast du dir dabei gedacht?"

„Nichts. In der Sekunde vorher bestand noch nicht die Absicht."

Die Häuser hatten Vorgärten; am Gitter saß eine Blumenfrau. Ich ging hin und stellte das Porzellan, mit dem ich nichts anzufangen wusste, neben sie. Dann sah ich noch eben, wie Elsbeth im Pferdeomnibus verschwand. Ich lief allein weiter, in der Apathie[3], die seit dem Vorfall im Warenhaus über mich gekommen war.

In meinem Zimmer legte ich mich aufs Bett und schlief sofort ein. Die Wirtin weckte mich, sie gab mir einen Rohrpostbrief. Elsbeth schrieb: „Vierzehn Tage nach dem Staatsexamen, acht nach der Verlobung begehst du einen Diebstahl und setzest alles aufs Spiel, die Laufbahn, den guten Namen, die Rücksicht auf den Vater in seiner exponierten[4] Stellung, von mir ganz zu schweigen. Das erschreckt mich so, dass ich dich nicht sehen darf, bevor du eine erträgliche Erklärung gegeben hast – ich fürchte, dass du es nicht kannst."

17. November. Der Schock, den diese Mitteilung bewirkte, hatte zur Folge, dass das Gehirn wieder zu arbeiten begann. Ich verfasste eine Antwort für Elsbeth und zerriss sie; ich überquerte die Straße, um den Psychiater, der gegenüber wohnte, zu Rate zu ziehen, und machte an der Haustür kehrt. Zuletzt packte ich ein Köfferchen, fuhr nach dem Harz, bestieg den Brocken und suchte durch Bewegung, Luft, Anstrengungen, mir einen klaren Kopf zu schaffen.

Elsbeths Entsetzen konnte nicht größer sein als meines; hätte man mich ertappt, so wäre mein Leben zerstört gewesen. Ich schlug ihr eine Begegnung im Tiergarten vor, fuhr zurück und traf sie heute. Es gab nur eine Erklärung, die sie beschwichtigen konnte – die Bemerkung, Detektive überwachten die Käufer, müsse mich verführt haben zu zeigen, dass auch sie nicht alles merkten; in einem Augenblick der

2 **Ostzonenmädel:** Ostzone – alte Bezeichnung für die ehemalige DDR

3 **Apathie:** Teilnahmslosigkeit

4 **exponiert:** herausgehoben

Verwirrung, die mir eine Lehre sein werde, hätte ich wider meinen besseren Instinkt gehandelt.
Die Erklärung, die sie einigermaßen beruhigte, genügt mir selber nicht. Es war noch etwas anderes im Spiel – als hätte angesichts der Versuchung in meinem Charakter mit unfassbarer Schnelligkeit eine Verschiebung stattgefunden und ein Trieb, von dem ich normalerweise nichts weiß, mein Handeln bestimmt. Es ist mir unheimlich zumute, ich muss diesen Dingen nachgehen und ahne Schwierigkeiten, von denen der Jurist in seinen Vorlesungen nichts hört.
Der Richter schloss das vergilbte Heft und sann den Wirkungen nach, die von jenem Erlebnis mit seinem eigenen Ich ausgegangen waren. Es hatte ihn veranlasst, sich mit den neuen Wendungen in der Psychologie zu beschäftigen, und ihm verdankte er den Ruf als Rechtsphilosoph, der kein absolutes, starres Recht kannte.
Sein Auge suchte die Bücher, die er geschrieben hatte: Ohne den Blick in sein Inneres wären sie nicht entstanden. Als man den bedingten Straferlass in seine endgültige Form brachte, hatte er entscheidend mitgewirkt. Selbst seine Ehe war von der Begebenheit beeinflusst worden. Elsbeth hatte an der Entwicklung seiner Ideen teilgehabt und einer Frauenorganisation vorgestanden, die an den jugendlichen Gefährdeten viel Gutes tat.
Am nächsten Morgen ging er zur Wirtin der Adelheid H. und erklärte ihr, auf die Gefahr hin, dass sie unangebrachte Vermutungen anstelle, er wolle ihren Schaden ersetzen, wenn sie bereit sei, die Klage gegen das heimatlose Mädchen zurückzuziehen.
Nach der Freilassung bestellte er die H. in sein Haus, um die Lage zu besprechen. Es war wichtig, einem jungen Menschen eine Chance zu geben. Es wurde so viel gestraft, ein Mechanismus lief ab und es änderte sich nichts.

1 *a) Am Beginn der Handlung steht der Besuch eines Polizisten bei einem alten Richter. Was fällt euch an der „Eröffnung“ der Geschichte („Es schellte ...“) auf?*
b) Die Geschichte endet mit der Freilassung der Adelheid H. Sprecht über den letzten Abschnitt der Kurzgeschichte. Überlegt gemeinsam, wie die Geschichte weitergehen könnte.
c) Beschreibt Beginn und Ende der Kurzgeschichte mit den Begriffen „unmittelbarer Anfang“ und „offener Schluss“.

2 *Eine wichtige Rolle spielen die Tagebücher des Richters. Mit dieser Rückblende unterbricht der Erzähler die aktuelle Handlung.*
a) Notiert mit Zeilenangaben, wo diese Rückblende beginnt und wo sie endet.
b) Beschreibt, wie die Erzählperspektive wechselt.
c) Von welcher entscheidenden Lebenssituation des Richters wird hier berichtet?

3 *a) Unterteilt den Text in Sinnabschnitte und schreibt zu den einzelnen Abschnitten wichtige Stichworte auf.*
Abschnitt 1 (Z. 1-35): Besuch eines Polizisten bei einem alten Richter.
Adelheid H. ist wegen Diebstahls angezeigt worden.
b) Fasst den Inhalt der Geschichte mit Hilfe eurer Stichworte zusammen. Achtet dabei auf die zeitlich richtige Reihenfolge.

4 *a) Besprecht, welcher Zusammenhang zwischen der Überschrift, „Die Versuchung des Richters“, und der Reaktion des Richters auf die Tat der Adelheid H. besteht.*
*b) Lest noch einmal den letzten Abschnitt der Kurzgeschichte (**▷ Z. 167–171**). Findet ihr es richtig, dass Adelheid H. „ungestraft davonkommt“? Begründet eure Meinung.*

5 *In der Einleitung von Otto Flakes Geschichte „Die Versuchung des Richters“ (Z. 1–16) arbeitet der Erzähler mit unterschiedlichen Tempora (Zeitformen).*
a) Schreibt alle Verbformen aus diesem Abschnitt heraus und bestimmt die Tempora der Verben.
b) Begründet, warum der Erzähler mehrfach das Tempus wechselt.
c) Formuliert eine Regel, die beschreibt, wann beim Erzählen welches Tempus verwendet wird.

Das Präsens steht vor allem ... | Das Perfekt ...
Das Präteritum ... | Das Plusquamperfekt ...

Das wichtigste Tempus beim schriftlichen Erzählen ist das Präteritum. Der Erzähler kann aber auch das Erzähltempus wechseln. Er verfolgt damit unterschiedliche Erzählabsichten und will bestimmte Wirkungen erzielen.

Perfekt

„Eine Nachforschung“, lautete die Antwort. „Wir *haben* eine junge Frauensperson *verhaftet* und *festgestellt*, dass sie früher bei Ihnen diente – eine gewisse Adelheid H. Ihre Wirtin *hat* sie wegen Diebstahls *angezeigt* ...“

Der Erzähler lässt eine Figur zu Wort kommen (Figurenrede).

Präteritum

Der Richter *gab* keine Antwort ... Sie *verließen* das Haus ... Er *lenkte* die Tochter in das Geschäft ... Er *sann* den Wirkungen nach ... Sein Auge *suchte* die Bücher ... Der Taft *gehörte* der Tochter ...

Hauptperspektive des Erzählers: Er berichtet, schildert, beschreibt.

Präsens

(1) Elsbeth schrieb: „Vierzehn Tage nach dem Staatsexamen, acht nach der Verlobung *begehst* du einen Diebstahl und *setzest* alles aufs Spiel ...“
(2) „Nun, in einem Haushalt *wird* wohl immer etwas *vermisst*. Um welche Gegenstände *handelt* es sich denn?“

(1) Der Erzähler vergegenwärtigt damit die Spannung.
(2) Der Erzähler verweist auf etwas Allgemeingültiges.

Plusquamperfekt

Es schellte; die Tochter und das Mädchen *waren ausgegangen* ... Der Seidentaft gehörte der Tochter, die aufgeregt nach ihm *gesucht hatte*.

Der Erzähler verweist von der Hauptperspektive (Präteritum) aus auf einen zurückliegenden Vorgang, meist in einem Satzgefüge (Hauptsatz und Nebensatz).

Futur

Diesen Streich *wird* der Diener gewiss noch seinen Kindern und Enkeln *erzählen*.

Der Erzähler verweist auf Zukünftiges.

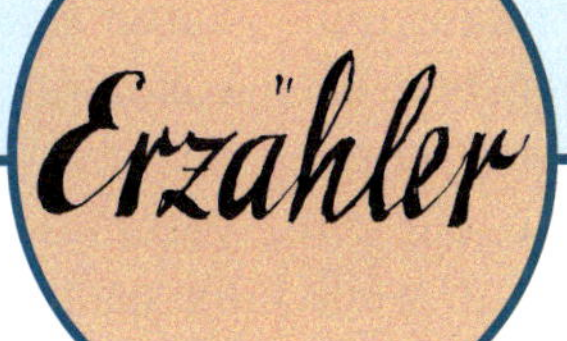

6 *a) Bastelt aus Plakatkarton einen* ***Tempusanzeiger*** *wie auf Seite 177. Befestigt dazu einen großen beweglichen Zeiger am Standort des Erzählers.*

b) Sucht euch eine Geschichte in diesem Kapitel aus und stellt bei jeder Verbform den Zeiger auf das entsprechende Tempus. Führt eine Strichliste darüber, wie oft ein Tempus angezeigt wird, und notiert euch die Textstellen, an denen das Tempus wechselt. Könnt ihr den jeweiligen Tempusgebrauch immer erklären?

Sigismund von Radecki

Mein Zeuge ist Don Gasparro

Sigismund von Radecki (geb. 1891 in Riga, gest. 1970 in Gladbeck) arbeitete als Bergwerksingenieur in Turkestan. Am Ersten Weltkrieg (1914–1918) nahm er zuerst auf russischer, dann auf deutscher Seite teil. Nach dem Krieg arbeitete er als Elektroingenieur in Berlin und ging Anfang der zwanziger Jahre nach Wien, wo er drei Jahre als Schauspieler tätig war. 1926 kehrte er nach Berlin zurück und begann seine Schriftstellerlaufbahn mit Beiträgen für Presse und Rundfunk. Viele seiner Arbeiten veröffentlichte er unter dem Pseudonym Homunculus (lat. „Menschlein").

Zuschrift an die Zeitung „El Progreso de Aranagua":
Da sowohl hier als jenseits des Flusses allerhand Schauergeschichten verbreitet werden darüber, was sich letzten Freitagvormittag auf der Trinidad-Brücke abgespielt hat, so bringe ich eine wahrheitsgemäße Darstellung jener Vorfälle, die geeignet ist, allen alten Weibern den Mund zu stopfen. Mein Zeuge ist Don Gasparro Schüetzli, ein Mann, der seit Jahren die Rangierlokomotive „Elvira" führt und als vorsichtiger und erfahrener Staatsbürger bekannt ist.

Ich, der verheiratete Minenarbeiter Pedro Alverde, beschritt an jenem Vormittag die Trinidad-Brücke von der Station Santa Anna aus, um mich hierher nach Aranagua zu begeben, da ich meine Gattin besuchen und einen Claim[1] auf eine Silberader anmelden wollte, die ich in Rocca Palumba gefunden hatte. Nun weiß man ja, was unsere Brücke vorstellt: Seit fünfzehn Jahren schwindelt sie sich „provisorisch" über den Fluss und ist dabei so baufällig, dass den Kaimanen[2] unten auf der Sandbank jedes Mal der Mund wässerig wird, wenn ein Zug hinüberdampft. Im Grunde ein auf spinnebeinigen, wurmstichigen Pfeilern ruhendes Schienengeleise, das notdürftig durch Holzschwellen zusammengehalten wird.

Als ich etwa die Mitte der Brücke erreicht hatte, kam es mir vor, als ob die Schwellen merkwürdig zitterten und die Schienen wie unter einem Druck ächzten. Ich wandte mich blitzschnell um – und sah eine ungeheure Güterzuglokomotive leise und rasch auf mich zufahren. Ich schrie und winkte mit dem Arm, allein die Lokomotive – es war der „Caballo Nero" – fuhr mit unverminderter Geschwindigkeit drauflos: Wahrscheinlich erzählten sich die Maschinisten gerade etwas Interessantes. Zur Seite sprin-

1 **claim** (engl.): Anspruch

2 **Kaiman:** Krokodil im tropischen Südamerika

gen konnte man nicht, auch war der nächste Brückenpfeiler zu weit entfernt, und darum tat ich, was jedermann getan hätte – ich klammerte mich mit den Händen an eine Bahnschwelle zwischen den Schienen und ließ mich hinunterhängen. Plötzlich baumelte ich über dem furchtbaren Abgrund. Mit Funkensprühen fuhr jetzt die Lokomotive über mich weg.
Als der letzte Waggon endlich vorübergerollt war, machte ich angestrengte Versuche, wieder nach oben zu kommen. Ich schwang mich wie an einer Reckstange auf und ab, um endlich mit den Füßen eine andere Schwelle festzukriegen. Aber das ging nicht, weil man Gefahr lief, mit der Hand vom eigenen Balken abzurutschen. Dann versuchte ich, mich hinaufzustemmen, aber mein Rucksack hinten war zu schwer. Dann versuchte ich es mit einem Bauchaufschwung, doch stellte sich's heraus, dass ich jetzt dazu bereits zu schwach war. Und endlich versuchte ich, wenigstens die eine Hand von der anderen Seite um den Balken herumzubekommen, damit ich über der umschlungenen Schwelle die Hände festhalten und also sicherer hängen konnte. Aber dazu hätte ich einen Sekundenbruchteil an einer Hand hängen müssen – und ich fühlte plötzlich: Dazu reichte es nicht mehr. Und so blieb ich, mit meiner Anmeldung in der Tasche, mitten in der Luft hängen und schrie, so laut ich konnte! Aber der Fluss ist breit.
Es war heiß; alles schien zu schlafen. Ich riskierte einen Blick in die Tiefe und sah ein paar dunkle Striche an der Sandbank. Das waren die Kaimane.
Unterdessen hatte sich ein zweiter Mann von S. Anna über die Brücke auf den Weg gemacht. Ein Angler hat mir erzählt, dass das sehr merkwürdig ausgesehen habe: wie von der Brückenmitte etwas kleines Schwarzes herunterhing und wie eine andere kleine Figur sich langsam näherte. Dieses war Ramon Guijarro, ein Mann, dessen Charaktereigenschaften nach ein paar Schritten ans volle Licht treten werden. Er wollte ebenfalls nach Aranagua – aber um einer Anmeldung zu entgehen. Einer Anmeldung wegen fortgesetzten Pferdediebstahls. Als er mein Schreien hörte, beeilte er sich, und bald hörte ich seinen Sprung von Schwelle zu Schwelle. Er kam mir wie ein Engel vom Himmel vor. Er blieb plötzlich vor meiner Schwelle stehen. Und was ich jetzt bringe, ist wörtlich:
„Machst du Turnübungen, he –?", fragte Guijarro und steckte die Hände in die Taschen.
„Halt mich fest!! – Gott sei Dank, dass du gekommen bist! ... Zieh, zieh, ich muss sonst gleich loslassen ...!", schrie ich zu seinen Füßen hinauf.
„Was gibst du mir dafür?", fragte Guijarro und spuckte in den Fluss.
„Zehn Pesos[3]."
„Das ist zu wenig", sagte er nachdenklich, „bedenke – ich rette dir das Leben!"
„Wie viel willst du?", brüllte ich. „Schnell: fünfzehn? Zwanzig? Fünfundzwanzig? – Santissima[4], ich muss gleich loslassen ..."
„Wie viel hast du bei dir?"
„Sechsundvierzig Pesos – oh, so halt mich doch ...!"
„Geht in Ordnung", meinte Ramon Guijarro und beugte sich über die Schwelle, um mir zu helfen. Doch in diesem Augenblick bewog ihn ein dumpfes Geräusch, sich schnell umzublicken. Der ungestüm anwachsende Leib einer Lokomotive kam in voller Fahrt auf ihn zu. Mit einem Fluch hatte Ramon gerade noch Zeit, sich geschwind an die Bahnschwelle hängen zu lassen – an meine Bahnschwelle, mit dem Gesicht mir zugekehrt, mit seinen Augen in meinen Augen.
Was nun folgte, spielte sich schnell oder langsam ab, ich weiß es nicht mehr. Der stämmige Guijarro hing mit seinem Gesicht dicht gegenüber meinem und schaute mich wütend an. Ich aber fühlte mich unsäglich elend – ich schlenkerte mit den Füßen – ich hatte keine Kraft mehr, die entsetzliche Schwelle festzuhalten – und klemmte plötzlich Guijarros Leib, der sich zuckend wehrte, mit meinen Beinen wie mit einer Zange fest! Nachdem ich so einen neuen Halt bekommen hatte, ließ ich meine Linke

3 **Peso:** südamerikanische Währungseinheit
4 **Santissima:** Heiligste (= Maria)

von der Schwelle abgleiten und umschlang den Mann mit meinem frei gewordenen Arm. Ich empfand ein wunderbares Gefühl des Gerettetseins. Das war ja seine eigene Schuld, warum hatte er mich nicht gleich emporgezogen! Dann konnte auch meine Rechte die Schwelle nicht mehr halten – und nun hing Ramon Guijarro mit einer doppelten Menschenlast von der Brücke herunter und schrie seinerseits, so laut er konnte. Mich abzuschütteln, wagte er nicht, denn er wäre mit mir zusammen in die Tiefe gestürzt. An irgendetwas muss sich der Mensch im Leben halten. Indessen hatte die Lokomotive (denn es war bloß eine Rangierlokomotive und kein ganzer Zug – aber wer konnte das von den Schienen aus sehen?) kurz vor dieser Unglücksstelle Halt gemacht. Und Don Gasparro Schüetzli, der Maschinist, kletterte längs dem Kessel nach vorn und ließ sich über die Laternen vorsichtig aufs Geleise herunter. Er hatte von S. Anna aus beobachtet, wie mitten auf der Brücke zwei Männer plauderten: einer oben stehend, der andere unten hängend – und das war ihm verdächtig vorgekommen! Darum hatte er seiner alten „Elvira“ Volldampf gegeben, um sich an der Unterhaltung zu beteiligen.

Der Ramon fauchte mich unterdessen an wie eine Katze: „Bestia! ... Loslassen, du Vampir! ... Ich kann nicht mehr halten ...!“, brüllte er und versuchte dazwischen mit Beißen mich von sich loszulösen. Aber ich dachte nicht daran! Ich wich den Zähnen mit abgewandtem Kopfe aus und klammerte mich nur umso fester an meinen einzigen Halt.

In diesem Augenblick war Don Gasparro bis an die Schwelle herangelaufen. Er sah zwei ins Holz verkrampfte Hände, unter deren Nägeln Blut hervorquoll, und auf der anderen Seite der Schwelle eine dritte, fieberhaft ausgestreckte Hand – die meine. Diese einzige Hand, welche frei war, packte der Maschinist fest an. Und zog. Allein zugleich hörte er einen lang gezogenen Schrei und sah die blutigen Hände von der Schwelle abgleiten. Ramon Guijarro hatte die Doppellast nicht mehr halten können ... Einen Augenblick noch schlenkerte er kopfabwärts, in meinen Beinen hängend, verzweifelt suchte ich mit meiner freien Linken nach ihm zu greifen – und dann stürzte Ramon Guijarro, immer kleiner werdend, in die Tiefe. Weiß spritzte das Flusswasser unten auf. Die Kaimane machten sich von der Sandbank wohl auf den Weg.

Don Gasparro aber zog mich jetzt mit einem Ruck nach oben. Er sagte mir später, dass er mich wie ein hilfloses, zitterndes, kleines Kind auf die Lokomotive habe tragen müssen. Und während die „Elvira“ langsam ihren Weg nach Aranagua fortsetzte, hatte ich mich bald so weit gefasst, um Don Gasparro den Hergang der Sache zu erzählen.

„Das ist ihm recht geschehen!“, meinte er. „Warum feilschte er? Warum war er nicht mit zehn Pesos zufrieden? ... Er hat übrigens bei Lebzeiten Pferde gestohlen ... Friede seiner Seele!“

Bekanntlich macht die Bahn kurz vor Aranagua einen Bogen hart an den Fluss. Als wir so langsam am Ufer herfuhren, sahen wir plötzlich, wie sich nah aus dem Wasser irgendetwas

erhob, das über und über mit Schlamm und Pflanzen bedeckt war. Eine menschliche Gestalt, die mit Würde dem Ufer zustrebte und wie eine Art Flussgott an Land stieg. Und als wir
205 hielten, schien uns auf einmal, als ob die Gestalt eine gewisse Ähnlichkeit hätte ... „Santissima", flüsterten wir, „– Guijarros Gespenst!"
„Hallo, bist du es, Ramon?", rief Don Gasparro. Da zeigte er uns bloß stumm die Faust. Und als
210 wir ihn dann fragten, wie er sich denn vor den Kaimanen gerettet habe, da sagte er, dass er von den Indios noch ganz andere Sachen gelernt habe, als mit Kaimanen umzugehen, und dass wir uns vorsehen sollten!
215 „Da sieht man", sagte Don Gasparro Schüetzli und gab Volldampf, „dass die Kaimane doch wählerisch sind."
So und nicht anders war der Hergang der Sache. Insbesondere ist es nicht wahr, dass Guijarro
220 später zu mir gekommen sei, um die sechsundvierzig Pesos abzufordern. Ich hätte sie ihm auch auf keinen Fall gegeben.
Es besteht also nicht der mindeste Grund zur Aufregung.

1 *a) Besprecht in der Klasse, wie euch die Geschichte gefällt. Begründet eure Meinung.*
b) Erklärt, warum die Geschichte den Titel „Mein Zeuge ist Don Gasparro" trägt. Lest dazu noch einmal den Beginn (▷ Z. 1–13) und den Schluss (▷ Z. 218–224) der Geschichte.

2 *Untersucht die ersten vier Abschnitte der Erzählung (▷ Z. 1–48) genauer. Wie oft wechselt das Tempus? Könnt ihr den jeweiligen Tempuswechsel erklären?*

3 *a) Fasst mündlich zusammen, was in den Zeilen 76–120 passiert. Gebt dabei die wörtliche Rede in indirekter Rede wieder.*
b) Erzählt die Rettungsaktion aus der Sicht von Don Gasparro nach. Verwendet dabei ausschließlich das Präteritum.

4 *Stellt fest, wie oft sich das Tempus in den Zeilen 193–224 ändert. Erklärt, was der Autor mit dem jeweiligen Tempuswechsel beabsichtigt.*

5 *Stellt euch vor, ihr wärt eine Redakteurin oder ein Redakteur der Zeitung „El Progreso de Aranagua". Macht aus der Geschichte von Pedro Alverde einen richtig interessanten Zeitungsartikel und findet eine treffende Schlagzeile für euren Bericht.*

Kaimane blieben hungrig

Sturz von Trinidad-Brücke

8.3 Spielendes Interpretieren einer Kurzgeschichte

Ilse Aichinger

Das Fenster-Theater

Ilse Aichinger wurde 1921 als Tochter einer jüdischen Ärztin und eines Lehrers in Wien geboren. In der Nazizeit unterlag sie den Rassegesetzen und durfte als „Halbjüdin" z. B. nicht studieren. Angehörige wie ihre Großmutter und die Geschwister der Mutter wurden 1942 deportiert und ermordet. Zusammen mit ihrer Mutter blieb Ilse Aichinger in Wien; in einem Zimmer direkt neben dem Gestapo-Hauptquartier. Sowohl sie als ihre Mutter wurden im Zweiten Weltkrieg dienstverpflichtet.
Nach Kriegsende studierte Ilse Aichinger fünf Semester Medizin. 1947 brach sie das Studium ab und schrieb den Roman „Die größere Hoffnung", der von dem Schicksal jüdischer Kinder in der Kriegszeit erzählt. Es folgten Gedichte, Erzählungen und Hörspiele sowie verschiedene Auszeichnungen. Seit 1988 lebt Ilse Aichinger in Wien.

Die Frau lehnte am Fenster und sah hinüber. Der Wind trieb in leichten Stößen vom Fluss herauf und brachte nichts Neues. Die Frau hatte den starren Blick neugieriger Leute, die un-ersättlich sind. Es hatte ihr noch niemand den Gefallen getan, vor ihrem Haus niedergefahren zu werden. Außerdem wohnte sie im vorletzten Stock, die Straße lag zu tief unten. Der Lärm rauschte nur mehr leicht herauf. Alles lag zu tief unten. Als sie sich eben vom Fenster abwenden wollte, bemerkte sie, dass der Alte gegenüber Licht angedreht hatte. Da es noch ganz hell war, blieb dieses Licht für sich und machte den merkwürdigen Eindruck, den aufflammende Straßenlaternen unter der Sonne machen. Als hätte einer an seinen Fenstern die Kerzen angesteckt, noch ehe die Prozession die Kirche verlassen hat.
Die Frau blieb am Fenster.
Der Alte öffnete und nickte herüber. Meint er mich?, dachte die Frau. Die Wohnung über ihr stand leer, und unterhalb lag eine Werkstatt, die um diese Zeit schon geschlossen war. Sie bewegte leicht den Kopf. Der Alte nickte wieder. Er griff sich an die Stirne, entdeckte, dass er keinen Hut aufhatte, und verschwand im Innern des Zimmers.
Gleich darauf kam er in Hut und Mantel wieder. Er zog den Hut und lächelte. Dann nahm er ein weißes Tuch aus der Tasche und begann zu winken. Erst leicht und dann immer eifriger. Er hing über die Brüstung, dass man Angst bekam, er würde vornüberfallen. Die Frau trat einen Schritt zurück, aber das schien ihn nur zu bestärken. Er ließ das Tuch fallen, löste seinen Schal vom Hals – einen großen bunten Schal – und ließ ihn aus dem Fenster wehen. Dazu lächelte er. Und als sie noch einen weiteren Schritt zurücktrat, warf er den Hut mit einer heftigen Bewegung ab und wand den Schal wie einen Turban um seinen Kopf. Dann kreuzte er die Arme über der Brust und verneigte sich.

Sooft er aufsah, kniff er das linke Auge zu, als herrsche zwischen ihnen ein geheimes Einverständnis. Das bereitete ihr so lange Vergnügen, bis sie plötzlich nur mehr seine Beine in dünnen, geflickten Samthosen in die Luft ragen sah. Er stand auf dem Kopf. Als sein Gesicht gerötet, erhitzt und freundlich wieder auftauchte, hatte sie schon die Polizei verständigt.

Und während er, in ein Leintuch gehüllt, abwechselnd an beiden Fenstern erschien, unterschied sie schon drei Gassen weiter über dem Geklingel der Straßenbahnen und dem gedämpften Lärm der Stadt das Hupen des Überfallautos. Denn ihre Erklärung hatte nicht sehr klar und ihre Stimme erregt geklungen. Der alte Mann lachte jetzt, sodass sich sein Gesicht in tiefe Falten legte, streifte dann mit einer vagen Gebärde darüber, wurde ernst, schien das Lachen eine Sekunde lang in der hohlen Hand zu halten und warf es dann hinüber. Erst als der Wagen schon um die Ecke bog, gelang es der Frau, sich von seinem Anblick loszureißen.

Sie kam atemlos unten an. Eine Menschenmenge hatte sich um den Polizeiwagen gesammelt. Die Polizisten waren abgesprungen, und die Menge kam hinter ihnen und der Frau her. Sobald man die Leute zu verscheuchen suchte, erklärten sie einstimmig, in diesem Hause zu wohnen. Einige davon kamen bis zum letzten Stock mit. Von den Stufen beobachteten sie, wie die Männer, nachdem ihr Klopfen vergeblich blieb und die Glocke allem Anschein nach nicht funktionierte, die Tür aufbrachen. Sie arbeiteten schnell und mit einer Sicherheit, von der jeder Einbrecher lernen konnte. Auch in dem Vorraum, dessen Fenster auf den Hof sahen, zögerten sie nicht eine Sekunde. Zwei von ihnen zogen die Stiefel aus und schlichen um die Ecke. Es war inzwischen finster geworden. Sie stießen an einen Kleiderständer, gewahrten den Lichtschein am Ende des schmalen Ganges und gingen ihm nach. Die Frau schlich hinter ihnen her. Als die Tür aufflog, stand der alte Mann, mit dem Rücken zu ihnen gewandt, noch immer am Fenster. Er hielt ein großes weißes Kissen auf dem Kopf,

das er immer wieder abnahm, als bedeutete er jemandem, dass er schlafen wolle. Den Teppich, den er vom Boden genommen hatte, trug er um die Schultern. Da er schwerhörig war, wandte er sich auch nicht um, als die Männer schon knapp hinter ihm standen und die Frau über ihn hinweg in ihr eigenes finsteres Fenster sah.

Die Werkstatt unterhalb war, wie sie angenommen hatte, geschlossen. Aber in die Wohnung oberhalb musste eine neue Partei eingezogen sein. An eines der erleuchteten Fenster war ein Gitterbett geschoben, in dem aufrecht ein kleiner Knabe stand.

Auch er trug sein Kissen auf dem Kopf und die Bettdecke um die Schultern. Er sprang und winkte herüber und krähte vor Jubel. Er lachte, strich mit der Hand über das Gesicht, wurde ernst und schien das Lachen eine Sekunde lang in der hohlen Hand zu halten. Dann warf er es mit aller Kraft den Wachleuten ins Gesicht.

1 *Fasst in einem Satz zusammen, worum es in dieser Kurzgeschichte geht. Vergleicht eure Sätze miteinander.*

2 *Beschreibt möglichst genau, wie die Frau und der alte Mann aussehen könnten. Beachtet dabei, was ihr über die Hauptfiguren der Geschichte erfahren habt.*

3 *Was könnte die Frau sagen, als sie bei der Polizei anruft?*
a) Entwerft einen kurzen Text und überlegt, wie die Frau diesen Text sprechen sollte.
b) Lest eure Entwürfe vor der Klasse vor und sprecht über eure Texte. Beachtet dabei folgende Punkte:
- *Wie hat die Frau das Geschehen geschildert?*
- *Wie hat sie sich über den Mann geäußert?*
- *Wurden die näheren Beweggründe der Frau erkennbar?*

4 *Wie könnte das Telefongespräch zwischen der Frau und dem Polizisten verlaufen? Teilt euch in Gruppen auf und gestaltet diese Situation als Szene.*
a) Schreibt auf, was die Personen sagen. Überlegt dabei auch, wie der Polizist reagieren könnte. Erwägt dabei unterschiedliche Möglichkeiten, z. B.:
- *Der Anruf kommt gerade dann, als sich der Polizist auf seinen Feierabend vorbereitet.*
- *Der Polizist ist ein „Gemütsmensch“, den nichts so leicht aus der Bahn wirft.*
- *Der Polizist glaubt, von der Anruferin an der Nase herumgeführt zu werden.*

b) Spielt eure Szenen vor der Klasse und besprecht danach gemeinsam, was euch besonders gut gelungen ist und was ihr noch verbessern könnt.

5 *a) Überlegt euch verschiedene Szenen, die zeigen, wie die Geschichte weitergehen könnte, z. B.:*

- Die Polizei betritt zusammen mit der Frau und einer neugierigen Menschenmenge das Zimmer des alten Mannes.
- Die Frau trifft am nächsten Tag die Eltern des kleinen Jungen.
- Der alte Mann und die Frau begegnen sich am nächsten Tag auf der Straße.
- ...

b) Sucht euch eine Szene aus und spielt sie vor der Klasse.

9 Ritter, Falken, Damen, Dichter – Das Mittelalter kennen lernen

9.1 Vom Kind zum Vorbild – Rittertum und Erziehung in höfischer Zeit

Waffen:

Die nicht mehr als Wurfspieße, sondern als Stoßlanzen verwendeten **Lanzen** waren die Angriffswaffen der Ritter und wurden mit Fähnlein geschmückt. Bei den **Schwertern** waren vor allem Griff und Knauf verziert.

Diese Miniatur stellt Wolfram so dar, wie er selbst sich beschreibt: „schildes ambet ist mîn art" (ich bin von Geburt und Erziehung ein Ritter).

Helm:

Zum Schutz des Gesichtes wurde etwa ab 1190 statt des eisernen Nasenbandes eine Metallplatte mit Atemlöchern vorne am Helm befestigt. Auffälligster Schmuck ist die aus Holz, Leder, Leinen oder Pergament gefertigte und oft bunt bemalte Helmzier.

Waffenrock:

über dem Panzerhemd getragener ärmelloser Rock, oft aus bunter Seide

Rüstung:

Wohl am weitesten verbreitet in höfischer Zeit war der **Harnisch,** ein Panzerhemd aus eisernen Ringen. Die oft in Schlössern oder Museen zu sehenden vollständigen Ritterrüstungen stammen aus viel späterer Zeit.

Schild:

Er bestand meistens aus lederbezogenem Holz und hatte metallene Beschläge.

Wappen:

Schon früh wurden Schilde mit Wappen (Zeichen), z. B. einem Löwen, bemalt, an denen ihre Besitzer erkennbar waren. Nicht zuletzt aufgrund der neuen, das Gesicht vollständig verdeckenden Helme entwickelten sich in höfischer Zeit Wappenbilder als feste Familienzeichen. Wolframs Wappen waren zwei silberne Beile auf rotem Grund.

1 *Beschreibt, was ihr auf dem Bild des mittelalterlichen Dichters Wolfram von Eschenbach erkennt. Verwendet dabei auch die Informationen aus den Kästchen.*

2 *Besprecht, was ihr aus dieser Darstellung über den Stand der Ritter erschließen könnt.*

Wolfram von Eschenbach

Parzival

Nach dem Tod ihres Gemahls Gahmuret, der in Erfüllung ritterlicher Pflichten gefallen ist, schwört die Fürstin Herzeloyde, dass ihrem Sohn Parzival nicht das gleiche Schicksal widerfahren soll. Leiderfüllt zieht sie sich in die Einöde Soltane zurück und verbietet ihren Bediensteten unter Androhung der Todesstrafe, ihrem Sohn etwas vom Rittertum zu erzählen. Obwohl Parzival im Wald fern von aller Welt heranwächst, muss Herzeloyde bald erkennen, dass er das Wesen seines Vaters, des tatendurstigen Ritters Gahmuret, geerbt hat. Als eines Tages die Rede auf Gott kommt, erklärt Herzeloyde ihrem Sohn, Gott sei „noch heller als der Tag", habe Menschengestalt angenommen und Parzival solle zu ihm beten in der Not. Der „Herr der Hölle" hingegen sei schwarz und nur auf Verrat aus und er dürfe sich nie mit ihm einlassen.

Eines Tages pirschte er
an einem lang gestreckten Abhang,
riss ein Blatt ab, lockte drauf.
In seiner Nähe war ein Steig,
5 dort hörte er Geräusche: Hufschlag.
Er holte mit dem Jagdspeer aus
und sagte: „Was hab ich gehört?
Ach, käm doch jetzt der Teufel her
mit seinem Zorn und seiner Wut –
10 den besieg ich, ganz bestimmt!
Die Mutter sagt, er sei zum Fürchten –
ich glaub, sie hat nur keinen Mut."
So stand er; er war kampfbereit.
Und siehe da: drei schöne Ritter
15 galoppierten zu ihm heran,
von Kopf bis Fuß gepanzert.
Der Junge glaubte allen Ernstes,
sie wären Mann für Mann ein Gott.
Und er blieb nicht länger stehen,
20 fiel in die Knie, auf dem Pfad;
der Junge rief mit lauter Stimme:
„Hilf mir, Gott, Du kannst doch helfen!"
Der Vorderste geriet in Rage –
mitten auf dem Weg der Junge!
25 „Dieser Blödian aus Wales
hält uns auf, die Zeit ist knapp!" [...]
Daraufhin kam à toute bride[1],
in seinem vollen Waffenschmuck
ein Ritter, dem es sehr pressierte –
30 voll Ingrimm ritt er Leuten nach,
die weiten Vorsprung vor ihm hatten:
zwei Ritter hatten eine Frau
entführt – und das in *seinem* Land:
für diesen Helden eine Schmach!
35 Ihn quälte, dass die Jungfrau litt,
die klagend vorn mit jenen ritt.
Die drei hier waren seine Leute;
er ritt auf einem Kastilianer[2];
sein Schild war reichlich ramponiert.
40 Sein Name war Carnac-Karnants,
le comte[3] Ulterlec. Er rief:
„Wer versperrt uns hier den Weg?!"
So ritt er auf den Jungen los.
Und dem schien er ein Gott zu sein –
45 er sah noch niemals solchen Glanz!
Der Waffenrock hing bis zum Tau;
die Riemen seiner Bügel hatten
ganz genau die rechte Länge
und klingelten an beiden Seiten
50 mit ihren kleinen, goldnen Glöckchen;
auch am rechten Arme Schellen,
klingelnd, wenn er ihn bewegte,
laut bei jedem Hieb des Schwertes –
er war auf schnellstem Weg zum Ruhm.
55 So ritt der große Fürst daher
mit seinem schön geschmückten Helm.
Der Krone schöner Männlichkeit
stellte nun Carnac die Frage:
„Junker, saht Ihr hier zwei Ritter
60 auf dem Weg? Den Ritterkodex[4]
haben sie gebrochen!
Sie üben nichts als Notzucht aus,

1 **à toute bride** (frz.): sehr schnell
2 **Kastilianer:** Pferd aus der damals berühmten Pferdezucht in Kastilien; spanische Pferde galten als die besten Ritterpferde, „gut, schnell, hoch, schön und stark", wie es hieß.
3 **le comte** (frz.): Graf
4 **Ritterkodex:** die für Ritter maßgeblichen Regeln

von Ehre halten sie nicht viel,
ein Mädchen haben sie entführt!“
65 Was der auch sprach – der Junge dachte,
er sei Gott. Ihm hatte ja
die edle Herzeloyde
Seine Lichtgestalt beschrieben.
So rief er laut in allem Ernst:
70 „Gott, du Helfer, hilf auch mir!“
Le fils du roi Gahmuret[5] –
kniend betete er an!
Da sprach der Fürst: „Ich bin nicht Gott,
erfüll nur gerne sein Gebot.
75 Und machst du recht die Augen auf,
so wirst du hier vier Ritter sehn.“
Der Junge fragte ihn darauf:
„Du sagtest: ‚Ritter‘. Was ist das?
Wenn deine Macht nicht göttlich ist,
80 so sage mir, wer Ritter macht.“
„Das Recht übt König Artus aus.
Kommt Ihr, Junker, an seinen Hof,
verleiht er Euch den Ritter-Titel,
und Ihr habt Grund, drauf stolz zu sein.
85 Ihr seid scheint's ritterlicher Herkunft.“
Die Helden musterten ihn nun:
Hier zeigte sich die Kunst des Schöpfers!
Ich halte mich an meine Quelle[6],
die mir dies an Wahrheit bot:
90 Seit Adams Zeiten war noch nie
ein Mann so unvergleichlich schön.
Weithin priesen ihn die Frauen.
Der Knappe sagte wieder etwas,
das die Herren lachen ließ:
95 „Ach, Ritter Gott, was bist du bloß?
An deinem Körper sind so viele
Finger-Ringlein angebunden –
da oben und hier unten auch!“
Schon tastete die Hand des Jungen
100 nach all dem Eisen an dem Fürsten,
er musterte sein Kettenhemd[7].

„Die jungen Damen meiner Mutter
reihen Ringe auf die Schnüre –
die liegen nicht so dicht an dicht.“
105 Der Junge sprach so, wie er dachte:
„Was hier derart schön aussieht,
wozu ist das alles gut?
Ich kriege hier nichts abgezwickt!“
Da zeigte ihm der Fürst sein Schwert:
110 „Schau her. Will einer Streit mit mir,
den wehre ich mit Hieben ab.
Und gegen *seine* trag ich dies!
Gegen Pfeilschuss, Lanzenstich
muss ich so gewappnet sein!“
115 Der Junge sagte darauf prompt:
„Hätten Hirsche solch ein Fell,
mein Jagdspeer käme da nicht durch.
Schon viele brachte ich zur Strecke!“
Die Ritter wurden ungeduldig –
120 hält sich mit dem Tölpel auf!
Doch sprach der Fürst: „Gott schütze dich.
Ach, wär ich nur so schön wie du.
Du wärest Gottes Meisterstück,
wenn du auch noch Verstand besäßest.
125 Gott behüte dich vor Leid.“
Er ritt mit seinen Männern los [...].

5 **Le fils du roi Gahmuret** (frz.): der Sohn des Königs Gahmuret
6 Nach eigenen Angaben stützt sich Wolfram auf einen provenzalischen Dichter, Kyot, der die Geschichte von Parzival überliefert habe. Als seine Hauptquelle ist die Gralserzählung des französischen Dichters Chrétien de Troyes zu identifizieren.
7 im Original: harnasch (siehe „Harnisch“ im Kasten „Rüstung“ auf S. 185)

Dem Jungen war jetzt ganz egal,
wer Hirsche schoss, ob groß, ob klein,
er rannte zu der Mutter heim,
130 berichtete. Sie brach zusammen –
was er sagte, war ein Schock,
sie lag vor ihm, besinnungslos.
Als die Königin dann wieder
zur Besinnung kam, da sprach sie
135 (die vorher außer Fassung war):
„Mein lieber Sohn, wer hat dir bloß
vom Rittertum erzählt?
Wie konntest du davon erfahren?!"
„Vier Männer sah ich, Mutter,
140 die haben mehr als Gott geglänzt!
Die sprachen mir vom Rittertum.
Artus, mit der Macht des Königs,
soll mich zu der Ritterehre
leiten und zum Ritterdienst."
145 Sie brach erneut in Klagen aus.
Die Herrin brauchte dringend
eine rettende Idee,
um ihn vom Vorsatz abzubringen.
Der edle Junge, unerfahren,
150 bestand bei ihr auf einem Pferd.
Ihr blutete das Herz. Sie dachte:
„Ich kann es ihm nicht vorenthalten,
doch es soll ein Klepper sein."
Und die Mutter dachte weiter:
155 „Die Leute spotten allzu gern –
Narrenkleider soll mein Sohn
auf seinem schönen Körper tragen.
Wenn er geknufft, geschlagen wird,
kommt er vielleicht zu mir zurück."
160 Welch ein Leid, wie jammervoll!
Die edle Frau nahm nun ein Sacktuch,
schnitt ihm Hemd und Hose zu,
doch beides war in einem Stück,
bedeckte halb die weißen Beine –
165 die bekannte Narrenkleidung!
Obendran noch die Kapuze.
Vom frischen, noch behaarten Fell
des Kalbes wurden Bauernstiefel
auf seine Fußform zugeschnitten.
170 Mit Klagen hielt man nicht zurück.
Die Königin, sie dachte nach
und bat ihn, diese Nacht zu bleiben.
„Brich nicht auf, bevor ich dir
guten Rat gegeben habe.
175 Wenn du nicht auf Straßen reitest,
sollst du dunkle Furten[8] meiden;
sind sie aber seicht und klar,
so reite ohne Zögern durch.
Und nimm die gute Sitte an,
180 entbiete aller Welt den Gruß.
Wenn dich ein grauer, weiser Mann
belehren will – das kann er gut –,
gehorche ihm aus freien Stücken
und begehre nur nicht auf.
185 Mein Sohn, ich geb dir noch den Rat:
kannst du bei einer lieben Frau
die Neigung und den Ring gewinnen,
tu's! Es macht dir Schweres leicht.
Fackel nicht und küsse sie,
190 nimm sie fest in deine Arme –
wenn sie keusch, gesittet ist,
bringt das Glück und Hochgefühl!
Mein Sohn, ich muss dir noch was sagen:
Llewelyn, so stolz wie dreist,
195 eroberte von deinen Fürsten
zwei Länder, die dir untertan
sein sollten: Wales sowie Norgals.
Dein Vasall, Fürst Turkentals,

8 **Furt:** flache Stelle in einem Fluss

wurde von ihm umgebracht,
200 und er besiegte deine Leute."
„Das räch ich, Mutter, so Gott will –
mit meinem Jagdspeer treff ich ihn!"
Am Morgen, als der Tag anbrach,
war der Junge rasch entschlossen:
205 Er wollte möglichst schnell zu Artus!
Herzeloyde küsste ihn und lief
ihm nach. Großes Leid für alle:
Als sie den Sohn nicht länger sah
(er ritt davon, wen konnt' das freuen?),
210 sank die Frau (so gut war sie!)
auf den Boden, und der Schmerz
so schneidend, dass sie sterben musste.

1 *Lest den Text und gebt das Geschehen in eigenen Worten wieder.*

2 *Erarbeitet die im Text (▷ S. 186–189) enthaltenen Aussagen über das Rittertum. Bildet dazu Gruppen, die sich jeweils mit einer der folgenden Aufgaben befassen.*

- ☐ *Sucht aus dem Text alle Angaben über das äußere Erscheinungsbild (Kleidung, Ausrüstung, Waffen) eines Ritters heraus und listet sie mit Zeilenangaben auf. Beachtet dazu vor allem die Zeilen 1–56 und 93–117.*
- ☐ *Schreibt aus dem Abschnitt Zeile 1–125 wörtlich alle Wendungen heraus, die erkennen lassen, dass Kleidung, Ausrüstung und Waffen auch eine schmückende Funktion hatten. Haltet auch fest, warum der fremde Ritter in dem ihm unbekannten „Tölpel" Parzival sofort den Sohn aus ritterlichem Geschlecht vermutet. Belegt die Textstellen mit Zeilenangaben.*
- ☐ *Schreibt auf, was der Text über „Ritterehre" und „Ritterdienst" aussagt, also darüber, wie man Ritter wird und welche Aufgaben man als Ritter hat. Wichtig hierfür sind vor allem die Zeilen 27–34, 57–125 und 179–202. Gebt die jeweilige Zeile genau an.*

3 *a) Tragt die Ergebnisse eurer Gruppenarbeit zusammen. Übertragt dazu die folgende Tabelle in euer Heft und schreibt eure Ergebnisse aus Aufgabe 2 in die entsprechende Spalte.*

Der Ritter – Idealbild eines Menschen im Mittelalter

Ausrüstung, Waffen, Kleidung	Schmückendes und Aussehen	Ritterehre und Ritterdienst
– von Kopf bis Fuß gepanzert (Z. 16) …	– Waffenschmuck (Z. 28) …	Ritterehre (so wird man Ritter) – … Ritterdienst (Pflichten eines Ritters) – …

b) Diskutiert über den im Text erkennbaren Zusammenhang zwischen Schönheit und Rittertum.

4 *a) Sucht Textstellen, an denen deutlich wird, dass Herzeloyde durch ihre Erziehung verhindern will, dass ihr Sohn Parzival Ritter wird.*
b) Stellt diesen Befunden Textbelege gegenüber, die zeigen, dass nach Meinung des Dichters Wolfram von Eschenbach die angeborene, vom Vater ererbte Veranlagung zum Ritter stärker ist als die Erziehungsbemühungen der Mutter.
c) Diskutiert über das Verhalten der Mutter und die Aussage des Dichters.

Der „Parzival“ von Wolfram von Eschenbach ist ein Epos des Hochmittelalters, das in mittelhochdeutscher Sprache und Versform verfasst wurde. Die ersten Zeilen des hier abgedruckten Textauszuges (▷ S. 186–189) lauten in der Originalfassung folgendermaßen:

Wolfram von Eschenbach

Parzival

Eins tages gienc er den weideganc
an einer halden, diu was lanc:
er brach durch blates stimme ein zwîc.
dâ nâhen bî im gienc ein stîc:
5 dâ hôrte er schal von huofslegen.
sîn gabylôt begunde er wegen:

5 *Untersucht das Metrum und die Reimart der mittelalterlichen Originalfassung.*
a) Übertragt den Text in euer Heft und markiert jede betonte Silbe mit einem Betonungszeichen (x́). Wie viele betonte Silben enthält jeder Vers?
TIPP: Mit Hilfe der Leseanleitung auf S. 203 könnt ihr die Zeilen lesen.
b) Untersucht die Versschlüsse und bestimmt die Reimart.

Das höfische Epos

Das **Epos** (griech. epos = Wort, Erzählung, Lied, Gedicht) gehört zu den Großformen der erzählenden Literatur (Epik). Im Unterschied zum Roman ist das Epos erheblich älter und in **Versform** verfasst. (Die beiden ältesten Epen der abendländischen Literatur sind die „Ilias“ und die „Odyssee“ von Homer aus dem 8. Jahrhundert v. Chr.)
Das **höfische Epos** ist die erzählende Hauptform der deutschen **Dichtung des Hochmittelalters** (1180–1230).
Als „höfisch“ bezeichnet man diese Dichtung deshalb, weil sie für den Vortrag bei Hofe bestimmt war und das Lebensgefühl der höfischen Gesellschaft (Ritter und adlige Damen) zum Ausdruck brachte. Die Mitglieder der Hofgesellschaft, vor allem die gebildeten und literarisch sehr interessierten adligen Damen, bildeten das Publikum für diese Werke, die meist in geselliger Runde vorgetragen wurden.

Das höfische Epos ist meist in vierhebigen, paarig gereimten Versen verfasst.
Die **Stoffe** dieser Epen stammen vor allem aus keltischen (König Artus, Tristan) oder antiken (Alexander, Troja, Aeneas) Sagenkreisen.
Die Entwicklung des höfischen Epos beginnt um 1150 in Frankreich mit den Artusepen des Dichters Chrétien de Troyes. Dessen „Perceval“ ist die Vorlage für den **„Parzival“** von **Wolfram von Eschenbach.**

Der zwischen 1200 und 1210 geschriebene „Parzival“ von Wolfram von Eschenbach erzählt in 25 000 Versen die Geschichte des unerfahrenen Jünglings Parzival, der nach zahlreichen Abenteuern, Bewährungsproben und Verfehlungen zum vorbildlichen Ritter wird.

Erziehung im Mittelalter

Was ein Ritter können muss

Zu einem vollkommenen Manne gehört, dass er gut reiten, schnell auf- und absitzen, gut traben, rennen und wenden kann und mit Verstand von der Erde etwas aufnehmen. Zum Zweiten muss er schwimmen, im Wasser tauchen und sich im Wasser drehen können. Zum Dritten muss er seine Waffen gebrauchen können. Zum Vierten muss er auf Leitern klettern können, wenn es nötig ist, auch an Stangen und Seilen. Zum Fünften muss er wohl turnieren können, streiten und stechen und recht und redlich einen Zweikampf, einen Tjost, bestehen. Zum Sechsten muss er zu Abwehr und Angriff ringen können, auch weit springen und mit der Linken ebenso gut fechten wie mit der Rechten. Zum Siebenten muss er bei Tisch aufwarten können, tanzen und hofieren, auch Schach zu spielen verstehen.

Ritter im Zweikampf

1 *Lest den Text und schreibt in Stichworten auf, welche Fähigkeiten ein Ritter haben sollte.*

2 *a) Vergleicht die Aussagen zum Rittertum in diesem „Ritterspiegel“ mit denen des Parzival-Textes (▷ S. 186–189). Welche Gemeinsamkeiten und welche Unterschiede fallen euch auf?*
TIPP: Zieht dazu auch eure Ergebnisse aus den Aufgaben 2–4 (▷ S. 189) heran.
b) Sucht nach Gründen für die unterschiedlichen Aussagen zum Rittertum in beiden Texten.

3 *Diskutiert darüber, ob die oben genannten Fähigkeiten heute noch gebraucht werden. Begründet eure Meinung.*

Ritterturnier im 12. Jahrhundert

Thomasin von Zerklaere

Wie man adlige Jungen zu Rittern erzieht

Die jungen Herren sollen von Gawein
hören, von Clîes, Erec und Iwein[1],
und sollen ihre Jugend ausrichten
ganz nach Gaweins reiner Tugend.
5 Folgt dem herrlichen König Artus,
der Euch viele gute Lehren vor Augen stellt.
[...]
Sind diese Geschichten auch nicht real,
so zeigen sie doch sehr anschaulich,
was ein jeder tun soll,
10 der in Ehrbarkeit leben will.
Daher will ich denen danken,
die uns viele Geschichten
in die deutsche Sprache übersetzt haben:
Eine gute Geschichte steigert das höfische Benehmen.

1 Artusritter aus den höfischen Epen des Hochmittelalters. Von Gawein, Königs Artus' Neffen, wird auch in „Parzival" erzählt, Clîes, Sohn von Gaweins Tochter, Erec und Iwein sind Titelhelden französischer und deutscher Artusepen.

1 *Thomasin von Zerklaere gibt in seinem Lehrgedicht aus dem 13. Jh. seinen Zeitgenossen einen Rat. Erschließt aus dem Text, welche Aufgabe damals den höfischen Epen zukam.*

2 *Tauscht euch darüber aus, ob ihr euch an Vorbildern aus literarischen Werken orientiert bzw. wer oder was euer Verhalten beeinflusst.*

Meier Helmbrecht

In der gereimten Erzählung Meier Helmbrecht, die um 1280 von dem nicht näher bekannten Wernher der Gartenaere verfasst wurde, wird die Lebensgeschichte eines jungen Bauern 5 erzählt, der sich zum Entsetzen seines Vaters nicht damit begnügt, den Beruf seines Vaters auszuüben. Der junge Helmbrecht schließt sich Raubrittern an, die längst die alten Ideale aufgegeben haben. In einem Gespräch tauschen Va- 10 ter und Sohn ihre verschiedenen Erfahrungen mit dem Rittertum aus. So sagte der Vater zu seinem Sohn:

„Als ich vor langer Zeit als Knecht von deinem Großvater Helmbrecht mit Käse und Eiern an den Hof geschickt worden war, wie die Meier 15 es immer noch tun, da sah ich die Ritter und beobachtete ihr Verhalten genau. Sie waren von vornehmem Gebaren und zugleich fröhlich und liebenswürdig. Sie kannten keine Hinterhältigkeit wie heute so manch einer. Die Rit- 20 ter verhielten sich so, dass sie sich den Damen angenehm machten." Dazu gehörte ein Kampfspiel, das Buhurdieren (= Massenkampf im Turnier), das einer vom Hof dem Vater auf seine

Frage hin erklärt hatte. Fremd wirkte auf den Bauern die Formation zweier Scharen, die wild aufeinander zuritten, wobei einer den anderen herunterstoßen wollte. Danach gab es Tanz, zu dem heitergemessen gesungen und auch vom Spielmann die Geige angestimmt wurde. Der prächtige Anblick der Damen und Herren bereitete unbeschreibliche Freude. Gleich, ob arm oder reich, tanzten die jungen Herren und Mädchen fröhlich miteinander. War dieses Vergnügen zu Ende gegangen, trat einer hervor und las aus einem Buch von Herzog Ernst (= weit verbreitete Dichtung) vor. Auch andere angenehme Abwechslungen wurden geboten, der eine ging zum Bogenschießen, der andere auf die Treibjagd, ein Dritter fand sein Vergnügen auf der Pirsch. Wer damals der Schlechteste war, stünde nun an der Spitze. „Dieses Hofleben damals ließ mich wissen, wodurch Treu und Ehre vermehrt wurden, ehe die Verschlagenheit heute alles Gute verdarb! Damals nahmen die Herren die Betrüger und die Rechtsverdreher nicht an ihrer Tafel auf. Heute gilt der als klug, wer sich mit Lügen durchwinden kann. Er gewinnt leicht viel mehr an Gut und Ansehen als einer, der rechtschaffen ist und ein Gott wohlgefälliges Leben führt. Das ist das, was ich von der vergangenen Lebensform weiß."

Danach erzählte der Sohn: „So sehen heute die höfischen Bräuche aus: Trink, Herr, trink doch nur! Trink aus, ich gebe dir Bescheid! Besser kann es uns nie wieder gehen. Verstehst du, was ich meine? Früher fand man die angesehenen Herren in der Gesellschaft schöner Damen, nun sieht man sie im Wirtshaus, und vom Morgen bis zum Abend ist ihre größte Sorge, den Wirt zu veranlassen, stets aufs Neue gleich guten Wein zu beschaffen. Das versetzt sie in Hochstimmung. Ihre Liebeskomplimente lauten jetzt so: ‚Süße Weinschenkin, Ihr sollt uns den Becher füllen!' Der gelte als rechter Narr, der sich wegen einer Frau abhärme und nicht guten Wein herbeisehne." Nur wer lügen und betrügen könne, gelte als gewandt und im höfischen Umgang bewandert; ehrsam sei der, der dem anderen betrügerisch das Wort verdrehe und bösartig üble Nachrede führe. „Die Lebensweise der Alten, die so leben wie Ihr, ist heute missachtet. Ihre Gesellschaft wird gerade so geschätzt wie die des Henkers. Über Acht und Bann spottet man nur."

Danach fährt er fort, die neuartigen Turniere – nämlich die räuberischen Überfälle – gegen die alten abzuheben; dabei deutet Helmbrecht, ohne es zu ahnen, auf sein eigenes Schicksal vor. „Jetzt ruft man den ganzen Tag: Jage, Ritter, jage, jag! Stich zu und schlag zu! Blende diesen, schlag jenem den Fuß ab, diesem hier die Hände. Den da sollst du aufhängen und einen Reichen einfangen, der wird sich für hundert Pfund auslösen."

1 *Im Text wird die Entwicklung des Rittertums zum Ende des 13. Jahrhunderts, nach seiner Blütezeit im Hochmittelalter, aufgezeigt. Erarbeitet aus dem Text, welche Ideale für das höfische Rittertum galten und was für die „modernen" Ritter wichtig ist.*

a) Übertragt die folgende Tabelle in euer Heft.

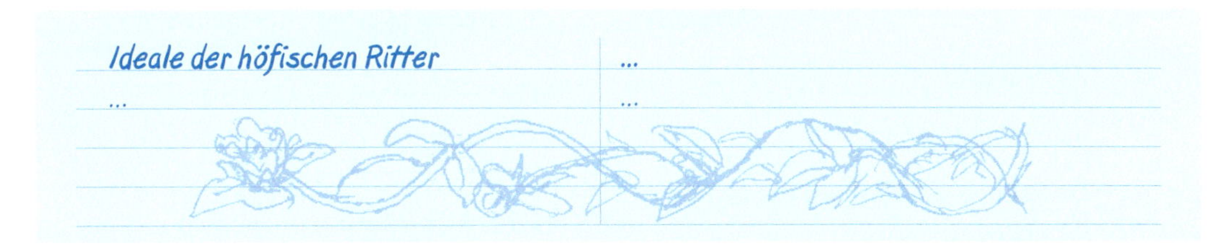

Ideale der höfischen Ritter	...
...	...

b) Haltet in eurer Tabelle stichwortartig fest, wie der Vater das höfische Rittertum charakterisiert und welche Aussagen der Sohn über die „neuen" Ritter trifft.

c) Findet dann eine Überschrift für die rechte Spalte der Tabelle.

Was im Gedächtnis bleibt

1 *Auch heutzutage begegnet uns das Rittertum, z. B. in Comics, Büchern, Historien- und Fantasyfilmen.*
a) Sammelt Titel von Büchern, Comics oder Filmen, in denen Ritter vorkommen.
b) Tauscht euch darüber aus, welche Rolle die Ritter jeweils spielen. Welche Eigenschaften haben diese Figuren? In welchen Zusammenhängen tauchen sie auf?

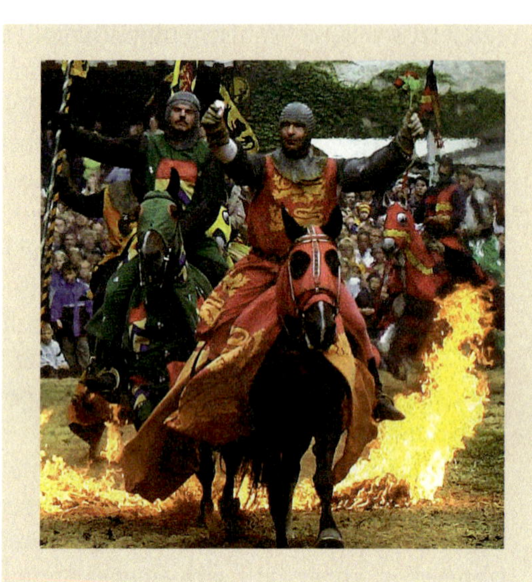

Ein herzlicher Dank an alle!

Das 25. Kaltenberger Ritterturnier ist vorüber, weit mehr als 100 000 Besucher haben im Jubiläumsjahr das Mittelalter überschwänglich gefeiert. Das ganz Besondere war dabei einmal mehr, dass die Besucher und die Mitwirkenden gemeinsam Kaltenberg zum großen Ereignis gemacht haben.

Luitpold Prinz von Bayern

2 *a) Lest den Text. Betrachtet dann das Foto und beschreibt, wie die Ritterspiele heute aussehen.*
b) Überlegt, warum mittelalterliche Ritterspiele so viele Menschen anziehen.

3 *Vergleicht die Ritterturniere im Hochmittelalter mit den heutigen Ritterspielen.*
a) Informiert euch in Lexika, Schulbüchern, Sachbüchern oder im Internet über die Ritterturniere im Hochmittelalter (▷ Wissenswertes zur Informationsrecherche auf S. 336).
b) Haltet in einer Übersicht (z. B. auf einer Folie, einem Plakat) fest, welche Gemeinsamkeiten und welche Unterschiede es zwischen den Ritterturnieren des Hochmittelalters und der Gegenwart gibt.

Ritterturniere

	Mittelalter	Gemeinsamkeiten	Gegenwart
Wer kämpft?	...	...	...
Wer schaut zu?			
Bedeutung der Turniere für die Kämpfer			
...			

c) Tragt eure Ergebnisse in der Klasse vor und besprecht sie.

9.2 Welch seltsam Ding – die Minne

Den Wandel von Bedeutungen erfassen

Dû bist mîn, ich bin dîn:
des solt dû gewis sîn.
dû bist beslozzen
in mînem herzen:
verlorn ist daz slüzzelîn:
dû muost immer drinne sîn.

1 *a) Mit Hilfe der Tipps auf S. 203 könnt ihr das Gedicht lesen und verstehen.*
b) Übersetzt das Gedicht ins Neuhochdeutsche.
c) Überlegt, über welches Thema in dem Gedicht geschrieben wird, und gebt dann den Inhalt des Gedichts mit eigenen Worten wieder.

2 *Versucht, selbst ein Gedicht zu diesem Thema zu schreiben.*

Miniatur aus der Manessischen Liederhandschrift

Walther von der Vogelweide

Die Gewalt der Minne

Wer gab dir, Minne, die Gewalt,
dass du so übermächtig bist?
Dass du bezwingest Jung und Alt,
dagegen hilft kein Kunst noch List.
Gottlob, du schlugest nun auch mich,
in Fesseln, als ich merkte eigentlich,
wem man Ehren-Dienste weiht.
Dabei verbleib ich stets. Lass, gnädige Königin,
mich du nun leben allezeit!

3 *Einer der berühmtesten mittelalterlichen Dichter ist Walther von der Vogelweide (ca. 1170–1230). In seinem Gedicht „Die Gewalt der Minne“ versucht er Minne zu bestimmen.*
a) Lest das Gedicht und sprecht über den Inhalt.
- *Wiederholt die Fragen, die an die Minne gestellt werden.*
- *Mit welchem Wort umschreibt der Fragesteller die Minne?*
- *Welchen Wunsch äußert der Fragesteller?*

b) Überlegt, wie man die Minne bildlich darstellen könnte.

Minne

Das Wort **„Minne“** ist ein altes Wort und bezeichnet eigentlich: freundliches Gedenken, Erinnerung, das zur Erinnerung Geschenkte. In die heutige Sprache übersetzt könnte es mit der Verehrung einer geliebten Person gleichgesetzt werden.
Die **„Minne“** galt im Mittelalter als eine edle Form der Dichtkunst und war an den Höfen verbreitet: Der Minnesänger warb um die Gunst einer höher gestellten, adeligen, verheirateten Dame (oft die Gemahlin des Burgherrn), die sich dem Minnesänger versagen musste. Nicht die gegenseitige Liebe war Ziel der „Minne“, sondern allein das öffentliche Preisen der Dame, die der Minnesänger vor einem höfischen Publikum zu einem Idealbild stilisierte.

Miniatur aus der Manessischen Liederhandschrift

4 *a) Lest den Text. Erstellt dann in Partnerarbeit zu den Begriffen „Minne“ und „Liebe“ jeweils ein Wortfeld.*
b) Erläutert den Unterschied zwischen „Minne“ und „Liebe“.

5 *Die Manessische Liederhandschrift ist eine Sammlung der zwischen ca. 1160 und 1330 entstandenen Gedichte des Minnesangs. Sie wird durch Miniaturen illustriert, die die Minnesänger in einer charakteristischen Umgebung oder Handlungsweise vorstellen.*
a) Betrachtet und vergleicht die beiden Bilder auf S. 195 und S. 196. In welchem Verhältnis werden die Personen jeweils gezeigt?
b) Besprecht, wie die „Minne“ auf den einzelnen Bildern dargestellt wird.

Walther von der Vogelweide

Minnedienst

Der Ritter:
Viel tugendreich Euch alle nennen,
drum will ich dienen Euch für alle Zeit.
Euch nicht zu sehen und zu kennen,
das täte mir für meine Tugend leid.
Ich würde gern ein bessrer Mann.
So bitt ich, Herrin, nehmt Euch meiner gütig an.
Ich führte gern ein edles Leben,
ich wills, doch weiß ich nur nicht wie.
Ihr sollt das rechte Maß mir geben.

Die Dame:
Wüsst ich nur selbst das Maß, ja dann
ein selig Weib wohl nennte mich die Welt.
Ihr seid ein wohlberedter Mann,
15 dass Ihr mich preiset und so hoch mich stellt.
Ich weiß noch minder wohl als Ihr.
Doch was tuts? Ich will Euch gerne raten hier.
Wollt erst mir meinen Wunsch gewähren
und künden mir der Männer Sinn!
20 Ich will der Frauen Sinn Euch lehren.

Der Ritter:
Wir wollen, dass Beständigkeit
Euch, gute Frauen, allerwegen kröne.
Wenn Ihr in Anmut fröhlich seid,
25 das ist wie Lilienglanz bei Rosenschöne.
Wie wonnig auch die Linde steh,
der Vöglein Sang und drunten Blumenflor und Klee –
noch besser steht den Fraun liebedler Gruß;
Ihr minniglicher Redemund,
30 der macht, dass man ihn küssen muss.

Die Dame:
Ich sag Euch, wer uns wohl behaget:
wer Übel wohl zu scheiden weiß von Gut
und stets von uns das Beste saget,
35 dem sind wir hold, wenn ers von Herzen tut.
Und weiß er, wie man fröhlich ist
und im Gefühl doch edlen Maßes nicht vergisst,
dem wird von uns, was er begehrt.
Welch Weib versagt ihm einen Faden?
40 Ein guter Mann ist guter Seide wert.

1 *Im Minnesang geht es um die Rollen, die Mann und Frau in der höfischen Gesellschaft spielen.*
a) Erarbeitet aus dem Text, was Dame und Ritter jeweils vom anderen erwarten.
Haltet euer Ergebnis in einer Tabelle fest.
b) Stellt in einer Liste die Werte zusammen, die Ritter und Dame mit dem „Minnedienst“ verbinden.
c) Tauscht euch darüber aus, ob diese Werte auch heute noch Gültigkeit besitzen.

2 *Seit dem Mittelalter haben sich nicht nur die Schreibweise und die Aussprache der Wörter verändert: Es gibt z. B. Begriffe, die inzwischen aus unserem Wortschatz verschwunden sind, und sehr viele andere, die weiter verwendet werden, deren Bedeutung sich jedoch im Laufe der Zeit gewandelt hat.*

a) Übertragt die Tabelle in euer Heft.

Mittelhochdeutsch		Neuhochdeutsch	
Begriff	Bedeutung	Begriff	Bedeutung
her/hêrre:	Gebieter, Herr, Mann von Adel/vornehmer Herkunft	Herr:	
vrouwe:		…	
wîp:			

b) Überlegt gemeinsam mit einer Partnerin oder einem Partner, welche Bedeutung heute der Begriff „Herr" hat, und vervollständigt den ersten Eintrag (her/hêrre – Herr).

c) Erklärt mit Hilfe des folgenden Artikels aus einem Herkunftswörterbuch, wie sich die Bedeutung der Wörter „vrouwe" und „wîp" im Laufe der Zeit gewandelt haben. Haltet euer Ergebnis in der Tabelle fest.

Frau: mhd. *vrouwe*, ahd. *frouwe* sind (wie der Name der Göttin Freyja) weibliche Bildungen zu einem im Dt. untergegangenen germ. Wort für „Herr", das in got. *frauja* „Herr" bewahrt ist. Dieser Herkunft gemäß ist „Frau" im Dt. lange Zeit vor allem die Bezeichnung der Herrin und der Dame von Stand gewesen, wovon heute noch die Gegenüberstellung mit Herr in der Anrede (auch als „gnädige Frau") ebenso zeugt wie die Bezeichnung Marias als „Unsere [Liebe] Frau". Auch **Hausfrau** (mhd. *hûsvrouwe*) bedeutet eigentlich „Hausherrin, Gattin".
Als Standesbezeichnung ist „Frau" erst seit dem 17. Jh. von „Dame" verdrängt worden. „Frau" in der Bedeutung „erwachsene weibliche Person, Ehefrau" ist an die Stelle von mhd. *wîp* getreten.

3 *Überlegt, wo in dem Gedicht „Minnedienst" (▷ S. 196–197) im mittelhochdeutschen Original der Begriff „frouwe" und wo der Begriff „wîp" steht. Begründet eure Aussage.*

Frauenzimmer: das Wort, spätmhd. *vrouwenzimmer*, bezeichnete zunächst die Räume der Herrin, dann die Räume des weiblichen Hofstaates und die Frauengemächer allgemein, schließlich kollektiv die darin wohnenden weiblichen Personen; die Bezeichnung wurde seit Anfang des 17. Jh.s auf die einzelnen Personen übertragen und vor allem im Sinne von „Frau von vornehmem Stand, Dame" verwendet, dann abgewertet und seit dem 19. Jh. meist verächtlich für „liederliche, leichtfertige Frau" gebraucht.

4 *a) Erklärt mit Hilfe der beiden Lexikoneinträge, wie sich die Bedeutung von „vrouwe" zu „Frau" und von „vrouwenzimmer" zu „Frauenzimmer" gewandelt hat.*

b) Bestimmt mit Hilfe des Merkkastens auf Seite 199 jeweils die Art des Bedeutungswandels.
TIPP: *Ihr könnt vier Arten des Bedeutungswandels finden.*

Bedeutungswandel

Im Lauf der Zeit haben sich nicht nur die Schreibweise und die Aussprache der Wörter verändert, sondern auch deren Bedeutung. Verändert ein Wort im Laufe seiner Geschichte seine Bedeutung, nennt man dies Bedeutungswandel. Dabei kann sich die Bedeutung in unterschiedlicher Weise verändern, sodass wir **verschiedene Arten des Bedeutungswandels** unterscheiden:

- **Bedeutungsverengung:** Das Wort „muos" bezeichnete im Mittelhochdeutschen alle Arten von Speisen. Heute versteht man darunter nur noch eine breiartige Speise.
- **Bedeutungserweiterung:** Das mittelhochdeutsche Wort „horn" bezeichnete nur das Horn des Tieres. Heute gebrauchen wir das Wort zur Bezeichnung vieler Gegenstände, z. B. Horn des Tieres, Horn als Blasinstrument, Horn als Trinkgefäß.
- **Bedeutungsverbesserung:** Das mittelhochdeutsche Wort „marschalc" (Marschall) bedeutete Pferdeknecht. Heute bezeichnet dieses Wort einen sehr hohen militärischen Rang.
- **Bedeutungsverschlechterung:** Das mittelhochdeutsche Wort „merhe" (Mähre) bedeutete ursprünglich Pferd. Heute verstehen wir unter einer „Mähre" ein altes, abgemagertes Pferd.
- **Bedeutungsverschiebung:** Die eigentliche Bedeutung des Wortes ist kaum mehr feststellbar. Es sind z. B. Wörter, die durch ihren metaphorischen Sprachgebrauch ihre Bedeutung geändert haben. Ein Beispiel hierfür ist das Wort „Flaschenhals": Die Bezeichnung für den Körperteil „Hals" wird hier auch auf nichtmenschliche Objekte (den „Flaschenhals") übertragen.

Grafisch lassen sich die verschiedenen Arten des Bedeutungswandels folgendermaßen darstellen:

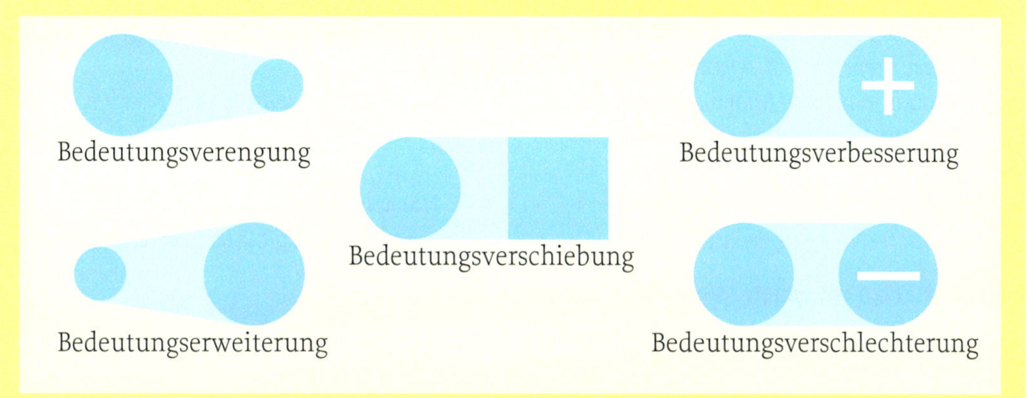

Wenn wir wissen wollen, welche Bedeutung ein Wort ursprünglich hatte, müssen wir ein **etymologisches Wörterbuch** (Herkunftswörterbuch) zu Hilfe nehmen. Die Etymologie (von griech. étymos = wahr und logos = Wort) gehört zur Sprachwissenschaft und befasst sich mit der Suche nach der Herkunft und der Geschichte unserer Wörter.

Um 1200 entsteht das so genannte „Nibelungenlied“, wohl am Hof des Passauer Bischofs Wolfger von Erla. Aller Wahrscheinlichkeit nach hat ein Geistlicher verschiedene Sagen- und Liedstoffe zu einem zusammenhängenden Versroman verbunden und die Geschehnisse um den berühmten Königssohn Siegfried, seine Heirat mit der Burgunderprinzessin Kriemhild, seine Ermordung und die blutige Rache Kriemhilds neu gestaltet. So beginnt das Nibelungenlied:

Das Nibelungenlied
(mittelhochdeutscher Text)

Uns ist in alten mæren
wunders vil geseit
von helden lobebæren,
von grôzer arebeit,
5 von freuden, hôchgezîten,
von weinen und von klagen,
von küener recken strîten
muget ír nu wunder hœren sagen.

Das Nibelungenlied
(neuhochdeutsche Übertragung)

In alten Geschichten wird uns viel
Wunderbares berichtet:
von ruhmreichen Helden,
von großer ...
5 von glücklichen Tagen und ...,
von Schmerz und Klage,
vom Kampf tapferer Recken:
Davon könnt auch Ihr jetzt Wunderbares
berichten hören.

5 *In der neuhochdeutschen Übertragung des Nibelungenliedes fehlen die Übersetzungen der mhd. Wörter „arebeit“ (▷ Z. 4) und „hôchgezîten“ (▷ Z. 5).*
a) Lest die folgenden Informationen zu diesen Wörtern und übersetzt die beiden Begriffe. Achtet dabei auf den Textzusammenhang.

arebeit: Mühe, Mühsal, Not, die man leidet oder freiwillig übernimmt

Arbeit: Den sittlichen Wert der Arbeit als Beruf des Menschen in der Welt hat 5 Luther ausgeprägt. Dadurch verlor das Wort „Arbeit“ weitgehend den herabsetzenden Sinn „unwürdige, mühselige Tätigkeit“. Es bezeichnete nun die zweckmäßige Beschäftigung und das berufliche 10 Tätigsein des Menschen.

hôchzît, hôchgezît: hohes kirchliches oder weltliches Fest; bildlich: höchste Herrlichkeit, höchste Freude; Vermählungsfeier, Hochzeit

Hochzeit: Das im heutigen Sprachgefühl 5 nicht mehr als Zusammensetzung mit „hoch“ empfundene Wort geht zurück auf mhd. *hôchgezît*, verkürzt *hôchzît*, ahd. *diu hōha gizīt* „das Fest“.

b) Erklärt den Bedeutungswandel von „arebeit“ zu „Arbeit“ und von „hôchgezît“ zu „Hochzeit“. Greift dabei auf die Begriffe aus dem Merkkasten von S. 199 zurück.

Lässt sich ein Falke zähmen?

1 *a) Beschreibt das Bild.*
b) Häufig erscheint in Bildern und Texten aus dem Mittelalter ein Falke. Stellt Vermutungen an, welche Bedeutungen der Falke auf dem Bild haben könnte.

2 *Findet mögliche Gründe, warum die Jagd mit dem Falken im Mittelalter nur von Adligen ausgeübt wurde.*

Miniatur aus der Manessischen Liederhandschrift

Das Nibelungenlied

Kriemhilds Traum

In den ersten Strophen des Nibelungenliedes wird von einem Traum der noch unverheirateten Kriemhild, der Schwester des Burgunderkönigs Gunther, berichtet.

In solch einer herrlichen Umgebung wuchs Kriemhild auf. Eines Nachts träumte ihr,
sie zöge einen starken, prächtigen und wilden Falken auf,
den ihr zwei Adler zerfleischten. Dass sie das mit ansehen musste!
Niemals hätte ihr auf dieser Welt etwas Schmerzlicheres geschehen können.

5 Den Traum erzählte sie ihrer Mutter Ute.
Die hätte ihrer lieben Tochter den Traum nicht besser auslegen können:
„Der Falke, den du aufziehst, das ist ein edler Mann.
Wenn Gott ihn nicht in seinen Schutz nimmt, dann musst du ihn bald wieder verlieren."

[Kriemhild erklärt, dass sie lieber auf Minne verzichten als ihretwegen Leid erfahren will. Später wurde sie jedoch die Ehefrau des tapferen Ritters Siegfried.]

Das war der Falke. In dem Traum, den ihre Mutter ihr deutete,
10 hatte sie ihn gesehen. An ihren nächsten Verwandten,
die ihn später erschlugen, nahm sie die blutigste Rache!

3 *Fasst den Inhalt der drei Strophen aus dem „Nibelungenlied“ (▷ S. 201) zusammen. Erläutert dabei auch, wie die Mutter den Traum ihrer Tochter deutet.*

4 *Das Falkenmotiv ist im Mittelalter sehr verbreitet. Erarbeitet aus dem Text (▷ S. 201) das damit dargestellte Verhältnis zwischen Mann und Frau.*
a) Schreibt die Attribute heraus, mit denen der Falke und der Mann gekennzeichnet werden.
b) Sucht aus dem Text das Wort heraus, mit dem zweimal die Tätigkeit der Frau in Bezug auf den Falken bezeichnet wird. Erklärt mit eigenen Worten, was damit gemeint ist.
c) Besprecht, wie Mann und Frau hier dargestellt werden und welche Rollen ihnen zugewiesen sind.

Der von Kürenberg

Ich zôch mir einen valken

(mittelhochdeutscher Text)

'Ich zôch mir einen valken
mêre danne ein jâr.
dô ich in gezamete
als ich in wolte hân
und ich im sîn gevidere (5)
mit golde wol bewant,
er huop sich ûf vil hôhe
und floug in anderiu lant.

Sît sach ich den valken
schône fliegen: (10)
er fuorte an sînem fuoze
sîdîne riemen,
und was im sîn gevidere
alrôt guldîn.
got sende si zesamene (15)
die gerne geliep wellen sîn!'

Der von Kürenberg

Ich zog mir einen Falken

(neuhochdeutsche Übertragung)

Ich zog mir einen Falken
länger als ein Jahr,
und da ich ihn gezähmet,
wie ich ihn wollte gar,
und ich ihm sein Gefieder (5)
mit Golde wohl umwand,
stieg hoch er in die Lüfte,
flog in ein anderes Land.

Seither sah ich den Falken
so schön und herrlich fliegen: (10)
auf goldrotem Gefieder
sah ich ihn sich wiegen,
er führt' an seinem Fuße
seidne Riemen fein,
Gott sende die zusammen, (15)
die gerne treu sich möchten sein!

1 *Lest das Gedicht auf Mittelhochdeutsch. Benutzt dazu die folgende Leseanweisung auf S. 203.*

TIPP

Wie man mittelalterliche Texte lesen kann
Dies ist gar nicht so schwer, denn das Deutsch des hohen und späten Mittelalters (1100–1500) ist ein Vorläufer unseres Neuhochdeutschs.
Das musst du beim Lesen beachten:
- **Vokale** mit einem darübergesetzten Winkel **(î, ê, â, û, ô)** werden gedehnt gelesen, z. B.: mhd. *sîn, hûs.*
- Bei den **Diphthongen ie, uo** und **ou** wird jeder Vokal einzeln gelesen, z. B.: mhd. *lieb, muost.* (Bayerische Mundarten haben dies übrigens beibehalten.)
- **zz** wird wie **ss** gesprochen, z. B.: mhd. *wazzer.*

Die wichtigsten Veränderungen vom Mittelhochdeutschen zum Neuhochdeutschen:
- Aus den **langen Vokalen î** und **û** werden im Neuhochdeutschen die **Diphthonge ei** und **au,** z. B: mhd. *zît* → nhd. *Zeit;* mhd. *hûs* → nhd. *Haus.*
- Aus den mittelhochdeutschen **Diphthongen ie** und **uo** werden **Monophthonge,** z. B.: mhd *lieb* → nhd. *lieb* (ie → langes i); mhd. *bluomen* → nhd. *Blumen* (uo → langes u).
- Aus **ou** wird der **Diphthong au,** z. B.: mhd. *frouwe* → nhd. *Frau.*

2 *a) Tragt das Gedicht „Ich zôch mir einen valken“ (▷ S. 202) in der neuhochdeutschen Übersetzung vor.*
b) Überlegt, welche Person wohl diese Strophen spricht. Begründet eure Meinung.

3 *a) Worum geht es in der ersten Strophe, worum in der zweiten Strophe? Findet gemeinsam mit einer Partnerin oder einem Partner passende Überschriften für jede Strophe.*
b) Tauscht euch über eure Überschriften aus und begründet, warum ihr diese gewählt habt.
c) Gebt den Inhalt beider Strophen mit euren eigenen Worten wieder.

4 *a) Besprecht, wie im „Falkenlied“ (▷ S. 202) die Rollen von Frau und Mann in der höfischen Gesellschaft dargestellt werden. Beachtet dabei folgende Fragen:*
- *Wie verhält sich die Frau?*
- *Was fasziniert die sprechende Person am Falken?*
- *Wie ist der Wunsch am Ende des Gedichts zu deuten?*

b) Diskutiert, wie und warum sich die Rollen bzw. das Verhältnis von Mann und Frau verändert haben.

Helga M. Novak

kann nicht steigen nicht fallen

sieht so aus als hätte
ich das Fliegen verlernt
kann nicht steigen nicht fallen
flügellahm
5 sitze ich da und brüte
Liebeserklärungen aus

dabei gibt es eine Menge Vögel
die sich nie von der Erde lösen
und springen und stolzieren
10 mit gewölbten Federn
durch das wehende Gras

ich bin für heute ein Wasserhuhn
und suche dich im Schilf
wo du mit Sicherheit
15 an deinen vielen schwarzen Haaren
dich verheddert hast
denk bloß nicht ich mache dich los

5 *Schreibt das Gedicht (▷ S. 203–204) in euer Heft und bereitet es für einen Vortrag vor.*
a) Markiert, wo ihr beim Vortrag eine kürzere oder längere Pause machen wollt. Notiert auch, wo zwei Verse zu verbinden sind, weil ein Satz oder eine Sinneinheit im nächsten Vers weitergeht (Zeilensprung).
b) Tragt das Gedicht vor und sprecht danach über eure Vorträge.

Pausen (kurz – lang)	I – II
Verbinden zweier Verse (Zeilensprung)	sieht so aus als hätte ich ↘ das Fliegen verlernt ↙

6 *Auch in diesem modernen Gedicht wird das Thema „Liebe" mit Bildern aus dem Bereich des „Fliegens" bzw. mit dem Motiv des „Vogels" verknüpft.*
a) Unterstreicht in verschiedenen Farben, wo das lyrische Ich von sich spricht, wo vom Du die Rede ist und wo von anderen gesprochen wird.
b) Beschreibt, wie das lyrische Ich sich selbst sieht (auch im Vergleich zu den „anderen") und wie es zu dem angesprochenen Du steht.
c) Erklärt mit eigenen Worten, worum es in dem Gedicht geht.

7 *Vergleicht das moderne Gedicht „kann nicht steigen nicht fallen" mit dem mittelhochdeutschen „Falkenlied" des Kürenbergers (▷ S. 202).*
a) Notiert in Partnerarbeit stichwortartig Unterschiede und Gemeinsamkeiten. Beachtet dabei folgende Fragen:
- ☐ *Welche Bilder werden in den Gedichten verwendet? Welche Bedeutung haben sie jeweils?*
- ☐ *Wie werden die Rollen von Mann und Frau in dem „Falkenlied", wie wird das Geschlechterverhältnis in dem Gedicht von Helga M. Novak dargestellt?*

b) Tragt eure Ergebnisse in der Klasse vor und diskutiert sie.

9.3 Dichterleben, Künstlerrollen – Texte auswerten

Walther von der Vogelweide

Ich saß auf einem Steine

Ich saß auf einem Steine
und deckte Bein mit Beine,
darauf der Ellenbogen stand;
es schmiegte sich in meine Hand
5 das Kinn und eine Wange.
Da dacht ich sorglich lange
dem Weltlauf nach und irdischem Heil;
doch wurde mir kein Rat zuteil,
wie man drei Ding erwürbe,
10 dass ihrer keins verdürbe.
Zwei Ding sind Ehr und zeitlich Gut,
das oft einander Schaden tut,
das dritte Gottes Segen,
den beiden überlegen:
15 Die hätt ich gern in einen Schrein!
Doch mag es leider nimmer sein,
dass Gottes Gnade kehre
mit Reichtum und mit Ehre
zusammen ein ins gleiche Herz;
20 sie finden Hemmung allerwärts:
Untreue liegt im Hinterhalt,
kein Weg ist sicher vor Gewalt,
so Fried als Recht sind todeswund,
und werden die nicht erst gesund,
25 wird den drei Dingen kein Geleite kund.

Miniatur aus der Manessischen Liederhandschrift

1 *a) Erklärt, wie sich der Dichter Walther von der Vogelweide in dem Gedicht selbst inszeniert.*
b) Vergleicht die Selbstdarstellung im Gedicht mit dem Bild Walthers. Zeigt die Gemeinsamkeiten auf. Inwieweit deutet die bildliche Darstellung das Gedicht?

2 *a) Benennt die „drei Ding" (Vers 9), die laut Walther nicht zu vereinbaren sind.*
b) Erläutert anhand des Textes, warum diese „drei Ding" unvereinbar sind.
c) Erstellt gemeinsam mit einer Partnerin oder einem Partner ein Schaubild, das die „drei Ding" bildlich erfasst. Stellt anschließend eure Ergebnisse vor und besprecht sie.

3 *In dem Gedicht beklagt Walther von der Vogelweide die politischen Probleme der Stauferzeit. Informiert euch in eurem Geschichtsbuch, in Lexika oder im Internet über die politischen Hintergründe um 1200.*

Berufsdichter im Mittelalter – ein Traumberuf?

Eike von Repgow: Der Sachsenspiegel (Rechtssammlung aus dem Mittelalter)

„Wer rechtlos sei, Spielleuten und allen, die sich in Leibeigenschaft begeben, gibt man als Buße (wenn man sie verletzt oder tötet) den Schatten eines Mannes[1]."

1 **Schatten eines Mannes,** hier: nichts

Aus dem Rechnungsbuch des Bischofs Wolfger von Erla (1191–1204 Bischof von Passau):

„Bei Zeiselmauer dem cantor (Sänger) Walther von der Vogelweide fünf große Schilling für einen Pelzrock gegeben."

Albrecht, Verfasser eines Versromans:

„Mich bedrückt schwere Armut."

1 *a) Lest die Aussagen.*
b) Tauscht euch darüber aus, was ihr über die gesellschaftliche und soziale Stellung der fahrenden Sänger (Berufsdichter) des Mittelalters erfahrt.

Wilhelm Matthiessen

Walther von der Vogelweide – Berühmtester Dichter seiner Zeit

Walther von der Vogelweide (1170–1230) gilt als der bedeutendste Lyriker des Mittelalters. Sein Geburtsort und seine soziale Herkunft sind nicht eindeutig belegt: Niederösterreich, 5 Südtirol und Franken streiten sich um Walther als Sohn ihrer Region. Sehr wahrscheinlich wurde er im Süden des deutschen Sprachraumes geboren. Umstritten ist auch, ob er wirklich im Würzburger Lusamgärtchen begraben 10 liegt, wie die Überlieferung behauptet.
Walthers Lebenslauf steht für das Leben vieler fahrender Sänger: Als Berufsdichter ohne festen Wohnsitz hatten diese keinen gesicherten Platz in der Gesellschaft und waren von den 15 Landesfürsten und Adligen materiell abhängig.
Rund zehn Jahre (bis 1198) hält sich der junge Walther am Herzogshof zu Wien auf: „Ze Osterrîche lernt ich singen und sagen", sagt er selbst. Walther ging nach dem Tod des öster- 20 reichischen Herzogs verschiedene Dienstbeziehungen ein. 1198 findet er eine Anstellung bei dem Führer der Staufer-Partei Philipp von Schwaben, den er im Streit um den deutschen Königsthron gegen den anderen Kandidaten 25 der Welfen, Otto IV., unterstützt. 1203 wird urkundlich bezeugt, dass Walther sich im Gefolge des Passauer Bischofs Wolfger von Erla befindet. Es folgen Aufenthalte an den Höfen Hermanns von Thüringen (Wartburg) und 30 Dietrichs von Meißen. Nach der Ermordung Philipps von Schwaben (1208) tritt Walther

kurzzeitig in den Dienst König Ottos IV. Später unterstützt Walther den Staufer Friedrich II. im Kampf gegen Otto IV. Dafür bekommt Walther 1220 von Friedrich II. ein Lehen[1].
Sein Werk umfasst die Spruchdichtung (lehrhafte Dichtung) und den Minnesang. Zu den Sprüchen gehört auch Lyrik, die das politische Tagesgeschehen beurteilt und bewusst für oder gegen Personen Partei ergreift.
So stellt sich Walther in den so genannten Reichssprüchen auf die Seite Philipps von Schwaben und verherrlicht ihn. Walther bringt aber auch seine eigenen Anliegen in die Gedichte ein – für seine Zeit beispiellos: Er tadelt Philipp von Schwaben und später Otto IV. für ihren Geiz und schadet ihnen damit zweifellos.
Zwar erlebte Walther, bedingt durch seinen unsicheren gesellschaftlichen Rang, manche Enttäuschung, aber seine Bedeutung wurde schon zu seinen Lebzeiten erkannt, seine Dichtung wurde bewundert und gefürchtet.

1 **Lehen:** Bezeichnung für das Nutzungsrecht an einem Gut

1 *a) Gebt mit eigenen Worten wieder, worum es in dem Text geht.*
b) Fasst zusammen, was ihr aus dem Text über das Leben von Berufsdichtern im Mittelalter erfahrt.

2 *Der Text informiert über verschiedene Themenbereiche.*
a) Gliedert den Text in Abschnitte und findet zu jedem Abschnitt eine treffende Überschrift.
TIPP: Ein neuer Abschnitt beginnt dort, wo ein neuer Gesichtspunkt angesprochen wird.
b) Schreibt zu jedem Abschnitt wichtige Schlüsselwörter heraus.

3 *Erstellt zusammen mit einer Partnerin oder einem Partner eine Übersicht über das Leben Walthers von der Vogelweide. Nehmt dazu eure Ergebnisse aus Aufgabe 2 zu Hilfe.*

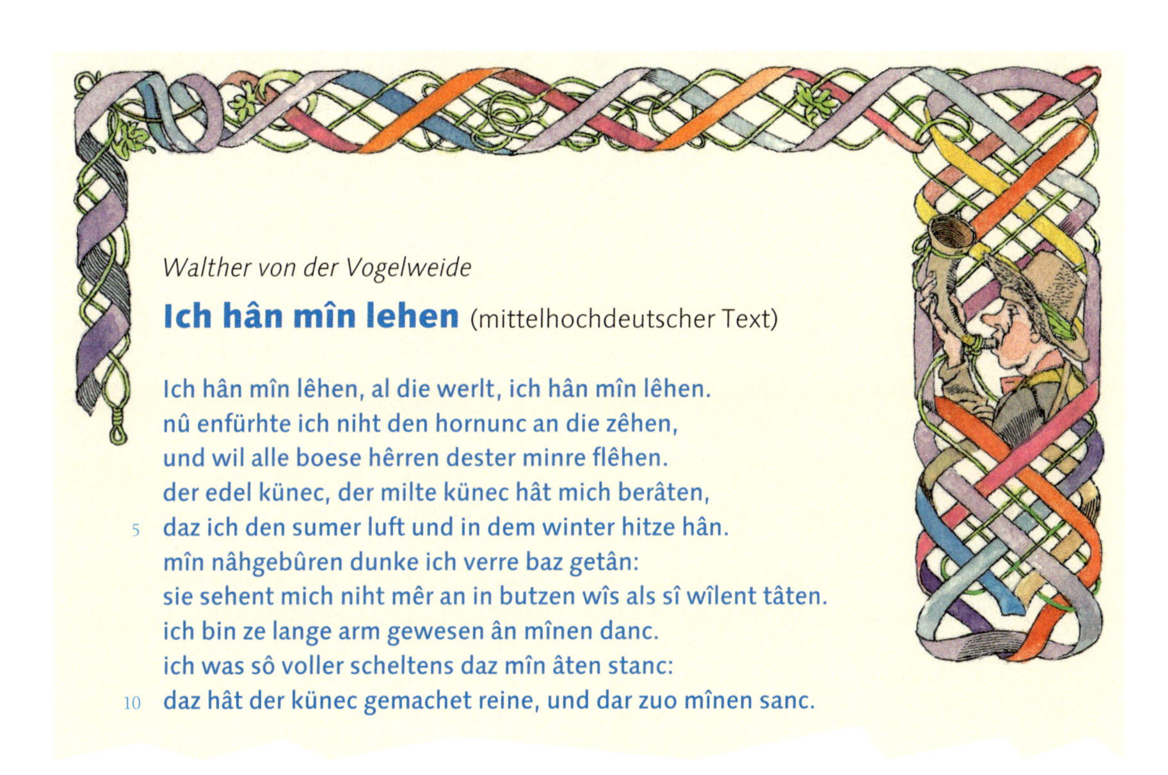

Walther von der Vogelweide

Ich hân mîn lehen (mittelhochdeutscher Text)

Ich hân mîn lêhen, al die werlt, ich hân mîn lêhen.
nû enfürhte ich niht den hornunc an die zêhen,
und wil alle boese hêrren dester minre flêhen.
der edel künec, der milte künec hât mich berâten,
daz ich den sumer luft und in dem winter hitze hân.
mîn nâhgebûren dunke ich verre baz getân:
sie sehent mich niht mêr an in butzen wîs als sî wîlent tâten.
ich bin ze lange arm gewesen ân mînen danc.
ich was sô voller scheltens daz mîn âten stanc:
daz hât der künec gemachet reine, und dar zuo mînen sanc.

Walther von der Vogelweide

Ich hab mein Lehen (Nachdichtung von Peter Rühmkorf)

Ich hab mein Lehen, Gottnochmal, ich hab mein Lehen.
Jetzt brauch ich nicht mehr furchtsam in den Frost zu sehen
und reichen Knickern um den Bart zu gehen.
Der gute König, milde König hat geruht, mich auszustatten.
5 Oh, meine Sommerfrische, du, mein warmes Winternest.
Wie jedermann sich davon imponieren lässt:
Auf einmal bin ich nicht mehr dieser graue Trauerschatten.
Mein Los war dies: Ich war zu lange blank.
Dass ich vor Missgunst manchmal aus dem Rachen stank.
10 Heut kann ich wieder atmen, Friederich sei Dank.

1 *a) Versucht darzustellen, worüber sich der Sprecher freut.*
b) Untersucht anhand des Textes, wie das lyrische Ich seinen Zustand vor und nach dem Erhalt des Lehens beschreibt.

2 *a) Lest den unten stehenden Lexikoneintrag zu dem im Text erwähnten Begriff des „Lehens“.*
b) Erklärt mit Hilfe der Informationen aus dem Lexikon, welche Bedeutung das „Lehen“ für einen fahrenden Dichter wie Walther hatte.

Lehen: Bezeichnung für die Nutzungsrechte an einem Gut. Das Lehnswesen bildete die Grundlage der abendländischen Staats- und Gesellschaftsordnung während des Mittelalters. Mit der Vergabe des Lehens durch den Lehnsherrn an den Vasallen (Lehnsträger) war eine Treueverpflichtung verbunden. Oberster Lehnsherr war der König; die Fürsten und hohen Geistlichen konnten Teile ihres Lehnsbesitzes weiterverleihen. So entstand eine Lehnspyramide, an deren Spitze der König stand. Lehen wurden zunächst auf Lebenszeit verliehen, später waren sie erblich.

Walther von der Vogelweide

Wer mir eisglatt begegnet (Nachdichtung von Peter Rühmkorf)

Wer mir eisglatt begegnet und mich packt,
als wurd ich kugelrund,
dem werd ich wie ein Ball entgleiten.
Redet mir nicht von Schlüpfrigkeiten:
5 Bei treuen Freunden hab ich festen Stand,
völlig im Lot und klar umrissen –
nur dem, der selber tappt im Ungewissen,
mal so – mal so, dem roll ich aus der Hand.

3 *a) Sucht euch eine Partnerin oder einen Partner und übt, die Aussage des Gedichts pantomimisch darzustellen.*
b) Spielt eure Pantomimen vor und tauscht euch anschließend über die Darstellungen aus. Wie wirkte die Szene? Welche Mimik und Gestik habt ihr bei den Darstellern erkannt? Wie ist dies zu deuten?

4 *a) Besprecht, wie das Gedicht zu verstehen ist. Was sagt es über den Dichter Walther von der Vogelweide aus?*
TIPP: *Lest dazu auch noch einmal die letzten beiden Abschnitte des Textes „Walther von der Vogelweide – Berühmtester Dichter seiner Zeit“ auf S. 207.*
b) Diskutiert darüber, inwieweit die Aussage des Gedichts noch heute aktuell ist. Begründet eure Meinung.

Benjamin von Stuckrad-Barre – Ein Popliterat setzt sich in Szene

Comeback für Stuckrad-Barre

Glaubte man, der Boom um die so genannte Popliteratur in Deutschland sei längst vorbei, meldet sich nun ihr bekanntester Vertreter zurück: Benjamin von Stuckrad-Barre setzt sich erneut in Szene.

Bereits mit 23 war Benjamin von Stuckrad-Barre eine kleine Berühmtheit. Als bekanntester Vertreter der so genannten Popliteratur mischte Stuckrad-Barre in den späten 90ern die Feuilleton-Redaktionen auf. Jeder schrieb über den völlig neuen Stil des jungen Autors – seine lässig arrogante Schreibe und die Verwendung von Markennamen und Musikzitaten. „Soloalbum" erschien 1998 und wurde über Nacht zum Bestseller. Es folgten weitere Bücher wie „Livealbum", „Blackbox" und „Deutsches Theater". Texte veröffentlichte Stuckrad-Barre auch in diversen Zeitungen und Magazinen. So arbeitete er als Autor und Redakteur unter anderem für FAZ, taz, Stern und den Rolling Stone.

Der am 27. Januar 1975 in Bremen geborene Stuckrad-Barre suchte in seiner Karriere von Anfang an die Öffentlichkeit – Kameras schienen ihn magisch anzuziehen. So wurde der Autor schnell zum Popstar, seine Lesungen wurden von tausenden Fans besucht. Und schon bald war er in der Boulevard-Presse präsenter als in den Feuilletons – vor allem als Mann an der Seite von Anke Engelke. Das alles wuchs dem jungen Autor dann schließlich doch über den Kopf. Naiv sei er in die Mechanismen der Öffentlichkeit hineingeschlittert und schließlich nicht mehr mit ihnen fertiggeworden, sagt er heute, obwohl er an der Inszenierung seines eigenen Lebens nicht unwesentlich beteiligt war. „Ich hatte es ziemlich übertrieben mit allem", gestand er bei „Beckmann". Nachdem es lange Zeit still war um Stuckrad-Barre, meldet er sich jetzt zurück: mit einem neuen Buch und überraschenden Lebensbeichten.

1 *a) Lest den Text aufmerksam durch.*
b) Schreibt in Stichworten auf, wie die Karriere von Stuckrad-Barre verlaufen ist. Worauf begründet sich seine Popularität?
c) Erschließt aus dem Text die Erwerbsgrundlage von Stuckrad-Barre.

2 *Diskutiert über die Karriere und das Auftreten des Autors in der Öffentlichkeit. Welche Besonderheiten fallen euch auf? In welchen Punkten unterscheidet sich der Autor Benjamin von Stuckrad-Barre von anderen zeitgenössischen Autoren?*

3 *Vergleicht das Dichterleben von Benjamin von Stuckrad-Barre mit dem Leben des mittelalterlichen Dichters Walther von der Vogelweide. Arbeitet Gemeinsamkeiten und Unterschiede heraus.*

Benjamin von Stuckrad-Barre

Livealbum

Ich war gerne auf Tournee. Ein kurzer Schlaf im Zug, kurzes Blättern in den Spezialzeitschriften, die es nur im Zug gibt und die mit Nylonschlaufen an den Garderobenhaken hängen und nie Eselsohren aufweisen, was ein Indiz für ihre mäßige Attraktivität ist. Hervorzuheben sind *Mensch & Büro* und *Anlage Spezial*. Mitarbeiter der Unterhaltungsindustrie, die diesen Publikationen Interviews geben (natürlich immer absolut „exclusiv"!), hatten es zwar mal geschafft, irgendwann, irgendwas, und jetzt aber hat die Unterhaltungsindustrie sie geschafft, weiter geht es natürlich trotzdem, zur Not in *Mensch &Büro*.

Und schon nahte die nächste Stadt, in wenigen Minuten würden wir die erreichen, sagte der Ansager, ich sprang bestens erholt auf und war gespannt, was die neue Stadt mir bieten würde.

Wie viele seid ihr?

Wie seid ihr vor der Lesung gelaunt und wie hinterher – wie vor allem WÄHREND der Lesung?

Ist meine Lesung, mein Buch, bin ich gut beworben?

Wo sind die Plakate?

Wer ist heute Abend die Konkurrenz – andere Dichter, Konzert, Fußball, morgen früh raus?

Kauft ihr mein Buch?

Habt ihr es schon gekauft?

Warum bzw. warum denn eigentlich nicht?

Wollt ihr nur mal gucken?

Seid ihr mitgeschleppt worden – und bereut ihr es?

Wollt ihr mich anfassen?

Schreibt man euch mit H, mit C, mit Doppel irgendwas – ich frag ja nur, wegen der Widmung?

Was wird gespielt, wo geht es später denn hin, worum geht es in dieser Stadt?

Habt ihr ein schönes Hotel ausgesucht oder ein fucking „einfaches, aber sauberes"?

Was ich bieten würde, stand ja ungefähr fest. So war es ausgemacht.

Meine Agentin hatte mich am Wagenstandsanzeiger verabredet mit der veranstaltenden Buchhändlerin, und da stand eine nett guckende Frau und winkte mit meinem Buch, das

musste sie sein, dachte ich und beeilte mich, damit sie alsbald mit dem etwas peinlichen Gewinke aufhörte. Seit Beginn der Tournee hatte ich mich schon mit so wahnsinnig vielen fremden Menschen unterhalten müssen, dass ich mittlerweile einige Übung darin hatte. Nach drei Tagen schon bereitete es mir keinerlei Schwierigkeiten mehr, mit einer mir völlig unbekannten Person beschwingt zu konversieren, auf dem Weg irgendwohin, auf der Suche nach irgendwas, alles im Plan, dem Welteroberungsplan der Agentin folgend. Wir gingen also durch den Bahnhof zum Parkhaus, fuhren mit dem Lift, suchten das Auto, fanden es, fuhren kurz beim Buchladen vorbei, aha, der Autor, guten Tag, und dann zum Hotel – und hatten allerhand zu besprechen, fast so, als sei ich nach langer Zeit endlich mal wieder in der Stadt. Zu bereden gab es nichts, und doch einiges:

Wie war denn die Fahrt, soll ich Ihnen was abnehmen, ist die Tasche nicht zu schwer? Ja, vorhin hat die Sonne kurz rausgeguckt, waren Sie schon mal hier? Und Sie bereisen jetzt mit dem Buch das Land, sozusagen, die wievielte Station ist es denn, aufgeregt wäre ich – ich könnte das nicht, doch, wir erwarten schon einige Leute, vorwiegend jüngere, ist das anderswo auch so, wir haben es auch schon ordentlich verkauft, muss man sagen, die Resonanzen sind ja ganz unterschiedlich, ich habe Ihnen ein Nichtraucherzimmer gebucht, am besten Sie kommen dann etwas früher, dann können Sie noch die Anlage ausprobieren, vielleicht mögen Sie hinterher mit uns eine Kleinigkeit essen, jaja, die Buchpreisbindung, wird die Tasche wirklich nicht zu schwer, wird Ihr Verlag nicht gerade auch an Mercedes Benz verkauft, da vorn ist das Universitätsgebäude, jemand von der Lokalzeitung wollte eventuell Fotos machen, von dem Radiomitschnitt wissen Sie, und – schreiben Sie schon am nächsten Buch, was wollen Sie trinken während der Lesung, Sie signieren doch anschließend?

4 *Benjamin von Stuckrad-Barre schreibt von den Eindrücken auf einer seiner Lesetourneen.*
a) Lest den Text und achtet auf den Erzählstil. Haltet in Stichworten fest, welche Besonderheiten euch auffallen.
b) Tauscht euch über eure Notizen aus.

5 *Fasst zusammen, was dem Autor Benjamin von Stuckrad-Barre auf seiner Tournee wichtig ist. Wie bewertet ihr diese Aussagen?*

6 *Der hier abgedruckte Text ist ein Ausschnitt aus dem Buch „Livealbum" von Benjamin von Stuckrad-Barre. Macht euch der Textausschnitt neugierig auf das Buch? Begründet eure Meinung.*

Ein Projekt planen und durchführen – auswerten, informieren, dokumentieren

1 *Welcher Themenbereich aus dem Mittelalter interessiert euch besonders? Oder gibt es eine Autorin oder einen Autor, die oder den ihr genauer kennen lernen wollt?*
Teilt euch in Gruppen auf und entscheidet euch für eines der folgenden Projekte. Ihr könnt euch auch selbst ein spannendes Projekt aussuchen.
(▷ Tipps zur Informationsrecherche auf S. 336)

Ein Infoplakat erstellen

- Erstellt ein Informationsplakat zu einem Dichter aus dem Mittelalter, z. B. Walther von der Vogelweide oder Wolfram von Eschenbach.
  - Sucht eine bildliche Darstellung des jeweiligen Dichters.
  - Schreibt kurze Informationstexte zum Lebenslauf und zum Werk.
  - Ihr könnt auch auf einer historischen Karte die wichtigsten Stationen seines Lebens einzeichnen.
  - Wählt Textbeispiele aus, die ihr für besonders informativ haltet.
- Erstellt ein Informationsplakat zu einer Autorin oder zu einem Autor aus der Gegenwart, z. B. zu Benjamin von Stuckrad-Barre.
  - Sammelt Fotos und Bilder der Autorin oder des Autors.
  - Sammelt Zeitungsausschnitte und sucht Informationen im Internet.
  - Informiert über das Werk und das Leben des Autors oder der Autorin. Schreibt Buchempfehlungen oder Kritiken zu den einzelnen Büchern.

Ein Interview durchführen

- Führt ein fiktives Interview mit einem Dichter aus dem Mittelalter, z. B. mit Walther von der Vogelweide.
  - Sucht Informationen über das Leben und das Werk des Autors.
  - Schreibt dann gemeinsam Fragen auf, die ihr dem Autor stellen würdet. **TIPP:** Besprecht, ob der Interviewer aus dem Mittelalter oder der Gegenwart stammt.
  - Besprecht mit Hilfe eurer Informationen über das Leben und das Werk des Dichters, wie ihr die Fragen beantworten würdet.
  - Führt das Interview mit unterschiedlichen Interviewpartnern mehrfach durch. Der oder die Befragte antwortet aus der Perspektive des mittelalterlichen Dichters.
  - Nehmt eure Interviews mit einem Kassettenrekorder auf oder bestimmt jeweils einen Protokollanten, der das Interview aufzeichnet.
  - Wählt die gelungensten Interviews aus und spielt sie der Klasse vor. Oder schreibt die Interviews auf und verwendet sie für das Informationsplakat über Walther von der Vogelweide.

Ein Referat vorbereiten und halten

- Bereitet Referate zu interessanten Themenbereichen aus dem Mittelalter vor und haltet sie vor der Klasse, z. B.:
  - Minnesang/Minnesänger,
  - Artusromane,
  - Rittertum,
  - Ritter und Burgen im Hochmittelalter,
  - Strafe und Sühne im Mittelalter.

(▷ Tipps zum Vorbereiten und Halten eines Referats auf S. 336)

10 Spannend erzählt – Balladen

10.1 Menschen in dramatischen Situationen

Theodor Fontane

John Maynard

John Maynard!

„Wer ist John Maynard?"

„John Maynard war unser Steuermann,
Aus hielt er, bis er das Ufer gewann,
5 Er hat uns gerettet, er trägt die Kron',
Er starb für uns, unsre Liebe sein Lohn.
John Maynard."

*

Die „Schwalbe" fliegt über den Eriesee,
Gischt schäumt um den Bug wie Flocken von Schnee;
10 Von Detroit fliegt sie nach Buffalo –
Die Herzen aber sind frei und froh,
Und die Passagiere mit Kindern und Fraun
Im Dämmerlicht schon das Ufer schaun,
Und plaudernd an John Maynard heran
15 Tritt alles: „Wie weit noch, Steuermann?"
Der schaut nach vorn und schaut in die Rund':
„Noch dreißig Minuten ... Halbe Stund'."

Alle Herzen sind froh, alle Herzen sind frei –
Da klingt's aus dem Schiffsraum her wie Schrei,
20 „Feuer!" war es, was da klang,
Ein Qualm aus Kajüt' und Luke drang,
Ein Qualm, dann Flammen lichterloh,
Und noch zwanzig Minuten bis Buffalo.

Und die Passagiere, buntgemengt,
25 Am Bugspriet[1] stehn sie zusammengedrängt,
Am Bugspriet vorn ist noch Luft und Licht,
Am Steuer aber lagert sich's dicht,
Und ein Jammern wird laut: „Wo sind wir? Wo?"
Und noch fünfzehn Minuten bis Buffalo. –

1 **Bugspriet:** Mast, der über den vorderen Teil des Schiffes (den Bug) hinausragt

30 Der Zugwind wächst, doch die Qualmwolke steht,
Der Kapitän nach dem Steuer späht,
Er sieht nicht mehr seinen Steuermann,
Aber durchs Sprachrohr fragt er an:
„Noch da, John Maynard?“
35 „Ja, Herr. Ich bin.“
„Auf den Strand! In die Brandung!“
„Ich halte drauf hin.“
Und das Schiffsvolk jubelt: „Halt aus! Hallo!“
Und noch zehn Minuten bis Buffalo. – –

40 „Noch da, John Maynard?“ Und Antwort schallt's
Mit ersterbender Stimme: „Ja, Herr, ich halt's!“
Und in die Brandung, was Klippe, was Stein,
Jagt er die „Schwalbe“ mitten hinein.
Soll Rettung kommen, so kommt sie nur so.
45 Rettung: der Strand von Buffalo!

*

Das Schiff geborsten. Das Feuer verschwelt.
Gerettet alle. Nur *einer* fehlt!

*

Alle Glocken gehn; ihre Töne schwell'n
Himmelan aus Kirchen und Kapell'n,
50 Ein Klingen und Läuten, sonst schweigt die Stadt,
Ein Dienst nur, den sie heute hat:
Zehntausend folgen oder mehr,
Und kein Aug' im Zuge, das tränenleer.

Sie lassen den Sarg in Blumen hinab,
55 Mit Blumen schließen sie das Grab,
Und mit goldner Schrift in den Marmorstein
Schreibt die Stadt ihren Dankspruch ein:
„Hier ruht John Maynard! In Qualm und Brand
Hielt er das Steuer fest in der Hand,
60 Er hat uns gerettet, er trägt die Kron',
Er starb für uns, unsre Liebe sein Lohn.
John Maynard.“

1 *a) Lest das Gedicht möglichst wirkungsvoll vor.*
b) Sprecht zunächst über die letzten beiden Strophen der Ballade und beschreibt das Geschehen und die Stimmung in der Stadt.
c) Überlegt, ob ihr Ähnliches schon erlebt oder im Fernsehen gesehen habt, und begründet, warum der Tod eines einzelnen Menschen eine so große Anteilnahme auslösen kann.

2 *Ein Gedicht wie das von Theodor Fontane nennt man Ballade. Gebt mit eigenen Worten wieder, worum es in der Ballade geht. Die folgenden Arbeitsaufträge helfen euch dabei:*

- ☐ *Lest die Ballade Strophe für Strophe und benennt jeweils den Schauplatz und den Zeitpunkt der Handlung.*
- ☐ *Achtet darauf, welche Personen in den jeweiligen Textpassagen sprechen.*
- ☐ *Fasst jeweils das dargestellte Geschehen zusammen.*
- ☐ *Überlegt, wer in der ersten Strophe fragt und wer antwortet.*

TIPP: Weitere Hinweise zur Textzusammenfassung findet ihr auf S. 308.

3 *Tragt die Ballade mit verteilten Rollen so vor, dass die Zuhörer die verschiedenen Szenen und Personen deutlich vor Augen haben.*
TIPP: Überlegt auch, warum an drei Stellen der Ballade die Abstände zur nachfolgenden Strophe besonders markiert sind. Was bedeutet dies für den Vortrag?

Theodor Fontane hat den Stoff zu seiner Ballade nicht erfunden. Es gibt historische und literarische Quellen.
Zunächst zu den historischen Tatsachen:

Am 9. August 1841 begann der Raddampfer „Erie" mit 30 Mann Besatzung und mehr als 200 Passagieren an Bord nachmittags von Buffalo aus seine Fahrt, die ihn zunächst nach Detroit und dann weiter bis nach Chicago führen sollte. Gegen 8 Uhr abends, 8 Meilen (13 km) vor dem Ort Silver Creek (New York), noch vor der ersten Landungsstelle, der Stadt Erie (Pennsylvania), waren zuerst ein dumpfer Knall und dann ein lautes Krachen zu hören. In wenigen Augenblicken setzte brennendes Terpentin von der Mitte des Schiffes aus die „Erie" in Brand. Kapitän Titus änderte sofort den Kurs, um auf kürzestem Wege Land zu erreichen, doch in wenigen Minuten verbrannten viele Passagiere an Bord; fast alle, die ins Wasser sprangen, ertranken. Als gegen 10 Uhr abends ein anderes Schiff das qualmende Wrack erreichte, konnten nur noch 27 Passagiere gerettet werden. Von der Mannschaft überlebten nur wenige, darunter der Kapitän. Ein Ingenieur, der versucht hatte, die Maschine in Gang zu halten, kam ebenso in den Flammen um wie der Dienst habende Steuermann Luther Fuller, von dem der Kapitän berichtete, er, Fuller, habe das Steuerrad nicht verlassen, sondern sei dageblieben, bis er zu Tode verbrannte.

4 *Stellt die Informationen über die wahren Ereignisse der Schiffskatastrophe in Stichworten zusammen. Denkt dabei an die W-Fragen.*

Das Schiffsunglück auf dem Eriesee ist aber auch literarisch „weiterverarbeitet“ worden. Der Redner und Erzähler John Bartholomew Gough verfasste z. B. ein kleines Vortragsstück, das auf die Brandkatastrophe der „Erie“ zurückgeht.

John Bartholomew Gough

Der Steuermann

John Maynard war in der Gegend der Großen Seen als gottesfürchtiger, ehrbarer und intelligenter Steuermann wohl bekannt. Er war Steuermann auf einem Dampfschiff von Detroit nach Buffalo. An einem Sommernachmittag (die Dampfer führten damals nur selten Rettungsboote mit) sah man Rauch aus dem Schiffsraum aufsteigen, und der Kapitän rief: „Simpson, steigt hinunter und seht, was da los ist.“ Simpson kam mit aschfahlem Gesicht wieder herauf und sprach: „Herr Kapitän, das Schiff brennt.“ „Feuer! Feuer! Feuer!“, hallte es alsbald an Bord.

Alle Mann wurden herbeikommandiert. Man schleuderte Eimer voll Wasser auf das Feuer, doch umsonst. Es waren große Mengen Harz und Teer an Bord, und der Versuch, das Schiff zu retten, stellte sich als zwecklos heraus. Die Passagiere eilten nach vorn und fragten den Steuermann: „Wie weit sind wir noch von Buffalo?“ – „Sieben Meilen.“ – „Wie lange noch, bis wir dort sein können?“ – „So wie der Dampfdruck jetzt steht, in drei viertel Stunden.“ – „Sind wir in Gefahr?“ – „In Gefahr! Ihr seht doch den Rauch hervorquellen! Geht nach vorn, wenn ihr euer Leben retten wollt.“

Passagiere und Mannschaft – Männer, Frauen und Kinder – drängten sich auf dem Vorderschiff zusammen. John Maynard stand am Steuer. In einer Feuerwand brachen die Flammen durch; Rauchwolken stiegen empor. Der Kapitän rief durch sein Sprachrohr: „John Maynard!“ – „Jawohl, Herr Kapitän!“ – „Seid Ihr noch am Steuer?“ – „Jawohl, Herr Kapitän!“ – „Wie steht der Kurs?“ – „Südost zu Ost, Herr Kapitän.“ – „Steuert Südost und lasst das Schiff aufs Ufer auflaufen“, sprach der Kapitän. Näher und immer näher kam das Schiff dem Ufer. Wiederum rief der Kapitän: „John Maynard!“ Die Antwort kam diesmal nur noch matt: „Jawohl, Herr Kapitän!“ – „Könnt Ihr noch fünf Minuten durchhalten, John?“, sagte dieser. „Mit Gottes Hilfe, ja.“

Dem Alten waren die Haare vom Kopfe gesengt; die eine Hand war ihm unbrauchbar geworden. 45 Mit dem Knie gegen eine aufrechte Stütze und mit zusammengebissenen Zähnen, die andre Hand auf dem Steuerrad, stand er fest wie ein Fels. Er ließ das Schiff auflaufen; Männer, Frauen und Kinder wurden sämtlich gerettet, John Maynard indes sank um und sein Geist stieg zu 50 seinem Gott empor.

5 *Vergleicht die geschichtlichen Tatsachen des Schiffsunglücks (▷ S. 216) mit dem Geschehen in der Ballade (▷ S. 214–215) und dem Vortragsstück (▷ S. 217–218).*
a) Schreibt auf, was mit dem wahren Ereignis übereinstimmt und was jeweils unterschiedlich ist.

	Historischer Bericht	Ballade	Vortragsstück
Unterschiede	…	…	…
	Steuermann: Luther Fuller	…	…
	…	…	…
Übereinstimmungen	…	…	…
	…	…	…

b) Überlegt, warum Fontane und Gough einiges von den tatsächlichen Begebenheiten verändert haben.
c) Diskutiert, welche der Fassungen über die Schiffskatastrophe euch am besten gefällt. Begründet eure Meinung.

6 *a) Vermutlich war für Fontane nicht der Bericht, sondern das Vortragsstück von Gough der Anlass, ein Gedicht über die Schiffskatastrophe auf dem Eriesee zu schreiben. Notiert in Stichworten Gründe, die diese Vermutung bekräftigen.*
b) Besprecht, warum gerade dieses Schiffsunglück als Stoff für eine Reihe von literarischen Bearbeitungen gewählt wurde.

7 *Untersucht die Ballade „John Maynard" (▷ S. 214–215) in Partnerarbeit genauer und beantwortet folgende Fragen in Stichworten:*
a) An welchen Merkmalen könnt ihr erkennen, dass es sich bei „John Maynard" um ein Gedicht handelt?
b) Findet Gründe, warum Fontane in seinem Gedicht wörtliche Rede verwendet. Überlegt, welche Wirkung dadurch erzielt wird.
c) In Fontanes Gedicht findet ihr unterschiedliche Zeitangaben. Schreibt alle Zeitangaben heraus und vergleicht sie mit denen im Vortragsstück von Gough (▷ S. 217–218). Was fällt euch auf?

8 *a) Notiert euch in Stichpunkten, wie John Maynard in Fontanes Ballade dargestellt wird. Gliedert die Ballade in Sinnabschnitte und überlegt, aus welcher Sicht John Maynard jeweils dargestellt wird.*
b) Besprecht eure Ergebnisse und tauscht euch darüber aus, ob ihr John Maynard als „Held" bezeichnen würdet.

Die Ballade

Die Ballade ist ein Gedicht, das eine **handlungsreiche Geschichte erzählt** und damit epischen Texten nähersteht, als es Gedichte sonst tun.

Charakteristisch für die Ballade ist, dass die **Handlung zeitlich gerafft** ist und in einer **dramatisch zugespitzten Form** dargestellt wird. Durch **spannungssteigernde Momente** und wörtliche Rede werden die Leser wie bei einer **szenischen Darstellung** in das Geschehen hineinversetzt.

Wie andere Gedichte kennzeichnet auch die Ballade eine gebundene Form: Sie hat in der Regel ein festes **Metrum,** ist in **Strophen** gegliedert und besitzt einen **Reim,** oft auch einen Refrain.

Goethe bezeichnet die Ballade als „Ur-Ei" der Dichtung, in der Episches (oft abgeschlossene Handlung mit einzelnen Handlungsschritten), Lyrisches (Metrum, Strophe, Reim, oft Refrain) und Dramatisches (Konfliktsituation, oft Dialoge) noch untrennbar verbunden sind.

Thema von Balladen sind häufig Menschen, die sich in dramatischen Situationen bewähren.

Der Name „Ballade" kommt vom italienischen „ballata" bzw. dem provenzalischen „balada" und bedeutet Tanzlied. Die Gedichte, die wir heute als Balladen bezeichnen, haben allerdings mit diesen mittelalterlichen Tanzliedern nichts mehr zu tun.

Johann Wolfgang Goethe

Der Zauberlehrling

Hat der alte Hexenmeister
Sich doch einmal wegbegeben!
Und nun sollen seine Geister
Auch nach meinem Willen leben.
Seine Wort' und Werke
Merkt' ich, und den Brauch,
Und mit Geistesstärke
Tu ich Wunder auch.

Walle, walle,
Manche Strecke!
Dass, zum Zwecke,
Wasser fließe,
Und mit reichem, vollem Schwalle
Zu dem Bade sich ergieße.

Und nun komm, du alter Besen,
Nimm die schlechten Lumpenhüllen!
Bist schon lange Knecht gewesen;
Nun erfülle meinen Willen.
Auf zwei Beinen stehe,
Oben sei ein Kopf.
Eile nun, und gehe
Mit dem Wassertopf!

Walle, walle,
Manche Strecke!
Dass, zum Zwecke,
Wasser fließe,
Und mit reichem, vollem Schwalle
Zu dem Bade sich ergieße.

Seht, er läuft zum Ufer nieder;
Wahrlich! ist schon an dem Flusse,
Und mit Blitzesschnelle wieder
Ist er hier mit raschem Gusse.
Schon zum zweiten Male!
Wie das Becken schwillt!
Wie sich jede Schale
Voll mit Wasser füllt!

Stehe, stehe!
Denn wir haben
Deiner Gaben
Voll gemessen! –
Ach, ich merk' es! Wehe! wehe!
Hab' ich doch das Wort vergessen!

Ach! das Wort, worauf am Ende
Er das wird, was er gewesen.
Ach! er läuft und bringt behände.
Wärst du doch der alte Besen!
Immer neue Güsse
Bringt er schnell herein,
Ach! und hundert Flüsse
Stürzen auf mich ein.

Nein, nicht länger
Kann ich's lassen;
Will ihn fassen.
Das ist Tücke!
Ach! nun wird mir immer bänger!
Welche Miene! welche Blicke!

O, du Ausgeburt der Hölle!
Soll das ganze Haus ersaufen?
Seh' ich über jede Schwelle
60 Doch schon Wasserströme laufen.
Ein verruchter Besen,
Der nicht hören will!
Stock, der du gewesen,
Steh doch wieder still!

65 Willst's am Ende
Gar nicht lassen?
Will dich fassen,
Will dich halten,
Und das alte Holz behände
70 Mit dem scharfen Beile spalten.

Seht, da kommt er schleppend wieder!
Wie ich mich nur auf dich werfe,
Gleich, o Kobold, liegst du nieder;
Krachend trifft die glatte Schärfe.
75 Wahrlich! Brav getroffen!
Seht, er ist entzwei!
Und nun kann ich hoffen,
Und ich atme frei!

Wehe! wehe!
80 Beide Teile
Stehn in Eile
Schon als Knechte
Völlig fertig in die Höhe!
Helft mir, ach! ihr hohen Mächte!

85 Und sie laufen! Nass und nässer
Wird's im Saal und auf den Stufen.
Welch' entsetzliches Gewässer!
Herr und Meister, hör' mich rufen! –
Ach, da kommt der Meister!
90 Herr, die Not ist groß!
Die ich rief, die Geister,
Werd' ich nun nicht los.

„In die Ecke
Besen! Besen!
95 Seid's gewesen.
Denn als Geister
Ruft euch nur, zu seinem Zwecke,
Erst hervor der alte Meister."

1 *„Der Zauberlehrling" von Goethe gehört zu den bekanntesten deutschen Balladen. Lest die Ballade und fasst den Inhalt mit eigenen Worten zusammen.*

2 *Untersucht die Ballade in Teamarbeit und präsentiert eure Ergebnisse dann in einem Referat.*

TIPP

Teamarbeit in „wachsenden Gruppen"
Teilt euch zunächst in Arbeitsgruppen zu ca. je vier Schülern auf und sucht euch dann ein Thema aus.

- In jeder Gruppe erarbeitet ihr zuerst in Partnerarbeit das Thema und haltet eure Ergebnisse fest.
- Danach besprecht ihr eure Ergebnisse in der Vierergruppe und einigt euch auf eine gemeinsame Fassung.
- Im nächsten Schritt schließt ihr euch mit einer anderen Vierergruppe zusammen, die das gleiche Thema erarbeitet hat. Auch hier vergleicht ihr eure Ergebnisse und legt schließlich fest, wer die Ergebnisse anschließend in der Klasse präsentiert.

Thema 1: Äußere Handlung und Aufbau der Ballade

1 *Fasst den Inhalt jeder Strophe und jedes Refrains in ein oder zwei Sätzen zusammen. Verwendet dabei als Tempus das Präsens.*

1. Strophe: Der Hexenmeister hat das Haus verlassen und der Zauberlehrling nutzt diese Gelegenheit, um seine Zauberkünste auszuprobieren. ...

2 *a) Verfolgt Strophe für Strophe den Spannungsverlauf der Ballade und überprüft anhand des Merkwissens auf S. 219, ob die Spannungskurve der Balladendefinition entspricht.*

b) Fasst eure Ergebnisse auf einem Plakat zusammen. Erstellt dazu eine Skizze der Spannungskurve und schreibt für jede Strophe einige Stichworte auf.

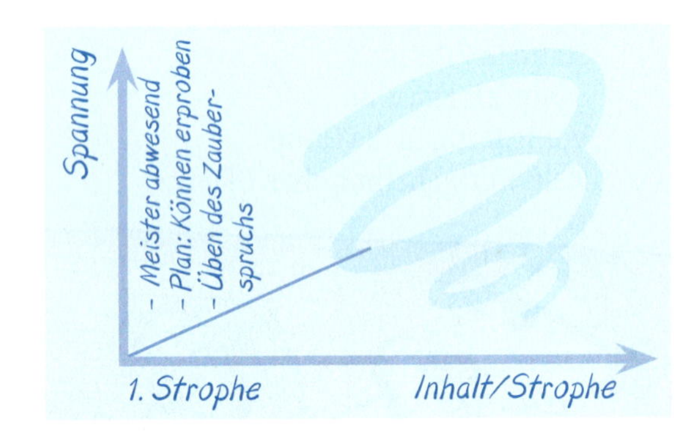

Thema 2: Innere Handlung und sprachliche Gestaltung

1 *Durch die sprachliche Gestaltung der Ballade können die Leser die Gefühle des Zauberlehrlings nachvollziehen.*

a) Untersucht, aus welcher Perspektive das Geschehen erzählt wird. Überlegt, worin sich die Gesprächssituation in der letzten Strophe von der in allen übrigen unterscheidet.

b) Erarbeitet die sprachlichen Besonderheiten der Ballade und ihre Wirkungen auf die Leser. Achtet dabei z. B. auf Schlüsselwörter, Satzarten, wörtliche Rede, Possessivpronomen, Wiederholungen und andere Stilmittel.

2 *Haltet eure Ergebnisse auf einem Plakat oder einer Kopie des Textes fest. Teilt die Ballade in Abschnitte und sucht für jeden Abschnitt eine treffende Bezeichnung für die Gefühle des Zauberlehrlings. Markiert, wo sich die Stimmung ändert.*

Thema 3: Formale Gestaltung – Strophenbau, Reim, Metrum

1 *a) Untersucht das Reimschema der Ballade. Nehmt dazu eine Kopie des Textes und verbindet die Reimwörter durch Klammern.*
b) Stellt fest, wo das Reimschema wechselt, und überlegt, welche Wirkung damit erzielt wird.

2 *Untersucht das Metrum (Versmaß) der ersten Strophe. Schreibt dazu den Text der Strophe ab und lasst dabei über jedem Vers eine Zeile frei.*
a) Lest jeden Vers Silbe für Silbe und setzt für jede Silbe ein x.
b) Untersucht nun die Abfolge der betonten und unbetonten Silben. Lest jeden Vers Silbe für Silbe laut und markiert jede betonte Silbe mit einem Akzent. Dabei kann es hilfreich sein, bei jeder betonten Silbe zu klopfen oder zu klatschen.
c) Vergleicht die Wirkung des Versmaßes in den langen und den kurzen Versen.

3 *Haltet eure Ergebnisse auf einem Plakat oder einer Kopie des Textes fest.*
TIPP: Gebt zu Beginn eures Referates auch einen kurzen Überblick über die verschiedenen Metren. Schreibt z. B. die Bezeichnung für die vier Metren mit jeweils einem Beispiel an die Tafel.

!

Metrum
Von einem Metrum (Versmaß) spricht man, wenn die Abfolge der betonten und unbetonten Silben einem bestimmten Schema folgt. Wechseln betonte und unbetonte Silben unmittelbar ab, spricht man von einem alternierenden Metrum. In Anlehnung an die antike Metrik unterscheidet man verschiedene Versmaße. Die bekanntesten sind:

Jambus x x́
x x́ x x́ x x́ x x́
Im Nebel ruhet noch die Welt (Mörike)

Trochäus x́ x
x́ x x́ x x́ x x́ x
Feuerwoge jeder Hügel (Britting)

Daktylus x́ x x
x́ x x x́ x x x́ x x x́ x
Pfingsten, das liebliche Fest, war gekommen (Goethe)
x́ x x
Metrikhilfe: Dáktylus

Anapäst x x x́
x x x́ x x x́
Wie mein Glück, ist mein Leid (Hölderlin)
x x x́
Metrikhilfe: Anapäst

Friedrich Schiller

Johann Christoph Friedrich Schiller wurde 1759 in Marbach geboren und studierte, wie Goethe, zuerst Jura, wechselte aber nach zwei Jahren von der ihm verhassten Rechtswissenschaft zur Medizin über. Mit 18 Jahren begann er, an seinem Drama „Die Räuber" zu arbeiten, das 1782 in Mannheim mit triumphalem Erfolg uraufgeführt wurde. Nach Aufenthalten in Leipzig und Jena siedelte Schiller 1799 nach Weimar über, wo er Goethe kennen lernte. Die Freundschaft zwischen Goethe und Schiller führte zu einer äußerst fruchtbaren Zusammenarbeit. Im Jahr 1797 schrieben beide – sozusagen im Wettstreit – Balladen. Zu Schillers wichtigsten Balladen zählen „Die Bürgschaft", „Der Handschuh" und die „Kraniche des Ibykus". Nach langer Krankheit starb Schiller 1805 im Alter von nur 45 Jahren.

Friedrich Schiller

Die Bürgschaft

Zu Dionys[1], dem Tyrannen[2], schlich
Damon, den Dolch im Gewande;
Ihn schlugen die Häscher[3] in Bande.
„Was wolltest du mit dem Dolche, sprich!",
5 Entgegnet ihm finster der Wüterich.
„Die Stadt vom Tyrannen befreien!"
„Das sollst du am Kreuze bereuen."

„Ich bin", spricht jener, „zu sterben bereit
Und bitte nicht um mein Leben,
10 Doch willst du Gnade mir geben,
Ich flehe dich um drei Tage Zeit,
Bis ich die Schwester dem Gatten gefreit[4],
Ich lasse den Freund dir als Bürgen,
Ihn magst du, entrinn ich, erwürgen."

15 Da lächelt der König mit arger List
Und spricht nach kurzem Bedenken:
„Drei Tage will ich dir schenken.
Doch wisse! Wenn sie verstrichen, die Frist,
Eh du zurück mir gegeben bist,
20 So muss er statt deiner erblassen[5],
Doch dir ist die Strafe erlassen."

Und er kommt zum Freunde: „Der König gebeut[6],
Dass ich am Kreuz mit dem Leben
Bezahle das frevelnde[7] Streben,
25 Doch will er mir gönnen drei Tage Zeit,
Bis ich die Schwester dem Gatten gefreit,
So bleib du dem König zum Pfande,
Bis ich komme, zu lösen die Bande."

1 **Dionys:** Dionysos I. (430–376 v. Chr.), Alleinherrscher von Syrakus (Sizilien)
2 **Tyrann:** Gewaltherrscher
3 **Häscher:** Verfolger
4 **dem Gatten gefreit:** mit dem Ehemann verheiratet
5 **erblassen,** hier: sterben
6 **gebeut:** gebietet, befiehlt
7 **frevelnd:** verbrecherisch

Und schweigend umarmt ihn der treue Freund
30 Und liefert sich aus dem Tyrannen,
Der andere ziehet von dannen.
Und ehe das dritte Morgenrot scheint,
Hat er schnell mit dem Gatten die Schwester vereint,
Eilt heim mit sorgender Seele,
35 Damit er die Frist nicht verfehle.

Da gießt unendlicher Regen herab,
Von den Bergen stürzen die Quellen,
Und die Bäche, die Ströme schwellen.
Und er kommt ans Ufer mit wanderndem Stab,
40 Da reißet die Brücke der Strudel hinab,
Und donnernd sprengen die Wogen
Des Gewölbes krachenden Bogen.

Und trostlos irrt er an Ufers Rand,
Wie weit er auch spähet und blicket
45 Und die Stimme, die rufende, schicket,
Da stößet kein Nachen[8] vom sichern Strand,
Der ihn setze an das gewünschte Land,
Kein Schiffer lenket die Fähre,
Und der wilde Strom wird zum Meere.

50 Da sinkt er ans Ufer und weint und fleht,
Die Hände zum Zeus[9] erhoben:
„O hemme des Stromes Toben!
Es eilen die Stunden, im Mittag steht
Die Sonne, und wenn sie niedergeht
55 Und ich kann die Stadt nicht erreichen,
So muss der Freund mir erbleichen."

Doch wachsend erneut sich des Stromes Wut,
Und Welle auf Welle zerrinnet,
Und Stunde an Stunde entrinnet.
60 Da treibt ihn die Angst, da fasst er sich Mut
Und wirft sich hinein in die brausende Flut
Und teilt mit gewaltigen Armen
Den Strom, und ein Gott hat Erbarmen.

Und gewinnt das Ufer und eilet fort
65 Und danket dem rettenden Gotte,
Da stürzet die raubende Rotte[10]
Hervor aus des Waldes nächtlichem Ort,
Den Pfad ihm sperrend, und schnaubet Mord
Und hemmet des Wanderers Eile
70 Mit drohend geschwungener Keule.

„Was wollt ihr?", ruft er, für[11] Schrecken bleich.
„Ich habe nichts als mein Leben,
Das muss ich dem Könige geben!"
Und entreißt die Keule dem Nächsten gleich:
75 „Um des Freundes willen erbarmet euch!"
Und drei mit gewaltigen Streichen
Erlegt er, die andern entweichen.

Und die Sonne versendet glühenden Brand,
Und von der unendlichen Mühe:
80 Ermattet sinken die Knie.
„O hast du mich gnädig aus Räubershand,
Aus dem Strom mich gerettet ans heilige Land,
Und soll hier verschmachtend verderben,
Und der Freund mir, der liebende, sterben!"

85 Und horch! Da sprudelt es silberhell,
Ganz nahe, wie rieselndes Rauschen,
Und stille hält er, zu lauschen,
Und sieh, aus dem Felsen, geschwätzig, schnell,
Springt murmelnd hervor ein lebendiger Quell,
90 Und freudig bückt er sich nieder
Und erfrischet die brennenden Glieder.

Und die Sonne blickt durch der Zweige Grün
Und malt auf den glänzenden Matten
Der Bäume gigantische Schatten;
95 Und zwei Wanderer sieht er die Straße ziehn,
Will eilenden Laufes vorüberfliehn,
Da hört er die Worte sie sagen:
„Jetzt wird er ans Kreuz geschlagen."

8 Nachen: Kahn
9 Zeus: oberster Gott der Griechen
10 Rotte: ungeordnete Schar von Menschen
11 für, hier: vor

Und die Angst beflügelt den eilenden Fuß,
100 Ihn jagen der Sorge Qualen,
Da schimmern in Abendrots Strahlen
Von ferne die Zinnen von Syrakus,
Und entgegen kommt ihm Philostratus,
Des Hauses redlicher Hüter,
105 Der erkennet entsetzt den Gebieter:

„Zurück! Du rettest den Freund nicht mehr,
So rette das eigene Leben!
Den Tod erleidet er eben.
Von Stunde zu Stunde gewartet' er
110 Mit hoffender Seele der Wiederkehr,
Ihm konnte den mutigen Glauben
Der Hohn des Tyrannen nicht rauben."

„Und ist es zu spät, und kann ich ihm nicht
Ein Retter willkommen erscheinen,
115 So soll mich der Tod ihm vereinen.
Des rühme der blutge Tyrann sich nicht,
Dass der Freund dem Freunde gebrochen die Pflicht,
Er schlachte der Opfer zweie
Und glaube an Liebe und Treue."

120 Und die Sonne geht unter, da steht er am Tor
Und sieht das Kreuz schon erhöhet,
Das die Menge gaffend umstehet,
An dem Seile schon zieht man den Freund empor,
Da zertrennt er gewaltig den dichten Chor:
125 „Mich, Henker!", ruft er, „erwürget!
Da bin ich, für den er gebürget!"

Und Erstaunen ergreifet das Volk umher,
In den Armen liegen sich beide
Und weinen für Schmerzen und Freude.
130 Da sieht man kein Auge tränenleer,
Und zum Könige bringt man die Wundermär,
Der fühlt ein menschliches Rühren,
Lässt schnell vor den Thron sie führen.

Und blicket sie lange verwundert an.
135 Drauf spricht er: „Es ist euch gelungen,
Ihr habt das Herz mir bezwungen,
Und die Treue, sie ist doch kein leerer Wahn,
So nehmet auch mich zum Genossen an,
Ich sei, gewährt mir die Bitte,
140 In eurem Bunde der Dritte."

1 *a) Gliedert die Ballade in einzelne Abschnitte und fasst jeden Abschnitt in Stichworten zusammen.*

Strophe 1–3: – Damon: Attentatversuch auf den Tyrannen Dionys
Verhaftung und Todesurteil
– …
Strophe 4–5: – Bürgschaft des Freundes
Strophe 6–?: – Wettlauf mit der Zeit, da Hindernisse bei der Rückkehr
1
2
3
4
5
Strophe ?–?: – …

*b) Überlegt, wie die Spannungskurve verläuft, in welchen Strophen die Spannung gesteigert wird, ihren Höhepunkt erreicht und schließlich gelöst wird. Achtet dabei auch auf die Angaben zum Sonnenstand. Vergleicht eure Ergebnisse mit dem Merkwissen zur Ballade (**▷ S. 219**).*

2 *An einigen Stellen tritt der Erzähler in den Hintergrund und die handelnden Personen sprechen in wörtlicher Rede. Sucht diese Textstellen und überlegt, welche Wirkung dadurch erzielt wird.*

3 *Die Bürgschaft zählt zu den bekanntesten Beispielen der Heldenballaden. Besprecht, wie das Thema Freundschaft in der Ballade dargestellt wird. Mit welchen Hindernissen hat Damon zu kämpfen und welches ist das gefährlichste? Was macht ihn in dieser Ballade zum Helden?*

4 *Sprecht die Ballade mit verteilten Rollen. Legt dazu fest, wie viele Sprecher ihr insgesamt braucht. Oder spielt die Ballade. Überlegt, wie ihr die Handlung umsetzen könnt, und teilt Sprecher und Spieler ein.*

10.2 „O schaurig ist's" – Sprachliche Mittel und ihre Wirkung

Annette von Droste-Hülshoff

Der Knabe im Moor

Annette von Droste-Hülshoff wurde 1797 in dem Wasserschloss Hülshoff bei Münster, dem Stammsitz der Familie, geboren. Viele bedeutende Werke, darunter auch ihre bekannte Ballade „Der Knabe im Moor", schrieb sie in ihren letzten Lebensjahren auf Schloss Meersburg am Bodensee. In ihren Balladen und Gedichten schildert die Dichterin häufig die Landschaft ihrer westfälischen Heimat, in der dämonische Erscheinungen wie wirkliche Wesen auftreten. Annette von Droste-Hülshoff starb 1848 auf Schloss Meersburg. Bis heute gilt sie als „Deutschlands größte Dichterin".

O schaurig ist's übers Moor zu gehn,
Wenn es wimmelt vom Heiderauche[1],
Sich wie Phantome die Dünste drehn
Und die Ranke häkelt am Strauche,
5 Unter jedem Tritte ein Quellchen springt,
Wenn aus der Spalte es zischt und singt,
O schaurig ist's, übers Moor zu gehn,
Wenn das Röhricht[2] knistert im Hauche!

Fest hält die Fibel[3] das zitternde Kind
10 Und rennt, als ob man es jage;
Hohl über die Fläche sauset der Wind –
Was raschelt drüben im Hage[4]?
Das ist der gespenstige Gräberknecht,
Der dem Meister die besten Torfe[5] verzecht;
15 Hu, hu, es bricht wie ein irres Rind!
Hinducket das Knäblein zage.

Vom Ufer starret Gestumpf hervor,
Unheimlich nicket die Föhre,
Der Knabe rennt, gespannt das Ohr,
20 Durch Riesenhalme wie Speere;
Und wie es rieselt und knittert darin!
Das ist die unselige Spinnerin,
Das ist die gebannte Spinnlenor',
Die den Haspel[6] dreht im Geröhre!

1 **Heiderauch:** Rauch vom Abbrennen der Heideflächen im Moorgebiet
2 **Röhricht:** Dickicht aus Schilfrohr
3 **Fibel:** Lesebuch
4 **Hage:** Gebüsch, Gehege
5 **Torf:** fruchtbarer Moorboden, wertvoll als Brennstoff
6 **Haspel:** Garnwinde am Spinnrad

25 Voran, voran! nur immer im Lauf,
Voran, als woll' es ihn holen;
Vor seinem Fuße brodelt es auf,
Es pfeift ihm unter den Sohlen
Wie eine gespenstige Melodei;
30 Das ist der Geigemann ungetreu,
Das ist der diebische Fiedler Knauf,
Der den Hochzeitheller[7] gestohlen!

Da birst das Moor, ein Seufzer geht
Hervor aus der klaffenden Höhle;
35 Weh, weh, da ruft die verdammte Margret:
„Ho, ho, meine arme Seele!"
Der Knabe springt wie ein wundes Reh,
Wär' nicht Schutzengel in seiner Näh,
Seine bleichenden Knöchelchen fände spät
40 Ein Gräber im Moorgeschwele[8].

Da mählich[9] gründet der Boden sich,
Und drüben, neben der Weide,
Die Lampe flimmert so heimatlich,
Der Knabe steht an der Scheide[10].
45 Tief atmet er auf, zum Moor zurück
Noch immer wirft er den scheuen Blick:
Ja, im Geröhre war's fürchterlich,
O schaurig war's in der Heide!

7 **Heller:** Münze
8 **Moorgeschwele:** Beim Abbrennen der Heide entstanden oft Schwelbrände.
9 **mählich:** allmählich
10 **Scheide,** hier: Übergang zu festem Boden

1 *Stellt in einer Tabelle zusammen, welche Spukgestalt dem Knaben in welcher Strophe erscheint und durch welche sinnliche Wahrnehmung diese Gespenstererscheinung ausgelöst wird.*

Strophe	Spukgestalt	Wahrnehmung des Knaben
2	Gräberknecht	hört Rascheln
...	...	...
...	...	...

2 *Sucht anschauliche Verben und Adjektive aus der Ballade heraus, die den Eindruck des Schaurigen vermitteln. Schreibt diese mit Versangaben auf.*

Verben	Adjektive
V. 6: zischt	...
...	...
...	...
...	...

3 *Die Autorin setzt in dieser Ballade vor allem das sprachliche Mittel der Lautmalerei wirkungsvoll ein.*
a) Stellt jeweils eine Liste von Wörtern zusammen, die durch dunkle o- und u-Laute oder helle i- und e-Laute auffallen.
b) Besprecht, welche Wirkung diese Wörter auf die Hörer haben.

4 *Übertragt Vers 9 in euer Heft. Stellt die Satzglieder des Verses so um, dass das Subjekt an erster Stelle steht. Vergleicht die Wirkung der beiden Sätze. Was stellt ihr fest?*

5 *Bereitet einen wirkungsvollen Vortrag der Ballade vor.*
a) Übertragt die Ballade dazu in euer Heft oder macht euch eine Kopie.
b) Lest die Ballade mehrmals und überlegt, an welchen Stellen ihr eine Pause machen und welche Wörter ihr besonders betonen wollt. Probiert verschiedene Möglichkeiten aus und bearbeitet dann den Text so, dass ihr genau wisst, wie ihr bestimmte Textstellen sprechen wollt. Macht euch dazu Zeichen im Text.

Weiterlesen beim Zeilensprung:	Da birst das Moor, | ein Seufzer geht
gebogener Pfeil	Hervor aus der klaffenden Höhle; |
Pause: senkrechter Strich |	Weh, weh, da ruft die verdammte Margret:
Betonung: Unterstreichen des Wortes	„Ho, ho, meine arme Seele!"
Tempo: gerader Pfeil	Der Knabe springt wie ein wundes Reh;
...	...

Eduard Mörike

Der Feuerreiter

Sehet ihr am Fensterlein
Dort die rote Mütze wieder?
Nicht geheuer muss es sein,
Denn er geht schon auf und nieder.
5 Und auf einmal welch Gewühle
Bei der Brücke, nach dem Feld!
Horch! das Feuerglöcklein gellt:
Hinterm Berg,
Hinterm Berg
10 Brennt es in der Mühle!

Schaut! da sprengt er wütend schier
Durch das Tor, der Feuerreiter,
Auf dem rippendürren Tier,
Als auf einer Feuerleiter!
15 Querfeldein! Durch Qualm und Schwüle
Rennt er schon, und ist am Ort!
Drüben schallt es fort und fort:
Hinterm Berg,
Hinterm Berg
20 Brennt es in der Mühle!

Der so oft den roten Hahn
Meilenweit von fern gerochen,
Mit des heilgen Kreuzes Span[1]
Freventlich[2] die Glut besprochen –
25 Weh! dir grinst vom Dachgestühle
Dort der Feind im Höllenschein.
Gnade Gott der Seele dein!
Hinterm Berg,
Hinterm Berg
30 Rast er in der Mühle!

Keine Stunde hielt es an,
Bis die Mühle borst in Trümmer;
Doch den kecken Reitersmann
Sah man von der Stunde nimmer.
35 Volk und Wagen im Gewühle
Kehren heim von all dem Graus;
Auch das Glöcklein klinget aus:
Hinterm Berg,
Hinterm Berg
40 Brennts! –

1 **des heilgen Kreuzes Span:** gemeint ist ein Holzspan aus dem Kreuz von Jesus Christus, also ein Überrest eines heiligen Gegenstandes
2 **freventlich:** verbrecherisch

Nach der Zeit ein Müller fand
Ein Gerippe samt der Mützen
Aufrecht an der Kellerwand
Auf der beinern[3] Mähre sitzen:
45 Feuerreiter, wie so kühle
Reitest du in deinem Grab!
Husch! da fällts in Asche ab.
Ruhe wohl,
Ruhe wohl
50 Drunten in der Mühle!

3 **beinern:** knochig

1 *Klärt den Inhalt der Ballade. Schreibt zu jeder Strophe einen Satz auf, der zusammenfasst, was jeweils über den Feuerreiter gesagt wird.*

2 *Untersucht die sprachliche Gestaltung der Ballade.*
a) Sucht alle Personal- und Possessivpronomen aus den ersten drei Strophen heraus und notiert jeweils, wer mit diesen Pronomen bezeichnet wird.
b) Besprecht mit Hilfe eurer Ergebnisse, aus welcher Sicht das Geschehen dargestellt wird.

3 *Untersucht die Zeitstruktur der Ballade.*
a) Schreibt alle Verbformen aus der ersten Strophe heraus und bestimmt Person, Numerus, Modus und Tempus.
b) Überprüft in der gesamten Ballade, an welchen Stellen sich das Tempus ändert. Überlegt, warum der Erzähler mehrfach das Tempus wechselt.

4 *a) Sucht nach einer Erklärung für den Tod des „Feuerreiters". Lest dazu noch einmal die dritte Strophe der Ballade.*
b) Bezieht auch die übrigen Strophen mit ein und tauscht euch darüber aus, wie die Figur des Feuerreiters in der Ballade dargestellt wird. Berücksichtigt dabei auch eure Ergebnisse aus den Aufgaben 2 und 3.

10.3 Von Königen und Rattenfängern, Jungfrauen und Turnern – Ein Balladenabend

Eine Ballade als Hörspiel gestalten

Heinrich Heine

Belsazar

Heinrich Heine wurde 1797 in Düsseldorf geboren. Er war gelernter Kaufmann und Jurist und arbeitete ab 1831 in Paris als Journalist. Schon als Jugendlicher begann er, Gedichte zu schreiben, die vor allem wegen ihrer ungewöhnlichen Mischung aus tiefem Gefühl und beißender Ironie bekannt geworden sind. Er verfasste auch eine Reihe von Balladen. Die folgende Ballade über den babylonischen König Belsazar stammt aus seinem berühmten „Buch der Lieder".

Die Mitternacht zog näher schon;
In stummer Ruh lag Babylon.

Nur oben in des Königs Schloss,
Da flackert's, da lärmt des Königs Tross[1].

5 Dort oben in dem Königssaal,
Belsazar hielt sein Königsmahl.

Die Knechte saßen in schimmernden Reihn,
Und leerten die Becher mit funkelndem Wein.

Es klirrten die Becher, es jauchzten die Knecht;
10 So klang es dem störrigen Könige recht.

Des Königs Wangen leuchten Glut;
Im Wein erwuchs ihm kecker Mut.

Und blindlings reißt der Mut ihn fort;
Und er lästert die Gottheit mit sündigem Wort.

15 Und er brüstet sich frech, und lästert wild;
Die Knechtenschar ihm Beifall brüllt.

Der König rief mit stolzem Blick;
Der Diener eilt und kehrt zurück.

Er trug viel gülden Gerät auf dem Haupt;
20 Das war aus dem Tempel Jehovas[2] geraubt.

Und der König ergriff mit frevler[3] Hand
Einen heiligen Becher, gefüllt bis am Rand.

Und er leert ihn hastig bis auf den Grund,
Und rufet laut mit schäumendem Mund:

25 „Jehova! dir künd ich auf ewig Hohn –
Ich bin der König von Babylon!"

Doch kaum das grause Wort verklang,
Dem König ward's heimlich im Busen bang.

Das gellende Lachen verstummte zumal;
30 Es wurde leichenstill im Saal.

Und sieh! und sieh! an weißer Wand
Da kam's hervor wie Menschenhand;

Und schrieb, und schrieb an weißer Wand
Buchstaben von Feuer, und schrieb und schwand.

35 Der König stieren Blicks dasaß,
Mit schlotternden Knien und totenblass.

Die Knechtenschar saß kalt durchgraut,
Und saß gar still, gab keinen Laut.

Die Magier kamen, doch keiner verstand
40 Zu deuten die Flammenschrift an der Wand.

Belsazar ward aber in selbiger Nacht
Von seinen Knechten umgebracht.

1 **Tross:** Gefolge
2 **Jehova:** jüdischer Name für Gott
3 **frevel:** verbrecherisch

Rembrandt van Rijn: Das Gastmahl des Belsazar (um 1639)

1 *a) Gebt an, welchen Augenblick aus der „Belsazar-Geschichte“ Rembrandt in seinem Gemälde darstellt.*
b) Vergleicht die Darstellung des Gastmahls auf dem Gemälde und in der Ballade. Könnte Heine beim Dichten seiner Ballade auch Rembrandts Bild vor Augen gehabt haben? Begründet eure Meinung.

2 *Bereitet einen wirkungsvollen Vortrag der Ballade vor.*
a) Übertragt dazu die Ballade in euer Heft. Bearbeitet dann den Text so, dass ihr genau wisst, wie ihr bestimmte Textstellen sprechen wollt. Lest dazu noch einmal auf Seite 230 nach.
b) Übt euren Vortrag und achtet beim Sprechen auch auf die unterschiedliche Häufung heller (i, e) und dunkler (u, o) Vokale in den einzelnen Strophen. Was kommt dadurch zum Ausdruck?

3 *Ihr könnt die Ballade auch als Hörspiel gestalten und dann auf Kassette aufnehmen. Schreibt dazu einen Regieplan.*

Szenen	Stimmen/Geräusche	Sprecher/Sprecherin
Es wird Mitternacht	Glockenschlag	Erzähler/in (Anja):
	(Wanduhr, Gong)	Stimmführung ruhig ...
Die Knechte ...	...	...

Eine Ballade in Szene setzen

Heinrich Heine

Ich weiß nicht, was soll es bedeuten

Ich weiß nicht, was soll es bedeuten,
Dass ich so traurig bin;
Ein Märchen aus alten Zeiten,
Das kommt mir nicht aus dem Sinn.

Die Luft ist kühl und es dunkelt,
Und ruhig fließt der Rhein;
Der Gipfel des Berges funkelt
Im Abendsonnenschein.

Die schönste Jungfrau sitzet
Dort oben wunderbar,
Ihr goldnes Geschmeide blitzet,
Sie kämmt ihr goldenes Haar.

Sie kämmt es mit goldenem Kamme,
Und singt ein Lied dabei;
Das hat eine wundersame,
Gewaltige Melodei.

Den Schiffer im kleinen Schiffe
Ergreift es mit wildem Weh;
Er schaut nicht die Felsenriffe,
Er schaut nur hinauf in die Höh.

Ich glaube, die Wellen verschlingen
Am Ende Schiffer und Kahn;
Und das hat mit ihrem Singen
Die Lorelei getan.

Erich Kästner

Der Handstand auf der Loreley

(Nach einer wahren Begebenheit)

Die Loreley, bekannt als Fee und Felsen,
ist jener Fleck am Rhein, nicht weit von Bingen,
wo früher Schiffer mit verdrehten Hälsen,
von blonden Haaren schwärmend, untergingen.

Wir wandeln uns. Die Schiffer inbegriffen.
Der Rhein ist reguliert und eingedämmt.
Die Zeit vergeht. Man stirbt nicht mehr beim Schiffen,
bloß weil ein blondes Weib sich dauernd kämmt.

Nichtsdestotrotz geschieht auch heutzutage
noch manches, was der Steinzeit ähnlich sieht.
So alt ist keine deutsche Heldensage,
dass sie nicht doch noch Helden nach sich zieht.

Erst neulich machte auf der Loreley
hoch überm Rhein ein Turner einen Handstand!
Von allen Dampfern tönte Angstgeschrei,
als er kopfüber oben auf der Wand stand.

Er stand, als ob er auf dem Barren stünde.
Mit hohlem Kreuz. Und lustbetonten Zügen.
Man frage nicht: Was hatte er für Gründe?
Er war ein Held. Das dürfte wohl genügen.

Er stand, verkehrt, im Abendsonnenscheine.
Da trübte Wehmut seinen Turnerblick.
Er dachte an die Loreley von Heine.
Und stürzte ab. Und brach sich das Genick.

25 Er starb als Held. Man muss ihn nicht beweinen.
Sein Handstand war vom Schicksal überstrahlt.
Ein Augenblick mit zwei gehobnen Beinen
ist nicht zu teuer mit dem Tod bezahlt!

P. S. Eins wäre allerdings noch nachzutragen:
30 Der Turner hinterließ uns Frau und Kind.
Hinwiederum, man soll sie nicht beklagen.
Weil im Bezirk der Helden und der Sagen
die Überlebenden nicht wichtig sind.

1 *a) Fasst den Inhalt der beiden Balladen kurz zusammen.*
b) Vergleicht die Ballade von Kästner mit der Vorlage von Heine, auf die er sich ausdrücklich bezieht. Berücksichtigt dabei die folgenden Fragen:
- *Wer oder was ist jeweils die Loreley?*
- *Welche Rolle spielt die Loreley bei Kästner, welche bei Heine?*

2 *In Kästners Ballade wird der Turner als Held bezeichnet. Vergleicht diesen Helden mit jenem der klassischen Balladen, wie ihr ihn aus Schillers „Bürgschaft“ oder Fontanes „John Maynard“ kennt. Erklärt dabei auch, warum Kästner die Bezeichnung „Held“ in seiner Ballade mehrfach wiederholt.*

3 *Heines Ballade ist in vertonter Fassung einem breiten Publikum bekannt.*
a) Untersucht Strophenbau, Reim und Metrum und klärt, warum sich diese Ballade so gut vertonen lässt.

b) Studiert das Lied mit eurer Musiklehrerin oder eurem Musiklehrer ein oder besorgt euch eine Vertonung des Liedes und besprecht, wie die Musik auf euch wirkt.

4 *Überlegt, wie ihr die Balladen von Heine und Kästner für euren Vortragsabend szenisch umsetzen könnt. Die folgenden Tipps können euch dabei helfen.*
- *Ihr könnt vor einem projizierten Bild des Loreley-Felsens die beiden Balladen gegenüberstellend vortragen.*
- *Überlegt, welche Stimmung ihr den Zuschauern vermitteln wollt.*
  - *Wie könnt ihr die Attraktivität der „schönsten Jungfrau“ und die Ergriffenheit des Schiffers in Heines Ballade umsetzen? Versucht, das Lied entsprechend zu singen oder vorzutragen.*
  - *Überlegt auch, in welchem Ton ihr die Kästner-Ballade vortragen wollt.*
- *Besonders wirkungsvoll werden eure Vorträge, wenn ihr sie durch eine begleitende pantomimische Darstellung untermalt.*

Eine Ballade als Bilderfolge präsentieren

Vorgänger der Balladen waren **Bänkellieder** oder Moritaten. Sie wurden auf Jahrmärkten nach einfachen Melodien in einer Art Sprechgesang vorgetragen. Auf einem „Bänkel“, also einer kleinen Bank, stehend, trugen die Bänkelsänger schauerliche Geschichten von Mord, Liebe, Katastrophen und aufregenden politischen Ereignissen vor, illustriert durch Bildtafeln, die einige Szenen des Geschehens darstellten. Als moderner Bänkelsänger versteht sich Hannes Wader.

Bänkelsänger bei einem Vortrag vor Zuschauern

Hannes Wader

Der Rattenfänger

1

Fast jeder weiß, was in Hameln geschah,
vor tausendundeinem Jahr.
Wie die Ratten dort hausten, die alles fraßen,
was nicht aus Eisen war.
Zu dieser Zeit kam ich nach langer Fahrt
als Spielmann in diese Stadt.
Und ich hörte als Erstes den Herold[1] schrein,
als ich den Markt betrat.
Wer mit Gottes Hilfe oder allein
die Stadt von den Ratten befreit,
für den lägen ab nun beim Magistrat
hundert Taler in Gold bereit.

2

Ich packte mein Bündel, die Flöte und Leier
und klopfte ans Rathaustor.
Kaum sah man mich, schlug man die Tür wieder zu
und legte den Riegel vor.
Und ich hörte, wie man den Herren sagte,
es stünde ein Mann vor dem Tor,
zerrissen und stinkend, in bunten Lumpen
mit einem Ring im Ohr.
Dieser Mann nun ließe den Herren sagen,
er käme von weit, weit her,
und er böte der Stadt seine Hilfe, weil
er ein Rattenfänger wär.

1 **Herold:** Ausrufer im Mittelalter

3
Ich wartete lange, dann rief eine Stimme
durch die geschlossene Tür:
Vernichte die Ratten, und du bekommst
die versprochenen Taler dafür.
Und ich ging und blies in der Nacht die Flöte,
immer nur einen einzigen Ton,
der so hoch war, dass nur die Ratten ihn hörten,
und keine kam davon.
Bis hinein in die Weser folgte mir bald
die ganze quiekende Brut,
und am Morgen trieben an hunderttausend
Kadaver in der Flut.

4
Als die Hamelner Bürger hörten, was alles
geschehen war in der Nacht,
tanzten sie auf den Straßen, nur
an mich hat keiner gedacht.
Und als ich dann wieder vorm Rathaus stand
und forderte meinen Lohn,
schlug man auch diesmal die Tür vor mir zu
und erklärte mir voller Hohn,
nur der Teufel könne bei meiner Arbeit
im Spiel gewesen sein,
deshalb sei es gerecht, ich triebe bei ihm
meine hundert Taler ein.

5
Doch ich blieb und wartete Stunde um Stunde
bis zum Abend vor jenem Haus,
aber die Ratsherrn, die drinnen saßen,
trauten sich nicht heraus.
Als es Nacht war, kamen bewaffnete Kerle,
ein Dutzend oder mehr,
sie schlugen mir ihre Spieße ins Kreuz
und stießen mich vor sich her.
Vor der Stadt hetzten sie ihre Hunde auf mich,
und die Bestien schonten mich nicht.
Sie rissen mich um und pissten mir noch
ins blutende Gesicht.

6
Als der Mond schien, flickte ich meine Lumpen,
wusch meine Wunden im Fluss
und weinte dabei vor Schwäche und Wut,
bis der Schlaf mir die Augen schloss.
Doch noch einmal ging ich zurück in die Stadt
und hatte dabei einen Plan,
denn es war Sonntag, die Bürger traten
eben zum Kirchgang an.
Nur die Kinder und die Alten blieben
an diesem Morgen allein,
und ich hoffte, die Kinder würden gerechter
als ihre Väter sein.

7
Ich hatte vorher mein zerfleischtes Gesicht
mit bunten Farben bedeckt
und mein Wams, damit man die Löcher nicht sah,
mit Hahnenfedern besteckt.
Und ich spielte und sang, bald kamen die Kinder
zu mir von überall her,
hörten, was ich sang, mit Empörung und
vergaßen es nie mehr.
Und die Kinder beschlossen, mir zu helfen
und nicht mehr zuzusehn,
wo Unrecht geschieht, sondern immer gemeinsam
dagegen anzugehn.

8
Und die Hamelner Kinder hielten ihr Wort
und bildeten ein Gericht,
zerrten die Bosheit und die Lügen
ihrer Väter ans Licht.
Und sie weckten damit in ihren Eltern
Betroffenheit und Scham,
und weil er sich schämte, schlug manch ein Vater
sein Kind fast krumm und lahm.
Doch mit jeder Misshandlung wuchs der Mut
der Kinder dieser Stadt,
und die hilflosen Bürger brachten die Sache
vor den hohen Rat.

9
Es geschah, was heute noch immer geschieht,
wo Ruhe mehr gilt als Recht,
denn wo die Herrschenden Ruhe woll'n,
geht's den Beherrschten schlecht.
So beschloss man die Vertreibung
einer ganzen Generation.
In der Nacht desselben Tages begann
die schmutzige Aktion.
Gefesselt und geknebelt,
von den eigenen Vätern bewacht,
hat man die Kinder von Hameln ganz heimlich
aus der Stadt gebracht.

10
Nun war wieder Ruhe in der Stadt Hameln,
fast wie in einem Grab.
Doch die Niedertracht blühte, die Ratsherren fassten
eilig ein Schreiben ab.
Das wurde der Stadtchronik beigefügt
mit dem Stempel des Landesherrn
und besagte, dass die Kinder vom Rattenfänger
ermordet worden wär'n.
Doch die Hamelner Kinder sind nicht tot,
zerstreut in alle Welt,
haben auch diese Kinder wieder Kinder gezeugt,
ihnen diese Geschichte erzählt.

11
Denn auch heute noch setzen sich Menschen
für die Rechte Schwächerer ein,
diese Menschen könnten wohl die Erben
der Hamelner Kinder sein.
Doch noch immer herrscht die Lüge
über die Wahrheit in der Welt,
und solange Gewalt und Angst
die Macht in Händen hält,
so lange kann ich nicht sterben,
nicht ausruhn und nicht fliehn,
sondern muss als Spielmann und Rattenfänger
immer weiterziehn.
Denn noch nehmen Menschen Unrecht
als Naturgewalt in Kauf,
und ich hetze noch heute die Kinder dagegen
immer wieder auf.
Und ich hetze noch heute die Kinder dagegen
immer wieder auf.

1 *a) Klärt den Inhalt des Liedtextes und besprecht, welche Lehre der Sänger Hannes Wader seinem Publikum vermitteln will. Ist das angesprochene Thema noch heute aktuell?*
b) Informiert euch über die Sage „Der Rattenfänger von Hameln" und vergleicht sie mit dem Song von Hannes Wader.
TIPP: Sagensammlungen findet ihr in jeder Bibliothek.
c) Hört euch den Song „Der Rattenfänger" von Wader an. Wie passen Musik und Text zueinander?

2 *a) Teilt die Ballade von Hannes Wader in sinnvolle Abschnitte ein, zu denen ihr jeweils ein Bild (möglichst DIN A3) gestalten könnt.*
b) Überlegt euch, welchen Ausschnitt ihr in eurem Bild darstellen wollt (z. B. Totale, Halbtotale, Naheinstellung) und welche Perspektive ihr für euer Bild wählt (z. B. Augenhöhe, Froschperspektive, Vogelperspektive).
c) Klebt die Bilder zu Bildtafeln zusammen und tragt die Ballade wie eine Moritat vor.

11 Eine Reise in die Wüste – Berichte und Sachtexte auswerten

11.1 Fremdes anschaulich dokumentiert – Reiseberichte

Elias Canetti

Die Suks

Elias Canetti wurde 1905 in Rustschuck (Bulgarien) geboren und lebte in jungen Jahren in Manchester, Wien und Zürich. Nach dem Abitur in Frankfurt am Main nahm Canetti in Wien das Studium der Chemie auf, das er 1929 abschloss. Er arbeitete nach seinem Studium als Übersetzer, 1935 erschien sein Roman „Die Blendung".
Nach dem Einmarsch Hitlers in Österreich emigrierte Canetti 1938 über Paris nach London.
Der Zufall führte ihn 1954 als Begleiter eines Filmteams nach Marrakesch. Seine Eindrücke über diese Stadt hielt er in seinem Werk „Die Stimmen von Marrakesch. Aufzeichnungen einer Reise" fest, das zum autobiografischen Teil seines Gesamtwerkes gehört, für das er 1981 den Literaturnobelpreis erhielt. Canetti starb 1994 in Zürich.
Der folgende Text ist ein Kapitel aus dem Werk „Die Stimmen von Marrakesch".

Es ist würzig in den Suks[1], es ist kahl und farbig. Der Geruch, der immer angenehm ist, ändert sich allmählich, je nach der Natur der Waren. Es gibt keine Namen und Schilder, es gibt kein Glas. Alles, was zu verkaufen ist, ist ausgestellt. Man weiß nie, was die Gegenstände kosten werden, weder sind sie an ihren Preisen aufgespießt noch sind die Preise fest.
Alle Gelasse[2] und Läden, in denen dasselbe verkauft wird, sind dicht beieinander, zwanzig oder dreißig oder mehr von ihnen. Da gibt es einen Bazar für Gewürze und einen für Lederwaren. Die Seiler haben ihre Stelle und die Korbflechter die ihre. Von den Teppichhändlern haben manche große, geräumige Gewölbe; man schreitet an ihnen vorbei wie an einer eigenen Stadt und wird bedeutungsvoll hineingerufen. Die Juweliere sind um einen besonderen Hof angeordnet, in vielen von ihren schmalen Läden sieht man Männer bei der Arbeit. Man findet alles, aber man findet es immer vielfach.
Die Ledertasche, die man möchte, ist in zwanzig verschiedenen Läden ausgestellt und einer

1 **Suk:** arabisch für „Markt"; der bei uns häufig verwendete Begriff „Basar" kommt aus dem Persischen
2 **Gelass:** gehoben für „Raum"

dieser Läden schließt unmittelbar an den anderen an. Da hockt ein Mann inmitten seiner Waren. Er hat sie alle ganz nah bei sich, es ist wenig Platz. Er braucht sich kaum zu strecken, um jede seiner Ledertaschen zu erreichen; und nur aus Höflichkeit, wenn er nicht sehr alt ist, erhebt er sich. Aber der Mann im Gelass neben ihm, der ganz anders aussieht, sitzt inmitten derselben Waren. Das geht vielleicht hundert Meter so weiter, zu beiden Seiten der gedeckten Passage. Es wird sozusagen alles auf einmal angeboten, was dieser größte und berühmteste Bazar der Stadt, des ganzen südlichen Marokko an Lederwaren besitzt. In dieser Zurschaustellung liegt viel Stolz. Man zeigt, was man erzeugen kann, aber man zeigt auch, wie viel es davon gibt. Es wirkt so, als wüssten die Taschen selber, dass sie der Reichtum sind, und als zeigten sie sich schön hergerichtet den Augen der Passanten. Man wäre gar nicht verwundert, wenn sie plötzlich in rhythmische Bewegung gerieten, alle Taschen zusammen, und in einem bunten orgiastischen Tanz alle Verlockung zeigten, derer sie fähig sind.

Das Gildengefühl[3] dieser Gegenstände, die von allen andersartigen abgesondert beisammen sind, wird vom Passanten für jeden Gang durch die Suks nach seiner Laune wiedergeschaffen. „Heute möchte ich unter die Gewürze gehen", sagt er sich und die wunderbare Mischung von Gerüchen steigt in seiner Nase auf und er sieht die großen Körbe mit dem roten Pfeffer vor sich. „Heute hätte ich Lust auf die gefärbten Wollen", und schon hängen sie hoch von allen Seiten herunter, in Purpur, in Dunkelblau, in Sonnengelb und Schwarz. „Heute will ich unter die Körbe gehen und sehen, wie sie sich flechten."

Es ist erstaunlich, wie viel Würde diese Gegenstände so bekommen, die der Mensch gemacht hat. Sie sind nicht immer schön, mehr und mehr Gesindel von zweifelhafter Herkunft schleicht sich ein, von Maschinen erzeugt, aus den Ländern des Nordens eingeführt. Aber die Art, in der sie sich präsentieren, ist immer noch die alte. Neben den Läden, wo nur verkauft wird, gibt es viele, vor denen man zusehen kann, wie die Gegenstände erzeugt werden. So ist man von Anfang an dabei, und das stimmt den Betrachter heiter. Denn zur Verödung unseres modernen Lebens gehört es, dass wir alles fix und fertig ins Haus und zum Gebrauch bekommen, wie aus hässlichen Zauberapparaten. Hier aber kann man den Seiler eifrig bei seiner Arbeit sehen, und neben ihm hängt der Vorrat fertiger Seile. In winzigen Gelassen drechseln Scharen von kleinen Jungen, sechs oder sieben von ihnen zugleich, an Holz herum, und junge Männer fügen aus den Teilen, die ihnen von den Knaben hergestellt werden, niedrige Tischchen zusammen. Die Wolle, deren leuchtende

3 **Gildengefühl,** hier: Zusammengehörigkeitsgefühl

Farben man bewundert, wird vor einem selbst gefärbt, und allerorts sitzen Knaben herum, die Mützen in hübschen und bunten Mustern stricken.
Es ist eine offene Tätigkeit, und was geschieht, zeigt sich, wie der fertige Gegenstand. In einer Gesellschaft, die so viel Verborgenes hat, die das Innere ihrer Häuser, Gestalt und Gesicht ihrer Frauen und selbst ihre Gotteshäuser vor Fremden eifersüchtig verbirgt, ist diese gesteigerte Offenheit dessen, was erzeugt und verkauft wird, doppelt anziehend.
Eigentlich wollte ich den Handel kennen lernen, aber über den Gegenständen, die verhandelt wurden, verlor ich ihn, wenn ich die Suks betrat, immer erst aus den Augen. Naiv besehen erscheint es unverständlich, warum man sich einem bestimmten Kaufmann in Maroquinleder zuwendet, wenn es daneben zwanzig andere gibt, deren Waren sich kaum von den seinen unterscheiden. Man kann von einem zum anderen gehen und wieder zum ersten zurück. Der Laden, in dem man kaufen wird, ist nie von vornherein sicher. Selbst wenn man sich diesen oder jenen unter ihnen vorgenommen hätte, man hat jede Gelegenheit, sich eines anderen zu besinnen.
Der Passant, der außen vorübergeht, ist durch nichts, weder Türen noch Scheiben, von den Waren getrennt. Der Händler, der mitten unter ihnen sitzt, trägt keinen Namen zur Schau und es ist ihm, wie ich schon sagte, ein Leichtes, überall hinzulangen. Dem Passanten wird jeder Gegenstand bereitwillig gereicht. Er kann ihn lang in der Hand halten, er kann lang darüber sprechen, er kann Fragen stellen, Zweifel äußern, und wenn er Lust hat, seine Geschichte, die Geschichte seines Stammes, die Geschichte der ganzen Welt vorbringen, ohne etwas zu kaufen. Der Mann unter seinen Waren ist vor allem eins: Er ist ruhig. Er sitzt immer da. Er sieht immer nah aus. Er hat wenig Platz und Gelegenheit zu ausführlichen Bewegungen. Er gehört seinen Waren so sehr wie sie ihm. Sie sind nicht weggepackt, er hat immer seine Hände oder seine Augen auf ihnen. Eine Intimität, die verführerisch ist, besteht zwischen ihm und seinen Gegenständen. Als wären sie seine sehr zahlreiche Familie, so bewacht er sie und hält sie in Ordnung.
Es stört und beengt ihn nicht, dass er ihren Wert genau kennt. Denn er hält ihn geheim und man wird ihn nie erfahren. Das gibt der Prozedur des Handelns etwas Feurig-Mysteriöses. Nur er kann wissen, wie nah man seinem Geheimnis kommt, und er versteht sich darauf, mit Elan alle Stöße zu parieren, sodass die schützende Distanz zum Wert nie gefährdet wird. Für den Käufer gilt es als ehrenvoll, sich nicht betrügen zu lassen, aber ein leichtes Unternehmen ist das nicht, da er immer im Dunkeln tappt. In Ländern der Preismoral,

dort, wo die festen Preise herrschen, ist es überhaupt keine Kunst, etwas einzukaufen. Jeder Dummkopf geht und findet, was er braucht, jeder Dummkopf, der Zahlen lesen kann, bringt es fertig, nicht angeschwindelt zu werden.
In den Suks hingegen ist der Preis, der zuerst genannt wird, ein unbegreifliches Rätsel. Niemand weiß ihn vorher, auch der Kaufmann nicht, denn es gibt auf alle Fälle viele Preise. Jeder von ihnen bezieht sich auf eine andere Situation, einen anderen Käufer, eine andere Tageszeit, einen anderen Tag der Woche. Es gibt Preise für einzelne Gegenstände und solche für zwei oder mehrere zusammen. Es gibt Preise für Fremde, die nur einen Tag in der Stadt sind, und solche für Fremde, die hier schon drei Wochen leben. Es gibt Preise für Arme und Preise für Reiche, wobei die für die Armen natürlich die höchsten sind. Man möchte meinen, dass es mehr verschiedene Arten von Preisen gibt als verschiedene Menschen auf der Welt.
Aber das ist erst der Anfang einer komplizierten Affäre, über deren Ausgang nichts bekannt ist. Es wird behauptet, dass man ungefähr auf ein Drittel des Ursprünglichen herunterkommen soll, doch das ist nichts als eine rohe Schätzung und eine jener schalen Allgemeinheiten, mit denen Leute abgefertigt werden, die nicht willens oder außerstande sind, auf die Feinheiten dieser uralten Prozedur einzugehen.
Es ist erwünscht, dass das Hin und Her der Unterhandlungen eine kleine, gehaltreiche Ewigkeit dauert. Den Händler freut die Zeit, die man sich zum Kaufe nimmt. Argumente, die auf Nachgiebigkeit des anderen zielen, seien weit hergeholt, verwickelt, nachdrücklich und erregend. Man kann würdevoll oder beredt sein, am besten ist man beides. Durch Würde zeigt man auf beiden Seiten, dass einem nicht zu sehr an Kauf oder Verkauf gelegen ist. Durch Beredsamkeit erweicht man die Entschlossenheit des Gegners. Es gibt Argumente, die bloß Hohn erwecken, aber andere treffen ins Herz. Man muss alles ausprobieren, bevor man nachgibt. Aber selbst, wenn der Augenblick gekommen ist nachzugeben, muss es unerwartet und plötzlich geschehen, damit der Gegner in Unordnung gerät und einem Gelegenheit bietet, in ihn hineinzusehen. Manche entwaffnen einen durch Hochmut, andere durch Charme. Jeder Zauber ist erlaubt, ein Nachlassen der Aufmerksamkeit ist unvorstellbar.
In Läden, die so groß sind, dass man eintreten und umhergehen kann, pflegt der Verkäufer sich gern mit einem zweiten zu beraten, bevor er nachgibt. Der zweite, der unbeteiligt im Hintergrund steht, eine Art geistliches Oberhaupt über Preise, tritt zwar in Erscheinung, aber er feilscht selbst nicht. Man wendet sich an ihn nur, um letzte Entscheidungen einzuholen. Er kann, sozusagen gegen den Willen des Verkäufers, fantastische Schwankungen im Preis genehmigen. Aber da *er* es tut, der selbst nicht mitgefeilscht hat, hat sich niemand etwas vergeben.

1 *Schreibt aus dem Text heraus, welche verschiedenen Gegenstände in den Suks angeboten werden.*

2 *a) Laut Canetti ist in den Suks „der Preis, der zuerst genannt wird, ein unbegreifliches Rätsel" (Z. 151–152). Was ist damit gemeint? Belegt eure Aussagen mit entsprechenden Textstellen.*
b) Besprecht, welche Unterschiede es zwischen dem Handeln in den Suks und dem Einkaufen in unseren Ladengeschäften gibt.

3 *a) Tragt aus dem Text zusammen, was an den Geschäften in den Suks positiv bewertet wird.*
b) Diskutiert darüber, welche Vor- und Nachteile diese Geschäftskultur hat.

4 *Informiert euch in eurem Geographiebuch oder in einem Lexikon, in welchen Ländern es Suks gibt und wie ein Suk aufgebaut ist.*

Bettina Selby

Ah Agala[1]! Mit dem Fahrrad durch Afrika

Bettina Selby wurde 1934 in London geboren und ging als Fünfzehnjährige zur Armee. Später studierte sie Religionswissenschaften und arbeitete als Fotografin. Ende der achtziger Jahre durchquerte sie mit dem Fahrrad Afrika, von Alexandria (Ägypten) bis zum Victoriasee (Tansania). Die Reisevorbereitungen dauerten über ein Jahr, in dem sie unter anderem als Fahrradkurierin arbeitete, um ihre Kondition zu verbessern.

Die Dörfer sahen sich alle ähnlich. Abseits von den kostbaren bebauten Feldern standen sich meist zwei Reihen viereckiger Hütten mit hohen Mauern gegenüber, dazwischen lag ein Streifen weicher Sand. Es gab keine Fenster, nur metallene, mit geometrischen Mustern bemalte Flügeltüren. Auch die Mauern waren manchmal in wässrigen Farbtönen gestrichen, nilgrün, rosa oder blau, meist jedoch sandfarben belassen. Gärten und Zäune fehlten. Die Häuser wirkten eher wie Miniaturfestungen. Im Sand vor den Haustüren spielten kleine Kinder. Sie schrien in panischer Angst auf, wenn sie meine weiße Haut erblickten, und stürzten mit Gebrüll ins Haus.

Kurz vor Sonnenuntergang gedachte ich, bald mein Zelt aufzustellen. Ich fuhr durch ein weiteres Dorf am Ufer des Nils und schrie mein „Dongola“[2], doch die Bewohner, die nach ihrem Tagwerk vor ihren Häusern saßen und sich ausruhten, schickten mir einen englisch sprechenden Jungen auf einem Fahrrad nach. Es werde in einer halben Stunde dunkel, sagte er mir, ich hätte keine andere Wahl, als umzukehren und bei ihnen zu übernachten. Es war schön, so begehrt zu sein, und so saß ich die nächste Stunde mitten auf der Dorfstraße auf einem Wiener Stuhl, trank Tee und beantwortete die Fragen der Männer, wobei der Junge übersetzen musste. Die Schatten wurden immer länger, bis die Sonne fast untergegangen war. Unvermittelt wurde es derart kühl, dass jedermann seinen Stuhl nahm und wegging, worauf man mich durch die verzierte Tür führte, durch welche das Agala eine Stunde zuvor verschwunden war.

Ich weiß nicht recht, was sie von mir hielten – vermutlich dachten sie, ich sei weder Mann noch Frau, sondern irgendetwas Drittes. Der ganze Haushalt wurde umgestellt, damit ich ein eigenes Zimmer hatte, das beste im Haus. An einer der Wände hing ein schreiend moderner Teppich, eine Art Wandbehang mit einem aus fluoreszierender Wolle gestickten Bergmotiv. Zwei Fenster mit schweren Läden gingen auf den Hof hinaus. Durch das Flachdach aus Papyrusstängeln war der Himmel schwach sichtbar. Von irgendwoher war ein Bett hineingestellt worden, und das Agala lehnte sorgfältig gegen eine der lehmverkleideten Wände

1 **Agala:** arab. für „Fahrrad“
2 **Dongola:** Stadt im Sudan

wie ein weiterer geehrter Gast. Ich aß mit den Männern in einem recht modernen Raum mit Metallbetten, die Kopf- an Fußende rundum den Wänden entlangstanden und auf denen 55 sich die Männer auf einen Ellbogen zurücklehnten wie die alten Römer bei einem Gelage. Über den Betten hingen Lamettafäden, als ob Weihnachten gefeiert würde. Ich erfuhr nicht, was das zu bedeuten hatte, und auch die Frauen 60 und ihr Quartier, das auf einen anderen Teil des Hofes hinausging, bekam ich nicht zu Gesicht. Ein Junge brachte die Schüsseln mit den Speisen herein und trug ab. Es gab Ful[3], gekochte Eier und zusammengerollte Scheiben waffel- 65 dünnes, blättriges Brot. Sobald die Mahlzeit zu Ende war, legten sich die Männer auf ihre Betten, was mir ein Zeichen schien, mich zurückzuziehen. Ich erhielt eine Sturmlampe, die mir zu meinem Zimmer zurückleuchten 70 sollte. Das Einzige, was ich vermisste, war ein Ort zum Waschen – in dieser Gegend ein ungelöstes Problem. Vermutlich waschen sich die Leute an den seichten Stellen im Nil, was ich wegen der Bilharzia[4] und Gardia[5] unter keinen 75 Umständen riskiert hätte. Ich behalf mir diese und die folgenden Nächte notgedrungen mit meinem Waschlappen und ein paar Tropfen des mühsam gereinigten Wassers.

Als ich am nächsten Morgen aufwachte und 80 anfing, meine Siebensachen zusammenzusuchen, gewahrte ich eine kleine, alte Dame, die draußen mit heißem Tee und Biskuits herumgeisterte. Als ich losfuhr, drückte sie meine Hände zwischen den ihren und rezitierte etwas, was 85 wie ein Segensspruch klang. Von den Männern konnte ich mich nicht mehr verabschieden, denn obwohl es erst sieben Uhr war, arbeiteten sie bereits auf den Feldern. Um zehn war es Zeit fürs zweite Frühstück: Sobald ich ein Dorf er- 90 reichte, hieß man mich anhalten und mitessen, und diese Gastfreundschaft bestimmte meinen Tagesablauf, bis ich in Dongola ankam. Das Zelt

benutzte ich kein einziges Mal, und nur selten kochte ich mir eine der Fertigmahlzeiten oder braute mir Tee. Und wer immer auch für mich 95 sorgte, ließ mich fühlen, dass ich es sei, der ihm eine Ehre erweise.

Ich kam nur mühsam vorwärts und legte selten mehr als dreißig bis vierzig Kilometer am Tag zurück. Der Nil lag stets irgendwo zu meiner 100 Rechten und war für gewöhnlich nicht zu sehen, weil Klippen und Sanddünen mich ständig ins Landesinnere zwangen. Nur wo es Flecken von Kulturland gab, senkte sich die Route wieder gegen den Fluss hinunter. Wie von Zauber- 105 hand erschien er, nachdem ich eine steinige Klippe umrundet hatte, unvermutet weit unter mir und floss ruhig mit seiner breiten, silbernen Flut durch dieses tote Land – oft hätte ich tagelang nur dasitzen und zuschauen können, wie 110 er vorbeiströmte. Auch die kleinen Siedlungen an seinem Ufer, die Oasen, die in dieser wilden Landschaft so überaus verletzlich wirkten, wa-

3 **Ful:** Brei aus großen, braunen Pferdebohnen
4 **Bilharzia:** Saugwürmer, die beim Aufenthalt des Menschen im Wasser (v. a. stehende Gewässer) über die Haut eindringen und sich u. a. in Organen einnisten können (Bilharziose)
5 **Gardia:** Parasit, der den Dünndarm zerstört

ren ein rührender Anblick. Das dunkle Grün
115 der Palmen und das hellere der frisch bebauten Felder hoben sich überraschend von der Wildnis ab. Rund um diese Weiler dröhnten unaufhörlich langsame, dumpfe Schläge wie ein riesiges Herzklopfen in der Luft. Sie stammten
120 von alten, einzylindrigen Lister-Dieselpumpen, die trotz fünfzigjährigen Einsatzes noch immer unermüdlich die Felder bewässerten.

Nur wenige hundert Meter weiter und außer Sichtweite des Nils lag eine völlig andere,
125 fremdartige Welt. Hier war die Gefahr, sich zu verirren oder im Kreise herumzuwandern, sehr real, besonders wenn sich Erschöpfung bemerkbar machte und der Verstand verrückt spielte. Nirgends gab es den kleinsten Fleck
130 Schatten. Eine allgegenwärtige Sonne brannte bedrohlich. Sie sog die Feuchtigkeit aus dem lebendigen Gewebe, sodass es unerlässlich war, sich bis zur Nasenspitze zu vermummen. Es war ein Glück, dass ich meinen Sonnenhut
135 wieder ergattert hatte. Der Schweiß rann mir immerzu übers Gesicht und in die Augen, und wo er trocknete, hinterließ er eine Salzschicht, welche die Haut reizte und meine Kleider zerfraß. Wenn ich nicht ständig eine Spezialsalbe
140 aufstrich, wurden meine Lippen und das Innere meiner Nasenlöcher schnell schrundig, und dunkle Gläser waren lebenswichtig, um meine Augen vor dem Glitzern der Sonne auf dem Sand zu schützen. Ich erschrak fürchter-
145 lich, als ich eines Tages entdeckte, dass eine Flasche Insektenschutzmittel in der Lenkertasche ausgelaufen war, die Plastikseitenteile meiner Sonnenbrille aufgelöst, mein Blitzlicht und die Linse meiner Taschenlampe beschädigt und
150 mehrere Kugelschreiber in eine klebrige Pappe verwandelt hatte. Nach diesem Vorfall sorgte ich dafür, dass das Mittel für sich allein in einer Außentasche steckte – doch wenn es schon Plastik auflösen konnte, wie würde es wohl
155 erst auf der Haut wirken? Die dunklen Gläser sahen runzlig und zernagt aus, ließen sich jedoch glücklicherweise noch verwenden. Meine einzigen, speziell für Radfahrer verfertigten Schuhe hatten steife Sohlen, um den Druck
160 gleichmäßig auf die Pedale zu verteilen, und eine perforierte Oberseite aus Leder, damit meine Füße kühl blieben. Sie erfüllten ihre Pflicht vorzüglich und überlebten die gesamte Reise, doch in der Wüste musste ich arg leiden, da sie sich jedes Mal, wenn ich absteigen und das Aga- 165
la über die weichen Stellen hieven musste, mit brandheißem Sand füllten.

Weil die Sonne jetzt fast senkrecht über meinem Kopf stand, war es nicht so leicht wie weiter nördlich, sich nach ihrem Stand zu orien- 170
tieren. Ich wusste meist, wo Süden lag, steckte mir jedoch meinen Kompass ans Hemd, um von Zeit zu Zeit einen Kontrollblick darauf zu werfen. Eine ständige Gefahr bildeten die Habub, blindwütige Sandstürme, die ohne Vor- 175
warnung plötzlich losbrechen konnten. Sie erstickten alles in einer dunklen Wolke und dauerten oft den ganzen Tag an. Wer in einem solchen Fall keinen Kompass zur Hand hatte, forderte das Schicksal heraus. Doch selbst ohne 180
Habub war der Staub ein ständiges Ärgernis. Er

legte sich auf alles, kroch unter meine Augenlider und in meine Nasenlöcher, und ich muss pfundweise davon verschluckt haben. Wasser wurde zum kostbarsten Gut der Welt. Meine Tagträume drehten sich meist um ein kühles Bad in eiskalten schottischen Flüssen, oder ich lag in tiefen, stillen Becken unter Wasserfällen. Die tägliche Ration von sieben Litern Trinkwasser reichte gerade aus: Ich gewährte mir streng nach Uhr jede halbe Stunde einen kleinen Trunk, und wenn die Verhältnisse manchmal hart waren, konzentrierte ich mich auf den nächsten Becher lauwarme Flüssigkeit und hielt mich mit dieser Aussicht auf Trab. Tee war ein Luxus, den ich mir für besonders schlimme Tage aufsparte, wo ich das Gefühl hatte, ich müsse mich etwas verhätscheln. Jemand in Wadi Halfa hatte mir eine Hand voll steinharter, geschmackloser winziger Limonen geschenkt, die ich zu den Earl-Grey-Teebeuteln gab – das Ergebnis schmeckte herrlich.

Trotz all ihrer Bedrohlichkeit war die Wüste ein Erlebnis und von gestrenger Schönheit. Einst, vor langer Zeit, ein fruchtbarer, baumbewachsener Landstrich, wo Hirtennomaden wohnten und wilde Tiere hausten, war sie jetzt allen Lebensformen mit Ausnahme von Skorpionen und robusten Insekten feindlich gesinnt. Doch jeden neuen Morgen brach ich voller Spannung auf, um mehr von ihr zu sehen. Sie forderte etwas in mir heraus, und gleichzeitig schenkte sie mir ein unendliches Gefühl von Frieden und Freiheit. Ich verstand jetzt, wieso die Heiligen der verschiedensten Religionen an solchen Orten zu ihrer Spiritualität gelangt waren. Es war nicht nur das Fehlen jeglicher Ablenkung, was die Wüste so anziehend machte, sondern vielmehr ein absoluter Sinn für das, was ist, für das Wesentliche des Lebens, dem man sich hier stellen musste. Ich wusste: Wenn Gott irgendwo existierte, so war Er hier.

1 *Die Karte auf Seite 243 zeigt die Reiseroute, die Bettina Selby mit dem Fahrrad zurücklegte. Benennt Abfahrts- und Ankunftsort der Reise und zählt die Länder und die Wüsten auf, die Bettina Selby auf ihrem Fahrrad durchquerte.*

2 *a) Lest noch einmal die Zeilen 98–133 und erklärt, welche „Welten“ die Autorin hier gegenüberstellt.*
b) Erklärt mit Hilfe des Lexikonartikels zum Stichwort „Oase“, welche Rolle diese Orte im Text spielen.

> **Oase,** *die* (v. griech.: óasis = bewohnter Ort), Vegetationsfleck in der Wüste, üblicherweise an einer Quelle oder Wasserstelle gelegen. Oasen können in ihrer Größe erheblich variieren: von kleinen, von Dattelpalmen umgebenen Teichen bis hin zu ganzen Städten mit angesiedelten Industrie- und Landwirtschaftsbetrieben. Oasen sind Knotenpunkte für Karawanen, heute z. T. durch Autostraßen verbunden.

3 *Schreibt in Stichworten auf, mit welchen Schwierigkeiten Bettina Selby zu kämpfen hat und wie sie mit diesen Schwierigkeiten umgeht.*

4 *Beschreibt, wie die Wüstenbewohner auf die Radfahrerin reagieren.*

5 *Der Reisebericht ist mit Ausnahme von Z. 72 f. im Präteritum geschrieben. Begründet diesen Tempuswechsel.*

Wilfred Thesiger

Die Brunnen der Wüste

Sir Wilfred Thesiger, geboren 1910 als Sohn eines englischen Diplomaten in Addis Abeba, verbrachte seine Kindheit in Afrika und studierte in Oxford und Eton. Nach dem Dienst in der britischen Kolonialverwaltung im Sudan in den dreißiger und vierziger Jahren durchquerte er von 1947 bis 1950 als dritter Europäer die Wüste Rub al-Khali, das „Leere Viertel" der arabischen Halbinsel, und lebte mit den Beduinen. Wilfred Thesiger starb 2003.

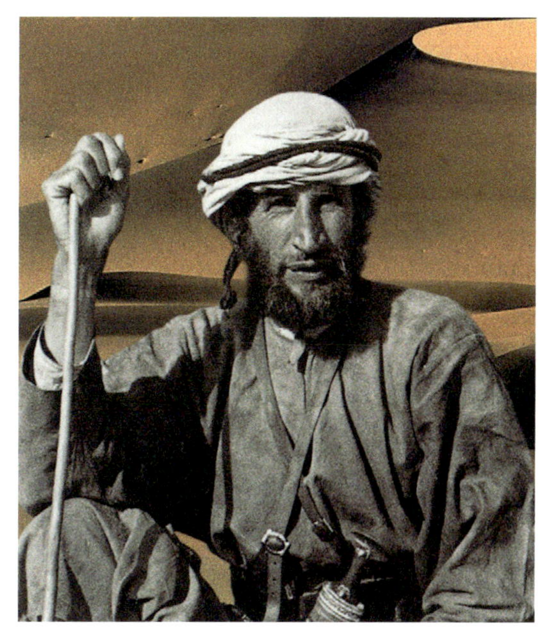

Nach dem Abendessen hatte ich eine lange Unterhaltung mit Muhammad al-Auf. Er war der Einzige von uns, der die Wüste schon einmal durchquert hatte und die Verhältnisse auf der anderen Seite kannte. Seine Ruhe und seine Zurückhaltung flößten mir Vertrauen ein. Die Bait Kathir waren eifersüchtig auf ihn, und er hielt sich im Hintergrund, solange wir uns in dem Gebiet befanden, das die Bait Kathir kannten. Der junge Sa'id, der Sohn des Scheichs der Bait Musan, konnte uns bis Ramlat al-Ghafa führen. Er kannte diesen Teil der Sande, die anderen Bait Kathir waren bis zu deren Saum gekommen, als sie im Vorjahr mit mir reisten. Ich wusste, dass Sultan und die anderen mir nicht von der Seite weichen würden, sobald ich mit al-Auf ein Gespräch anfinge, und sagte daher den andern, wir würden die weidenden Kamele zusammentreiben. Wir nahmen unsere Gewehre, gingen in die Wüste und suchten die Kamele. Dann setzten wir uns nieder. Ich fragte al-Auf, wann er die östlichen Sande durchquert habe. Er sagte: „Vor zwei Jahren. Ich kenne sie." Als ich nähere Einzelheiten von ihm wissen wollte, lächelte er und wiederholte: „Ich kenne sie." Und ich war überzeugt, dass es stimmte. Hinter den gewaltigen Uruq al-Shaiba, die nach seiner Schilderung eine Anhäufung von Sandbergen waren, liege Dhafara, wo es in den Palmenhainen von Liwa Brunnen und Dörfer gebe. Ich hatte von Dhafara schon gehört. Für die Bedu[1] des Südens war es das Ultima Thule[2]. Dhafara war in ihren Augen die Grenze der erforschten Welt. Al-Auf erzählte mir von Liwa, als wir so in der Dunkelheit beisammensaßen. Seine Schilderung klang sehr verlockend: eine Oase mit Palmhainen und Dörfern, die sich über zwei Kameltagereisen erstreckte. Ich wusste, dass noch kein Europäer dort gewesen war, und es musste größer als Djabrin sein, das Cheesemann[3] 1924 entdeckt hatte. Al-Auf schätzte, dass wir etwa einen Monat bis dorthin brauchten, und äußerte seine Bedenken wegen der Kamele der Bait Kathir, die in keiner guten Verfassung waren und seiner

1 **Bedu:** arab. „Wüstenbewohner", der bei uns häufig verwendete Begriff „Beduine" ist eigentlich ein doppelter Plural
2 **Ultima Thule:** antike Bezeichnung für „nördlichstes Land"
3 **Cheesemann:** Arabienreisender

Meinung nach die Uruq al-Shaiba nicht durchqueren konnten. Ich fragte ihn, ob man diese Sandberge nicht umgehen könne, und er antwortete: „Nein, nur wenn wir sehr weit westlich über Dakaka reisen, wo Thomas die Sande durchquert hat. Dort ist es leichter." Er erzählte mir, dass man weiter östlich von den Uruq al-Shaiba in den gefährlichen Treibsand des Umm al-Samim (die Mutter des Gifts) komme. Bertram Thomas hatte vom Umm al-Samim gehört und die Ansicht vertreten, dass die sagenhaften Sanddünen von Bahr al-Safi, die der bayerische Reisende von Wrede (1843) im Norden von Hadramaut entdeckt haben wollte, vielleicht damit identisch seien. Die Wüste vor uns stellte uns faszinierende Aufgaben. Konnten wir aber dorthin gelangen? Ich schätzte, dass wir bis Liwa sechshundert Kilometer Wüste vor uns hatten. Wieder sprachen wir von Kamelen, Entfernungen, Nahrung und dem Wasser. Unsere Vorräte waren sehr knapp. Wir waren mit 200 Pfund Mehl, mit Reis für zwei Mahlzeiten, von denen die eine bereits gegessen war, einigen Hand voll Mais, ein wenig Butter, Kaffee, Zucker und Tee in Maghshin aufgebrochen, das musste für zwölf Menschen mindestens einen Monat lang reichen, und das heißt: ein halbes Pfund Mehl pro Tag und sonst nichts. Verbittert dachte ich an die Lebensmittel, welche die Leute auf der Reise nach Maghshin verprasst hatten. Wir würden hungern müssen. Wir konnten wahrscheinlich genug Wasser für zwanzig Tage mitführen, wenn wir uns pro Tag und pro Person auf einen Viertelliter beschränkten. Zwanzig Tage ohne Wasser war das Äußerste, was die Kamele aushalten konnten, wenn sie lange Stunden durch tiefen Sand gehen mussten, und das nur, wenn sie Weideplätze fanden. Aber würden wir Weideplätze finden? Das ist die ewige Frage für den Bedu. Fanden wir sie nicht, würden die Kamele zusammenbrechen, und das war das Ende. Der Bedu fürchtet weder den Hunger noch den Durst und kann angeblich bei Kälte sieben Tage lang ohne Essen und ohne Wasser reiten. Sein Schreckgespenst ist das Versagen der Kamele. Brechen sie zusammen, ist ihm der Tod gewiss. Ich erkundigte mich bei al-Auf, ob wir wohl Weideplätze finden würden. „Gott allein weiß es", antwortete er. „Bis nach Ramlat al-Ghafa gibt es Weideplätze, denn es hat vor zwei Jahren geregnet. Aber wer weiß, was dahinter kommt?" Er lächelte und fügte hinzu: „Wir werden schon etwas finden." Wir erhoben uns und gingen wieder zum Lager zurück. In dieser Nacht fand ich nur wenig Schlaf. Die Reise, die vor uns lag, schien mir ungeheuerlich, und mein Vertrauen auf die Bait Kathir war gering.

Am nächsten Morgen ließen wir unsere Kamele eine Weile an den ghaf-Bäumen[4] um unseren Lagerplatz knabbern. Dann ritten wir nordwärts nach Ghanim. Die Gegend war mir vom Vorjahr her vertraut. Weit verstreute Dünen von sechzig bis neunzig Meter Höhe erhoben sich wie zufällig aus der brettebenen Kieswüste. Diese gewaltigen Sandhaufen, die ihre Entstehung den Launen des Windes verdanken, zeigen nicht die uns sonst bekannten Formen der Dünenbildung. Der Bedu nennt sie qaid. Ich habe sie nur in den südöstlichen Sanden und um Liwa herum gesehen. Der Bedu kennt jede einzelne dieser qaid, da jede Düne eine eigene Form hat, die sich im Lauf der Jahre kaum merklich verändert. Aber alle haben gewisse Eigenarten gemeinsam.

In dieser Gegend lag die Steilseite nach Norden gewandt. Auf dem Steilhang sah man unentwegt kleine Sandlawinen absacken, die vorübergehend eine hellere Spur hinterließen. Die Sandoberfläche war von winzigen Rippelmarken gestreift. Die Rippelrücken waren aus dunkleren, schwereren Körnern aufgebaut als

4 **ghaf-Bäume:** verbreitete Wüstenbäume

die Rippeltälchen. Der Wind hielt den Sand unablässig in Bewegung, trennte die schwereren Körner von den leichteren, die immer eine andere Farbe aufwiesen. Nur ein einziges Mal sah ich Sand, dessen große Körner blasser waren als die kleinen. Obgleich es weniger große Körner gibt, bestimmen diese die Farbe der Landschaft. Dicht unter der Oberfläche des Sands liegt helleres Material. Die Mischung von zwei Farben verleiht den großen Sanden den Reichtum an Farben: Gold mit Silber, Orange mit Creme, Ziegelrot mit Weiß, Siena mit Rosa, Gelb mit Grau – die Vielfalt der Schattierungen und Farben ist unendlich.

Wir erreichten den Brunnen Khaut bin Atarit, den ein längst vergessener Bedu dieses Namens entdeckt hat, am Abend des 27. November, vier Tage nach unserem Abmarsch von Maghshin. Der seichte Brunnen liegt in hartem, weißem Gipsboden unter dem Sand am Nordhang einer hohen Düne. Er war verweht, aber mit Hilfe unserer Hände, einiger Töpfe und Schüsseln konnten wir ihn noch vor Einbruch der Nacht freilegen. Das Wasser schmeckte, wie erwartet, abgestanden. Es würde in den Ziegenschläuchen immer übler werden. Überraschenderweise hatte das Wasser nur eine leicht abführende Wirkung, obgleich es Magnesiumsulfat, Kalzium und Kochsalz enthielt. Am nächsten Tag machten Sa'id und zwei weitere Männer sich auf die Suche nach den Bait Musan am Bir Halu, dem „süßen Brunnen". Ich wusste vom Vorjahr her, dass dieser Name eine irreführende Bezeichnung war, schmeckte das Wasser von Bir Halu doch genauso schlecht wie das von Khaur bin Atarit.

Ich erklomm den Gipfel der Düne und legte mich, einhundertzwanzig Meter über dem Brunnen, friedlich in die Sonne. Das Bedürfnis, allein zu sein, wird der Bedu niemals verstehen und immer mit Misstrauen vermerken. Engländer haben auch häufig gefragt, ob ich mich denn in der Wüste niemals einsam gefühlt habe. In all den Jahren, die ich dort verbracht habe, bin ich wohl immer nur sehr kurze Zeit allein gewesen. Die schlimmste Form der Einsamkeit ist die Verlorenheit inmitten einer Menschenmenge. Ich habe mich in der Schule einsam gefühlt und in europäischen Städten, wo ich niemanden kannte. Aber unter den Arabern war ich niemals einsam. In Städten, wo mich niemand kannte, ging ich einfach in den Bazar und begann ein Gespräch mit einem Händler. Er lud mich ein, in seiner Bude Platz zu nehmen, und ließ Tee kommen. Andere Leute gesellten sich zu uns. Man fragte mich, wer ich sei, woher ich komme, und stellte unzählige andere Fragen, die wir einem Fremden niemals stellen würden. Und dann sagte einer: „Komm, iss mit mir zu Mittag." Beim Essen traf ich dann weitere Araber, und einer von ihnen lud mich zum Abendessen ein. Ich habe mich oft traurig gefragt, was sich wohl ein Araber denkt, der England bereist. Ich hoffe, er hat begriffen, dass wir untereinander ebenso unfreundlich sind, wie wir ihm gegenüber unfreundlich erscheinen müssen.

1 *Lest den Text (▷ S. 247–249) genau und erklärt die folgenden Begriffe aus dem Textzusammenhang (Kontext) heraus.*

Uruq al-Shaiba (Z. 27) | Dhafara (Z. 31) | qaid (Z. 115)

2 *Die Durchquerung der Wüste stellt die Männer vor schwierige Aufgaben. Beschreibt, welche Schwierigkeiten im Text genannt werden.*

3 *„Das Bedürfnis, alleine zu sein, wird der Bedu niemals verstehen und immer mit Misstrauen vermerken." (Z. 166–168)*
a) Besprecht, welche Unterschiede zwischen der arabischen und der europäischen Kultur beschrieben werden.
b) Diskutiert, was dies für den Umgang miteinander bedeuten könnte.

4 *a) Erklärt, warum Thesiger in den Zeilen 116–120 und 133–141 das Präsens als Tempus wählt.*
b) Setzt die beiden Textpassagen ins Präteritum. Welche Wirkung haben die Sätze dann?

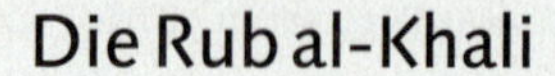

Die Rub al-Khali

Die Rub al-Khali (dt. das Leere Viertel) ist die größte Sandwüste der Welt. Mit einer Fläche von ca. 780 000 km² ist sie mehr als doppelt so groß wie Deutschland. Die fast menschenleere Wüste liegt im Südosten der Arabischen Halbinsel und erstreckt sich von Naschd im Norden bis Hadramaut im Süden. Ihre Ausdehnung, ihr extrem trockenes Klima und das fast völlige Fehlen von Oasen machen sie zu einem besonders schwer zugänglichen Gebiet Arabiens. Die Rub al-Khali besteht weitestgehend aus Dünenfeldern, die mehrere hundert Kilometer lang und bis zu 300 Meter hoch sein können. Zwischen diesen Dünenfeldern liegen Salzebenen. Die Niederschläge betragen weniger als 20 mm im Jahr, die Temperaturen liegen zwischen Mai und Oktober bei 50 Grad Celsius. Nachts kann das Thermometer durchaus auf –5 Grad Celsius fallen.

5 *a) Erklärt mit Hilfe des Lexikonartikels zum Stichwort „Rub al-Khali", welche Besonderheiten diese Wüste hat.*
b) Diskutiert, ob ihr eine Durchquerung dieser Wüste ebenso reizvoll fändet wie Thesiger.

11.2 Lebensraum Wüste – Sachtexte auswerten

Informationen zusammenfassen und wiedergeben

Leben in der Wüste

Von der Kunst, die Wasserarmut in der Wüste zu überlisten

Wüsten

Mehr als ⅓ der Landfläche unserer Erde besteht aus Wüsten oder wüstenähnlichen Gebieten.
Wüsten sind Regionen der Erde, die aufgrund von Wasser- oder Wärmemangel vegetationsarm bzw. vegetationslos[1] sind.
Zu unterscheiden sind die Trockenwüsten (auch Hitzewüsten genannt) der Tropen und Subtropen, die Kältewüsten im Hochgebirge und den polnahen Bereichen der Erde sowie die völlig von Eis und Schnee bedeckten Eiswüsten.

Trockenwüsten

Die Trockenwüsten sind die Wüsten im engeren Sinne. Man spricht von einer Trockenwüste, wenn in einem Gebiet weniger als 250 mm Regen im Jahr fallen. In vielen Trockenwüsten herrscht neben dem Wassermangel auch extreme Hitze. Bis zu 52 Grad Celsius im Schatten erreicht beispielsweise die Temperatur in der Sahara, denn dort brennt die Sonne ohne einen Wolkenfilter auf die Erde. Andererseits gibt der Wüstenboden nachts die gespeicherte Hitze an die Atmosphäre ab, sodass die Temperaturen auf – 10 Grad fallen können.

Überleben in der Wüste: Jeder Tropfen zählt

In dieser extrem lebensfeindlichen Umwelt können nur noch hoch spezialisierte Tier- und Pflanzenarten überleben. Auf der Suche nach Grundwasser bohren zum Beispiel Akazien in der Sahara ihre Wurzeln bis zu 50 Meter tief in den Boden. Die Kakteen der amerikanischen

1 **Vegetation:** Gesamtheit des Pflanzenbestandes (eines bestimmten Gebietes)

35 Wüsten haben dagegen ein weit verzweigtes Wurzelnetz, das ganz flach unter der Bodenoberfläche liegt. Wenn es regnet, wird das Wasser vom Wurzelnetz der Kakteen rasch aufgesogen und im fleischigen Pflanzenkörper gespeichert. Mit diesem Wasservorrat können die Kakteen bis zu zehn Monate lange Trockenzeiten überstehen.

Ohne Wurzeln kommt dagegen die kugelförmige Bromelie Tillandsia latifolia aus. Sie zieht ihre Feuchtigkeit aus der nebeligen Luft der Atacama-Wüste, die in Südamerika liegt und im Westen an den Pazifik grenzt.

Auch Reptilien wie Echsen oder Schildkröten sind an die Lebensbedingungen in der Wüste angepasst. Sie besitzen einen dicken Panzer oder eine hornige Schuppenhaut, durch die sie gut gegen Feuchtigkeitsverlust und Hautzerstörung durch die Hitze geschützt sind. Dank ihres geringen Energieverbrauchs müssen Reptilien nicht oft ein- und ausatmen, wodurch der Feuchtigkeitsverlust, der beim Atmen entsteht, gesenkt wird.

Lasttiere mit Wassertank

Unter den Säugetieren sind die Kamele auf besonders eindrucksvolle Weise an die Wüste angepasst. Die Lasttiere der Wüste können, wenn sie gut getränkt sind, einen halben Monat ohne Wasseraufnahme durch die Wüste ziehen.

Das Wasser speichern sie in großen, speziell dafür ausgerichteten Zellen der Magenwand. Innerhalb von zehn Minuten kann ein Kamel über 100 Liter Wasser trinken und einlagern. Auch ihr Nahrungsspeicher ist perfekt angepasst, denn in ihren Höckern lagern die Tiere Fette ein, die ihnen als Futterreserven dienen. Das Besondere dabei ist, dass die Kamele beim Abbau der Fettreserven im Höcker über den Stoffwechsel auch Wasser gewinnen können.

Durstrekorde

Noch ein weiteres Phänomen erhöht die Wüstentauglichkeit der Kamele: Ihr Körper ist viel toleranter gegenüber Wasserverlusten. Führt beim Menschen eine Abnahme des Wassergehalts um zehn bis zwölf Prozent zu erheblichen Störungen des Stoffwechsels oder zum Tod, können Kamele doppelt so hohe Wasserverluste problemlos überleben.

Die Kamele sind mit ihrer Toleranz gegenüber Wasserverlusten im Tierreich aber keineswegs einsame Spitzenreiter. Einige Eidechsen können – allerdings nur kurzzeitig – bis zu 50 Prozent und einige Schnecken bis zu 80 Prozent ihres Wassergehalts verlieren, ohne daran zu sterben.

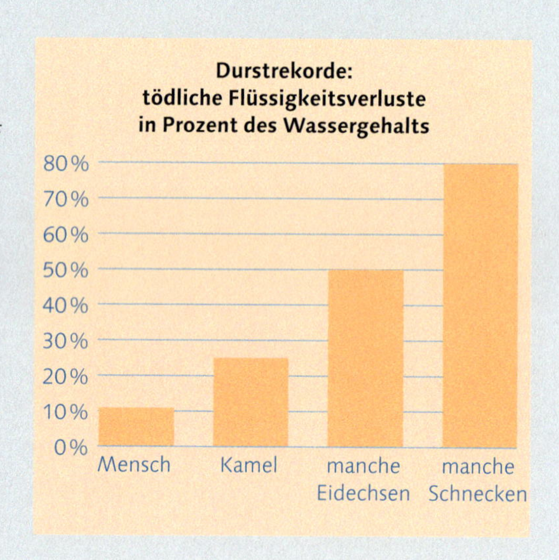

1 *a) Verschafft euch einen ersten Überblick über den Text. Lest die Überschriften und den Anfang der einzelnen Abschnitte kurz an.*
- *Was ist das Hauptthema des Textes?*
- *Welche speziellen Themenbereiche werden angesprochen?*

b) Fasst in ein bis zwei Sätzen zusammen, worum es in dem Text geht.

2 *a) Arbeitet nun weiter mit einer Kopie des Textes oder legt eine Folie über den Text. Lest den Text mit dem (Folien-)Stift in der Hand.*
- *Markiert im Text wichtige Schlüsselwörter. Kennzeichnet diese am Rand mit Randnotizen oder -zeichen, z. B. mit einem Ausrufezeichen.*
- *Textstellen, die ihr nicht verstanden habt, könnt ihr am Rand mit einem Fragezeichen versehen.*

b) Versucht, die Textstellen, die für euch unverständlich waren, aus dem Zusammenhang (Kontext) heraus zu klären. Schlagt gegebenenfalls in einem Lexikon nach.

3 *Die ersten beiden Textabschnitte (▷ Z. 1–26) informieren über das Thema „Wüste".*
a) Ordnet die Informationen zum Thema „Wüste". Übernehmt dazu die unten stehende Mind-Map in euer Heft und ergänzt sie mit den Informationen aus den ersten beiden Textabschnitten.

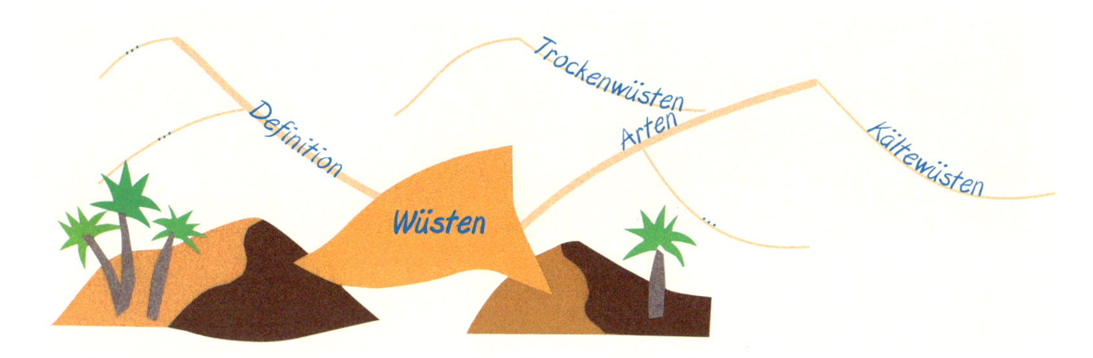

b) Informiert eure Banknachbarin oder euren Banknachbarn mündlich über das Thema „Wüste". Nehmt dazu eure Mind-Map zu Hilfe und formuliert zu den Stichpunkten ganze Sätze.

4 *Untersuchungsergebnisse lassen sich oft in Grafiken darstellen. Gebt die Informationen aus dem Diagramm „Durstrekorde" (▷ S. 252) mit eigenen Worten wieder.*

5 *Fasst nun die wichtigsten Informationen aus jedem Abschnitt in Stichworten zusammen.*

!

Sachtexte

Sachtexte unterscheiden sich von literarischen Texten dadurch, dass sie vorwiegend informieren wollen und sich deshalb auf das Wesentliche (wichtige Tatsachen, Fakten) beschränken. Oft werden bestimmte Sachverhalte mit Fremdwörtern oder Fachbegriffen treffend benannt. Sachtexte haben häufig folgende Merkmale:
- Sachtexte sind meist in Abschnitte unterteilt, die Zwischenüberschriften haben können. Der erste Abschnitt führt oft in das Thema ein, die weiteren Abschnitte informieren dann über spezielle Themen.
- Wichtige Wörter oder Wortgruppen (so genannte Schlüsselwörter) sind oft hervorgehoben.
- Manche Begriffe oder Fachausdrücke werden in einer Fußnote oder in einer Randspalte erklärt.
- Es gibt oft Abbildungen, Grafiken und Tabellen, die wichtige Informationen enthalten.

Tischleindeckdich der Wüstenbewohner

Dattelpalmen erfüllen viele Funktionen

„Hochleistungspalmen“ liefern im besten Lebensalter – 40 bis 80 Jahre – über 150 Kilogramm bester Dattelfrüchte innerhalb einer Ernteperiode. Die Früchte der Dattelpalme dienen aber nicht nur den Wüstenbewohnern selbst als Hunger- oder Durstlöscher: Auf lokalen Märkten bietet man sie auch gerne zum Verkauf an und sie sind – last but not least – auch einer der größten Exportschlager in den Wüstenregionen.

Da Lebensmittel und andere Ressourcen in den Oasen knapp sind, schlachten die dort lebenden Menschen die Palmwälder auch ansonsten fast vollständig aus. Frische Blatttriebe bereichern als Salat die Speisekarte, Palmwedel bilden die Grundlage für Besen, Körbe oder Dachkonstruktionen und der Stamm findet als Baumaterial oder Brennholz Verwendung.

Sogar die Dattelkerne werden gemahlen und als Tierfutter genutzt – eine vorbildliche Art der Tiernahrung, BSE hat hier jedenfalls keine Chance. Und noch ein besonderer Clou der Pflanze: Der aus dem Saft der Palmstämme gewonnene Wein schmeckt ausgezeichnet und hat auch schon bei manchem sinnenfrohen Touristen einen „dicken“ Kopf verursacht.

Aber die Dattelpalme ist nicht nur ein fest im heißen Wüstensand verankertes „Tischleindeckdich“, die Palmwälder sind für das Leben in den Oasen noch aus einem anderen Grund unersetzlich. Wie ein Sonnenschirm schützt das Dach der Palmwälder die anderen Nutzpflanzen in den grünen Gärten der Wüste vor der direkten Sonneneinstrahlung und der Hitze. Erst dadurch entwickelt sich das besondere Mikroklima[1], das diese Organismen für ein optimales Wachstum benötigen.

Dattelpalmen haben in den Oasen längst ihre absolute Monopolstellung verloren. Viele Oasengärten zeigen heute einen typischen stockwerkartigen Aufbau: In Bodennähe wachsen verschiedene Getreidesorten, aber auch Gemüse wie Bohnen, Karotten, Tomaten, Melonen oder Gurken. In der ersten Etage folgen Obstbäume wie Granatapfel, Aprikosen, Pfirsiche oder Orangen und an der Spitze stehen die Dinosaurier des Oasenreiches, die Dattelpalmen.

1 **Mikroklima:** das Klima im Bereich der bodennahen Luftschichten bis etwa 2 m Höhe

Datteln, Palmblättersalat, Aprikosen, Zwiebeln oder Möhren – viele Oasen scheinen auf den ersten Blick ein Paradies für Vegetarier zu sein. Und in der Tat spielt Viehzucht in den „grünen Inseln im Wüstenmeer" oft eine eher untergeordnete Rolle. Häufig tummeln sich nur einige Hühner oder anderes Geflügel im Oasenbereich und natürlich die unvermeidlichen Kamele. Diese Tiere sind leicht zu halten und in Bezug auf ihre Nahrung nicht besonders wählerisch. Anders sieht das in den großen Flussoasen am Nil oder an Euphrat und Tigris aus. Hier hat die Tierhaltung manchmal eine größere Bedeutung.

Längst nicht in allen Oasen aber reicht die zur Verfügung stehende Wassermenge aus, um solch eine paradiesische Vielfalt am Leben zu erhalten oder Gewinn bringend zu nutzen. Vor allem der besonders wasserintensive Gemüseanbau wird bei Wassermangel häufig eingeschränkt oder fällt ganz dem „Rotstift" der Oasenbauern zum Opfer.

1 *a) Lest den Text genau.*

b) Besprecht mit eurer Banknachbarin oder eurem Banknachbarn, worum es in dem Text geht. Schreibt euer Ergebnis in ein bis zwei Sätzen auf.

2 *Einige Fremdwörter oder Fachbegriffe könnt ihr aus dem Kontext heraus erschließen. Erklärt, welche Bedeutung die folgenden Wörter im Text haben.*

Ressourcen (Z. 12) Clou (Z. 25) Monopolstellung (Z. 43)

3 *a) Manche Fachbegriffe müsst ihr in einem Lexikon nachschlagen. Lest den Lexikoneintrag zum Stichwort „BSE".*

BSE (*bovine spongiforme Encephalopathie*, auch Rinderwahn genannt): eine bei Rindern auftretende Infektionskrankheit, die erstmals im Jahr 1984 beobachtet wurde. Die Übertragung dürfte lange Zeit durch die Verfütterung von Tiermehl erfolgt sein. Auch die Übertragung durch Milchersatzprodukte, die an Kälber verfüttert wurden, ist sehr wahrscheinlich. Die Tiermehlfütterung wurde aus diesem Grund in den letzten Jahren sukzessive verboten.

b) Erklärt mit Hilfe der Informationen aus dem Lexikonartikel, warum die Infektionskrankheit „BSE" in der im Text beschriebenen Oasenwirtschaft keine Rolle spielt.

4 *a) Lest den Text noch einmal und schreibt Stichworte zu der folgenden Frage auf:*
Warum bezeichnet man die Dattelpalme als „Tischleindeckdich" der Wüstenbewohner?

b) Wenn ihr andere informieren wollt (z. B. in einem Referat), ist es wichtig, die Informationen so anschaulich wie möglich zu präsentieren. Stellt die unterschiedlichen Nutzungsmöglichkeiten der Dattelpalme in einem Schaubild dar.

c) Haltet mit Hilfe eurer Ergebnisse aus Aufgabe 4a und b einen Kurzvortrag über die Funktion der Dattelpalme in der Wüste.

Die Hightech-Oase

Es ist keine Fata Morgana: Mitten in der Al-Kharj-Wüste in Saudi-Arabien ragen 15 Meter hohe Kühltürme der Molkerei Al-Safi aus dem Sand. Hier entstand vor 20 Jahren ein Molkereizentrum der Superlative.

Neuinvestition: Nach dem Ölboom produziert die saudische Al-Safi-Milchfarm 150 Millionen Liter Milch im Jahr und steht damit im Guinness-Buch der Rekorde.

Unentbehrlich: Das Wasser für die gesamte Anlage der größten Milchfarm Saudi-Arabiens wird aus zwei Kilometern Tiefe gefördert.

Einheimische nennen den Zufahrtsweg zur Molkerei „Milchstraße". Täglich verlassen auf ihm Kühltransporter mit 550 000 Litern Milch die Al-Safi-Anlage. Sie ist umgeben von Sand und Staub, in der Nachbarschaft leben Nomadenfamilien mit ihren Herden. Der Milch-Betrieb dagegen ist ein Hightech-Unternehmen. Die 32 000 Kühe werden drei Mal am Tag automatisch gemolken, Computer steuern die Futterausgabe. Damit die Tiere die Hitze ertragen, werden sie permanent mit Wassertropfen eingenebelt. Durch dieses „saubere Doping" gibt jede Kuh am Tag bis zu 70 Liter Milch. Der technische Aufwand für diese Hochleistung ist enorm: 2 500 Liter Wasser werden für einen Liter Milch verbraucht. Es wird aus zwei Kilometer tiefen Brunnen hochgepumpt und in riesigen Türmen gekühlt. Zusätzlich werden Milliarden Liter Wasser durch Meerwasserentsalzungsanlagen geschleust.

Der 24-jährige Saudi Arner Al-Sayan ist Herdenführer bei Al-Safi und für die Fütterung von 350 Kühen verantwortlich. Seit er hier arbeitet, hat sich sein Leben entscheidend geändert. Nicht Allah bestimmt nunmehr den Tagesrhythmus, sondern auch die Stechuhr des Milchbetriebs. Somit hat die Vision eines geschäftstüchtigen Scheichs nicht nur die Landschaft Saudi-Arabiens verwandelt, sondern auch Einfluss auf die Lebensgewohnheiten der Bevölkerung genommen.

1 *a) Lest den Text genau und gebt in eigenen Worten wieder, worum es in dem Text geht.*
b) Überlegt, in welcher Art von Publikation der Text veröffentlicht sein könnte. Begründet eure Meinung mit Belegen aus dem Text.

2 *a) Gliedert den Text in Abschnitte und sucht zu jedem Abschnitt eine passende Überschrift. Lasst unter jeder Überschrift drei Zeilen frei.*
TIPP: *Ein Abschnitt beginnt dort, wo ein neuer Themenbereich angesprochen wird.*
b) Sucht zu jedem Abschnitt die wichtigsten Informationen heraus und schreibt sie unter die Überschriften.

3 *Überlegt, worüber der Text eurer Meinung nach nicht informiert. Notiert euch dazu Stichworte.*

4 *Wenn ihr über bestimmte Themenbereiche genauer berichten wollt oder unbekannte Begriffe nachschlagen wollt, könnt ihr verschiedene Informationsquellen für eure Recherche nutzen:*
- *Bücher (Schulbücher, Fachbücher, Lexika, Enzyklopädien),*
- *Zeitschriften/Zeitungen,*
- *CD-ROMs, multimediale Enzyklopädien,*
- *Internet,*
- *Archive, Behörden, Museen.*

a) Besprecht, welche Vor- und Nachteile die verschiedenen Informationsquellen haben.
b) Überlegt dann, welche Quellen ihr nutzen wollt und wo ihr diese finden könnt.
TIPP: Denkt dabei an eure Schulbibliothek und an öffentliche Bibliotheken.

5 *a) Schlagt eure Stichworte aus Aufgabe 3 in unterschiedlichen Informationsquellen nach. Beachtet dabei die unten stehenden Tipps zur Informationsrecherche.*
b) Tauscht euch dann über eure Erfahrungen bei der Informationsrecherche aus.
- *Wie seid ihr vorgegangen?*
- *Wie viel Zeit habt ihr benötigt, um brauchbare Informationen zu finden?*
- *Welche Probleme ergaben sich bei eurer Informationssuche?*

TIPP

Tipps zur Informationsrecherche

- **Bibliothek:**
  Der OPAC (Online Public Access Catalogue) gibt Auskunft über den gesamten Medienbestand der betreffenden Bibliothek und funktioniert ähnlich wie eine Suchmaschine im Internet. Auf dem Bildschirm erscheinen Suchmasken, hier kannst du verschiedene Suchbegriffe eingeben, z. B. ein bestimmtes Schlagwort, den Namen eines Autors oder einen Buchtitel.
- **Bücher/Zeitschriften:**
  Das Inhaltsverzeichnis und/oder das Register zeigen dir, ob das Informationsmaterial für deine Zwecke brauchbar ist. Schreibe wichtige Informationen heraus und notiere dir die Textquelle. Wichtige Beiträge kannst du auch für deine Materialsammlung kopieren.
- **Lexika/Enzyklopädien:**
  In einem gedruckten Nachschlagewerk führen dich so genannte Querverweise (→) zu anderen Artikeln, in denen du weiterführende Informationen findest. In einem elektronischen Lexikon nennt man diese Querverweise Links.
- **Internet:**
  Um im Internet gezielt nach Informationen zu suchen, braucht man die Hilfe von Suchmaschinen, z. B. www.google.de. Um tatsächlich fündig zu werden, musst du dir geeignete Suchbegriffe überlegen. Die Suchmaschinen ordnen die gefundenen Links nach Wichtigkeit. Oft kann man an den Adressen und den mitgelieferten Kurzbeschreibungen erkennen, ob eine Seite brauchbar ist.

11.3 Wir informieren andere – Ein Kurzreferat vorbereiten und halten

Ein Kurzreferat vorbereiten

1 *Über den arabischen Lebensraum gibt es Interessantes zu berichten. Überlegt euch Themen für Kurzreferate und erstellt eine Themenliste.*

2 *Bei der Erarbeitung eines Kurzreferats solltet ihr in verschiedenen Schritten vorgehen. Ordnet die Schritte zur Vorarbeit eines Kurzreferats und schreibt sie in euer Heft.*

wichtige Informationen herausschreiben

mehrere Texte zum Thema lesen,
wichtige Beiträge für die Materialsammlung kopieren

Gliederungspunkte für das Kurzreferat überlegen

Informationen über das Thema sammeln
(Bücher, Lexika, Zeitschriften, Internet ...)

Notizen überarbeiten: ordnen, streichen, ergänzen

Vom Nomaden zum Millionär

Der wirtschaftliche und soziale Wandel in der Golfregion

Schon vor Jahrtausenden durchzogen Nomadenstämme die Wüsten und Steppen des Orients. Sie lebten von Tierzucht und Karawanenhandel. Bei den sesshaften Oasenbauern tauschten sie Wolle, Felle und Fleisch gegen Datteln, Hirse und Gemüse. So waren Nomaden und Oasenbauern aufeinander angewiesen.
Heute ist der Karawanenhandel stark zurückgegangen, weil die Konkurrenz durch den LKW-Verkehr groß ist. Dazu kommt, dass mittlerweile viele Wasserstellen ausgetrocknet sind. Vielen Nomaden blieb daher nichts anderes übrig, als sesshaft zu werden und sich dem Ackerbau zu widmen oder sich in den Erdölförderbetrieben Arbeit zu suchen. Seit Ende der 60er Jahre haben sich viele nomadische Stammesgesellschaften in reiche Erdölstaaten verwandelt. Allerdings fand der Wandel sehr abrupt statt; die Menschen sind gewissermaßen vom Mittelalter in die Moderne katapultiert worden. Die Emirate und Scheichtümer am Persischen Golf entsprechen so gar nicht unseren Vorstellungen von den Nomaden des Orients. Grundlage dieses sagenhaften Reichtums sind die Erdöl- und Erdgasvorkommen; diese ermöglichen einen sehr hohen Lebensstandard und architektonischen Gigantismus. In Katar[1] bspw. sind medizinische Versorgung, Schulbildung und Universitätsbesuch kostenlos. Jeder Universitätsabsolvent bekommt eine staatliche Stelle sowie ein Eigenheim. Es herrscht Steuerfreiheit.
Bis ca. 1960 waren die Hauptstädte der V. A. E. (Vereinigte Arabische Emirate) noch winzige und ärmlich wirkende Küstenorte. Innerhalb kürzester Zeit haben sie sich zu modernen und westlich geprägten Großstädten entwickelt. Die Infrastruktur ist gut ausgebaut. Neben luxuriösen Hotels, Banken und Einkaufszentren existieren zahlreiche Universitäten, Krankenhäuser und Sportanlagen; in Dubai[2] gibt es sogar eine Kunsteisbahn zum Schlittschuhlaufen.
In den 70er Jahren wurden die von britischen und amerikanischen Erdölgesellschaften erschlossenen Felder verstaatlicht. Seitdem fließen die Erlöse aus den Exporten direkt in die Kassen der Golfstaaten. So haben die Staaten seitdem die Möglichkeit, die Geschicke ihrer Länder selbst in die Hand zu nehmen.
Technische Errungenschaften der westlichen Industrienationen erhielten dennoch in vielen

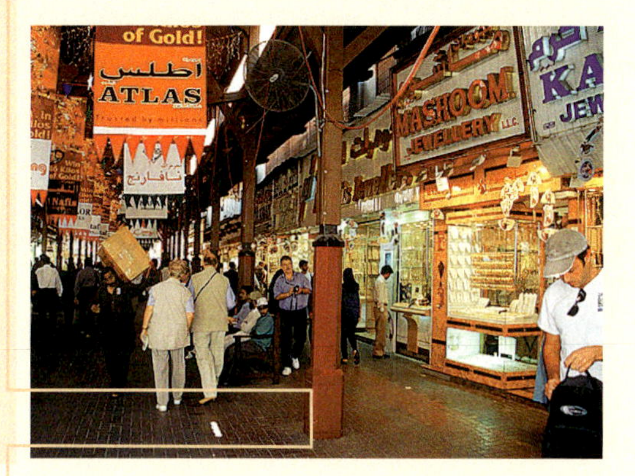

Bereichen Einzug und es kam zu einem regen Austausch zwischen der orientalischen und westlichen Kultur. Nicht erst seit der militärischen Intervention der USA und der Briten 2003 – der Palästina-Konflikt spielte vor allem eine große Rolle – sind viele Menschen in dieser Region aber argwöhnischer gegenüber der westlichen Welt geworden. Eine Rückbesinnung auf islamische Wertvorstellungen und die Forderung nach sinnvoller Verwendung der Erträge aus dem Erdöl wird deutlich spürbar. Und viele fragen sich natürlich auch, was nach dem Erdöl-Boom passiert, dann, wenn die Quellen versiegt sind.
Die Regierungen der fünf kleinen Golfstaaten (Bahrain, Kuwait, Oman, Katar und V. A. E.) haben daher mit dem Aufbau eigener Industrien

1 **Katar:** Staat am Persischen Golf. Die Halbinsel grenzt an Saudi-Arabien und an Bahrain.

2 **Dubai:** eines der Vereinigten Arabischen Emirate

begonnen. Mit der Diversifizierung[3] soll die Abhängigkeit vom Erdöl reduziert werden. Bahrain hat sich z. B. zum Bankenzentrum des Nahen Ostens entwickelt und der Oman und die V. A. E. haben stark auf die Tourismusindustrie gesetzt. Diese Länder haben dafür gute landschaftliche und kulturelle Voraussetzungen sowie die entsprechende touristische Infrastruktur. Die Einkaufsparadiese in den Emiraten reizen nicht zuletzt viele Europäer zum Kurzurlaub.

Es zeichnet sich jedoch mittlerweile ab, dass die Golfstaaten auch wieder mehr auf ihren Geldbeutel achten müssen. Jahrelang wurde geprasst, der Golfkrieg um Kuwait riss zusätzliche Löcher in die Staatshaushalte. Das Pro-Kopf-Einkommen in Saudi-Arabien ist drastisch gesunken, Telefongespräche müssen mittlerweile bezahlt werden, die ohnehin lächerlichen Preise für Treibstoff, Wasser und Strom wurden erhöht. Die Herrscherhäuser müssen inzwischen auch um ihre Zukunft und ihren Einfluss fürchten und der Persische Golf um seine Stabilität; denn keineswegs entsprechen alle Bewohner dieser Länder dem Bild vom millionenschweren Ölscheich.

3 **Diversifizierung:** Ausweitung der Produktion eines Unternehmens auf neue, bis dahin nicht erzeugte Produkte

1 *Wenn ihr ein Kurzreferat halten wollt, müsst ihr die von euch gesammelten Informationen gut aufbereiten. Bewährt hat sich dafür das Karteikartensystem.*
- *a) Gliedert den Text in Abschnitte und sucht zu jedem Abschnitt eine treffende Überschrift. Lasst unter jeder Überschrift drei Zeilen frei.*
  TIPP: *Ein Abschnitt beginnt dort, wo ein neuer Gesichtspunkt angesprochen wird.*
- *b) Überlegt, welche Informationen für ein Kurzreferat wichtig sind. Schreibt sie unter die Überschriften.*

2 *a) Übertragt eure Notizen auf Karteikarten. Legt zu jedem Gliederungspunkt eine neue Karteikarte an.*
b) Nummeriert eure Karteikarten mit einem Bleistift.

Nomaden früher und heute 1
- früher: Nomaden lebten von Tierzucht und Karawanenhandel
- heute: Karawanenhandel stark zurückgegangen
→ Gründe: neue Transportmittel durch LKWs ...

Wandel bis ca. 1960 2
- ...
- ...

3 *Häufig kommen in einem Referat Begriffe vor, die erklärt werden müssen. Klärt die Bedeutung der folgenden Fremdwörter und notiert die Erklärungen auf der Rückseite der entsprechenden Karteikarte.*

katapultiert (Z. 20)
Infrastruktur (Z. 37)
militärische Intervention (Z. 53/54)
architektonischer Gigantismus (Z. 26/27)

4 *Für euer Referat habt ihr bestimmt weitere interessante Texte gefunden. Schreibt auch aus diesen Texten die wichtigsten Informationen auf Karteikarten. Geht dabei nach den gleichen Arbeitsschritten (▷ Aufgaben 1–3) vor.*

5 *Gliedert euer Referat in Einleitung, Hauptteil und Schluss. Bringt dazu eure gesamten Notizen in eine sinnvolle Reihenfolge und nummeriert eure Karteikarten gegebenenfalls erneut durch.*

Ein Kurzreferat vortragen

Tipps für den Vortrag

Klare, einfache Sätze

Die Sprache des Redners, der verstanden werden will, soll einfach sein. Drücke dich klar und unkompliziert aus. Kurze Sätze, die aus nicht mehr als 12–14 Wörtern bestehen, helfen dir dabei.
Vermeide Schachtelsätze! Steuere so oft wie möglich „auf Punkt" und nicht „auf Komma" hin!
Lass dich nicht von den Gedanken hetzen, die du noch aussprechen willst. Entwickle ohne Hast einen nach dem anderen.

Der Blickkontakt

Ständiger Blickkontakt zum Publikum ist wichtig, damit die Zuhörer in deine Rede einbezogen werden und damit du weißt, wie du ankommst und ob du verstanden wirst.

Informationen für das Auge

Je mehr Sinne angesprochen werden, desto besser können die Zuhörenden den Vortrag verstehen und behalten. Verwende dein Anschauungsmaterial (z. B. Folien auf Tageslichtprojektor, Plakate, Dias, Tafelanschriften).

Die Lautstärke

Bleib nicht eintönig, wechsle die Lautstärke deines Sprechens.

Das Tempo

Dein Redetempo ist eine Frage des Temperaments. Sprich eher langsam als schnell. Schnelles Tempo gefährdet die Verständlichkeit.
Wechsle das Tempo!
Bremse, wenn du unterstreichen oder betonen willst, danach beschleunige wieder. Gleich bleibendes Tempo schläfert ein – wie auf der Autobahn.

Mit Overheadfolien präsentieren

Overheadfolien sollten nicht zu vollgeschrieben sein, denn die Folien sollten nicht nur aufgelegt, sondern auch kommentiert werden.
Die Folien werden so auf den Overheadprojektor gelegt, dass der Kopf der Folie zu den Zuhörern zeigt und das Geschriebene für den Referenten lesbar ist. Um auf etwas Bestimmtes auf der Folie aufmerksam zu machen, kannst du einen Kugelschreiber zu Hilfe nehmen.
Was die Zuhörer noch nicht sehen sollen, deckst du mit einem Blatt Papier ab.

1 *a) Die Tipps auf Seite 261 stammen aus einem Rhetorik-Ratgeber. Sprecht über die Tipps. Welche findet ihr sinnvoll, welche nicht? Gibt es Tipps, die ihr ergänzen wollt?*
b) Eure Referate werden erst durch Anschauungsmaterial richtig lebendig. Tragt zusammen, welches Anschauungsmaterial ihr für eure Kurzreferate verwenden könntet, wo ihr es findet und wie ihr es einsetzen wollt.
c) Erstellt gemeinsam ein Plakat mit den wichtigsten Tipps zum Vortragen eines Referats. Ergänzt das Plakat mit passenden Bildern, Fotos oder Zeichnungen.

2 *Der spannendste Vortrag bleibt wirkungslos, wenn das Publikum nicht zuhört.*
a) Überlegt, wie ihr dem Vortragenden oder der Vortragenden euer Interesse zeigen könnt.
b) Zum aktiven Zuhören gehören auch Fragen. Besprecht, wann ihr fragen wollt: sofort oder nach dem Referat?

3 *Teilt euch in Gruppen auf und tragt euch gegenseitig eure Kurzreferate vor. Gebt der Vortragenden oder dem Vortragenden ein Feedback:*
- *Was hat euch gut gefallen?*
- *Welche Verbesserungsvorschläge habt ihr?*

TIPP

Ein Kurzreferat halten

Einleitung
- Nenne deine wichtigsten Ziele.
- Gib einen Überblick über das Thema deines Referats.
- Nenne allgemein Bekanntes.
- Beginne mit einer überraschenden Erkenntnis oder einem interessanten Ereignis.

Hauptteil
- Lesende können zurückblättern, Hörende nicht. Wiederhole deshalb wichtige Informationen. Erkläre Fachbegriffe.
- Antworte auf: Was? Wer? Wo? Wie? Warum?
- Schreibe wichtige Schlüsselwörter oder Gliederungspunkte an die Tafel oder benutze eine Overheadfolie.
- Verwende dein Anschauungsmaterial.

Schluss
- Knüpfe wieder an den Anfang an: Fasse die wichtigsten Punkte zusammen.
- Gib eine persönliche Einschätzung.

Tipps für den Vortrag
- Versuche, frei vorzutragen, und orientiere dich dabei an deinen Notizen.
- Sprich langsam und deutlich und versuche, sinnvolle Pausen zu machen.
- Blicke dein Publikum an, dann siehst du auch, ob es Zwischenfragen gibt.

12 Über neue Kommunikationswege nachdenken – Medien

12.1 Medien im Wandel – Kenntnisse erwerben

1 *Welche dieser Geräte finden sich auch in euren Zimmern? Diskutiert darüber, inwiefern die Karikatur der Realität entspricht.*

2 *a) Teilt euch in Gruppen auf und sammelt alle Medien (Informationsmittel), die ihr regelmäßig nutzt.*
b) Übertragt die unten stehende Mind-Map in euer Heft und vervollständigt sie.
TIPP: *Der Merkkasten auf Seite 264 hilft euch dabei.*

3 *Tauscht euch über eure Meinungen zum Thema „Medien" aus.*

a) Übertragt die folgenden Sätze in euer Heft und ergänzt sie. Versucht dabei, jede Aussage mit einem Argument zu belegen, z. B.: Das wichtigste Medium ist für mich das Telefon, weil ich mich so mit meinem Gesprächspartner schnell und direkt über viele Dinge austauschen kann.

Das Internet ist in erster Linie ...

Das Fernsehen nutze ich meistens, um ...

Informationen bezieht man am besten aus ...

Das wichtigste Medium ist für mich ...

Nachdenken kann man am besten ...

Nicht so wichtig ist für mich ...

Kontakt aufnehmen kann man sehr gut ...

b) Tragt eure Meinungen zum Thema „Medien" vor, begründet und diskutiert sie in der Klasse.

Medien

Medien sind **Mittel zur Weitergabe von Informationen.**

Man unterscheidet:

- Printmedien (gedruckte Medien), z. B.: Bücher, Zeitungen, Zeitschriften
- audiovisuelle Medien (Ton und Bild), z. B.: Film, Fernsehen

Das Internet stellt eine Mischform beider Medienbereiche dar.

Bitte melde dich!

Ich habe zwei Telefone, ein Handy, zwei Faxanschlüsse, zwei E-Mail-Adressen und zwei Postanschriften. Mich zu erreichen ist kein Problem. Nur wie? Und wie erreiche ich andere? Die neun Wege der Verständigung.

Der Briefkasten quillt über, der Anrufbeantworter blinkt. Im Handy warten neue Textbotschaften, im PC drängen sich die E-Mails. Das alles will überblickt, verwaltet, gewartet sein. Weiß jemand wie?

Mit welcher Tastenkombination aktiviere ich die Rufumleitung meines Handys? Was ist eine Ethernet-Karte und was ein Splitter, und wie lässt sich die TCP-/IP-Einstellung meines Computers ändern, damit der T-DSL-Anschluss endlich funktioniert?

Kann ich eine Todesanzeige per E-Mail verschicken? Einen Geburtstagsgruß? Wenn jemand drei Telefonnummern hat, zu Hause, im Dienst und mobil – welche wähle ich zuerst und warum? Darf ich handgeschriebene Zeilen elektronisch beantworten?

Kommunikation im Jahre 2001: Noch nie gab es so viele Möglichkeiten wie heute, mit einem anderen Menschen in Verbindung zu treten. Persönliche Begegnung, Brief, Telegramm, Postkarte, Telefon, Fax, Handy, E-Mail, SMS – neun Kanäle bieten sich zur Übermittlung einer Botschaft an.

Die Vielfalt verlangt nach Entscheidung, mehrmals täglich: Man muss sich überlegen, wie man jemandem etwas mitteilt, welchen Einfluss das gewählte Medium auf die Botschaft hat und welche Kanäle der Adressat in welcher Weise benutzt. Der eine korrespondiert gern, der andere hängt ewig an der Strippe. Ein Dritter ist von Kopf bis Fuß auf E-Mails eingestellt. Ein Vierter zieht das Mündliche dem Schriftlichen vor, egal, in welcher Form. Ein Fünfter mag nicht, wenn es bei ihm klingelt, sei es am Telefon oder an der Haustür.

Ulrich Stock

4 *a) Stellt eine Übersicht über die Kommunikationsmittel und -wege zusammen, die von Ulrich Stock in seinem Artikel „Bitte melde dich!“ (▷ S. 264) aufgezeigt werden.*
b) Sprecht darüber, welche Schwierigkeiten der Autor in der Vielzahl der Medien sieht. Teilt ihr die Meinung des Autors?

5 *In einer Umfrage wurde untersucht, auf welches Medium die Befragten am wenigsten verzichten könnten. Das Ergebnis wurde in folgendem Balkendiagramm dargestellt.*

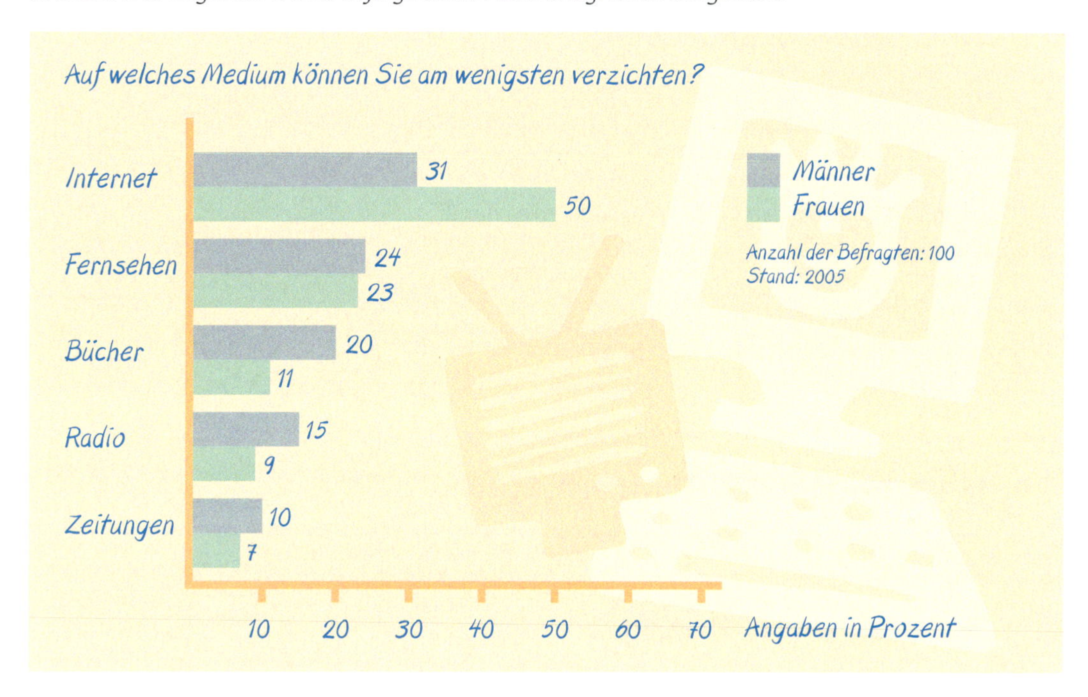

a) Betrachtet das Diagramm genau, lest den Titel und die übrigen Erklärungen.
b) Beschreibt das Diagramm mit eigenen Worten.
c) Wertet das Diagramm in einem zusammenhängenden Text aus. Ihr könnt so beginnen:

Die meisten Befragten entscheiden sich bei der Frage, auf welches Medium sie am wenigsten verzichten können, für das Internet (31 % der Männer und 50 % der Frauen). Mit einigem Abstand steht das Fernsehen auf Platz zwei. Hier ...

!

Diagramme auswerten

- Lest den Titel des Diagramms und die übrigen Eintragungen. Wozu macht das Diagramm Aussagen, was wurde untersucht? Für welche Zeit und welche Personen(gruppen) gilt es?
- Untersucht, welche Angaben auf der x-Achse und welche auf der y-Achse vermerkt sind.
- Prüft bei Zahlenangaben, um welche Einheiten es sich handelt (z. B. absolute Zahlen oder Prozentzahlen). Wie groß war die Zahl der Befragten/Stichproben?

6 *Um ein genaues Bild über das „Medienverhalten“ zu gewinnen, muss man Erkundigungen einholen und genau recherchieren. Eine wichtige Methode der Recherche ist die Umfrage. Man kann sie z. B. mit Hilfe von Fragebögen durchführen. Bildet Arbeitsgruppen und untersucht mit Hilfe eines selbst erstellten Fragebogens, welche Rolle die Medien heute spielen.*

a) Bei einer Umfrage kommt es darauf an, dass die Ergebnisse leicht auszuwerten sind. Tauscht euch anhand der folgenden Beispiele darüber aus, wie ihr euren Fragebogen anlegen wollt.

Umfrage zum Medienverhalten

Unter wie vielen Rufnummern (Festnetz, Handy, beruflich, privat) sind Sie zu erreichen? ....

Welche Kommunikationsmöglichkeiten nutzen Sie am häufigsten, um andere zu erreichen? ....

....

Wie viele Telefonate, Briefe, E-Mails tätigen oder verschicken Sie wöchentlich? ....

Umfrage zum Medienverhalten

☐ Alter Geschlecht ☐ männlich ☐ weiblich

Welche Medien nutzen Sie täglich?

☐ Buch ☐ Zeitschrift ☐ Fernsehen ☐ Telefon/Handy

☐ Zeitung ☐ Hörfunk ☐ Internet

b) Entwerft euren eigenen Fragebogen zum Thema „Medienverhalten“. Überlegt euch geeignete Fragen, die auch berücksichtigen, ob ihr Jugendliche oder Erwachsene befragt.

c) Führt eure Umfrage durch, z. B. nachmittags auf der Straße, in eurer Familie/Verwandtschaft oder in der Schule.

7 *Wertet die Ergebnisse eurer Umfrage aus.*
TIPP: Erstellt dazu Strichlisten. Wenn ihr die Befragten in Gruppen eingeteilt habt, z. B. männlich/weiblich, müsst ihr mehrere Listen anlegen.

8 *Bereitet eine anschauliche Präsentation eurer Ergebnisse vor, z. B. auf einem Plakat oder einer Overheadfolie.*

a) Stellt eure Umfrageergebnisse in Form von Diagrammen anschaulich dar. Überlegt, welche Art von Diagramm für die Präsentation eurer Ergebnisse geeignet ist.

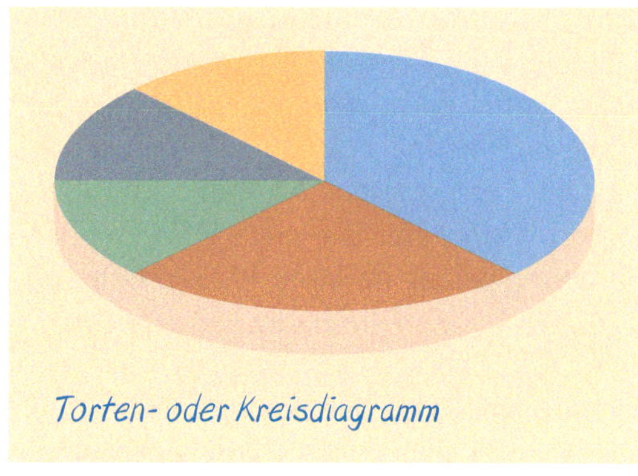

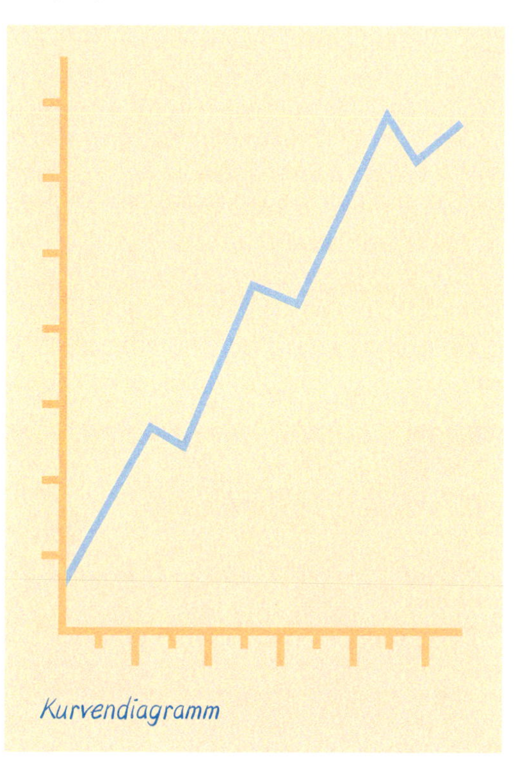

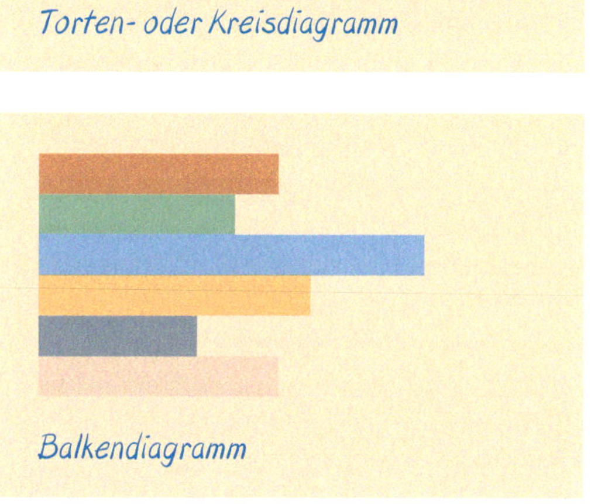

b) Achtet auf eine gut lesbare Gestaltung und tragt die Erklärungen (Titel, Zahlenangaben, Anzahl der Befragten etc.) gut sichtbar ein.

c) Wenn ihr eure Ergebnisse vorstellen wollt, müsst ihr das Diagramm mit euren eigenen Worten erklären. Schreibt wichtige Stichworte auf.

9 *Stellt eure Ergebnisse der Klasse vor. Folgende Tipps helfen euch dabei:*

TIPP

Tipps für die Präsentation

- Erläutert das Thema und stellt kurz den Ablauf der Präsentation vor.
- Weist bei eurem Vortrag auf euer Anschauungsmaterial hin.
- Sprecht klar und deutlich.
- Haltet Blickkontakt zu den Zuschauern. Dann seht ihr, ob es Zwischenfragen gibt.
- Nehmt Fragen der Zuhörer auf und beantwortet sie entweder sofort oder nach dem Vortrag.

Christl Ostertag

Zur Geschichte der Medien

Die Erfindung des Buchdrucks im Jahre 1455 durch Johannes Gutenberg aus Mainz (ca. 1400–1468) bedeutete eine Revolution im Bereich der Medien. Bevor Johannes Gutenberg Bücher nach einem neuen Verfahren mit beweglichen Lettern druckte, wurde jedes Buch einzeln von Hand abgeschrieben. Man benutzte dazu Federkiele, meist aus den Schwungfedern der Gans. Das untere Ende spitzte man mit einem Federmesser schräg zu oder verwendete eine Art Spitzer, der das mühsame Nachspitzen auf einen Handgriff reduzierte. Die Spitze wurde längs eingeschnitten. Tauchte man das Schreibgerät in ein Tintenfass, nahm der hohle Federschaft genug Tinte für ein paar Worte auf.

Buchdruck im 15. Jahrhundert

Gedruckte Bücher und Zeitungen ermöglichten jedem des Lesens Kundigen den Zugang zu einer fast unbegrenzten Menge von Informationen. Die Vervielfältigung eines Textes im Druck lohnte sich allerdings nur bei höheren Auflagen. Das Druckverfahren wurde erst im 19. Jahrhundert mit der Erfindung der Schnellpresse durch Friedrich Koenig (1814) und der Entwicklung des Linotype-Verfahrens (Zeilenguss) durch Ottmar Mergenthaler (1886) weitergeführt.

Seit der Entdeckung des Elektromagnetismus sind neue Techniken der Kommunikation und Information entstanden. Im Jahr 1895 konnte der italienische Wissenschaftler Guglielmo Marconi erstmals ein Nachrichtensignal über einen Berg zwischen Sender und Empfänger übermitteln. Die erste Fernseh-Liveübertragung gelang im Jahre 1925. Schon drei Jahre später waren die ersten Fernsehapparate zu kaufen. In Deutschland begann das öffentlich-rechtliche Fernsehen nach dem Zweiten Weltkrieg. Seit den 1980er Jahren drängten sich private Fernsehsender auf den Markt, die das Angebot der Kanäle verzehnfachten.

Die Geschichte des Computers beginnt früh, und zwar mit dem Abakus, einem Zählgerät, das bereits 1100 v. Chr. in China eingesetzt wurde. Blaise Pascal entwickelte 1647 eine Addiermaschine. Der Engländer Charles Babbage (1792–1872) hatte bahnbrechende Ideen, die jedoch aufgrund der begrenzten technischen Möglichkeiten seiner Zeit erst mehr als hundert Jahre später umgesetzt werden konnten. Der erste Computer im modernen Sinn lief 1946 in Philadelphia (USA): Der ENIAC stand auf einer Fläche von 140 Quadratmetern und wog 30 Tonnen. Die benötigte Kühlanlage hatte die Größe eines zweistöckigen Hauses. Die besondere Leistung des Rechners bestand darin, 5000 Additionen in einer Sekunde auszuführen.

Eine Erfindung im Bereich der Halbleiterphysik brachte 1984 den ersten Megachip auf den Markt, der eine Million Transistoren auf einem nur fingernagelgroßen Bauelement besaß. Damit begann eine rasante Weiterentwicklung der Computertechnik und bald waren Computer an Arbeitplätzen, Universitäten, Schulen und in Privathaushalten selbstverständlich.

Mit der zunehmenden Vernetzung haben sich die Möglichkeiten weltweiter Kommunikation noch einmal potenziert. In Deutschland stellte der Physiker Johann Philipp Reis (1834–1874) im Jahr 1861 den Prototyp eines Fernsprechers vor. Mit seiner Patentanmeldung für das erste brauchbare Telefon kam der Schotte Alexander Graham Bell (1847–1922) im Jahr 1876 dem Amerikaner Elisha Gray (1835–1901) um nur zwei Stunden zuvor. 1979 wurde in den USA das Mobiltelefon entwickelt; heute kann man von jeder Straßenecke aus ein Telefongespräch führen. Möglich wurde dies durch computergestützte Netzwerke, die auch den Austausch von Grafiken und Daten aller Art erlauben. Ein Computer mit einer Telefonleitung und ein Telefonanschluss genügen, um an einem Netzwerk wie dem Internet teilzunehmen, das mittlerweile weltweit genutzt wird. Über kommerzielle Netzwerke kann man seine Bankgeschäfte erledigen, medizinischen Rat einholen, Einkäufe tätigen und Fernunterricht nehmen.

Noch vor 20 Jahren gehörte das Mobiltelefon ins Reich der Sciencefiction. Moderne Kunststoffe, neueste Funk- und Computertechnik, leistungsfähige Batterien und vor allem der Microchip ermöglichten seine Entwicklung. Ein flächendeckendes Netz von Funkstationen mit geringer Reichweite sichert die Verbindung des tragbaren Telefons mit einem Computernetzwerk. Damit keine Störungen auftreten, nutzen benachbarte Funkstationen unterschiedliche Frequenzen. Das Minitelefon stellt sich sofort auf die entsprechende Frequenz ein, sodass der Kontakt nicht unterbrochen wird.

Nahaufnahme einer Computerplatine

1 *Seit der Erfindung des Buchdrucks sind neue Techniken der Kommunikation und Information entstanden.*
a) Lest den Text genau und schlagt unbekannte Wörter in einem Wörterbuch nach.
b) Schreibt in Stichworten auf, welche Medien im Text genannt werden. Notiert auch, wann diese erfunden wurden.

Medien	wann erfunden?
Buchdruck	...

c) Beurteilt, welche Fortschritte für den Menschen mit den einzelnen Medien erzielt wurden.

2 *a) Sammelt gemeinsam mit einer Partnerin oder einem Partner Argumente,*
- *die für die Nutzung elektronischer Medien sprechen,*
- *die ausführen, warum das Buch für den Menschen unverzichtbar bleiben wird. Überlegt dabei auch, in welchen Situationen ihr Bücher verwendet.*

b) Diskutiert eure Ergebnisse in der Klasse.

12.2 Virtuelle Welten – Medien in ihrer Wirkung bewerten

Virtuelle Realität

Die Grenzen zwischen Wirklichkeit und virtueller Realität werden zunehmend fließender. Schon heute kann man aufregende Erlebnisse virtuell erfahren, z. B. eine rasante Talfahrt auf Skiern. Je leistungsfähiger die Computer werden, desto realistischer sind die Eindrücke: Man spürt förmlich den Wind in den Haaren, die milden Sonnenstrahlen im Gesicht und die Unebenheiten der Piste unter den Skiern, wenn man bergab saust. Virtuelle Realität dient keineswegs nur der Unterhaltung, sondern hat auch praktischen Nutzen, u. a. in der Medizin. So können z. B. angehende Chirurgen mit Hilfe der virtuellen Realität Operationstechniken „in der Praxis“ erlernen. Immer mehr Menschen werden in virtuellen Umgebungen geschult, z. B. Kraftfahrer, Ingenieure, Bergsteiger oder Atomphysiker.
Datenhandschuh und Datenbrille entführen den Benutzer in den Cyberspace. Der Datenhandschuh vermittelt ihm das Gefühl, Gegenstände tatsächlich zu berühren. Praktischen Nutzen besitzt dieses System deshalb, weil bei gefährlichen Arbeiten ein Roboter geführt werden kann, z. B. auf dem Meeresgrund oder im Reaktorkern eines Atomkraftwerks.

1 *Klärt die Begriffe „virtuelle Realität“ (Z. 1 f.) und „Cyberspace“ (Z. 20) im Textzusammenhang. Überprüft anschließend eure Worterklärungen mit Hilfe eines Wörterbuchs oder Lexikons.*

2 *a) Fasst zusammen, was ihr aus dem Text über das Thema „virtuelle Realität“ erfahrt.*
b) Habt ihr selbst auch schon Erfahrungen mit der virtuellen Realität gemacht? Beschreibt eure Erlebnisse. Was hat euch gefallen, fasziniert oder befremdet?

3 *Viele Jugendbücher beschäftigen sich mit den Gefahren, die durch die technischen Entwicklungen entstehen können.*
a) Sammelt Titel von Büchern oder Geschichten, die euch zu diesem Thema einfallen.
b) Erzählt kurz, worum es in den von euch genannten Büchern oder Geschichten geht.

Frank Stieper

CybernetCity (1)

Es ist das Jahr 2089. Von Neugier und Unternehmungslust getrieben, dringen Jana, Alexander und Mark in den Sicherheitsbereich eines stillgelegten Militärgeländes ein. Sie entdecken einen gigantischen Hochleistungsrechner, der über ungeahnte Simulationsfähigkeiten verfügt. Damit loggt sich Mark in CybernetCity, eine faszinierende virtuelle Welt, ein.
Die Funktion „Cycohunting“ hat es Mark besonders angetan und er stellt sich der Herausforderung: In einem von der Realität nicht mehr zu unterscheidenden virtuellen Raum tritt er gegen einen „Cyco“ an.

Es ist eine nasskalte Nacht. Der Regen prasselt unaufhörlich auf das Dach des alten Wagens, der in der dunklen Seitenstraße geparkt ist, so als wolle der Himmel seine gesamten Wassermassen über diesen düsteren Stadtteil ausschütten. Mark sitzt in einem Hoveroid Baujahr 2045 und ist damit beschäftigt, die Kanäle seines Autoradios abzuhorchen. Als er die Sonnenblende herunterklappt, um sich im Schminkspiegel zu betrachten, sieht er nicht sein eigenes Gesicht, sondern dasjenige, das Alex für sich generiert hat. Auch die Kleidung, die er trägt, und die Gegenstände, die er bei sich hat, kennt er nicht.
Mark muss bei seinem eigenen Anblick unwillkürlich lächeln. Wie hat Alex ihn genannt, eine Art Schwarzenegger für Zwerge? Dann richtet er seinen Blick auf das Armaturenbrett des Wagens. Schönes Spielzeug, denkt er bei sich.
Eine Stimme, die von irgendwo herkommt, lacht und bemerkt:
„Für dich, mein Freund. Viel Glück.“ Alexander hat über ein Mikrofon in der Konsole mit Mark Kontakt aufgenommen. Mark lächelt. Während sein Blick über die mit Parolen beschmierte und von der Straßenlaterne beleuchtete Hauswand gleitet, wird ihm bewusst, dass er gerade eben gar nicht gesprochen hat, sondern nur vorhatte, diesen Gedanken auszusprechen.
Er überlegt, ob sich diese Art der Kommunikation unterbinden lässt. Immerhin besitzt er ein paar Geheimnisse, die er ungern mit anderen teilen möchte.
Mit einem Lidschlag öffnet Mark das Programmmenü. Eine transparente Darstellung einer Bedieneroberfläche, die derjenigen in der Konsole im Labor zum Verwechseln ähnlich sieht, schiebt sich von rechts in sein Blickfeld und legt sich durchscheinend über die Szenerie. Überall dort, wohin er seinen Blick lenkt, wird eine Funktionstaste farbig dargestellt. Alles nur mit seinen Augen zu koordinieren fällt ihm noch etwas schwer. Um eine Auswahl zu bestätigen und damit auch wirklich der gewünschte Befehl ausgeführt wird, nickt er mit dem Kopf. Und siehe da, es klappt. Jetzt ist der Eintrag „Communication on“ farbig hervorgehoben. Mit einem weiteren Kopfnicken schaltet Mark ihn auf „Communication off“. Mark

will sichergehen, dass der Kontakt zur Konsole tatsächlich unterbrochen ist. Mit einem hämischen Lächeln denkt er ganz bewusst: Alex, hör jetzt gut zu! Stefan hat dich einen hitzköpfigen Idioten mit großer Klappe genannt. Was hältst du davon?
Ins Leere starrend, verharrt Mark eine Weile, und als sich nach Sekunden immer noch nichts rührt, lächelt er zufrieden. Seinen Blick auf den Close-Button gerichtet, schließt er die Bedieneroberfläche. Erleichtert atmet er tief durch: „Tut mir leid, mein Freund, das musste sein."
Aus den Augenwinkeln sieht er eine merkwürdige Gestalt, die ihr Gesicht gegen das Fenster presst. Es muss sehr kalt draußen sein, denn der Atem des Fremden dringt wie ein Nebelfetzen durch den Spalt im Seitenfenster und hinterlässt auf dem Glas eine kreisrunde beschlagene Stelle. So wie der Mann aussieht, mit seiner schmutzigen Wollmütze und dem schäbigen Mantel, hat Mark es mit einem Penner zu tun.
„Hast du Platz in deinem Wagen? Mir ist kalt. Kann ich mich einen Moment dazusetzen und dir Gesellschaft leisten? Ich werde still auf dem Beifahrersitz sitzen."
Natürlich nicht, ich bin doch nicht lebensmüde, denkt Mark gerade, da steht zu seiner Verwunderung die ganze Szene plötzlich still.
„Möchten Sie Informationen über Avatar[1] Pedro Mendez?" Mark fühlt sich von dieser abrupten Unterbrechung geradezu überrumpelt.
„Äh, ja ... natürlich!", stottert er.
„Eingabe nicht bestätigt!"
„Ja!", ruft Mark ungeduldig, dann murmelt er mehr zu sich selbst. „Stell dich nicht immer so an!"
„Avatar: Pedro Mendez, Name: Mendez, Pedro. Land: Mexiko. Beruf: Lagerarbeiter. Seit zehn Jahren arbeitslos. Wohnort: nicht bekannt. Besonderheiten: keine. Ende. Möchten Sie künftig zu jedem Avatar Informationen erhalten?"
Mark will auf keinen Fall wegen jeder Person, der er begegnet, unterbrochen werden. Er weiß jetzt schon, dass es auf die Dauer sehr nervend sein kann, deshalb antwortet er mit einem klaren, verständlichen „Nein".
„Eingabe bestätigt. Sie können jederzeit Informationen über Avatare abrufen. Wählen Sie hierfür im Menü Avatare – Informationen".
Im selben Moment hat das TSS die Szenerie wieder zum Leben erweckt.
Obwohl der Penner nicht so aussieht, als könne er ihm gefährlich werden, zögert Mark. Doch dann fällt ihm ein, was die Computerstimme zu Beginn der Simulation sagte. Wahrscheinlich ist Pedro derjenige, der ihm wichtige Informationen zu übergeben hat.
„Na meinetwegen, steigen Sie drüben ein."
„Du bist Mark, ein Cycohunter?"
Mark nickt nur kurz.
„Es gibt Anzeichen dafür, dass sich der Cyco im Washington Square Park aufhält." Pedro sieht Mark prüfend an, der wieder nur kurz bejahend nickt. „Fahr diese Straße geradeaus, bis auf die West Houston Street. Folge der Hauptstraße rechtsherum bis zum Father Demo Place. Du erkennst ihn an den Holoreklamen zwischen den Fahrspuren. Biege dort am Ende rechts ab.

1 **Avatar:** virtuelle Person

Die fünfte Straße auf der linken Seite führt dich direkt zum Washington Square Park. Du kannst ihn nicht verfehlen …"
Seine Wegbeschreibung wird jäh von einem Hustenanfall unterbrochen. Er presst einige Sekunden die zur Faust geballte Hand an seinen Mund, bis er sicher ist, dass der nächste Atemzug nicht ein weiteres Hustengewitter entfacht. Obwohl es ihm jetzt um einiges schwerer fällt, spricht er weiter.
„Du wirst es nicht leicht haben, den Cyco zu eliminieren. Er ist in der Lage, deine Gedanken zu lesen. Mit seiner Wissbegier dringt er bis tief in das Innerste deiner Seele vor und fordert dich damit heraus … wie ein Kind, das mit einem Ball zu nah an einer viel befahrenen Straße spielt. Bevor dein Verstand das von ihm geforderte Handeln erfasst, ist der Cyco längst entkommen. Hab nur Vertrauen zu dir selbst, das ist die einzige Chance, ihm zuvorzukommen. Vergiss das nicht, sonst bist du verloren …"
Mit einem Ruck öffnet der Penner die Beifahrertür und eilt jetzt auffällig humpelnd der hell beleuchteten Hauptstraße entgegen. Zu Marks Verwunderung sucht er nicht in einem der Hauseingänge auf beiden Seiten der Straße Schutz, sondern läuft auf dem weiß markierten Mittelstreifen. Jetzt erst dreht sich Mark um und sieht den schemenhaften Umriss einer Person.
Ein gleißender Strahl leuchtet auf und Mendez wird von dem Zielsuchgerät des Fremden erfasst. Noch ehe Mark richtig begreifen kann, was da vor sich geht, zischt ein weißlich gelber Funken an seinem Wagen vorbei und nur den Bruchteil einer Sekunde später bricht der Mexikaner mit einem schmerzerfüllten Aufschrei zusammen.
Hektisch versucht Mark, den Hoveroid in Gang zu bekommen. Doch es gelingt ihm nicht auf Anhieb. Er ist zu geschockt, um einen klaren Gedanken fassen zu können.
„Dreckskiste!", entfährt es ihm voller Angst. Doch dann kommt ihm eine Idee. „Ich muss ins Menü. Alex muss mich zurückholen. Sonst erledigt mich der Kerl."
Mark ist so aufgeregt, dass es ihm nicht gelingt, die Kommunikation wieder herzustellen. Er hört den Fremden näher kommen. Panisch dreht er sich um.
Doch dann ruft er sich in Erinnerung, wo er sich befindet, und entschließt sich, das gerade Erlebte als Teil eines Spiels zu betrachten. Er nimmt sich fest vor, nicht zu vergessen, dass es sich lediglich um eine computergenerierte Scheinwelt handelt, in der er sich gerade bewegt.
Mit dem Gefühl, im Hoveroid einigermaßen sicher zu sein, wird Mark wieder ruhig und entspannt. Er denkt an die Aufgabe, die ihm gestellt wurde. Ja, er ist bereit, seinen Auftrag zu erfüllen. Und sein erstes Ziel wird der Washington Square Park sein.
Erst in diesem Augenblick fällt ihm auf, dass der Hoveroid kein Steuerrad besitzt. Doch

schon legen sich die Hände des Avatars auf beiden Seiten des Cockpitdisplays in zwei Mulden für Handballen und Finger. Die Sensoren 185 in den Aussparungen für die Finger dienen der Steuerung. Mark startet den Wagen mit einer Selbstverständlichkeit, als würde er täglich damit durch die Gegend kutschieren. Sanft und beinahe geräuschlos setzt sich der Wagen in 190 Bewegung.

Alex und Jana atmen erleichtert auf, starren jedoch weiter unverwandt auf den Kontrollmonitor.
„Sieh doch!", ruft Jana. „Seine Biowerte haben 195 sich wieder normalisiert."
„Ja, zum Glück!", motzt Alex. „Aber kannst du mir bitte mal erklären, wieso dieser Idiot die Kommunikation unterbrochen hat?"
„Ich weiß es nicht!", antwortet Jana besorgt. 200 „Wenn es nur eine Möglichkeit gäbe, ihn aufzuhalten oder ihm irgendeine Nachricht zukommen zu lassen."

1 *Lest den Text. Erklärt dann, welche Besonderheiten euch bei diesem Text aufgefallen sind.*

2 *Untersucht den Inhalt des Textes in Partnerarbeit genauer.*
a) Schreibt mit Zeilenangaben auf, woran man erkennt, dass Mark sich in einer virtuellen Welt befindet.
b) Beantwortet in Stichworten folgende Fragen:
- *Welchen Auftrag hat Mark in der virtuellen Welt zu erfüllen?*
- *Warum bricht Mark den Kontakt nach außen ab?*
- *Welche Informationen erhält Mark über den „Cyco"?*

c) Fasst den Inhalt des Textausschnittes mit Hilfe eurer Notizen aus Aufgabe 2a und b zusammen.

3 *Besprecht, was „CybernetCity" von „gewöhnlichen" Computerspielen unterscheidet. Tauscht euch dabei auch über eigene Erfahrungen mit Computerspielen aus.*

4 *a) Sammelt weitere Informationen zum Thema „Computerspiele", z. B. Zeitungsartikel oder Beiträge aus dem Internet.*
b) Formuliert dann Argumente, die für und gegen Computerspiele sprechen.

pro Computerspiele	kontra Computerspiele
– fördern logisches Denken	– ...

c) Diskutiert nun über das Thema „Computerspiele".
TIPP: *Einigt euch auf eine Diskussionsform. Legt dann eine Diskussionsleitung fest, am besten ein Team aus zwei oder drei Schülerinnen und Schülern, die sich die Aufgabe teilen.*

Frank Stieper

CybernetCity (2)

CybernetCity ist eine virtuelle Welt, in der zahlungskräftige Kunden ihren Vergnügungen nachgehen können. Im folgenden Textausschnitt stellt Itoh, der Chefingenieur von CybernetCity, sein Werk vor.

„Meine Herren, ich möchte Sie darauf aufmerksam machen, dass Sie in der Lage sind, über Ihre Gedanken zu kommunizieren. Dazu müssen Sie Ihre Gedanken jedoch klar formulieren und 5 Ihrem Gesprächspartner dabei direkt in die Augen sehen."
Noch während Itoh das erklärt, finden sich die fünf Männer mitten auf dem Fußweg einer viel befahrenen und hell erleuchteten Ein- 10 kaufsstraße wieder. Winter entfährt ein überraschtes Keuchen. Er starrt ungläubig auf die Menschen, die an ihm vorbeischlendern, mit Einkaufstaschen in der Hand, mal lachend, schweigend, in sich gekehrt, allein oder in 15 Grüppchen. Gierig versucht er, die virtuelle Kulisse in sich aufzunehmen wie ein kleines Kind, das in der Vorweihnachtszeit zum ersten Mal in seinem Leben die bis unter die Decke gefüllten Regale einer Spielzeugabteilung zu sehen be- 20 kommt. Winter lacht leise in sich hinein.
Winter stellt die Frage, die ihn im Augenblick am meisten beschäftigt.
„Sagen Sie, wie ist es möglich, dass sich hier Menschen unterschiedlicher Nationalität und 25 Sprache problemlos unterhalten können?"
Itoh nickt. „Die größte Herausforderung war in der Tat die Sprachbarriere. Nur mit einer einheitlichen Sprache war das Konzept CybernetCitys zu realisieren."
30 „Sie meinen CybernetVoice?"
Itoh lacht. „Ja, richtig."
Bevor Winter den Chefingenieur mit weiteren Fragen bombardieren kann, mischt sich Brent in das Gespräch ein.
„Wie bekommen Sie die Kriminalität in dieser 35 Stadt in den Griff? Und wie sieht es mit den Leuten aus, die sich in CybernetCity mit bösen Absichten einloggen?"
Winter wirft seinem Begleiter einen ärgerlichen Blick zu. Er ist nicht gerade angetan von 40 dieser provozierenden Frage. Itoh jedoch reagiert gelassen.
„Sehen Sie, wir haben eine gewisse Verantwortung gegenüber den Menschen, die viel Geld dafür bezahlen, um sich in CybernetCity aufzu- 45 halten. Deshalb garantieren wir, dass CybernetCity frei von Kriminalität ist. Eine der Zugangsvoraussetzungen zu diesem System ist, dass wir bei jeder Neuanmeldung ein polizeiliches Führungszeugnis erwarten. All diejenigen, die 50 kriminelle Absichten hegen, geben nur ungern einen derartigen Nachweis an uns weiter."
„Aber Sie könnten von diesen Leuten getäuscht werden?" „Nein, ich garantiere Ihnen, wir haben ein äußerst fortschrittliches Sicherheits- 55 system."

5 a) *CybernetCity ist für die Besucher eine faszinierende Welt. Welche Merkmale hat diese virtuelle Welt? Wodurch unterscheidet sie sich von der realen Welt?*
b) *Überlegt, welche Gefahren CybernetCity bergen könnte, und besprecht, wie man mit diesen Gefahren umgehen könnte.*

6 *Diskutiert darüber, ob ihr Bürger in CybernetCity sein wolltet.*

Frank Stieper

CybernetCity (3)

Der Cyco, den Mark jagen und eliminieren soll, ist in der Lage, Gedanken zu lesen und bis in das Innerste der Seele vorzudringen. Im folgenden Textausschnitt wird beschrieben, wie Mark dem Cyco zum ersten Mal begegnet.

Als sich der Mann Mark zuwendet, um sich bei ihm für die schnelle Hilfe zu bedanken, fährt Mark entsetzt zurück. Vor ihm steht der Mensch, nach dem er sich all die Jahre so sehr
5 gesehnt hat. Er sieht das Gesicht seines Vaters, wie er es von den vielen Fotos aus frühen Kindertagen kennt. Mark ist wie gelähmt. Beinahe unbewusst entfährt ihm das Wort „Papa".
Die fast geflüsterte Antwort des Mannes trifft
10 ihn wie ein Schlag mit der Faust ins Gesicht. „Wenn du dich traust, dann schieß! Das ist deine Aufgabe."
Mark versucht das, was vor sich geht, zu verstehen. Versucht, es einzuordnen in die Bilder sei-
15 ner schmerzhaften Erinnerungen. Jetzt steht ein Mann vor ihm, der diese Bilder und Gefühle, die wie eingebrannt sind in sein Gedächtnis, wieder aufleben lässt, als wäre alles erst gestern geschehen. Beinahe stolpert er, als er langsam
20 rückwärtsgeht. Er ist unfähig, den Laserstrike zu heben und die ihm gestellte Aufgabe zu beenden. Er hat nur einen Gedanken: zu fliehen, zurückzukehren in die Realität.

7 *a) Beschreibt Marks Gefühle gegenüber dem Cyco und erklärt, vor welches Problem Mark in dieser virtuellen Welt gestellt wird.*
b) Überlegt, wie man die Gefühle Marks gegenüber dem Cyco erklären kann.

8 *Der Cyco konfrontiert Mark mit seinen eigenen schmerzhaften Erinnerungen, die Mark verdrängt hat.*
a) Lest den nebenstehenden Lexikoneintrag zum Stichwort „verdrängen".
b) Erklärt in eigenen Worten, was der Fachbegriff „Verdrängung" bezeichnet.
c) Überlegt euch, welche Möglichkeiten Mark hätte, mit seinen schmerzhaften Erinnerungen umzugehen.

verdrängen: (psych.) etwas in irgendeiner Weise Bedrängendes unbewusst aus seinem Bewusstsein verbannen; einen Bewusstseinsinhalt, den man nicht verarbeiten kann, unterdrücken

Thomas Morus

Utopia

„Utopia" (1516 veröffentlicht) ist das Hauptwerk des englischen Humanisten, Politikers und Philosophen Thomas Morus. Morus veranschaulicht darin die Missstände der bestehenden Staatsformen in England und Frankreich und stellt ihnen eine andere Gesellschaft, nämlich die Insel „Utopia", gegenüber. Auf dieser Insel ist das Privateigentum beseitigt und jeder zur Arbeit verpflichtet. Thomas Morus führt seine Insel „Utopia" mit folgenden Worten ein:

Die Insel der Utopier dehnt sich in der Mitte (da ist sie am breitesten) auf zweihundert Meilen aus und wird auf lange Strecken nicht viel schmäler; nach den beiden Enden hin nimmt die Breite allmählich ab. Diese Enden, gewissermaßen durch einen Kreisbogen von fünfhundert Meilen Umfang umschrieben, geben der ganzen Insel die Gestalt des zunehmenden Mondes. Die Insel hat vierundfünfzig Städte, alle geräumig und prächtig, in Sprache, Sitten, Einrichtungen, Gesetzen genau übereinstimmend. Sie haben alle dieselbe Anlage und, soweit das die lokalen Verhältnisse gestatten, dasselbe Aussehen.

1 *a) Lest den Text und die Informationen der Einleitung.*
b) Erklärt, welche Besonderheiten der Ort „Utopia" aufweist.

2 *a) Lest den Lexikoneintrag zum Begriff „Utopie".*

Utopie

Mit **Utopie** bezeichnet man den Wunsch nach einem besseren Zustand. Das Wort „Utopie" stammt aus dem Griechischen (ou = nicht; topos = Ort) und bedeutet also so viel wie „Nirgendsort", das „Nirgendwo". Die Utopie ist also kein wirklicher Ort, sondern nur eine Vision, ein Wunschtraum, ein erdachter Ort, in dem eine bessere Gesellschaft herrscht.

Der Begriff „Utopie" leitet sich vom Roman „Utopia" (1516 veröffentlicht) ab, in dem Thomas Morus einen Idealstaat beschreibt.

In der modernen Literatur sind **negative Utopien** vorherrschend. Sie führen vor Augen, was passieren könnte, wenn negative gesellschaftliche Entwicklungen fortgeführt werden, z. B. Gefahren durch Genmanipulation und technische Entwicklungen oder die vollständige Überwachung durch den Staat, wie sie Aldous Huxley in seinem Roman „Schöne neue Welt" (1932) und George Orwell in seinem Werk „1984" (1948) beschreibt.

b) Gebt mit eigenen Worten wieder, was unter den Begriffen „Utopie" und „negative Utopie" zu verstehen ist.
c) Weist mit Hilfe der Informationen aus dem Lexikonartikel nach, dass es sich bei dem Jugendbuch „CybernetCity" um eine negative Utopie handelt. Belegt eure Aussagen mit Beispielen aus dem Text.

3 *a) Sucht nach Gründen, warum heutige Utopien meist negative Utopien sind.*
b) Diskutiert darüber, welche Aufgaben Utopien bzw. negative Utopien in der Gesellschaft haben könnten.

12.3 Jugend heute und morgen – Projekt „Jugendzeitschriften“

1 *Beschreibt, wie die Titelblätter der Jugendzeitschriften auf euch wirken. Wecken sie euer Interesse und regen sie zum Kauf an?*

Bei einer Umfrage wurden Jugendliche befragt, über welche Themen sie in einer Zeitschrift etwas lesen möchten. Die Umfrage ergab folgendes Ergebnis:

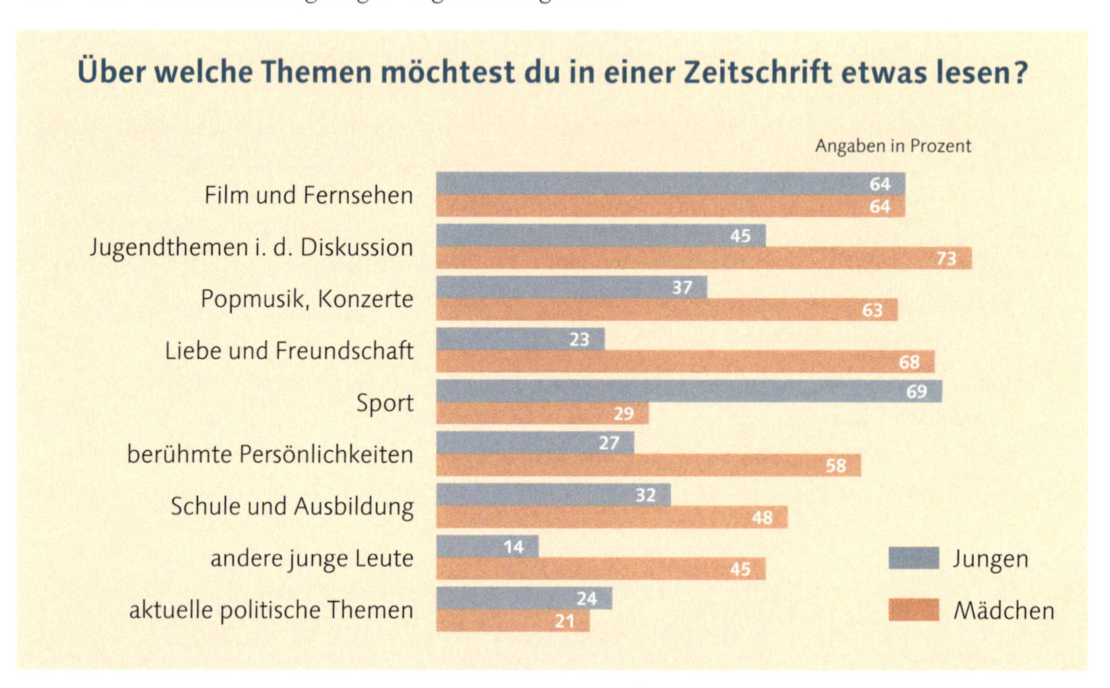

2 *Fasst in eigenen Worten zusammen, welche Ergebnisse das Diagramm (▷ S. 278) beschreibt. Beachtet dabei folgende Fragen:*
- *Welche Themenbereiche interessieren sowohl Jungen als auch Mädchen?*
- *Wo gibt es unterschiedliche Interessen?*

3 *a) Führt selbst in eurer Klasse eine Umfrage über Jugendzeitschriften durch. Dabei solltet ihr herausfinden:*
- *ob bzw. welche Zeitschrift von euch regelmäßig gekauft wird,*
- *über welche Themen ihr in einer Zeitschrift etwas lesen wollt.*

b) Stellt eure Umfrageergebnisse in Form von Diagrammen anschaulich dar. (▷ Tipps zur Umfrage und zu Diagrammen auf S. 266–267)

4 *a) Bildet Arbeitsgruppen und wählt einzelne Jugendzeitschriften aus. Untersucht sie dann genauer. Beachtet dabei folgende Fragen:*
- *An welche Leserinnen und Leser wendet sich die Zeitschrift? Woran erkennt man das?*
- *Über welche Themen wird berichtet?*
- *Welche Textsorten (z. B. Reportagen, Berichte, Interviews, Ratgeber) findet ihr?*
- *Welche Besonderheiten des Layouts könnt ihr erkennen?*
  - *Welche Funktionen haben die Bilder oder Fotos?*
  - *Wie ist die Titelseite gestaltet und wie wirkt sie auf euch?*
  - *Welche Rolle spielen eurer Meinung nach die Farben?*
- *Welche Besonderheiten der Sprache (z. B. Wörter aus dem Englischen) entdeckt ihr?*
- *Welchen Anteil hat die Werbung? Welche Produkte werden beworben?*
- *Welche Kaufanreize (z. B. Gewinnspiele, Poster, Sticker) bietet die Zeitschrift?*

b) Haltet Gemeinsamkeiten und Unterschiede der Zeitschriften fest, z. B. in einer Tabelle.

Titel der Zeitschrift	Themen	Textsorten	Layout	...
...	...	...	...	...

c) Stellt die Ergebnisse eurer Gruppenarbeit in der Klasse vor. Sprecht anschließend über eure Ergebnisse. Gibt es Gemeinsamkeiten, die ihr bei allen Zeitschriften entdecken konntet? Wo gibt es Unterschiede und warum?

5 *Jugendzeitschriften haben eine genaue Vorstellung davon, wie Mädchen und Jungen heute aussehen und was in ihnen vorgeht.*

a) Untersucht in Kleingruppen, wie in den Zeitschriften Mädchen und Jungen dargestellt sind. Denkt daran, dass nicht nur die Text- und Bildbeiträge Aussagen darüber machen, sondern auch die Werbung für bestimmte Produkte, Tipps fürs Aussehen etc.
- *Mit welchen Themen beschäftigen sich Mädchen, mit welchen Jungen?*
- *Wie wollen Mädchen bzw. Jungen heute aussehen? Welches Styling ist ihnen wichtig?*
- *Wovon träumen sie? Was mögen sie nicht?*
- *Welche Pläne haben sie im Leben?*

b) Tragt Material zusammen und fertigt eine Collage an, die verdeutlicht, was die Zeitschriften als typisch für ein Mädchen bzw. für einen Jungen ansehen. Vielleicht ist es spannend, wenn ein reines Jungenteam eine Mädchencollage macht und umgekehrt.

c) Prüft, ob diese Darstellungen zutreffen. In welchen Bereichen weichen sie eurer Meinung nach von der Realität ab? Nehmt zum Mädchenbild und zum Jungenbild der Zeitschriften Stellung.

6 *Bildet Arbeitsgruppen und entwerft selbst eine Jugendzeitschrift, die euren Vorstellungen entspricht.*

a) Sammelt Ideen für eure Zeitschrift. Welche Inhalte in welcher Form wären für diese Zeitschrift geeignet? Beachtet dabei folgende Punkte:
- *Interview oder Porträt,*
- *Reportage,*
- *Rätsel, Comics, Karikatur,*
- *Musik-News,*
- *Trends- und Modeseite.*

b) Verteilt die einzelnen Themenbereiche und schreibt eure Beiträge. Wählt zu euren Artikeln passende Bilder und Fotos aus.

c) Sucht einen treffenden Namen für die Zeitschrift.
TIPP: Mit Hilfe des PCs könnt ihr eure Zeitschrift in gedruckter Form herstellen oder ins Internet stellen.

13 Ein Theaterstück lesen und spielen

13.1 Das Urteil des Paris – Das Stück lesen

Lukian

Das Urteil des Paris

Peter Paul Rubens: Das Urteil des Paris (ca. 1635–1637)

Der griechische Schriftsteller Lukian (ca. 120–180 n. Chr.) aus Samosata (Syrien) stammte aus einfachen Verhältnissen. Er war ursprünglich Anwalt, später Rhetoriklehrer und zog als Redner mit Vortragsreisen, die ihm gute Einnahmen sicherten, durch das römische Imperium. Später nahm er eine Beamtenstelle beim römischen Statthalter in Ägypten an. Lukian schrieb kurze, witzige, oft satirische Szenen aus der griechischen Mythologie.
Eine seiner bekanntesten Geschichten handelt vom „Urteil des Paris“: Drei Göttinnen streiten darüber, welche die Schönste sei. Paris, eigentlich ein Königssohn, bei Lukian aber eher ein Bauernbub, soll entscheiden, welche der drei Göttinnen die Schönste ist.

1. Akt: Die Vorgeschichte

PANOPE – GALENE

Panope und Galene, zwei Nereiden (Meerjungfrauen), unterhalten sich, was auf der Hochzeit von Peleus und Thetis vorgefallen ist. Im Zentrum ihres Gesprächs steht die Göttin Eris. Eris ist ein „sprechender“ griechischer Name und heißt Streit.

PANOPE: Hast du gestern gesehen, Galene, was Eris bei dem hochzeitlichen Gastmahl in Thessalien angerichtet hat, weil sie nicht auch dazu eingeladen worden war?

GALENE: Nein, ich war nicht mit von der Partie, Panope. Poseidon hatte mich geheißen, das 5

Meer indessen ruhig zu halten. Aber was konnte denn Eris anstellen, da sie doch gar nicht zugegen war?

PANOPE: Thetis und Peleus waren gerade schon in das Schlafzimmer weggegangen und die Gäste überließen sich indessen der Fröhlichkeit. Die einen tranken, die andern tanzten, noch andere hörten Apollons Zitherspiel oder dem Gesang der Musen zu. Es war also nichts leichter, als dass Eris ihre Rache bewerkstelligen konnte, ohne von jemand bemerkt zu werden. Sie warf einen wunderschönen, ganz goldnen Apfel unter die Gäste, darauf war geschrieben: Die Schönste soll ihn haben. Und der Apfel rollte so lange fort, bis er, wie absichtlich, an die Stelle kam, wo Hera, Aphrodite und Athena Platz genommen hatten. Da ihn nun Hermes aufgehoben und die Aufschrift laut abgelesen hatte, machte jede ihren Anspruch auf den Apfel geltend und alle drei sagten, er gehöre ihr, und wenn Zeus nicht dazwischengetreten wäre, hätten sie es gewiss zu einem Handgemenge kommen lassen. Die Göttinnen drangen in ihn, er solle den Schiedsrichter machen. Er aber wollte nichts damit zu tun haben. „Geht auf den Ida[1]", sagte er, „zum Sohn des Priamos, der versteht sich drauf, das jeweils noch Schönere herauszukennen, denn er ist dem Schönen in jeglicher Gestalt verfallen und so wird er kein schlechtes Urteil fällen."

GALENE: Was taten da die Göttinnen, Panope?

PANOPE: Heute, denke ich, gehen sie zum Ida und wir werden bald Nachricht bekommen, welche von ihnen gesiegt hat.

GALENE: Das kann ich dir schon jetzt sagen, keine andere wird siegen, wenn Aphrodite im Wettbewerb dabei ist, es müsste denn grade sein, der Schiedsrichter wäre gänzlich blind!

1 **Ida:** Berg in Troja

1 *a) Der 1. Akt macht mit der Vorgeschichte des Paris-Urteils bekannt. Lest den Textabschnitt mit verteilten Rollen.*
b) Gebt in eigenen Worten wieder, worum es in diesem Gespräch geht.

2 *Stellt Vermutungen über den weiteren Verlauf der Geschichte an.*

2. Akt: Der Auftrag

ZEUS – HERMES – HERA – ATHENA – APHRODITE

Die Handlung beginnt im Olymp (Himmelsgewölbe, Sitz der Götter).

ZEUS: Hermes, nimm diesen Apfel und begib dich damit nach Phrygien zu dem Sohne des Priamos, du weißt schon, zu dem Rinderhirten, und sage ihm von mir Folgendes: „Weil du, Paris, selbst schön bist und dich auf Liebessachen besonders gut verstehst, so gibt dir Zeus den Auftrag, Richter zu sein darüber, welche von den Göttinnen die Schönste ist. Und als Kampfpreis in diesem Wettbewerb soll die Siegerin den Apfel aus deiner Hand empfangen!"
(Zu den drei Göttinnen.) Es ist nun Zeit, dass ihr euch zu euerm Richter verfügt. Ich für meine Person mag mit der Entscheidung nichts zu tun haben, da ihr mir gleich lieb seid und ich euch, wenn es nur anginge, recht gern alle drei siegen sähe. Außerdem

ist es auch unmöglich, einer den Preis der Schönheit zu geben, ohne sich mit den Übrigen völlig zu verfeinden. Dieser Jüngling hingegen, zu welchem ihr gehen werdet, ist von königlichem Blute und ein unverdorbener Bursch aus den Bergen.

APHRODITE: Ich für meinen Teil werde mich dieser Schaustellung getrost unterwerfen. Denn was schon wollte er an mir zu tadeln finden! Aber diese beiden ...

HERA: Auch wir fürchten uns nicht, Aphrodite, nicht einmal, wenn dein Ares[2] höchstpersönlich den Richterspruch tun müsste. Aber wir haben auch gegen den da nichts einzuwenden, wer immer das sein mag, dieser Paris.

ZEUS *(zu Athena)*: Ist dies deine Meinung auch, meine Tochter? Was sagst du? Du wendest dich weg und wirst rot? Das ist so was Eigenes bei euch Jungfrauen, immer lauft ihr bei dergleichen Dingen gleich rot an; aber immerhin: Mit dem Kopfe nicken, das tust du wenigstens. Geht also jetzt. Aber dass ihr mir ja nicht über euern Richter ungehalten werdet, wenn ihr unterliegt, oder dem armen Jungen gar was zu Leide tut! Denn am Ende ist es doch nicht wohl möglich, dass alle gleich schön sind.

HERMES: Gehen wir also nun geraden Weges nach Phrygien. Ich zeige euch den Weg, ihr aber kommt mir nur wacker nach! Ich kenne den Paris, er ist ein schöner junger Bursche, für Liebesdinge wie geschaffen.

APHRODITE: Oh, das ist sehr gut, das ist Wasser auf meine Mühle, was du da sagst: Er sei ein gerechter Richter. – Ist er noch unverheiratet oder hat er schon eine Frau bei sich?

HERMES: So ganz unbeweibt ist er wohl nicht.

APHRODITE: Was willst du damit sagen?

HERMES: Soviel ich weiß, lebt er mit irgendeinem Mädchen vom Ida zusammen; eine stramme Person soll es sein, nur ein bisschen plump und bäurisch, nun ja, wie sie halt in solchen Gebirgsgegenden sind. Er scheint sich jedoch nicht so arg viel aus ihr zu machen. Aber weswegen fragst du danach?

APHRODITE: Ach, nur so.

ATHENA *(zu Hermes)*: Das verstößt doch wohl gegen deine Aufgabe als Geleitsmann, dass du dich gerade mit der da in intime Privatgespräche einlässt?

HERMES: Es hat gar nichts zu bedeuten, Athena, und ist nichts gegen euch. Sie fragte mich bloß, ob Paris noch ledig sei.

ATHENA: Was geht denn das sie an?

HERMES: Ich weiß nicht. Sie sagt, sie habe ohne alle Absicht gefragt, bloß weil es ihr so in den Sinn gekommen sei.

ATHENA: Und ist er denn ledig?

HERMES: Ich glaube nicht.

ATHENA: Aber hat er kriegerische Neigungen? Ist er ruhmbegierig oder ist er nichts sonst als ein gewöhnlicher Kuhhirt?

HERMES: So genau kann ich das nicht sagen. Aber da er noch jung ist, so lässt sich vermuten, dass er auch dafür etliches Interesse hat und dass es ihn wohl nicht verdrießen sollte, ein großer Kriegsheld zu sein.
Während wir so schwatzen, haben wir schon ein tüchtiges Stück Weges vorwärts gemacht und die Sterne weit hinter uns zurückgelassen. Schon müssen wir beinahe in der Gegend von Phrygien sein. Ja, wirklich, da seh ich auch schon unsern Richter Paris in eigener Person.

HERA: Wo denn? Ich seh ihn noch nicht.

HERMES: Schau dort hin, Hera, linker Hand. Nicht auf die Spitze des Berges, nein, dort, an der Flanke, wo du die Höhle und die Herde siehst.

HERA: Ich sehe aber keine Herde.

HERMES: Wie? Siehst du denn nicht dort die winzig kleinen Kühe, nur so groß wie mein kleiner Finger? Dort kommen sie doch mitten aus den Felsen hervor und dort rennt einer, mit einem krummen Stecken in der Hand, von der Anhöhe herunter und sucht sie zusammenzutreiben, damit die Herde nicht noch mehr auseinanderläuft!

HERA: Nun seh ich ihn, wenn es der ist.

HERMES: Er ist's. Weil wir also so nahe sind, wollen wir uns, wenn es euch gefällig ist, voll-

2 **Ares:** griechischer Kriegsgott. Aphrodite empfand für ihn eine starke Leidenschaft.

ends auf den Erdboden herunterlassen und zu Fuß gehen, damit wir ihn nicht erschrecken, wenn wir so auf einmal aus blauem Himmel heruntergeflattert kommen.

160 HERA: Du hast Recht, machen wir's so! – Nun, da wir auf festem Boden sind, wirst du, Aphrodite, uns wohl am besten den Weg zeigen können; denn du musst in dieser Gegend überall Bescheid wissen, da du, wie es heißt, öfters hier bei deinem Anchises[3] zu Besuch 165 gewesen bist.

APHRODITE: Meinst du vielleicht, Hera, du könntest mit derlei Anzüglichkeiten mich ärgern? Ha, das macht mir fast gar nichts aus! 170

HERMES: Führen werde ich euch schon selber.

3 **Anchises:** Anchises war der heimliche Geliebte der Aphrodite.

3 *Beschreibt, wie sich die Göttinnen Hera, Athena und Aphrodite – immerhin sind sie Göttinnen – in diesem Akt präsentieren.*

4 *Erfindet einen Alltagskonflikt, an dem Hera, Athena und Aphrodite beteiligt sind. Besprecht euch kurz und spielt dann aus dem Stegreif eure Szene.*
TIPP: *Jeder von euch hat die Freiheit, seiner Rolle eine ganz persönliche Note zu geben.*

3. Akt: Das Urteil

PARIS – HERMES – ATHENA – APHRODITE – HERA

HERMES: Guten Tag, Kuhhirt!

PARIS: Danke gleichfalls, junger Mann! Wer bist du? Was führt dich zu uns hierher? Und 175 was für Frauensleute hast du da bei dir? Sie sehen mir gar nicht so aus, als ob sie recht dazu taugten, im Gebirge herumzuklettern. Dazu sind sie zu hübsch!

HERMES: Es sind freilich keine gemeinen Frau- 180 ensleute, mein guter Paris. Du siehst hier die Hera, die Athena und die Aphrodite vor dir und in mir den Hermes, vom Zeus persönlich abgeschickt. Aber warum zitterst du so und wirst ganz bleich? Fürchte dich nicht, es soll dir kein Leid geschehen! Er befiehlt 185 dir nur, über ihre Schönheit Richter zu sein. Denn da du selbst so schön seist, sagt er, und für einen Kenner in Liebessachen giltst, so überlasse er dir die Entscheidung. Um aber zu wissen, worum es bei diesem Wettstreit 190 geht, brauchst du nur zu lesen, was auf diesem Apfel steht.

PARIS: Nur her, lass doch sehen, was er will – *(er liest:)* „Die Schönste soll ihn haben!" – Aber, gnädiger Herr Hermes, wie sollte ein bloßer 195 Sterblicher, ein tölpischer Bauer obendrein wie ich, Preisrichter bei einer so unerhörten Schau sein können? Das geht über den Verstand eines Kuhhirten. Wenn's darum ginge, zu sagen, ob die eine Ziege schöner ist als 200

die andere oder diese Jungkuh schöner als jene, da könnt ich wohl mit Sachverstand entscheiden! Aber mit diesen Frauen hier ist es ganz ein anderes. Die sind alle gleich schön und ich weiß nicht, wie's einer machen soll, um die Augen von der einen auf die andere zu kehren. Was sie zuerst ansehen, daran bleiben sie kleben und immer preisen sie das, was ihnen gerade gegenwärtig ist. So ist mir also zumute, als wäre ich von lauter Schönheit über und über umflossen und umfangen.
Ich glaube also, ich werde mein Richteramt am besten verwalten, wenn ich den Apfel allen dreien gebe.

HERMES: Das weiß ich, dass du nicht drum herumkommst zu tun, was Zeus dich geheißen hat.

PARIS: So bitt' ich nur um das Einzige, Hermes, bringe sie dazu, dass die beiden, die dabei zu kurz kommen, nicht böse auf mich werden, sondern glauben, die Schuld liege bloß an meinen Augen.

HERMES: Das versprechen sie dir. Aber jetzt ist's höchste Zeit, dass du mit der Entscheidung zu Ende kommst.

PARIS: Ich will mein Bestes tun, weil es doch nun einmal sein muss. Aber vorher möchte ich doch wissen, ob es wohl genug ist, sie zu sehen, wie sie da sind, oder ob es notwendig sein wird, dass sie sich erst ausziehen, damit die Untersuchung desto gründlicher vorgenommen werden kann.

HERMES: Das kommt bloß auf den Richter, also auf dich selbst an. Du brauchst bloß anzuordnen, wie du es haben willst.

PARIS: Wie ich's haben will? Wenn's so ist, dann will ich sie nackt sehen.

HERMES: Zieht euch aus, ihr da! Und du schau genau hin. Ich will indes anderswohin sehen.

HERA: Recht schön, Paris! – Ich bin gleich die Erste, die sich ohne Bedenken entkleidet, damit du siehst, dass ich nicht bloß weiße Ellenbogen habe oder mir auf ein Paar große Augen viel einbilde, sondern dass ich überall und im Ganzen gleich schön bin.

PARIS: Zieh du dich auch aus, Aphrodite!

ATHENA: Aber lass sie nur ja nicht eher sich ausziehen, als bis sie ihren Gürtel weggetan hat – sie ist nämlich eine Hexe und könnte dir leicht mit dessen Hilfe ein Blendwerk vor die Augen machen. Auch hätte sie sich nicht so mächtig zurechtmachen und nicht so viel Rouge auflegen sollen, ja wirklich wie das erstbeste Straßenmädchen, sondern sie hätte ihre Schönheit ungekünstelt und natürlich sehen lassen sollen, wie sie ist.

PARIS: Sie haben Recht, was den Gürtel betrifft; also weg damit!

APHRODITE: Und warum legst denn du, Athena, nicht auch deinen Helm ab und zeigst dich mit bloßem Kopfe, sondern schüttelst den Federbusch und erschreckst damit den Schiedsrichter? Fürchtest du etwa, dass sich, wenn diese Furchterregung nicht mehr mit im Spiele ist, herausstellt, wie wässrig blau deine Augen an sich sind?

ATHENA *(den Helm ablegend)*: Da siehst du mich ohne Helm!

APHRODITE *(den Gürtel ablegend)*: Und du mich ohne den Gürtel.

HERA: Nun, so zaudern wir nicht länger *(sie entkleiden sich)*.

PARIS: Oh, du allmächtiger Zeus! Welch ein Wunder! Welcher Anblick! Welche Schönheit! Welches Entzücken! Was ist das eine Jungfrau! – Was strahlt diese für einen Glanz aus, voller Majestät, königlich, wahrhaft des Zeus würdig! – Und diese da, wie holdselig sie einen ansieht, so schelmisch und verheißungsvoll sie lächelt! Nein! Das ist mehr Glückseligkeit für mich, als ich auf einmal ertragen kann! – Ich will nun, wenn es euch gefällig ist, jede besonders in Augenschein nehmen.

APHRODITE: Ja, das ist recht, so wollen wir's machen.

PARIS: So entfernt euch, ihr beiden, und du, Hera, bleibe hier.

HERA: Ich bleibe und wenn du mich nun genau besehen hast, dann ist es für dich an der Zeit, auch noch darauf zu achten, ob nicht auch das dir schön vorkommt, was ich dir zum Geschenk machen werde. Wenn du näm-

295 lich mich für die Schönste erklärst, lieber Paris, dann sollst du über ganz Asien der Herr sein.

PARIS: Mit Geschenken ist bei mir nichts auszurichten. Du kannst dich wieder entfernen. 300 Ich werde tun, was mir gutdünken wird. – Komm nun du herbei, Athena!

ATHENA: Hier bin ich. Und wenn du, lieber Paris, mich für die Schönste erklärst, so sollst du in keinem Streit jemals überwunden wer- 305 den, sondern immer das Feld behalten, denn ich will einen großen Kriegsmann und siegreichen Helden aus dir machen.

PARIS: Ach, Athena, auf Krieg und Streit habe ich's ganz und gar nicht abgesehen. In Phry- 310 gien und Lydien ist's überall, wie du siehst, Friede und dem Reiche meines Vaters drohen keinerlei kriegerische Verwicklungen. Ich hab genug gesehen. Jetzt ist Zeit, dass Aphrodite kommt.

315 APHRODITE: Hier siehst du mich so nahe, als du verlangen kannst; schau mich Stück für Stück genau an und übergehe nichts, sondern verweile bei jedem einzelnen Körperteil besonders. – Wenn du aber willst, du 320 mein Schöner, so höre, was ich dir sagen will. Schon lange habe ich gesehen, dass du jung bist und so schön, wie das ganze Land Phrygien schwerlich einen zweiten hat wachsen lassen. Ich preise dich glücklich 325 um solcher Schönheit willen, aber ich kann es gar nicht gutheißen, dass du diese Schroffen und Felsen nicht schon lange verlassen hast, sondern deine Schönheit lieber in dieser Einöde verkommen lässt. Was nützt es 330 deinen Rindern, dass du schön bist? Längst schon solltest du vermählt sein, und zwar nicht mit einer Bauerndirne, wie die Weiber auf dem Ida sind, sondern mit einer schönen Griechin, entweder aus Argos oder aus 335 Korinth oder gar mit einer Spartanerin, so wie die Helena eine ist; jung und schön und mir in keinem Stücke nachstehend, und was das Beste ist: eine, die sehr leicht Feuer fängt. Denn du kannst versichert sein, wenn 340 sie dich nur sieht, so wird sie sich in deine Arme werfen und alles im Stich lassen, um sich ganz dir hinzugeben, dir zu folgen und mit dir zu leben. – Ganz gewiss hast auch du schon etwas von ihr gehört.

PARIS: Kein Wort, Aphrodite, aber ich will dir 345 mit Vergnügen zuhören, wenn du mir alles von ihr erzählen willst.

APHRODITE: Sie ist eine Tochter der Leda, eben jener Schönen, auf welche Zeus hernieder- geflogen kam, nachdem er zum Schwan ge- 350 worden war.

PARIS: Wie sieht sie denn aus?

APHRODITE: So weiß, wie man erwarten kann, da sie von einem Schwan gezeugt ist. Zart, wie aus einem Ei hervorgekrochen, so wohl ge- 355 wachsen, so stark und gewandt und darum so eifrig von allen Seiten umworben, und die Mannspersonen sind so erpicht auf sie, dass schon ein Krieg um ihretwillen entstanden ist, als sie vom Theseus entführt wurde, da 360 sie beinahe noch ein Kind war. Seitdem sie aber in ihrer vollen Blüte steht, haben sich alle Fürsten der Griechen als Freier bei ihr eingefunden. Nun ist sie zwar dem Menelaos, aus dem Geschlechte des Pelops, zuer- 365 kannt worden, wenn du aber Lust hättest, so wollte ich dir zu dieser Heirat verhelfen.

PARIS: Wie? Zur Heirat mit einer Frau, die schon vermählt ist?

APHRODITE: Ach, was bist du doch noch naiv, so 370 richtig noch einer vom Lande! Ich aber weiß, wie man eine solche Sache hinkriegt.

PARIS: Wie denn? Das möcht ich wohl auch wissen.

APHRODITE: Du wirst einfach eine Reise machen, 375 so als käme es dir nur darauf an, Hellas zu sehen. Und wenn du dann nach Sparta kommst, wird die Helena dich zu sehen bekommen. Alles Weitere wird dann meine Sache sein: dass sie sich in dich verliebt und 380 dir folgt.

PARIS: Aber eben das kommt mir unglaublich vor, dass sie ihren Gemahl willentlich verlassen sollte, um mit einem Fremden, sogar mit einem Nicht-Griechen, aufs Schiff zu 385 gehen und einfach davonzufahren.

APHRODITE: Darüber mache du dir gar keinen Kummer. Ich habe nämlich zwei Söhne von sonderbarer Schönheit, den Himeros und den Eros, die ich dir zu Führern auf dieser Reise zugeben will. Eros soll sich ganz in sie einnisten und das Weib zum Lieben zwingen. Himeros hingegen soll sich um dich ergießen und dich so reizend und liebenswürdig machen, wie er selbst ist. Auch ich selbst will mit dabei sein und all die guten Geister der Anmut, die Charitinnen, werde ich bitten, uns zu begleiten, und so werden wir wohl mit ihr fertigwerden, wenn wir allesamt auf sie einreden.

PARIS: Was die Sache für einen Ausgang nehmen wird, Göttin, ist ungewiss. Aber das fühle ich, dass ich in Helena schon jetzt verliebt bin. Ich weiß nicht, wie es zugeht, aber mir ist, ich sehe sie vor mir, und ich fahre geraden Weges nach Griechenland, und jetzt bin ich in Sparta angelangt, und schon kehr ich zurück, und ich hab das Weib – und jetzt? Jetzt bin ich kreuzunglücklich, dass ich das alles nicht schon wirklich tue.

APHRODITE: Hüte dich, Paris, dich eher in diese Liebe einzulassen, bis du dich mir, der Stifterin und Brautführerin bei dieser Verbindung, durch deinen Schiedsspruch erkenntlich gezeigt hast. Denn das wäre doch nicht mehr als recht und billig, dass auch ich, und zwar als Preisträgerin, mit euch zusammen gleichzeitig euren Bund und meinen Sieg feiern könnte! So steht es also bloß bei dir, Liebe, Schönheit und Hochzeit,

alles auf einmal, allein um diesen Apfel zu erkaufen.

PARIS: Ich fürchte nur, wenn ich den Spruch erst getan habe, wirst du dich nicht mehr um mich kümmern.

APHRODITE: Willst du, dass ich dir auch noch einen Eid darauf schwören soll?

PARIS: Das nicht, ich will zufrieden sein, wenn du mir's nur noch einmal versprichst.

APHRODITE: Ich verspreche dir also, dass ich dir Helena zum Weibe geben will und dass sie zu euch nach Troja kommen wird. Und ich will selbst dabei sein und alles für dich zustande bringen.

PARIS: Und du versprichst mir, auch den Eros, den Himeros und die Charitinnen mitzunehmen?

APHRODITE: Sei ruhig und den Pothos und Hymenaios noch dazu.

PARIS: Nun gut, dafür geb ich dir den Apfel. Unter diesen Bedingungen also: Da, nimm ihn!

5 *Nicht nur mit ihrer Schönheit, sondern auch mit verführerischen Versprechungen verlocken die Göttinnen Paris. Erschließt aus dem 3. Akt (▷ S. 284–287), was Paris jeweils in Aussicht gestellt wird. Gibt es im heutigen Leben vergleichbare Situationen?*

6 *Die Redewendung vom „Zankapfel" ist noch heute gebräuchlich. Erklärt, warum der Ursprung dieser Redewendung auf die griechische Sage vom „Urteil des Paris" zurückgeht.*

Zankapfel: Gegenstand oder Anlass eines Streits, z. B.: „der Zankapfel sein", „den Zankapfel werfen".

7 *Das Urteil des Paris hat Folgen. Informiert euch in einem Lexikon oder im Internet, wie die Sage weitergeht. Wichtige Stichwörter bzw. Suchbegriffe sind: „Trojanischer Krieg", „Paris", „Helena" und „Menelaos".*

13.2 Auf die Bühne – Das Stück inszenieren

Bei dem Stück „Das Urteil des Paris“ gibt es nur wenige Regieanweisungen, die Anregungen geben, wie die Schauspieler sprechen und agieren sollen. Das ist jetzt eure Aufgabe!

Rollenkarten entwerfen

1 *Wenn ihr eine Figur spielen wollt, solltet ihr sie gut kennen. Untersucht in Partnerarbeit die drei Akte des Stücks „Das Urteil des Paris“ (▷ S. 281–287) und schreibt wichtige Informationen zu den einzelnen Figuren auf. Beachtet dabei folgende Fragen:*
- ☐ *Welche Tätigkeiten und Verhaltensweisen kennzeichnen die einzelnen Figuren?*
- ☐ *Welche Absichten haben die Figuren?*
- ☐ *Welche Gefühle haben sie?*
- ☐ *Wie verhalten sie sich gegenüber den anderen Figuren?*

2 *Teilt euch in Gruppen auf. Jede Gruppe entwirft für eine der handelnden Figuren eine Rollenkarte.*

a) Beschreibt die gewählte Figur genau. Nehmt dazu eure Ergebnisse aus Aufgabe 1 zu Hilfe und denkt euch weitere Persönlichkeitsmerkmale aus. Schreibt in der Ich-Form.

> **Rollenkarte für Panope**
> Ich bin 17 Jahre alt und eine schöne Meerjungfrau. Mit meiner älteren Schwester Galene tausche ich mich über alle Neuigkeiten aus.
> Am liebsten ...

Beachtet beim Schreiben der Rollenkarten folgende Gesichtspunkte:
- ☐ *Wie alt könnte die Figur sein?*
- ☐ *Wie könnte sie aussehen?*
- ☐ *Welche Interessen und Vorlieben könnte sie haben?*
- ☐ *Welche Ängste, Sorgen oder Sehnsüchte könnten die Figur bewegen?*

b) Lest euch eure Rollenkarten vor und sprecht darüber, wie die einzelnen Figuren charakterisiert werden. Worin sind sich die Figuren ähnlich, worin unterscheiden sie sich? Entwickelt für jede Figur typische Merkmale.

3 *a) Folgende Schauspielübung kann euch helfen, euch möglichst genau in eine Rolle einzufinden.*

Der „heiße Stuhl“

- In der Mitte des Raumes steht ein Stuhl. Der Spieler setzt sich auf den Stuhl und sagt, welche Rolle er spielen will. „Ich bin …“
- Alle anderen stellen nun Fragen, z. B.:
  - Wie alt bist du?
  - Welche Kleidung trägst du?
  - Was denkst du über …?
- Der Spieler beantwortet die Fragen möglichst konkret und immer in der Ich-Form. Dabei sollte er immer aus der Rolle heraus sprechen.

b) Diskutiert über die unterschiedlichen Rollen und ergänzt gegebenenfalls eure Rollenkarten.

Einen Szenenplan entwerfen

4 *„Das Urteil des Paris“ spielt an verschiedenen Handlungsorten. Einige Orte könnt ihr aus dem Text erschließen, andere müsst ihr selbst erfinden. Erschließt aus dem Text (▷ S. 281–287), welche Handlungsorte es gibt. Ergänzt fehlende Angaben selbst.*

5 *Bevor ihr das Theaterstück spielt, solltet ihr euch einen genauen Überblick über das Stück verschaffen.*
a) Geht noch einmal das Theaterstück durch (▷ S. 281–287) und gliedert das Stück in einzelne Szenen. Schreibt für jede Szene die Zeilenangaben auf.
b) Notiert, welche Personen in den einzelnen Szenen spielen und was in jeder Szene geschieht.

6 *Haltet eure Ergebnisse aus Aufgabe 4 und 5 in einem Szenenplan fest.*

Szenenplan

Szene	Zeilen	Personen	Was geschieht?	Handlungsort
1	1–?	Panope, Galene	…	…
2	…	…		
…				

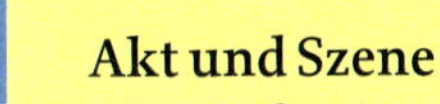

Akt und Szene
Akt (Aufzug) nennt man die großen Handlungseinheiten eines Dramas. Ein Akt besteht meist aus mehreren Szenen. Eine Szene beginnt, wenn eine Figur auf die Bühne kommt oder sie verlässt oder der Handlungsort wechselt.

Ideen für die Inszenierung

7 *Das Theaterstück „Das Urteil des Paris“ (**▷ S. 281–287**) hat drei Akte: Der 1. Akt ist die Einleitung (Exposition). Der 2. Akt entwickelt einen Konflikt, die Spannung steigt. Der 3. Akt zeigt die Lösung des Konflikts oder die Katastrophe.*

a) Erklärt, wie im „Urteil des Paris“ die Einleitung/Exposition (1. Akt), die Spannungssteigerung/ Konfliktentwicklung (2. Akt) und die Lösung/Katastrophe (3. Akt) gestaltet sind.

b) Besprecht, wodurch sich der 1. Akt von den übrigen Akten unterscheidet.

8 *Beim Theaterspielen kommt es nicht so sehr darauf an,* ***was*** *man in Szene setzt, sondern* ***wie*** *das gemacht wird.*

a) Überlegt, wie man die Nacktheit der Göttinnen darstellen kann, ohne dass sich die Darsteller entkleiden müssen.

b) Probiert für die Gestaltung des 1. Aktes, der Vorgeschichte, unterschiedliche Möglichkeiten aus, z. B.:

Stummes Spiel

Eine Möglichkeit, die an sich nur erzählte Handlung der Vorgeschichte (1. Akt) zu einem Erlebnis für die Zuschauer zu machen, ist das „stumme Spiel“. Was die Nereide Panope erzählt, kann danach oder gleichzeitig als „stummes Spiel“, d. h. pantomimisch, gezeigt werden. So entsteht eine Bühne auf der Bühne.

Achtet darauf, dass das, was Panope gerade erzählt, auf der „zweiten“ Bühne genau gezeigt wird.

Schattenspiel

Auch diese Spielform passt besonders gut für die Gestaltung des 1. Aktes, der Vorgeschichte des Paris-Urteils. Auch hier wird die Projektionsfläche zur „zweiten“ Bühne.

- Baut eine Leinwand, z. B. indem ihr Betttücher zwischen zwei Kartenständer spannt. Die Leinwand wird von hinten mit einem Overheadprojektor angestrahlt, sodass die Schatten der Schauspieler zu sehen sind.

- Experimentiert mit den Effekten und Wirkungen des Schattenspiels: Was passiert auf der Leinwand, wenn ihr Arme und Körper seitwärts oder vor- und rückwärts im Raum bewegt? Nutzt das Groß- und Kleinwerden, die Täuschungsmöglichkeiten und die Bewegungseffekte und vielleicht auch einige Farbeffekte. Ihr könnt Farbfolien (oder Plastiktüten voll mit Öl und Tinte) auf den Projektor legen.

9 *Soll eine Szene beim Publikum Interesse wecken, muss man sich einiges überlegen. Spannend ist Theater immer dann, wenn das Publikum etwas sieht, mit dem es ganz und gar nicht gerechnet hat. Sucht Ideen und erprobt verschiedene Möglichkeiten, z. B.:*

Für den Bühnenraum

Überlegt, wie der Bühnenraum für den jeweiligen Handlungsort gegliedert und gestaltet werden könnte. Findet einfache, aber überraschende Lösungen, z. B. für den Weg vom himmlischen Olymp zur Erde.

Für die Auftritte der einzelnen Figuren

Legt fest, woher und wie der Auftritt der einzelnen Figuren erfolgen soll. Denn bevor die Spielerin oder der Spieler ein Wort auf der Bühne spricht, entsteht beim Zuschauer durch den Auftritt ein erster Eindruck. Probiert verschiedene Möglichkeiten aus. Merkt ihr den großen Unterschied, wenn ein Spieler einfach von der Seite auftritt oder langsam in der Mitte „aus der Tiefe des Raumes" an die Rampe tritt?

Für die Kostüme

Tauscht euch auch darüber aus, welche Kostüme die jeweiligen Figuren tragen könnten. Naheliegende Lösungen sind meist weniger effektvoll als unerwartete. Was findet ihr etwa bühnenwirksamer, einen Paris in römischer Toga oder als einen Seppl in Lederhose?

Für das Sprechen und Agieren auf der Bühne

Ganz entscheidend für euer Bühnenspiel ist, wie ihr sprecht. Der Dialog ist die häufigste Aktionsform auf der Bühne. Aber mit jemandem sprechen ist viel mehr, als verständliche Worte von sich zu geben. Wie blicke ich den anderen an? Welche Mimik und Gestik setze ich ein? Wie reagiert der andere auf das Gehörte? Er hört es ja zum ersten Mal!

13.3 Auf die Bühne, fertig, los! – Übungen aus der Schauspielschule

Bei diesen Übungen braucht ihr nicht viel Vorbereitung, nur etwas Platz, gute Stimmung und viel Freude am Ausprobieren. Weil ihr bei diesen Übungen improvisiert, habt ihr fast alle Freiheit der Welt. Es gibt sogar Schülerinnen und Schüler in eurem Alter, die mit solchen Improvisationsspielen einen ganzen Theaterabend gestaltet haben!
Es handelt sich übrigens um Spielvorgaben aus einer professionellen Schauspielschule.

Szenenvorgaben für stummes Spiel und Pantomime

Ein Brief, ein Brief!

Ich komme nach Hause, hole die Post aus dem Briefkasten und entdecke einen lang erwarteten oder unerwarteten Brief.
Ich öffne ihn und lese, dass ...
Findet verschiedene Reaktionen, die zeigen, was in dem Brief steht.
Alles wird nur durch Körpersprache deutlich gemacht:
Blick, Atem, Mimik. Der ganze Raum mit all seinen Gegebenheiten kann ins Spiel einbezogen werden.
Nur eines darf die Spielerin oder der Spieler nicht: sprechen!

Wer kommt denn da?

Die Tür geht auf und hereinspaziert kommt ...?
Zum Beispiel ein Träumer, ein Dieb, ein Fremder, ein Kameramann mit seinem Team, ein Star, der Löwe Leopold, die schöne Helena mit Paris, eine Oma.
Ein oder mehrere Spieler müssen auf den Gast oder die Gäste reagieren. Und immer gilt:
Egal wer kommt, gesprochen wird nichts!

Stummfilm in Zeitlupe

Ein Spieler beginnt pantomimisch und extrem langsam, eine Alltagstätigkeit zu zeigen. Nach einer Zeit ruft der Spielleiter „freeze" und der Spieler „gefriert" in seiner augenblicklichen Position.
Ein neuer Spieler erlöst den Eingefrorenen, indem er genau die gleiche Haltung und Mimik einnimmt, aber dann seinerseits ganz anders fortfährt.
Diese Übung kann auch mit mehreren Akteuren gespielt werden. Die Situationen können aus dem Alltag sein, mit all seinen üblichen Katastrophen.

 **Masken geben und nehmen**

Die Spieler sitzen im Kreis. Ein Spieler zeigt mit seiner Mimik ein beliebiges Gefühl. Langsam dreht er sich zu seinem Nachbarn. Dieser übernimmt die „Maske", d.h., er spielt möglichst genau nach, was ihm gezeigt wird. Dann verändert er langsam seinen Gesichtsausdruck und gibt diesen nun seinerseits weiter und so fort.

 **Im Schrumpfraum**

Einige Spieler befinden sich locker und gut gelaunt in einem Raum. Langsam bewegen sich die vier Wände aufeinander zu …

 **Imaginäre Objekte**

Ballspielen: Die Spieler teilen sich in kleine Gruppen. Der Spielleiter wirft pantomimisch einem anderen Spieler einen Ball zu, das Spiel beginnt: Der Ball wird plötzlich ganz klein oder ganz groß, schwer wie ein Medizinball oder leicht wie ein Luftballon.

Seilziehen: Jeweils zwei Spieler ziehen an einem imaginären Seil. Wie dick und wie lang ist das Seil? Wir wollen die Anstrengung sehen!

Spielszenen mit Sprache

Bei diesen Schauspielübungen könnt ihr entdecken, dass es nicht so entscheidend ist, **was** gesagt wird, sondern **wie** etwas gesagt wird.

Gesprochen werden nur Buchstaben oder Zahlen, aber so, dass klar wird, um welche Art von Rede es sich handelt und in welcher Stimmung der Sprecher ist.
Erweitert den Monolog zum Dialog und bis hin zum Chor. Findet ereignisreiche Szenen, z. B. ein Duell, Handeln im Bazar, beim Zahnarzt, der erwischte Dieb …
Tipp: Anstelle von Buchstaben oder Zahlen könnt ihr auch Nonsenstexte sprechen wie

„Ein Hund kam in die Küche" oder „Dunkel wars, der Mond schien helle".

Die vier Ecken

Ein Spielleiter legt vier Ecken oder Stationen im Raum fest: die Liebesecke, die Hassecke, die Nachrichtenecke, die Trauerecke.
Jeder sucht sich nun seinen Lieblingssatz. Diesen Satz flüstert er immer wieder leise beim Spazierengehen im Raum vor sich hin. Ihr könnt euch auch gegenseitig mit eurem Satz begrüßen.
Auf Kommando des Spielleiters begeben sich alle Spieler in die angesagte Ecke. Dort sprechen sie immerfort ihren Satz in der jeweils passenden Weise.
Traut euch ins Extreme! Wenn die Hassecke nicht durchs ganze Schulhaus dröhnt, war's viel zu leise.

 „Ego" und „alter Ego"

Eine Rolle wird doppelt besetzt. Der eine Spieler, das „Ego", spricht, was im Text steht. Der andere Spieler, das „alter Ego", spricht laut aus, was die Figur in Wahrheit denkt und empfindet.
Findet verschiedene Weisen, so ein „alter Ego" darzustellen, z. B. als verborgene Stimme, als Spiegel, als Schatten, als „Rucksack", d. h., der eine nimmt den anderen Huckepack.
Tipp: Diese Übung könnt ihr auch unabhängig von den Rollen eines Stückes spielen, z. B. indem ihr euch eine Rolle ausdenkt.

Geschichte mit Gegenstand

Jeder Gegenstand hat seine Geschichte. Denkt nur an den Apfel, den Eris bei der Hochzeit in den Saal warf. Was dieser Apfel alles erzählen könnte …!
Gegeben ist also ein Gegenstand, gesucht wird seine Geschichte. Diese Geschichte darf alle Unmöglichkeiten enthalten. Habt ihr Publikum, kann dieses euch einen beliebigen Gegenstand geben, Ort und Zeit der Geschichte nennen und eine Figur, die in der Geschichte eine Rolle spielen soll.
Tipp: Ihr könnt euch auch in Gruppen aufteilen. Jede Gruppe entwickelt dann ihre Geschichte in einer anderen Form, z. B. als Soap, Werbung, Krimi, Heimatfilm …

 Playback-Theater

Jemand erzählt eine kleine Geschichte, eine Begebenheit, die er erlebt hat oder die er sich ausgedacht hat. Ein Spielleiter fasst die Geschichte zusammen und legt die Rollen fest. Dann heißt es: Auf die Bühne, fertig, los! Jetzt wird die Geschichte gespielt.

14 Ein starkes Team? – Auf dich kommt's an!

14.1 Gemeinsam lernen und arbeiten

1 *Beschreibt die drei Zeichnungen. Beachtet dabei folgende Fragen:*
- *Welche Situationen sind dargestellt?*
- *Wie verhalten sich die Schülerinnen und Schüler jeweils? Wie verhält sich der Lehrer?*

2 *Diskutiert über eure Erfahrungen mit Gruppenarbeit:*
- *Wie oft arbeitet ihr in Gruppen?*
- *Welche Vorzüge hat das Arbeiten in der Gruppe im Vergleich zur Einzelarbeit?*
- *Welche Nachteile kann es geben? Berichtet von Fällen, in denen es Probleme mit der Gruppenarbeit gab, und überlegt, was da jeweils „falsch gelaufen" ist.*

3 *Gruppenarbeit beginnt mit der Bildung von Arbeitsgruppen. Dabei sind verschiedene Vorgehensweisen möglich, z. B.:*
- *Losverfahren,*
- *Abzählen,*
- *freies Einteilen, z.B. nach Interessen, Vertrautheit etc.*

Diskutiert, welche Vor- und Nachteile diese Verfahren haben können.

Regeln für die Gruppenarbeit

- den anderen genau zuhören, aufeinander eingehen
- auf die Zeiteinteilung achten
- auftretende Probleme miteinander besprechen
- andere Meinungen akzeptieren, Kompromisse finden
- Arbeitsschritte festlegen
- sein Bestes geben
- kein Gruppenmitglied ausgrenzen
- Gruppensprecher oder Gruppensprecherin bestimmen
- beim Thema bleiben, das Ziel der Arbeit nicht aus den Augen verlieren
- niemanden persönlich angreifen oder gar beleidigen

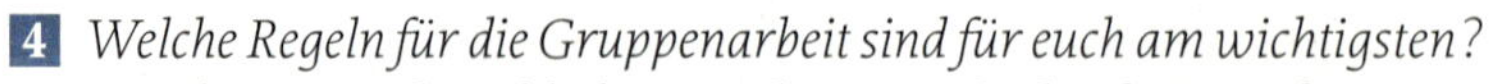

4 *Welche Regeln für die Gruppenarbeit sind für euch am wichtigsten?*

a) Jeder von euch wählt drei Regeln aus und schreibt sie auf ein Notizblatt. Begründet jeweils in Stichworten oder in einem kurzen Satz eure Auswahl.

b) Bildet Gruppen und stellt euch gegenseitig eure Regelauswahl vor. Einigt euch dann in der Gruppe auf vier Regeln.
TIPP: *Diskutiert und strebt bei Meinungsverschiedenheiten einen Kompromiss an.*

c) Stellt eure Gruppenergebnisse in der Klasse vor.

d) Formuliert gemeinsam fünf bis sieben Regeln, wie Gruppenarbeit bei euch in der Klasse ablaufen soll. Haltet euren Regelkatalog auf einem Plakat fest und hängt es im Klassenzimmer auf.

5 *a) Vergleicht den Verlauf eurer Gruppenarbeit mit den Anforderungen eures gemeinsamen Regelkatalogs und besprecht in der Klasse,*
- *was in den Gruppen gut funktioniert hat und warum,*
- *wo Schwierigkeiten und Probleme aufgetreten sind und warum,*
- *worauf bei der nächsten Gruppenarbeit besonders geachtet werden muss.*

b) Tauscht euch darüber aus, ob eurer Meinung nach die Arbeit in der Gruppe effektiver war als in der Stillarbeit. Begründet eure Auffassung.

14.2 Gemeinsam am Text feilen – Schreibkonferenz

Schreibprofis wie Schriftsteller, Journalisten oder Werbetexter stellen ihre Arbeit oft zur Diskussion und erhalten so wertvolle Hinweise, was sie an ihren Texten noch besser machen können. Wie die Profis könnt auch ihr eure Texte diskutieren, z. B. in einer Schreibkonferenz.

1 *Einige Ausschnitte aus Textzusammenfassungen zu der Ballade „Der Zauberlehrling" sollen euch einen Einblick in das Verfahren der Schreibkonferenz geben.*
a) Lest die Ballade „Der Zauberlehrling" (▷ S. 220–221).
b) Fasst den Inhalt der Ballade mit eigenen Worten zusammen.

2 *Schülerinnen und Schüler einer 7. Klasse haben den Inhalt der Ballade „Der Zauberlehrling" von Goethe ebenfalls zusammengefasst. In einer Schreibkonferenz haben sie anschließend die Textzusammenfassungen überarbeitet. Hier ein Beispiel:*

Korrekturzeichen	Florian Krämer	Überarbeitungsvorschläge
	Textzusammenfassung	
	Johann Wolfgang Goethe:	
	Der Zauberlehrling	
I, I	In der Geschichte „Der Zauberlehrling" V geht	Ballade, V Autor
	es um einen Zauberlehrling, der mit dem Spruch	nennen
A	seines Chefs einen Besen dazu bringt, für ihn	besser: Meister
Sb	Wasser zu schleppen, der Besen hört aber nicht	besser: neuer Satz
	auf, bis das ganze Haus unter Wasser steht.	
	Dann kommt der Meister zurück und bringt	
R	den Besen zum stehen.	großschreiben
		(Nominalisierung)
T	Eines Tages ging der Meister aus dem Haus. Da	Tempus: Präsens
T	hatte der Lehrling die Idee, einen Zauberspruch	Tempus: Präsens
	des Meisters auszuprobieren.	
T	Er sagt: „Walle, walle …", dann läuft der Besen	keine wörtliche
	zum Fluss, um Wasser zu holen.	Rede
A	Doch plötzlich bringt er immer wieder neues	keine Spannung
	Wasser herbei.	erzeugen

a) Lest die Textzusammenfassung und wiederholt anhand der Überarbeitungsvorschläge die Regeln zur Textzusammenfassung.
TIPP: *Wenn ihr unsicher seid, schlagt im Grundwissen auf S. 308 nach.*
b) Erklärt, welcher Fehlertyp mit welchem Korrekturzeichen angezeigt wird, z. B.:
I = Inhalt/Aufbau/Logik; Sb = …

3 *a) Einigt euch in der Klasse gemeinsam mit eurer Lehrerin oder eurem Lehrer, worauf ihr beim Überarbeiten eurer Texte achten wollt.*
b) Vereinbart Korrekturzeichen, die ihr für eure Verbesserungsvorschläge verwenden wollt.

Die folgenden Texte sind Ausschnitte aus Textzusammenfassungen zum „Zauberlehrling".

A Verschiedene Einleitungen:

Fabian:
In dem Gedicht „Der Zauberlehrling" von Goethe handelt es sich um einen Zauberlehrling, der es schafft, einen Besen zu einem Wasserträger zu verwandeln.

Saskia:
Johann Wolfgang Goethe beschreibt in seiner Ballade „Der Zauberlehrling", wie ein verhexter Besen lernt, Wasser zu tragen, und dann viel Unheil anrichtet.

Annika:
In der Ballade „Der Zauberlehrling" von Johann Wolfgang Goethe geht es um einen Hexenmeister, der sich wegbegeben hat. Sein Schüler will sich im Zaubern versuchen und verzaubert einen Besen, der für ihn Wasser tragen soll, dabei richtet er Unheil an, bis der Meister wiederkommt und den Besen zum Stillstand bringt.

B Ausschnitte aus verschiedenen Hauptteilen:

Leonie:
Nachdem der Besen schon ganz oft gelaufen ist, um Wasser zu holen, bekommt es der arme Zauberlehrling mit der Angst zu tun, was ich gut verstehen kann. Er versucht, den Besen zum Anhalten zu bringen, doch er hat das Zauberwort vergessen. Der Besen arbeitet weiter und weiter, da versucht er es anders, er nimmt ein Beil und spaltet den Besen, dass er seine Ruhe hat, aber die beiden Teile stehen plötzlich auf und laufen beide als Knechte zum Wasser. Er ist total verzweifelt und ruft seinen Meister ...

Matthias:
Als der Meister gegangen war, kam der Lehrling auf die Idee, Zaubersprüche vom Meister und ihre Wirkung auszuprobieren. Er sagte einen Zauberspruch auf, mit dem sich ein Besen in seinen Knecht verwandelt. Dann sagte er einen Spruch auf, dass er am Fluss Wasser holen soll. Der Besen holte brav Wasser. Dann lief er noch einmal, der Zauberer war begeistert ...

4 *Überarbeitet die Texte in einer Schreibkonferenz. Bildet Arbeitsgruppen aus jeweils vier Personen und verteilt die Texte auf die einzelnen Arbeitsgruppen.*

a) Schreibt den entsprechenden Text ab. Damit genügend Platz für die Korrekturen bleibt, klebt euren Text auf ein DIN-A3-Blatt oder lasst beim Schreiben rechts und links einen breiten Rand für Anmerkungen frei.

b) Lest den Text vor und besprecht ihn Satz für Satz. Begründet, warum etwas geändert werden sollte, und schreibt eure Änderungsvorschläge direkt auf.
TIPP: *Ihr könnt für die unterschiedlichen Korrekturzeichen (Fehlertypen) verschiedene Farben verwenden.*

c) Überarbeitet den Text, indem ihr eure Verbesserungsvorschläge einbezieht. Schreibt den Text noch einmal sauber ab oder verbessert ihn am Computer.

5 *a) Verfasst nun selbst eine vollständige Textzusammenfassung zu Goethes Ballade „Der Zauberlehrling“* *(▷ S. 220–221).*
TIPP: *Die Checkliste zur Textzusammenfassung* *(▷ S. 70)* *hilft euch dabei.*

b) Überarbeitet eure Zusammenfassungen in einer Schreibkonferenz.

!

Schreibkonferenz

1. Eigene Textproduktion
Vor Beginn der Schreibkonferenz verfasst ihr selbst Texte. Die können ganz unterschiedlich aussehen, z. B.: Beschreibungen, Berichte, Textzusammenfassungen, Gedichte ...
Wichtig: Damit genügend Platz für die Korrekturen bleibt, klebt euren Text auf ein DIN-A3-Blatt oder lasst beim Schreiben rechts und links einen breiten Rand für Anmerkungen frei.

2. Gruppenbildung
Teilt euch in Arbeitsgruppen zu höchstens vier Personen auf. Die Gruppenbildung kann durch Los- bzw. Auszählverfahren oder durch freie Einteilung erfolgen.

3. Konferenzrunde
Lest in der Arbeitsgruppe eure Texte vor. Die anderen hören aufmerksam zu und können anschließend Fragen zum Textverständnis stellen.
Durch Markierungen und Notizen am Textrand werden dann Verbesserungsvorschläge gemacht. Ihr könnt Korrekturzeichen verwenden, z. B.: I (Inhalt/Aufbau/Logik), A (Ausdruck), T (Tempus), Sb (Satzbau/Satzverknüpfungen), R (Rechtschreibung), Z (Zeichensetzung).
Wichtig: Vergesst nicht zu sagen, was euch an den Texten gefällt.

4. Textüberarbeitung
Der Text geht an die Verfasserin oder den Verfasser zurück. Diese/r schreibt den Text noch einmal ab und berücksichtigt dabei die Verbesserungsvorschläge aus der Konferenzrunde. Ihr könnt eure Texte auch mit Hilfe des Computers überarbeiten.
Wichtig: Verbesserungsvorschläge können von der Verfasserin oder vom Verfasser auch abgelehnt werden, wenn es Gründe dafür gibt.

14.3 „Jetzt rede ich!" – Vor der Klasse sprechen

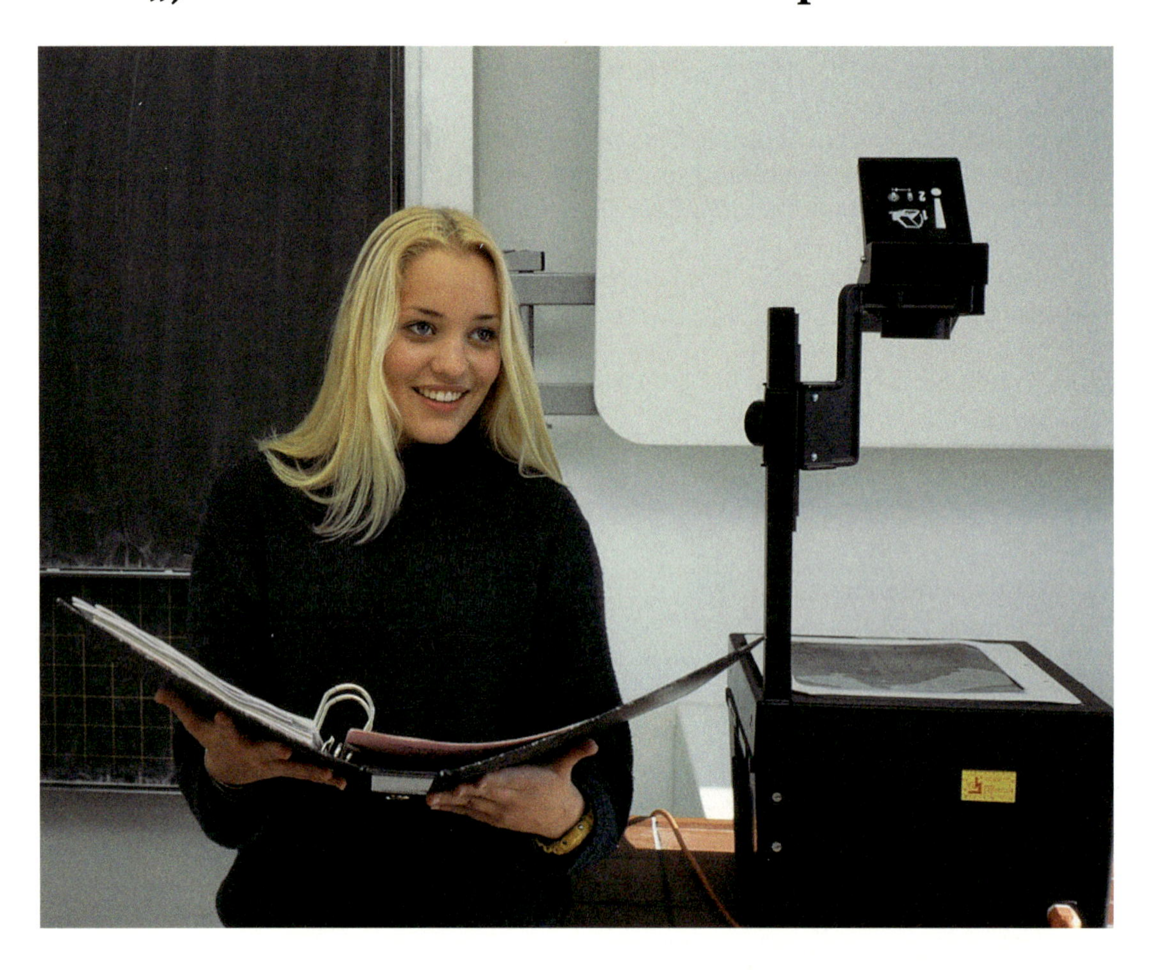

1 *Manchmal ist man gut vorbereitet und hätte einiges zu sagen. Trotzdem fällt es einem schwer, sich unbefangen, klar und verständlich zu äußern.*

a) Stellt fest, welche Stärken und Schwächen ihr in eurem Gesprächsverhalten habt. Vervollständigt dazu folgende Satzanfänge.

Vor vielen Leuten einen Vortrag zu halten fällt mir ...

Besonders leicht fällt mir ...

An der Tafel etwas zu erklären ...

Wenn ich mich verspreche ...

Ein Vortrag gelingt mir dann gut, wenn ...

Mich macht es nervös, wenn ...

Laut und deutlich zu sprechen ist für mich ...

Auf Zwischenfragen reagiere ich ...

Andere anzusehen, wenn ich spreche ...

b) Sprecht mit einem Partner oder einer Partnerin über eure Stärken und Schwächen. Formuliert dann Tipps, wie ihr mit euren Schwächen besser umgehen könnt.

2 *a) Beschreibt und deutet die Karikatur.*
b) Kennt ihr solche Situationen? Diskutiert in der Klasse über mögliche Ursachen von Redeangst und Lampenfieber.

3 *Jeder von euch kennt bestimmt einige Tipps, wie man bei einem Vortrag zu mehr Gelassenheit und Selbstsicherheit findet und wie man mit möglichen „Pannen“ bei der Präsentation umgehen kann.*
a) Bildet Gruppen und erstellt eine Liste mit „Erste-Hilfe-Tipps“ für einen Vortrag.

Erste-Hilfe-Tipps für einen Vortrag

– Wenn ich mich verspreche, korrigiere ich die Aussage und bleibe ruhig.
– ...

b) Stellt eure Ergebnisse in der Klasse vor.
c) Überlegt, welche Ratschläge ihr der Person auf der Karikatur geben könntet.

Das freie Sprechen – Spiele und Übungen

Es gibt viele Möglichkeiten, das Sprechen vor anderen zu üben. Ob Hausaufgaben, Arbeitsergebnisse, auswendig gelernte Gedichte – alles das bietet sich für den Vortrag vor der Klasse an. Nutzt diese Gelegenheiten, denn gerade für das freie Sprechen gilt: Übung macht den Meister!

1 *Bei den folgenden Übungen könnt ihr ohne längere Vorbereitung das freie Sprechen üben.*

Vorschlag zum Wandertag

- Stellt euch in einem Kreis auf. Tretet nacheinander einen Schritt nach vorn und macht einen Vorschlag zum Wandertag. Vor und nach eurer Kurzrede lasst ihr den Blick durchs Publikum schweifen. Nach eurer Vorstellung tretet ihr wieder an euren Platz zurück.
  TIPP: Wichtig ist, dass ihr diese Übung langsam und ruhig angeht.
- Wiederholt die Übung. Diesmal erhaltet ihr nach eurem Vortrag Beifall vom Publikum. Erst wenn der Beifall verebbt ist, tretet ihr wieder an euren Platz zurück.
  TIPP: Wichtig ist, dass ihr den Beifall annehmt und wirken lasst.

Stegreifreden

Fernsehen

Fußball

Wetter

- Jede(r) erhält ein Karteikärtchen und schreibt darauf spontan einen Begriff. Sammelt nun alle Kärtchen ein, mischt sie und legt sie verdeckt auf einen Stapel.
- Ihr habt nun die Aufgabe, vor der Klasse kurze Stegreifreden zu halten:
  - Eine Schülerin oder ein Schüler kommt nach vorn und zieht aus dem Stapel ein Kärtchen. Der Begriff auf dem Kärtchen benennt das Thema für den Kurzvortrag.
  - Nach einer Besinnungspause von maximal 20 Sekunden beginnt die Rednerin bzw. der Redner, aus dem Stegreif über das Thema zu sprechen. Der Kurzvortrag soll nicht länger als ein bis zwei Minuten dauern.
  - Ist der Vortrag beendet, spenden die Zuhörerinnen und Zuhörer Beifall.
  - Dann kommt die nächste Rednerin bzw. der nächste Redner nach vorne, zieht ein Kärtchen usw.
  - Nach drei bis vier Redebeiträgen macht ihr eine Pause und gebt den Rednern eine Rückmeldung. Euer Feedback sollte sich weniger auf den Inhalt des Vortrags beziehen, sondern vielmehr die Art und Weise des Vortrags berücksichtigen.

Frei sprechen – Stellung nehmen

Was ist deine Lieblingssportart und warum?

Warum ist eine Schülerzeitung wichtig?

Sollte das Taschengeld abgeschafft werden?

Sollten Schulnoten abgeschafft werden?

Soll man als Schülerin oder Schüler einen Ferienjob annehmen?

1 *Wählt eine Streitfrage aus und nehmt Stellung. Ihr könnt auch selbst ein Thema formulieren, zu dem ihr eure Meinung äußern wollt.*
a) Schreibt drei Argumente für eure Behauptung auf und ergänzt Beispiele, mit denen ihr eure Argumente veranschaulichen könnt.
b) Haltet eure Argumente und Beispiele in Stichworten auf Karteikarten fest.

2 *a) Sucht euch eine Partnerin oder einen Partner und tragt euch gegenseitig eure Stellungnahmen vor. Benutzt eure Karteikärtchen als Gedächtnisstütze. Besprecht, was ihr an euren Vorträgen noch verbessern könnt.*
b) Tragt nun eure Stellungnahmen vor der Klasse vor. Spendet euch wechselseitig Beifall und gebt euch ein kurzes Feedback.

TIPP

Frei sprechen vor der Gruppe

- Achtet auf eine aufrechte Körperhaltung beim Sprechen und einen sicheren Stand auf beiden Beinen.
- Atmet ein paar Mal tief durch!
- Schaut eure Zuhörer an: Ihr müsst euch vor niemandem verstecken!
- Versucht, möglichst frei zu sprechen. Zur Sicherheit können wenige Stichworte auf Karteikarten hilfreich sein.
- Lasst euch bei eurem Vortrag Zeit!
- Sprecht deutlich und nicht zu schnell!
- Legt Pausen beim Sprechen ein. So können euch eure Zuhörer besser folgen.

GRUNDWISSEN

1 Sprechen und Schreiben

1.1 Miteinander sprechen

Gesprächsregeln

▷ S. 36

Gespräche, in denen eine Entscheidung über verschiedene Meinungen herbeigeführt werden soll, sollten nach bestimmten Regeln ablaufen, damit die Verständigung erleichtert wird. Die wichtigsten **Regeln** sind:
- Jede/r äußert sich nur zu dem Thema, um das es geht.
- Wir versuchen, unsere Meinung sachlich zu begründen.
- Wir melden uns zu Wort und reden nicht einfach los.
- Wir hören den anderen Gesprächsteilnehmern aufmerksam zu.
- Wir gehen auf die Argumente der anderen Gesprächsteilnehmer ein.
- Wir befolgen die Hinweise des Gesprächsleiters oder der Gesprächsleiterin.

1.2 Berichten

Der Bericht

- Ein **Bericht** stellt den **Ablauf des Geschehens vollständig** und **genau** dar.
- Er beschränkt sich auf die **wesentlichen Informationen.**
- Im Bericht müssen **sechs W-Fragen** beantwortet werden:

Was ist geschehen? **Wer** war beteiligt? **Wo** geschah es? **Wann** geschah es?	Die **Einleitung** informiert möglichst in einem Satz, worum es geht.
Wie geschah es genau?	Der **Hauptteil** zeigt den Verlauf des Geschehens in Einzelheiten.
Welche Folgen hatte das Geschehen?	Der **Schluss** gibt Auskunft über die Auswirkungen des Geschehens.

- Die Sprache im Bericht ist **sachlich** und **nüchtern.** Die eigene Meinung, Gefühle und erzählende Ausschmückungen gehören nicht in den Bericht.
- Ein Bericht fasst ein Ereignis zusammen, das bereits stattgefunden hat, und wird deshalb im **Präteritum** geschrieben, z. B.: „Er *betrat* ...“
  Wenn man in einem Bericht ausdrücken will, dass ein Ereignis noch weiter in der Vergangenheit liegt (Vorzeitigkeit), gebraucht man das **Plusquamperfekt.** Das Plusquamperfekt wird gebildet aus der Personalform von *haben* oder *sein* im Präteritum und dem Partizip II des Vollverbs, z. B.: „Er *hatte ... betreten* ...“

1.3 Beschreiben

Bilder beschreiben

▷ S. 9–12

Bei der **Bildbeschreibung** kommt es auf die Genauigkeit an. Wichtig ist dabei, dass die Beschreibung einer Ordnung folgt. Neben dem **Bildinhalt** (z. B. Personen und/oder Gegenstände) sind bei einem Bild die **Farben** und **Formen** von besonderer Bedeutung, denn sie erzeugen eine Stimmung, z. B. beruhigend, heiter, bedrohlich.
Man kann eine Bildbeschreibung folgendermaßen aufbauen:

- **Einleitung:** Angaben zum Titel, zur Künstlerin oder zum Künstler, zur Maltechnik (z. B. Aquarellmalerei) sowie allgemeine Aussagen zum Bildinhalt.
- **Hauptteil:** Genaue Angaben zum Bildinhalt, zum Bildaufbau und zur Farb- und Formgestaltung, z. B.:
  - Was ist auf dem Bild zu sehen (Personen und/oder Gegenstände, dargestellte Situation)?
  - Wie ist das Bild aufgebaut (Vorder-, Mittel-, Hintergrund; rechts, links; oben, unten)?
  - Welche Farbgestaltung liegt vor? Überwiegen helle oder dunkle Farbtöne? Gibt es Signalfarben, d. h. besonders auffällige Farben? Wie sind die Farben verteilt?
  - Welche Formgestaltung herrscht vor, z. B. Linien, Kreise, Dreiecke?
- **Schluss:** Gesamteindruck des Bildes, Wirkung auf den Betrachter. Oft ist es sinnvoll, hier auch den Titel des Bildes mit einzubeziehen: Wie passen Titel und Bildinhalt zueinander?

Beschreibungen werden im **Präsens** verfasst. Die Sprache ist **sachlich,** bei der Wortwahl sollte man auf **Anschaulichkeit** achten (treffende Adjektive und Verben, Vergleiche).

Personen beschreiben

▷ S. 13–14

Das Ziel einer **Personenbeschreibung** ist, dass sich die Leser oder Zuhörer die beschriebene Person genau vorstellen können. **Anlass** (z. B. Vermisstenanzeige oder Porträt) und **Adressat** entscheiden darüber, welche Angaben zur Person gemacht werden und in welchem Stil die Personenbeschreibung verfasst wird (z. B. nüchtern, sachlich, ausführlich, ausschmückend). Die Zeitform ist das **Präsens.**

Eine Personenbeschreibung kann folgendermaßen aufgebaut werden:

- **Einleitung:** allgemeine Informationen zur Person (z. B. Name, Beruf, Geschlecht, Alter bzw. Lebensdaten, Besonderheit der Person).
- **Hauptteil:** detaillierte Beschreibung des äußeren Erscheinungsbildes nach einer bestimmten Reihenfolge (z. B. von oben nach unten). Dazu gehören Angaben zu Gesicht, Gestalt, Haltung, Bekleidung, Ausstrahlung etc.
- **Schluss:** Hier können Angaben zur Wirkung der Person (Wie wirkt diese Person auf mich?) gemacht werden oder Empfindungen beschrieben werden, die sie auslöst.

Will man ein lebendiges Bild der entsprechenden Person zeichnen, beschreibt man diese in einer für sie typischen Situation und berücksichtigt dabei charakteristische Gesten, Verhaltensweisen, ihre Mimik und besondere Wesenszüge.

Die Gegenstandsbeschreibung

▷ S. 15–17

Das Ziel der **Gegenstandsbeschreibung** ist es, dass die Leserin oder der Leser sich den beschriebenen Gegenstand genau vorstellen kann.
Sie informiert **genau** und **sachlich** über den Gegenstand. Dazu verwendet man häufig **Fachausdrücke,** anschauliche **Adjektive** und **Vergleiche.** Die Zeitform ist das **Präsens.**

Eine Gegenstandsbeschreibung kann folgendermaßen aufgebaut werden:
- Genaue Benennung des Gegenstands und wichtige Informationen über die Gesamtgestalt (z. B. Größe, Form, Farbe, Material, Herstellerfirma).
- Detaillierte Beschreibung der Einzelheiten nach einer bestimmten Reihenfolge (z. B. von unten nach oben, von innen nach außen usw.).

Die Vorgangsbeschreibung

▷ S. 18–19

In einer **Vorgangsbeschreibung** gibt man den Ablauf eines Vorgangs so genau wieder, dass ihn andere nachvollziehen und selbst ausführen können. Dabei kommt es besonders darauf an, dass die einzelnen **Verlaufsschritte vollständig** und in der **richtigen Reihenfolge** beschrieben werden.
Die Zeitform ist das **Präsens.**
Die Sprache ist sachlich, aber doch abwechslungsreich und flüssig. Meist wählt man den unpersönlichen „man-“ oder „wir-Stil“. Oft muss man angemessene Fachausdrücke verwenden.
Zu den Vorgangsbeschreibungen gehören unter anderem Kochrezepte, Gebrauchsanweisungen, Bastel- und Spielanleitungen.

Gliederung:

Einleitung:	benötigtes Material
Hauptteil:	□ Vorbereitungen □ Durchführung (genaue Beschreibung der Vorgangsschritte in der richtigen Reihenfolge, wichtige Details, z. B. Maße, Mengenangaben; Erklärung bei Zaubertricks; Ziel bei Spielen)
Schluss:	Ergebnis des Vorgangs (Serviervorschläge bei Rezepten, Aufräumarbeiten bei Bastelanleitungen)

Die Wegbeschreibung

Eine **Wegbeschreibung** muss so **genau** und so **anschaulich** sein, dass auch diejenigen ans Ziel finden, die sich in der Gegend nicht auskennen. Einzelne **Teilstrecken** müssen in der **richtigen Reihenfolge** wiedergegeben werden. Dabei ist es hilfreich, wichtige Straßennamen und auffällige Gebäude zu nennen.

1.4 Argumentieren: Die begründete Stellungnahme

Argumentieren

▷ S. 39–42

Um andere von der eigenen Meinung zu überzeugen, sollte man stichhaltig argumentieren. Beim Argumentieren stellt man eine **Behauptung** auf, die man durch **Argumente (Begründungen)** stützt und durch **Beispiele** veranschaulicht. Die Argumentationspyramide zeigt, wie man Meinungen und Standpunkte begründen sollte:

Behauptung (Meinung),
z. B.:
- Bewertungen
- Urteile
- Antrag/Empfehlung

Argumente (Begründungen),
z. B.:
- allgemein anerkannte Fakten und Tatsachen
- überprüfbare Beobachtungen
- Expertenmeinungen

Beispiele,
z. B.:
- Beispiele aus der eigenen Erfahrung
- Belege
- Zitate

Die begründete Stellungnahme: Leserbrief

▷ S. 43–49

In einem **Leserbrief** äußern die Leserinnen und Leser einer Zeitung oder Zeitschrift ihre **Meinung** zu einem Thema, das dort behandelt wurde.
Sachliche Leserbriefe haben folgenden **Aufbau:**

Einleitung: In der Einleitung wird knapp dargestellt, worauf sich der Leserbrief bezieht, z. B. auf ein bestimmtes Thema, über das in einem Zeitungsartikel berichtet wurde.

Hauptteil:
- **Behauptung (Meinung)** zum entsprechenden Thema.
- **Argumente (Begründungen) und Beispiele:** Mit den Argumenten begründet die Verfasserin oder der Verfasser ihre/seine Meinung. Häufig ordnet man die Argumente nach dem Steigerungsprinzip an (von den weniger wichtigen zu dem wichtigsten Argument). Die Beispiele veranschaulichen und stützen die Argumente.

Schluss: Der Schluss rundet das Thema ab. Man kann einen **Vorschlag** bzw. eine **Empfehlung** für die Zukunft geben. Oder man knüpft an die Einleitung an und **bekräftigt** noch einmal die **Behauptung.**

Hinweise zur **sprachlichen Gestaltung:**
Leserbriefe sollten klar und verständlich formuliert sein. Die Argumente und Beispiele werden durch Konjunktionen und Adverbien miteinander sinnvoll verknüpft.

1.5 Sachliche Briefe schreiben

▷ S. 48–49

Bei **sachlichen Briefen** hält man sich strenger als im persönlichen Brief an bestimmte Regeln.

- Man bringt sein Anliegen genau, aber **knapp** und **sachlich** vor.
- Man verwendet die **Anredepronomen** der Höflichkeitsform („Sie", „Ihnen" usw.). Sie werden **großgeschrieben.**
- Wenn man nicht weiß, wer den Brief bearbeitet, verwendet man die Anrede „Sehr geehrte Damen und Herren".
- Das Schriftbild ist ordentlich, die Seitenaufteilung **übersichtlich.** Meistens werden sachliche Briefe mit dem PC oder der Schreibmaschine geschrieben.
- Der Brief wird handschriftlich unterschrieben.
- Für die äußere Form gibt es die nebenstehenden Vorgaben.

Name des Absenders — Ort, Datum
Straße und Hausnummer
PLZ und Ort

Name des Empfängers
Straße und Hausnummer
PLZ und Ort

Betreff (in möglichst wenigen Stichworten, worum es geht)

Sehr geehrte Frau ..., /
Sehr geehrter Herr ...,

Text

Mit freundlichen Grüßen
Unterschrift

1.6 Texte zusammenfassen

Eine Textzusammenfassung schreiben

▷ S. 57–86

Inhalt und Absicht:
Eine **Textzusammenfassung** informiert **kurz und sachlich** über den Inhalt des Textes. Sie beschränkt sich auf das Wesentliche und verdeutlicht den gedanklichen Aufbau des Textes. Der Leser wird über die **Gründe der Handlung und der Ereignisse** informiert. Die Handlungsschritte werden dabei **zeitlich geordnet** und in der logischen **Reihenfolge der Handlungsschritte** wiedergegeben.

Aufbau:
Eine Textzusammenfassung gliedert man in zwei Teile:
Die **Einleitung** informiert über den Autor, den Titel, die Textart (sofern bekannt), Ort, Zeit und Personen der Handlung sowie über das Thema des Textes.
Im **Hauptteil** werden die wichtigsten Ereignisse der Handlung in chronologischer Reihenfolge mit eigenen Worten zusammengefasst.

Stil und Sprache:
Die verwendete Zeitform ist das **Präsens** (bei Vorzeitigkeit das Perfekt). Der Stil ist sachlich und knapp (Sachstil). Der Inhalt des Textes wird bei einer Zusammenfassung **mit eigenen Worten** wiedergegeben, die Zusammenhänge der Handlung werden durch **Konjunktionen und Adverbien** dargestellt. In einer Textzusammenfassung erscheint **keine wörtliche Rede.** Sind Äußerungen von Figuren besonders wichtig, dann formt man die direkte Rede in die indirekte Rede oder in einen Aussagesatz um.

1.7 Gestalterisches Schreiben

Gestaltend erzählen: schildernde Passagen verfassen

▷ S. 87–100

Beim anschaulich gestaltenden Erzählen gibt man die **innere Handlung,** d. h. die Gedanken und Gefühle einer Person, besonders ausführlich und ausdrucksvoll wieder. Damit der Leser die Stimmung einer Situation besonders gut nachempfinden kann, schildert man **Sinneseindrücke** (Sehen, Hören, Riechen/Schmecken, Fühlen), die mit der äußeren Handlung verknüpft sind.
Eine besonders anschaulich geschilderte Passage ist oft als Höhepunkt in eine Erzählung eingebettet. Das so genannte szenische Präsens trägt dazu bei, dass dem Leser das Geschehen unmittelbar vergegenwärtigt wird.
Zur **sprachlichen Gestaltung** von schildernden Passagen verwendet man:
- ausdrucksstarke Verben und Partizipien,
- stimmungsvolle Adjektive,
- Vergleiche und Metaphern,
- Personifikationen,
- wörtliche Rede zur Gedankenwiedergabe,
- kurze Sätze bzw. Satzbruchstücke.

2 Nachdenken über Sprache

2.1 Wortarten

Wortarten im Überblick

▷ S. 114

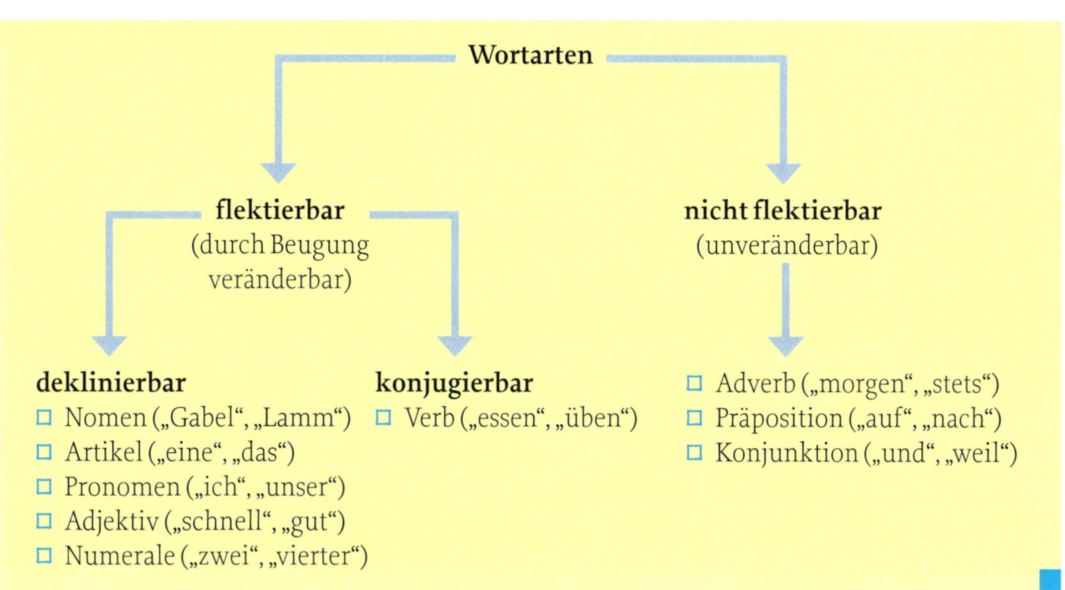

Nomen

Die meisten Wörter in unserer Sprache sind **Nomen** (Substantive, Hauptwörter).
Sie bezeichnen

- Personen und Eigennamen,
  z. B.: „Mitschüler", „Lehrerin", „Jan",
- andere Lebewesen,
  z. B.: „Delfin", „Baum",
- Gegenstände,
  z. B.: „Schreibtisch", „Kassettenrekorder",
- gedachte oder vorgestellte Dinge, Begriffe,
  z. B.: „Traum", „Freundschaft", „Schönheit".

Nomen werden immer **großgeschrieben.**

Flexion der Nomen

- **Genus**
  Jedes Nomen hat ein Genus (grammatisches Geschlecht), das man an seinem Artikel (Begleiter) erkennen kann: Ein Nomen ist entweder
  - **Maskulinum** (männlich), z. B. „*der* Löffel", oder
  - **Femininum** (weiblich), z. B. „*die* Gabel", oder
  - **Neutrum** (sächlich), z. B. „*das* Messer".

  Das grammatische Geschlecht muss mit dem natürlichen Geschlecht nicht übereinstimmen; so kann „*das* Kind" sowohl einen Jungen als auch ein Mädchen bezeichnen.

- **Numerus**
  Nomen haben einen Numerus (Anzahl):
  - **Singular** (Einzahl), z. B. „*das* Kind",
  - **Plural** (Mehrzahl), z. B. „*die* Kinder".

- **Kasus**
  In Sätzen erscheinen Nomen immer in einem bestimmten Kasus (grammatischer Fall). Der Kasus ist meist am Artikel des Nomens zu erkennen und manchmal auch an der Endung des Nomens. Im Deutschen gibt es **vier Kasus.**

  Man kann den Kasus eines Nomens und seines Begleiters durch Fragen ermitteln:
  - Der **Nominativ** antwortet auf die Fragen **„Wer ...?" oder „Was ...?":**
    „*Wer* rettete den Jungen? – *Die Feuerwehrleute* retteten den Jungen." – „*Was* hat zuerst nicht funktioniert? – *Eine Drehleiter* ..."
  - Nach dem **Genitiv** fragt man mit **„Wessen ...?":**
    „*Wessen* Drehleiter funktionierte nicht? – Die Drehleiter *der Feuerwehrleute* ..."
  - Mit der Frage **„Wem ...?"** ermittelt man den **Dativ:**
    „*Wem* dankten die Eltern für die Rettung? – Die Eltern dankten *den Feuerwehrleuten* ..."
  - Den **Akkusativ** erhält man auf die Fragen **„Wen ...?" oder „Was ...?":**
    „*Wen* haben die Anwohner benachrichtigt? – Die Anwohner haben die *Feuerwehrleute* ..." – „*Was* haben die Feuerwehrleute repariert? – Die Feuerwehrleute haben *die Drehleiter* ..."

Wenn man ein Nomen und seinen Artikel in einen Kasus setzt, nennt man das **deklinieren** (beugen).

Kasus	Singular	Plural
1. Fall **Nominativ** „Wer?“ oder „Was?“	*der Löffel* *die Gabel* *das Messer*	*die Löffel* *die Gabeln* *die Messer*
2. Fall **Genitiv** „Wessen?“	*des Löffels* *der Gabel* *des Messers*	*der Löffel* *der Gabeln* *der Messer*
3. Fall **Dativ** „Wem?“	*dem Löffel* *der Gabel* *dem Messer*	*den Löffeln* *den Gabeln* *den Messern*
4. Fall **Akkusativ** „Wen?“ oder „Was?“	*den Löffel* *die Gabel* *das Messer*	*die Löffel* *die Gabeln* *die Messer*

Artikel

Man unterscheidet den **bestimmten Artikel,** z. B. „*der* Mann“, „*die* Frau“, „*das* Kind“, und den **unbestimmten Artikel,** z. B. „*ein* Freund“, „*eine* Freundin“. Artikel stehen in demselben Kasus wie die Nomen, die sie begleiten, z. B.: „*den* Kindern“ (Dativ Plural).

Adjektive

Adjektive (Eigenschaftswörter) benennen die Merkmale von Personen, Gegenständen und Vorgängen.
Sie lassen sich wie Nomen **deklinieren** (beugen): „ein ***neues*** Bett“, „eine ***neue*** Lampe“.
Bis auf Ausnahmen wie „einzig“ und „tot“ kann man sie **steigern:** „Pferde sind *groß* (= Positiv), Elefanten sind *größer* (= Komparativ), Giraffen sind *am größten* (= Superlativ).“

Adjektive können im Satz als **Attribute** verwendet werden. Sie stimmen dann in Kasus, Numerus und Genus mit ihrem Bezugswort, meist einem Nomen, überein: „das *schnelle* Pferd“.

Als **adverbiale Bestimmungen** können Adjektive zwar gesteigert werden, bleiben ansonsten aber endungslos: „Das Pferd läuft *schnell.*“

Auch als **Prädikative** sind Adjektive steigerbar, aber ansonsten unveränderlich: „Das Pferd ist *schnell.*“

Numeralia

Numeralia (Singular: das Numerale) sind **Zahlwörter.** Sie gehören meist zu den Adjektiven. Man unterscheidet unter anderem:

- Kardinalzahlen legen eine Anzahl fest, z. B.: „eins“, „hundert“, „zwei Millionen“.
- Ordinalzahlen legen eine Reihenfolge fest, z. B.: „der/die/das Erste“, „der achte Tag“.

Pronomen

- **Personalpronomen** (persönliche Fürwörter) sind Stellvertreter von Personen und Gegenständen und ersetzen sie im Satz: „ich“, „du“, „er/sie/es“, „wir“, „ihr“, „sie“ ...
- **Possessivpronomen** (besitzanzeigende Fürwörter) drücken die Zugehörigkeit zu einer Person oder Sache aus. Sie begleiten Nomen: „*mein* Freund“, „*deine* Mutter“, „*sein* Fahrrad“, „*unsere* Lehrerin“, „*euer* Album“, „*ihr* Andenken“.
- **Reflexivpronomen** (rückbezügliche Fürwörter) beziehen sich meist auf das Subjekt des Satzes: „Sie beeilt *sich.*“
- **Demonstrativpronomen** (hinweisende Fürwörter) sind Pronomen, mit denen man auf etwas zeigen bzw. hinweisen kann: „dies“/„dieses“, „jene“, „der“/„die“/„das“ ...
- **Indefinitpronomen** (unbestimmte Fürwörter) drücken ungefähre Mengenangaben aus: „etwas“, „einige“, „manche“, „andere“, „kein“ ...
- **Interrogativpronomen** (Fragepronomen) leiten Frage- und Ausrufesätze ein: „wer“, „was“, „welche/r“ ...
- **Relativpronomen** leiten Nebensätze (Relativsätze) ein und beziehen sich auf ein Nomen oder Pronomen zurück:

  „Das Haus, *das* am Kanal lag, wurde verkauft.“

Präpositionen

Wörter wie „in“, „auf“, „nach“, „vor“ nennt man **Präpositionen** (Verhältniswörter). Sie bezeichnen oft **räumliche Verhältnisse:** „*vor* der Kiste“. Präpositionen können aber auch **zeitliche Beziehungen** ausdrücken („*in* drei Stunden“), einen **Grund** angeben („*wegen* der vielen Hausaufgaben“) oder die **Art und Weise** bezeichnen („*mit* Tomatensoße“).
Präpositionen bestimmen den Kasus des nachfolgenden Worts oder der Wortgruppe: „in das Haus“, „neben dem Haus“, „wegen des Hauses“.

Verben

Verben bezeichnen eine Tätigkeit *(Mein Roboter **rechnet.**)*; einen Zustand *(Mein Roboter **funktioniert.**)*; einen Vorgang *(Mein Roboter **fällt aus.**)*.
Verben werden **gebeugt** (konjugiert). Dabei bildet man aus der Grundform, dem **Infinitiv,** die **Personalform:** *Du **rechnest** schnell. Ich **rechne** schnell. Ein Roboter **rechnet** schneller. Zwei Roboter **rechnen** am schnellsten.*
Ungebeugte Formen des Verbs sind der **Infinitiv,** z. B. *gehen,* das **Partizip I,** z. B. *gehend,* und das **Partizip II,** z. B. *gegangen.* Das **Partizip Präsens** (Partizip I) wird aus dem Verbstamm und der Endung **-(e)nd** gebildet, z. B.: *brems**end**, trag**end**, zitter**nd**.*
Das **Partizip Perfekt** (Partizip II) wird aus der Vorsilbe **ge-,** dem Verbstamm und der Endung **-(e)t** oder **-en** gebildet, z. B.: ***ge**bau**t**, **ge**schwomm**en**.*
Die Befehlsform des Verbs ist der **Imperativ.** Er kann an Einzelne oder an mehrere Personen gerichtet sein: *Geh(e)! – Geht!*
Achte auf den richtigen Imperativ: *geben* → *gib, sehen* → *sieh, essen* → *iss*

Die Tempora

Verben lassen sich in verschiedene **Tempora** (Zeitformen) setzen. Sie sagen uns, wann das im Satz Mitgeteilte passiert.

- **Präsens** ist das Tempus der Gegenwart und allgemein gültiger Aussagen: *Ich **lese** gerade.*
  Bildung des Präsens: Verbstamm + Personalendung, z. B.:
  *Ich **les-e** gerade.*

- **Perfekt** drückt in mündlichen Erzählungen Vergangenes aus: *Ich **habe** ihn **gesehen.***
  Bildung des Perfekts: Personalform von „haben" oder „sein" im Präsens + Partizip II des Verbs, z. B.:
  *Ich **habe** mir die Schürze **umgebunden.***

- **Präteritum** wird bei schriftlichen Erzählungen und Berichten für die Wiedergabe von Vergangenem genutzt: *ich **ging**, ich **sah.*** Bildung des Präteritums:
  - Bei schwachen Verben ändert sich der Stammvokal nicht. Sie werden durch die Endung **-te** konjugiert, z. B.:
    wandern → *wander**te**, reden* → *rede**te**, spielen* → *spiel**te**.*
  - Bei starken Verben ändert sich der Stammvokal beim Konjugieren, z. B.:
    *h**e**lfen* → *h**a**lf, b**i**nden* → *b**a**nd, r**ei**ten* → *r**i**tt.*
  - Bei unregelmäßigen Verben ändert sich nicht nur der Stammvokal, sondern sie weisen auch die **te**-Endung der schwachen Verben auf, z. B.:
    bringen → *br**a**ch**te**, denken* → *d**a**ch**te**, mögen* → *m**o**ch**te**.*

- **Plusquamperfekt** verwendet man für den Ausdruck der Vorzeitigkeit: *Nachdem ich alles **erledigt hatte,** ging ich los.*
  Bildung des Plusquamperfekts: Personalform von „haben" oder „sein" im Präteritum + Partizip II des Verbs, z. B.:
  *Davor **hatte** Jesper Zeitungen **ausgetragen.***

- Das **Futur** dient der Wiedergabe von zukünftigem Geschehen: *Ich **werde** ans Meer **fahren.***
  Bildung des Futurs: Personalform von „werden" im Präsens + Infinitiv des Verbs, z. B.:
  *Nach dem Sprung **wird** er auf einem Luftkissen **landen.***

Die Handlungsrichtungen: Aktiv und Passiv
Aktiv und Passiv sind zwei Verbformen, die man bei der Darstellung von Handlungen und Vorgängen unterscheidet.

- Sätze, in denen die Handlungsträger als Subjekt erscheinen, stehen in der Verbform **Aktiv,** z. B.: *Sonja* ***sucht*** *das Heft.*
- Sätze, in denen mit dem Subjekt des Satzes etwas geschieht, stehen in der Verbform **Passiv,** z. B.: *Das Heft* ***wird*** *(von Sonja)* ***gesucht.*** In Passiv-Sätzen kann der Handlungsträger mit „von" oder „durch" genannt werden.

Bildung	**Aktiv** Handlungsverb *(suchen)* in der entsprechenden Tempusform	**Passiv** *werden* in der entsprechenden Tempusform + Partizip II des Handlungsverbs *(suchen)*
Präsens	*Sonja* ***sucht*** *das Heft.*	*Das Heft* ***wird*** *(von Sonja)* ***gesucht.***
Perfekt	*Sonja* ***hat*** *das Heft* ***gesucht.***	*Das Heft* ***ist*** *(von Sonja)* ***gesucht worden.***
Präteritum	*Sonja* ***suchte*** *das Heft.*	*Das Heft* ***wurde*** *(von Sonja)* ***gesucht.***
Funktion	Das Subjekt des Satzes handelt. Der Sprecher richtet den Blick auf den Handlungsträger.	Das Subjekt des Satzes verhält sich passiv. Der Blick wird auf die Handlung gerichtet.

Der Modus: Indikativ und Konjunktiv ▷ S. 101–105
Man unterscheidet in der Sprache verschiedene Aussageweisen des Verbs, die so genannten Modi (Sg.: der Modus). Indikativ und Konjunktiv sind zwei Aussageweisen des Verbs. Sie ermöglichen uns auszudrücken, ob ein Geschehen wirklich (Indikativ) oder möglich (Konjunktiv) ist.

- **Indikativ (Wirklichkeitsform)**
  Wenn man ausdrücken möchte, dass etwas wirklich geschieht oder eine Aussage uneingeschränkt gültig ist, steht das Verb im Indikativ, z. B.:
  Weil die Sonne ***scheint, fahren*** *wir ins Freibad.*
  Ich ***heiße*** *Anja.*
- **Konjunktiv (Möglichkeitsform)**
  Wenn man ausdrücken möchte, dass etwas möglich, wünschenswert oder unwahrscheinlich ist, steht das Verb im Konjunktiv II, z. B.:
  Wenn die Sonne ***schiene, führen*** *wir ins Freibad.*
  Ach, ***wäre*** *ich doch schon 15 Jahre alt.*
  Hätte *ich Flügel,* ***flöge*** *ich auf und davon.*
- **Bildung des Konjunktivs II**
  Der Konjunktiv II wird vom Indikativ Präteritum des Verbs abgeleitet (oft mit Umlaut, d. h. Wechsel von a, o, u, au zu ä, ö, ü, äu).
  Beispiele:
  sie ging → sie ginge,
  wir fuhren → wir führen,
  sie waren → sie wären.

Indikativ Präteritum	Konjunktiv II
ich gab	ich gäb-e
du gabst	du gäb-est
er/sie/es gab	er/sie/es gäb-e
wir gaben	wir gäb-en
ihr gabt	ihr gäb-et
sie gaben	sie gäb-en

□ **Umschreibung mit „würde"**
Wenn der Konjunktiv II (im Textzusammenhang) nicht vom Indikativ Präteritum zu unterscheiden ist, wählt man die Umschreibung mit „würde".
Beispiel: *Wenn ich viel Geld hätte,* ***machte*** *ich eine große Reise.* (Konjunktiv II)
Wenn ich viel Geld hätte, ***würde*** *ich eine große Reise* ***machen.*** (Umschreibung mit „würde")
Die Umschreibung mit „würde" wählt man auch, wenn die Konjunktiv-II-Form ungebräuchlich ist oder als „geziert" empfunden wird, z. B.:
ich empfähle → ich würde empfehlen, er höbe → er würde heben.

Der Konjunktiv in der indirekten Rede ▷ S. 106–110
Wenn man wiedergeben möchte, was jemand gesagt hat, verwendet man die indirekte Rede. Das Verb steht im Konjunktiv I.
Anja sagt: „Ich ***komme*** *heute etwas später zu euch."* (wörtliche Rede im Indikativ)
↘
Anja hat gesagt, sie ***komme*** *heute etwas später zu uns.* (indirekte Rede im Konjunktiv I)
Bei dem Wechsel von der direkten Rede zur indirekten Rede verändert sich oft das Personalpronomen.

Bildung des Konjunktivs I
Der Konjunktiv I wird durch den Stamm des Verbs (Infinitiv ohne „-en") und die entsprechende Personalendung gebildet, z. B.: kommen → er komme, haben → sie habe, gehen → sie gehen.

Indikativ Präsens	Konjunktiv I
ich komm-e	ich komm-e
du komm-st	du komm-est
er/sie/es komm-t	er/sie/es komm-e
wir komm-en	wir komm-en
ihr komm-t	ihr komm-et
sie komm-en	sie komm-en

Ersatzformen
Wenn der Konjunktiv I (im Textzusammenhang) nicht vom Indikativ Präsens zu unterscheiden ist, wählt man den Konjunktiv II als Ersatzform oder die Umschreibung mit „würde".
Die Politiker sagen: „Wir ***denken*** *nicht an eine Beschwerde."* (wörtliche Rede im Indikativ)
↓
Die Politiker sagten, sie ~~denken~~ nicht an eine Beschwerde. (Konjunktiv I geht nicht)
↓
Die Politiker sagten, sie ***dächten*** *nicht an eine Beschwerde.* (Konjunktiv II als Ersatzform)
Die Politiker sagten, sie ***würden*** *nicht an eine Beschwerde* ***denken.*** (Umschreibung mit „würde" als Ersatzform)

Konjunktionen

Konjunktionen (Bindewörter) wie „und“, „aber“, „oder“, „weil“, „sondern“ verbinden Wörter, Satzglieder und ganze Sätze miteinander. Konjunktionen sind nicht flektierbar (durch Beugung nicht veränderbar). Man unterscheidet:

- **nebenordnende Konjunktionen,** z. B. „und“, „aber“, „oder“, „denn“. Sie verbinden Wörter, Wortgruppen und Sätze, die grammatisch gleichrangig nebeneinanderstehen, z. B.: „Hund *und* Katze spielen im Garten.“
- **unterordnende Konjunktionen,** z. B. „weil“, „da“, „obwohl“, „wenn“, „als“, „nachdem“, „dass“. Sie leiten Nebensätze ein und binden diese Nebensätze an einen übergeordneten Hauptsatz, z. B.: „*Weil* ich müde bin, gehe ich ins Bett.“

Adverbien

Wörter, die nähere Angaben zu einem Geschehen machen, bezeichnet man als **Adverbien** (Umstandswörter, Singular: das Adverb). Sie **erklären** genauer, **wo, wann, wie** oder **warum etwas geschieht,** und sind nicht flektierbar (veränderbar). Wir unterscheiden:
- **Lokaladverbien** (Adverbien des Ortes), z. B.: „hier“, „dort“ ...
- **Temporaladverbien** (Adverbien der Zeit), z. B.: „heute“, „abends“, „erst“ ...
- **Modaladverbien** (Adverbien der Art und Weise), z. B.: „genauso“, „einigermaßen“ ...
- **Kausaladverbien** (Adverbien des Grundes), z. B.: „folglich“, „dennoch“ ...

Adverbien werden im Satz oft als adverbiale Bestimmungen verwendet. Der Begriff „Adverb“ bezeichnet also eine Wortart, der Begriff „adverbiale Bestimmung“ ein Satzglied.

2.2 Wort und Bedeutung

Wortfamilien

Wörter mit dem gleichen Stamm sind sprachlich verwandt und werden deshalb **Wortfamilie** genannt. Die Wörter einer Wortfamilie können gebildet werden durch
- Ableitungen mit Präfix: *finden* – ***er****finden* – ***be****finden;*
- Ableitungen mit Suffix: *brauchen* – *brauch****bar*** – *Brauch****tum;***
- Zusammensetzungen: *bilden* – *Bild****hauer*** – ***Spiegel****bild.*

Bedeutungswandel

▷ S. 161–162, 198–200

Im Lauf der Zeit haben sich nicht nur die Schreibweise und die Aussprache der Wörter verändert, sondern auch deren Bedeutung. Verändert ein Wort im Laufe seiner Geschichte seine Bedeutung, nennt man dies Bedeutungswandel. Dabei kann sich die Bedeutung in unterschiedlicher Weise verändern, sodass wir **verschiedene Arten des Bedeutungswandels** unterscheiden:

- **Bedeutungsverengung:** Das mhd. Wort „muos“ bezeichnete im Mittelhochdeutschen alle Arten von Speisen. Heute versteht man darunter nur noch eine breiartige Speise.
- **Bedeutungserweiterung:** Das mhd. Wort „horn“ bezeichnete nur das Horn des Tieres. Heute gebrauchen wir das Wort zur Bezeichnung vieler Gegenstände, z. B. Horn des Tieres, Horn als Blasinstrument, Horn als Trinkgefäß.
- **Bedeutungsverbesserung:** Das mhd. Wort „marschalc“ (Marschall) bedeutete Pferdeknecht. Heute bezeichnet dieses Wort einen sehr hohen militärischen Rang.
- **Bedeutungsverschlechterung:** Das mhd. Wort „merhe“ (Mähre) bedeutete ursprünglich Pferd. Heute verstehen wir unter einer „Mähre“ ein altes, abgemagertes Pferd.
- **Bedeutungsverschiebung:** Die eigentliche Bedeutung des Wortes ist kaum mehr feststellbar. Es sind z. B. Wörter, die durch ihren metaphorischen Sprachgebrauch ihre Bedeutung geändert haben. Ein Beispiel hierfür ist das Wort „Flaschenhals“: Die Bezeichnung für den Körperteil „Hals“ wird hier auch auf nichtmenschliche Objekte (den „Flaschenhals“) übertragen.

Grafisch lassen sich die verschiedenen Arten des Bedeutungswandels folgendermaßen darstellen:

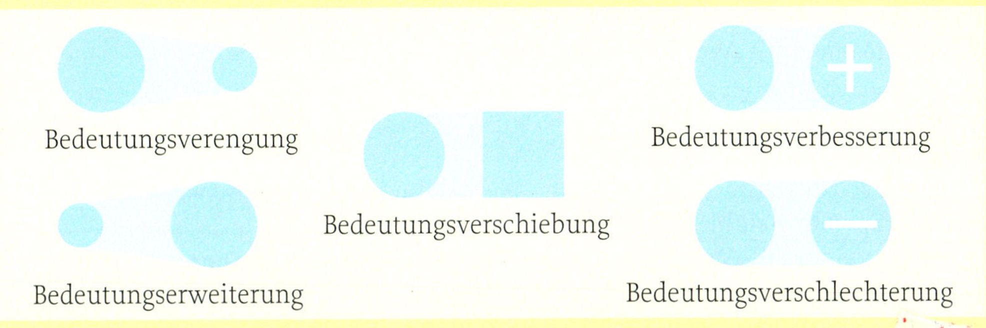

Wenn wir wissen wollen, welche Bedeutung ein Wort ursprünglich hatte, müssen **etymologisches Wörterbuch** (Herkunftswörterbuch) zu Hilfe nehmen. Die Etymologie (von griech. étymos = wahr und logos = Wort) gehört zur Sprachwissenschaft und befasst sich mit der Suche nach der Herkunft und der Geschichte unserer Wörter.

2.3 Satzglieder

Satzglieder im Überblick

Satzglieder

Subjekt	**Prädikat**	**Dativobjekt**		**adverbiale Bestimmung der Zeit**		**Akkusativobjekt**	
Wer? oder Was?	Satzkern	Wem?		Wann?		Wen? oder Was?	
Nina	*schenkte*	*ihrem*	*Freund*	*zu*	*Weihnachten*	*einen*	*Teddy.*
Nomen	**Verb**	**Pronomen**	**Nomen**	**Präposition**	**Nomen**	**Artikel**	**Nomen**

Wortarten

Satzglieder: Umstellprobe – Satzgliedfrage

Ein Satz setzt sich aus verschiedenen **Satzgliedern** zusammen. Ob ein einzelnes Wort oder eine Wortgruppe ein Satzglied bildet, erkennt man durch die **Umstellprobe:** Satzglieder lassen sich umstellen, ohne dass sich der Sinn des Satzes ändert. Zu den Satzgliedern gehören:

- Das **Prädikat;**
  es stellt den Kern des Satzes dar. Prädikate werden durch Verben gebildet. Es gibt einteilige Prädikate (z. B. „Sie *baut* einen Drachen.") und mehrteilige Prädikate (z. B. „Sie *hat* einen Drachen *gebaut*."). Die Personalform des Verbs („*hat*") steht im Aussagesatz immer nach dem ersten Satzglied an zweiter Stelle.

Um die weiteren Satzglieder zu bestimmen, stellen wir vom Prädikat ausgehend Fragen.

- Das **Subjekt;**
  es ist die wichtigste Ergänzung zum Prädikat. Es steht im Nominativ.
  Wir ermitteln es durch die Frage **„Wer ...?" oder „Was ...?":**
  „*Wer* hat einen Drachen gebaut? – *Sie* hat ihn gebaut."
- Das **Akkusativobjekt;**
  wir erfragen es mit **„Wen ...?" oder „Was ...?":**
  „*Was* hat sie gebaut? – Sie hat *einen Drachen* gebaut."
- Das **Dativobjekt;**
  wir erfragen es mit **„Wem ...?":**
  „*Wem* hat sie den Drachen geschenkt? – Sie hat ihn *ihrem Vater* geschenkt."
- Das **Präpositionalobjekt;**
  wir erfragen es mit **„Worüber ...?", „Worauf ...?", „Wovon ...?"** usw.:
  „*Worüber* hat er sich gefreut? – Er hat sich *über den Drachen* gefreut."
- Das **Genitivobjekt;**
  es wird nur noch selten gebraucht. Wir erfragen es mit **„Wessen ...?":**
  „*Wessen* erinnert er sich gern? – Er erinnert sich gern *des Geschenks*."

Adverbiale Bestimmungen

Adverbiale Bestimmungen (Umstandsbestimmungen) sind Satzglieder, die man mit den Fragen **„Wann ...?", „Wo ...?", „Warum ...?", „Wie ...?"** ermittelt. Sie geben die näheren Umstände eines Geschehens oder einer Handlung an. Man unterscheidet:

- **adverbiale Bestimmungen der Zeit:**
  „Wann treffen wir uns? – Wir treffen uns *am Montag*."
- **adverbiale Bestimmungen des Ortes:**
  „Wo ...? – Wir sehen uns *in der Schule*."
- **adverbiale Bestimmungen des Grundes:**
  „Warum ...? – *Wegen des Regens* kamen wir nicht nach Hause."
- **adverbiale Bestimmungen der Art und Weise:**
  „Wie ...? – Er folgte uns *neugierig*."

Attribute

▷ S. 134–135

Attribute geben nähere Angaben über ihr **Bezugswort** (z. B. Nomen). Ein Attribut kann vor oder nach seinem Bezugswort stehen.

„spannende	Bücher	mit Gespenstergeschichten“
Attribut	**Bezugswort**	**Attribut**

Das Attribut ist nur **Teil eines Satzglieds** und bleibt bei der Umstellprobe mit seinem Bezugswort verbunden: „Die Klasse 7 b verkauft *spannende Bücher mit Gespenstergeschichten.*“ „*Spannende Bücher mit Gespenstergeschichten* verkauft die Klasse 7 b.“
Bis auf das Prädikat kann jedes Satzglied durch ein Attribut erweitert werden.
Es gibt verschiedene **Formen des Attributs,** z. B.:

- Adjektive: „*spannende* Bücher“, „*große* Freude“
- Nomen im Genitiv (Genitivattribut): „die Abfahrt *des Zuges*“
- Nomen mit Präposition (Präpositionalattribut): „das Spiel *ohne Grenzen*“
- Adverb: „das Mädchen *dort*“, „der Tag *danach*“
- Pronomen: „*unsere* Schule“, „*dein* Geburtstag“
- Zahlwörter: „*drei* Äpfel“, „*viele* Menschen“
- Apposition: „Ruth, *meine Freundin*, ...“
  Die **Apposition** ist eine besondere Form des Attributs. Sie ist im Kern ein nachgestelltes Nomen und steht im gleichen Kasus (Fall) wie ihr Bezugswort. Die Apposition wird **in Kommas eingeschlossen.** Beispiele:
  „Arnoul, *ein Ritter*, ist der wahre Held der Erzählung Lamberts.“
  „Georges Duby, *einer der bedeutendsten Mittelalterexperten*, schrieb dieses Buch.“

2.4 Der zusammengesetzte Satz

Satzreihe

▷ S. 115–120

Eine **Satzreihe** besteht aus **aneinandergereihten Hauptsätzen.** Sie werden durch **Komma** voneinander getrennt, z. B.: „Er war ein gütiger Herrscher, das Volk liebte ihn.“
Hauptsätze werden oft durch nebenordnende Konjunktionen verbunden, z. B.:
„Arthur war noch sehr jung, aber er war ein guter König.“
Das **Komma kann entfallen,** wenn die Hauptsätze durch Konjunktionen wie „und“, „oder“, „entweder ... oder“ oder „weder ... noch“ verbunden sind, z. B.: „Das Volk liebte ihn und während seiner Regierungszeit herrschte Frieden.“

Satzgefüge

▷ S. 115–120

Satzgefüge sind Sätze, die aus mindestens einem **Hauptsatz und einem Nebensatz** zusammengesetzt sind. Der Nebensatz ist dem Hauptsatz untergeordnet und wird durch **Komma** vom Hauptsatz getrennt. Nebensätze werden oft mit unterordnenden Konjunktionen wie „dass“, „weil“, „wenn“, „als“, „bevor“ eingeleitet, z. B.: „Als Igraine ihren Sohn gebar, erschien Merlin am Hof.“

2.5 Nebensätze

Adverbialsätze

▷ S. 121–124

Nebensätze nehmen oft die Stelle eines Satzglieds ein; man nennt sie dann Gliedsätze. Wenn ein Gliedsatz die Stelle einer adverbialen Bestimmung einnimmt, heißt er Adverbialsatz. Adverbialsätze lassen sich genau wie adverbiale Bestimmungen nach ihrer Zusatzinformation näher bestimmen.
Adverbialsätze werden mit einer Konjunktion eingeleitet. Sie werden vom Hauptsatz durch ein **Komma** getrennt.

- **Temporalsätze** geben Zeitverhältnisse an. Einleitende Konjunktionen sind z. B.: „als", „während", „nachdem", „seitdem".
  Beispiel:
  „*Als beide Ritter nicht mehr kämpfen konnten*, brachte Merlin den verwundeten König zu einem Einsiedler."
- **Kausalsätze** geben den Grund oder die Ursache an. Einleitende Konjunktionen sind z. B.: „weil", „da".
  Beispiel:
  „Merlin blieb sehr lange bei Arthur, *weil der junge König mit dem Tod kämpfte.*"
- **Konditionalsätze** geben eine Bedingung an. Einleitende Konjunktionen sind z. B.: „wenn", „falls", „sofern".
  Beispiel:
  „*Wenn Arthur bei diesem Kampf gestorben wäre*, hätte England seinen König verloren."
- **Finalsätze** geben einen Zweck an. Einleitende Konjunktion ist z. B.: „damit".
  Beispiel: „*Damit der Schwarze Ritter dem König nicht mehr gefährlich werden konnte*, ließ Merlin ihn durch einen Zauberspruch in einen tiefen Schlaf sinken."
- **Konsekutivsätze** geben die Folge oder Wirkung an. Einleitende Konjunktion ist z. B.: „sodass" (auch: „so ..., dass").
  Beispiel:
  „Arthur war krank und schwach, *sodass er die unbekannte Dame nur verschwommen erkennen konnte.*"
- **Modalsätze** geben die Art und Weise an. Einleitende Konjunktionen sind z. B.: „indem", „wie", „als".
  Beispiel:
  „Die schöne Gwinever trug viel zu seiner Genesung bei, *indem sie Tag und Nacht an seinem Lager wachte.*"
- **Konzessivsätze** geben eine Einräumung an. Einleitende Konjunktionen sind z. B.: „obwohl", „obgleich", „wenn auch".
  Beispiel:
  „*Obwohl Arthur die schöne Dame nur undeutlich erkennen konnte*, beeindruckte ihn deren Schönheit sehr."
- **Adversativsätze** geben einen Gegensatz an. Einleitende Konjunktion ist z. B.: „während".
  Beispiel:
  „*Während Arthur den Kampf so bald wie möglich fortsetzen wollte*, war Merlin ganz und gar gegen eine erneute Gefährdung des Königs von England."

Subjektsätze und Objektsätze

▷ S. 125–129

Subjektsätze und Objektsätze sind **Gliedsätze,** weil sie die Stelle eines Satzgliedes einnehmen. Sie übernehmen die Rolle des Subjekts bzw. des Objekts für den Hauptsatz und lassen sich genauso wie Subjekt oder Objekt durch Satzgliedfragen ermitteln.
Subjekt- und Objektsatz werden durch ein **Komma** vom Hauptsatz abgetrennt.
Beispiel:
„Wer dieses Schwert aus dem Amboss zieht, ist der rechtmäßige König von England."
Frageprobe: „Wer oder was (= Subjekt) ist der rechtmäßige König von England?"
Beispiel:
„Sich zu verstellen, hatte er nie gelernt."
Frageprobe: „Wen oder was (= Objekt) hatte er nie gelernt?"

Subjekt- und Objektsätze können unterschiedliche Gestalt annehmen:

Satzform	**Subjektsatz**	**Objektsatz**
indirekter Fragesatz	*Wer diesen Ritter schlägt,* ist ein Held.	Niemand wusste, *wie er hieß.* Er wusste nicht, *ob er überleben würde.*
dass-Satz	*Dass er kämpfen wollte,* erstaunte Gwinever.	Er erkannte, *dass er kämpfen musste.*
Infinitivsatz	*Auf einem Pferd zu reiten,* machte ihm Freude.	Er erklärte, *nichts zu wissen.*

Relativsätze

▷ S. 135–136

Nebensätze, die mit einem Relativpronomen (z. B. „der"/„die"/„das" oder „welcher"/„welche"/„welches") eingeleitet werden, heißen **Relativsätze.** Relativsätze nehmen oft die Stellung eines Attributs ein. Sie heißen dann Attributsätze. Wie ein Attribut gibt ein Relativsatz **nähere Informationen über sein Bezugswort** und kann nur zusammen mit diesem umgestellt werden.
Ein Relativsatz wird durch **Komma(s)** vom übergeordneten Satz, der das Bezugswort enthält, abgetrennt.
Beispiele:
„Die Mädchen schliefen in einem Turm, ***der*** *sehr streng bewacht wurde.*"

„Die Rüstung, ***die*** *Arnoul bekam,* war sehr kostbar."

Je nach Bedeutung des Relativsatzes kann vor dem Relativpronomen zusätzlich eine Präposition stehen, z. B.:
„Das Haus, ***in dem*** *Arnoul aufwuchs,* war sehr groß."

2.6 Zeichensetzung

Kommaregeln im Überblick

Satzreihe ▷ S. 115–120
Eine **Satzreihe** besteht aus **aneinandergereihten Hauptsätzen.** Sie werden durch **Komma** voneinander getrennt,
z. B.: „Er war ein gütiger Herrscher, das Volk liebte ihn."
Hauptsätze werden oft durch nebenordnende Konjunktionen verbunden,
z. B.: „Arthur war noch sehr jung, aber er war ein guter König."
Das **Komma kann entfallen,** wenn die Hauptsätze durch Konjunktionen wie „und", „oder", „entweder ... oder" oder „weder ... noch" verbunden sind,
z. B.: „Das Volk liebte ihn und während seiner Regierungszeit herrschte Frieden."

Satzgefüge ▷ S. 115–120
Satzgefüge sind Sätze, die aus mindestens einem **Hauptsatz und einem Nebensatz** zusammengesetzt sind. Der Nebensatz ist dem Hauptsatz untergeordnet und wird durch **Komma** vom Hauptsatz getrennt. Nebensätze werden oft mit unterordnenden Konjunktionen wie „dass", „weil", „wenn", „als", „bevor" eingeleitet,
z. B.: „Als Igraine ihren Sohn gebar, erschien Merlin am Hof."

Infinitivsätze ▷ S. 130–131
Ein **Infinitivsatz**, der aus einem Infinitiv mit *zu* und mindestens einem weiteren Wort besteht, **muss häufig durch Kommas abgetrennt werden**, und zwar immer dann,
- wenn der Infinitivsatz durch ein „um", „ohne", „statt", „anstatt", „außer", „als" eingeleitet wird, z. B.: „Er verzichtete auf die Zauberkraft Merlins, *um* seine Stärke zu beweisen."
- wenn der Infinitivsatz von einem Nomen abhängt, z. B.: „König Arthur hatte *den Plan*, den schwarzen Ritter zu besiegen." oder
- wenn durch ein hinweisendes Wort wie „daran", „darauf", „dazu" oder „es" auf den Infinitivsatz Bezug genommen wird, z. B.: „Er bestand ausdrücklich *darauf*, den Ritter ohne fremde Hilfe zu besiegen."

In allen anderen Fällen ist das Komma freigestellt. **Es empfiehlt sich, die Kommas immer zu setzen**, weil sie die Gliederung des Satzes verdeutlichen und niemals falsch sind.

Partizipalsätze ▷ S. 131–132
Ein Partizipialsatz muss normalerweise nicht durch ein Komma vom übergeordneten Satz getrennt werden. Ein Komma kann gesetzt werden, wenn der Partizipialsatz als Zusatz gekennzeichnet werden soll.
Ein Komma muss stehen,
- wenn durch ein **hinweisendes Wort** auf den Partizipialsatz Bezug genommen wird, z. B. mit „so".
  Beispiel: „Um Worte ringend, *so* stellte sich Arthur der Lady vor."
- wenn der Partizipialsatz als **Einschub** die gewöhnliche Satzstellung unterbricht.
  Beispiel: „Der König, *vor Freude lächelnd*, lief auf sie zu."
- wenn der Partizipialsatz einen **Nachtrag** darstellt.
  Beispiel: „Er verweilte im Garten, *nach ihren Blicken heischend*."

Aufzählungen
Aufzählungen können aus Wörtern oder aus Wortgruppen bestehen. Sie werden durch ein **Komma** getrennt.
Beispiel:
„Sie wollte um sechs Uhr nach Hause kommen, Aufgaben machen, dann schwimmen gehen."

Wenn die Wörter oder Wortgruppen in Aufzählungen durch nebenordnende Konjunktionen wie „und", „oder", „entweder ... oder", „sowohl ... als auch" oder „weder ... noch" verbunden sind, entfällt das Komma.
Beispiel:
„Wir fahren bei sonnigem *oder* trübem Wetter los."

Die Apposition ▷ S. 134–135
Die **Apposition** ist eine besondere Form des Attributs. Sie ist im Kern ein nachgestelltes Nomen und steht im gleichen Kasus (Fall) wie ihr Bezugswort. Die Apposition wird **in Kommas eingeschlossen.**
Beispiele:
„Arnoul, *ein Ritter*, ist der wahre Held der Erzählung Lamberts."
„Georges Duby, *einer der bedeutendsten Mittelalterexperten*, schrieb dieses Buch."

Wörtliche Rede
Die wörtliche Rede steht in **Anführungszeichen.** Der Redebegleitsatz kann der wörtlichen Rede vorangestellt, nachgestellt oder in die wörtliche Rede eingeschoben sein.

Nach einem **vorangestellten Redebegleitsatz** weist ein **Doppelpunkt** auf die folgende wörtliche Rede hin.
Beispiel:
Sie sagte: „Ich besuche dich bald."

Der **nachgestellte Redebegleitsatz** wird durch **ein Komma** von der wörtlichen Rede abgetrennt.
Beispiel:
„Halt! Stehen bleiben!", *riefen die Polizisten.*

Der **eingeschobene Redebegleitsatz** wird durch **zwei Kommas** von der wörtlichen Rede abgetrennt.
Beispiel:
„Ich suche das Buch", *sagte sie*, „weißt du, wo es sein könnte?"

3 Rechtschreiben

3.1 Tipps zum Rechtschreiben

▷ S. 155–158

Die Rechtschreibkartei

Ihr könnt die Wörter, bei denen ihr oft Fehler macht, in eure Rechtschreibkartei aufnehmen.
- Schreibt das Fehlerwort auf die Vorderseite der Karteikarte und markiert euren Fehlerschwerpunkt.
- Sucht drei bis vier verwandte Wörter zu eurem Fehlerwort und schreibt sie auf die Rückseite. Wenn es zu eurem Fehlerwort eine Regel gibt, schreibt diese dazu.

Das Wörterbuch – dein starker Helfer

Du kannst Fehler vermeiden, wenn du bei Zweifeln über die richtige Schreibweise im Rechtschreibwörterbuch nachsiehst. Beachte dabei:
- Verben sind im Wörterbuch unter der **Grundform** (Infinitiv) verzeichnet.
- Bei zusammengesetzten Nomen muss man manchmal mehrmals nachschlagen, z. B. „Vanillepudding" unter „Vanille" und „Pudding".

Schreibweisen ausprobieren

- **Verlängerungsprobe:** Verlängere das Wort und sprich es dir deutlich vor. Du hörst dann, wie das Wort geschrieben werden muss. Beispiele:
  Bilde zu den Nomen die Pluralform: *der Sta**b** – die Stä**b**e.*
  Bilde zu den Verbformen den Infinitiv: *sie schwe**b**t – schwe**b**en.*
- **Verwandte Wörter suchen:** Der Wortstamm wird in allen verwandten Wörtern gleich oder ähnlich geschrieben. Bilde zu dem Wort ein verwandtes Wort und sprich es dir deutlich vor oder schreibe es auf. Entscheide dann, wie das Wort geschrieben wird. Beispiele:
  *stau**b** – stau**b**ig – abstau**b**en; Versta**n**d – verstän**d**igen – Verstän**d**igung.*
- Ein zusammengesetztes Wort in seine **Bestandteile zerlegen,** z. B.:
  Sperrmüllplatz – Sperr + müll + platz.

Silbentrennung

Grundregel: Mehrsilbige Wörter trennt man nach **Sprechsilben,** die man bei langsamem, betontem Sprechen hören kann, z. B.: „Spa-zier-gang", „Rei-he", „heu-te".
Ein einzelner Vokalbuchstabe wird nicht abgetrennt, z. B.: „Abend", „Kleie".
Von mehreren Konsonanten trennt man nur den letzten ab, z. B.: „Damp-fer", „Kat-ze".
Achtung: Die Buchstabenverbindung „ck" steht für einen Laut und wird nicht getrennt, z. B.: „ba-cken", „De-ckel", „Zu-cker".

3.2 Laute und Buchstaben

Die Schärfung: Schreibung nach kurzen Vokalen

▷ S. 156

Nach betontem kurzem Vokal stehen meist **zwei Konsonanten;** entweder zwei gleiche Konsonanten (Konsonantenverdoppelung) oder zwei verschiedene Konsonanten (Konsonantenhäufung).

- In den meisten Fällen kann man die zwei verschiedenen Konsonanten beim Hören gut voneinander unterscheiden, z. B.: *Hu**nd**, To**pf**, Ka**rt**e, de**nk**en.*
- Hörst du beim Sprechen nur einen Konsonanten, so wird er verdoppelt, z. B.: *kna**bb**ern, Pu**dd**ing, Ko**ff**er, Ba**gg**er, schwi**mm**en, Bru**nn**en, Su**pp**e, i**rr**en, verge**ss**en, schü**tt**eln.*

Achtung:
Statt verdoppeltem **k** schreibt man **ck,** z. B.: *Glü**ck**, He**ck**e, wa**ck**eln, zwi**ck**en, A**ck**er, ho**ck**en.*
Statt verdoppeltem **z** schreibt man **tz,** z. B.: *Ka**tz**e, Schu**tz**, Hi**tz**e, ä**tz**end, tro**tz**, plö**tz**lich.*

Ausnahme:
Bei manchen Fremdwörtern folgt nach einem kurzen Vokal nur ein Konsonant, z. B.: *Apri**l**, Pra**x**is.*
Bei vielen Fremdwörtern schreibt man nach kurzem Vokal nur ein einfaches **k,** manchmal auch **kk,** z. B.: *Anora**k**, Lyri**k**, dire**k**t, he**k**tisch, A**kk**usativ, A**kk**ordeon, Mo**kk**a.*

Die Dehnung: Schreibung nach langen Vokalen

▷ S. 157

Lang gesprochene Vokale **(a, e, i, o, u)** oder Umlaute **(ä, ö, ü)** können mit einfachem Buchstaben geschrieben werden wie in *Spur, wär, Tor.* Oder sie werden mit einem **Dehnungs-h** verbunden wie in *Sa**h**ne, fe**h**len* oder *bo**h**ren.*
Folgende Tipps können euch helfen, Wörter mit langen Vokalen richtig zu schreiben.

- **Verwandte Wörter bilden**
  Wenn du dir bei der Schreibung eines Wortes unsicher bist, ob es mit oder ohne Dehnungs-h geschrieben wird, kann dir die Schreibung eines verwandten Wortes aus der Wortfamilie helfen. Das Dehnungs-h im Wortstamm bleibt erhalten.
  ***wohn**en: die **Wohn**ung, **wohn**lich, be**wohn**en, **Wohn**ungsbau, Miet**wohn**ung, Ein**wohn**er*
- **Vor l, m, n, r** steht oft ein **Dehnungs-h,**
  z. B. bei *Ko**h**l, Ra**h**m, Sa**h**ne* oder *Fa**h**rt.* Es gibt aber auch Ausnahmen wie *Gram, Plan* oder *Qual.* Wenn du unsicher bist, schlage im Wörterbuch nach.
- Den lang gesprochenen Vokal **u** im Präfix **ur-** und das lang gesprochene **a** und **u** in den Suffixen **-bar, -sal, -sam, -tum** schreibt man ohne Dehnungs-h,
  z. B.: ***Ur**tier, sonder**bar**, Rinn**sal**, grau**sam**, Brauch**tum**.*
- Nur wenige Wörter werden mit **Doppelvokal** geschrieben,
  z. B.: *H**aa**r, P**aa**r, S**aa**l, B**ee**re, B**ee**t, F**ee**, T**ee**, Kaff**ee**, M**ee**r, B**oo**t, Z**oo**, d**oo**f.*
  - Wenn sich von diesen Wörtern Ableitungen mit Umlaut bilden lassen, entstehen **einfache Umlaute,** z. B.:
    *Paar – P**ä**rchen; Saal – S**ä**le; Boot – B**ö**tchen.*

Für das **lang gesprochene i** gilt:
- ◻ Die meisten Wörter mit lang gesprochenem **i** werden mit **ie** geschrieben, z. B.: *Kies, Wiese, kriechen, Tier, lieb, hier, viel, vielleicht, ziemlich.*
- ◻ Nur in den Pronomen **ihm/ihn/ihr** wird das lang gesprochene **i** als **ih** geschrieben, z. B.: *Wir schenken **ihm** ein Buch und **ihr** eine CD.*
- ◻ Sehr selten sind Wörter mit **ieh,** z. B.: *ziehen, fliehen, geliehen, Vieh.*
- ◻ In **Fremdwörtern** wird das lang gesprochene **i** oft mit einfachem **i** geschrieben, z. B.: *Maschine, Bleistiftmine, Apfelsine, Ski, Rosine, Klima, Motiv, Stil.*

Schreibung der s-Laute

▷ S. 157–158

Der s-Laut im Wortinneren

- ◻ Der **stimmhafte s-Laut** wird im Wortinneren immer mit einfachem **s** geschrieben, z. B.: *Rasen, leise, losen.*
- ◻ Beim **stimmlosen s-Laut** musst du auf den vorangehenden Vokal achten.
  Nach kurzem Vokal schreibt man **ss,** z. B.: *er hasst, Wasser, er frisst.*
  Nach langem Vokal oder **Diphthong** schreibt man **ß,** z. B.: *Klöße, spaßen, draußen.*

Der s-Laut am Wortende

Die Schreibung des s-Lautes am Wortende richtet sich danach, ob dem s-Laut ein kurzer Vokal oder ein langer Vokal oder ein Diphthong vorangeht.
Nach kurzem Vokal steht fast immer **ss,** z. B.: *der Biss – die Bisse.*
Nach einem langen Vokal oder **Diphthong** stehen die Buchstaben **s** oder **ß.**
Die Verlängerungsprobe hilft dir bei der Schreibung:
Wenn der **s-Laut** in der Wortverlängerung **stimmlos** ist, schreibst du **ß,**
z. B.: *sie heißt – heißen, der Spaß – die Späße.*
Wenn der **s-Laut** in der Wortverlängerung **stimmhaft** ist, schreibst du **s,**
z. B.: *das Haus – die Häuser, er niest – niesen.*

„dass" oder „das"?

▷ S. 158

„das" wird mit **s** geschrieben, wenn es sich
- ◻ um den **bestimmten Artikel** „das" handelt, z. B.: „*das* Äffchen".
- ◻ um das **Demonstrativpronomen** „das" handelt, z. B.: „*Das* ist das Äffchen von vorhin." Das Demonstrativpronomen „das" kann durch „dieses" ersetzt werden.
- ◻ um das **Relativpronomen** „das" handelt, z. B.: „Das Äffchen, *das* ich vorhin gesehen habe, klammert sich gerade am Gitter fest." Das Relativpronomen „das" kann durch „welches" ersetzt werden.

„dass" wird mit **ss** geschrieben, wenn es sich
- ◻ um die **Konjunktion** „dass" handelt. Durch „dass" wird immer ein Nebensatz eingeleitet, z. B.: „Ich glaube, *dass* ich jetzt im Zoo genug erlebt habe."

3.3 Groß- und Kleinschreibung

Nominalisierungen

▷ S. 141–143

Verben, Adjektive, Partizipien und andere Wörter können als Nomen gebraucht werden. Man schreibt sie dann groß. Ihr könnt solche nominalisierten Wörter häufig an denselben **Signalwörtern** erkennen wie Nomen, z. B.:

- an einem vorausgehenden **Artikel:**
  „gehen", „gähnen", „13-jährig" – „*das* Gehen", „*ein* Gähnen", „*die* 13-Jährige"
- an einer vorausgehenden **Präposition** (die auch mit einem Artikel verschmolzen sein kann):
  „gut", „böse" – „*im* (in dem) Guten", „*im* (in dem) Bösen"
- an einem vorangestellten **Pronomen:**
  „lachen", „arbeiten", „jammern" – „*mein* Lachen", „*dieses* Arbeiten", „*kein* Jammern"
  „schön", „neu", „alt" – „*viel* Schönes", „*wenig* Neues", „*nichts* Altes"
  - In Verbindung mit den **Indefinitpronomen** „etwas", „alles", „nichts", „einige", „kein", „viel", „wenig", „allerlei", „ein paar", „genug", „manches" werden Verben und Adjektive großgeschrieben. Weil solche Wortgruppen häufig vorkommen, ist es am einfachsten, du lernst diese Pronomen als Signalwörter auswendig.

Nicht immer wird ein nominalisiertes Wort durch ein Signalwort angekündigt. Mache die Probe: Wenn du ein Signalwort ergänzen könntest, schreibst du groß, z. B.: „Wenn man *(das)* Gelb mit *(einem)* Blau mischt, entsteht *(ein)* Grün."

Achtung:
Nominalisierungen, die aus zwei Wörtern zusammengesetzt sind, schreibt man zusammen, z. B.:
„das Radfahren", „das Schlangestehen".

Schreibung von Zahlwörtern

▷ S. 143

- Zahlwörter bilden keine selbständige Wortart, sondern verteilen sich auf die Wortarten Nomen („die *Million*"; „der *Zehnte*"), Adjektive („*zwei* Gruppen"; „der *zweite* Platz") und Adverb („*fünfmal*"; „*erstens*").
- **Zahlwörter**, die **Nomen** sind oder als Nomen verwendet werden (Nominalisierung), schreibt man **groß**, z. B.: „die *Million*" (Nomen), „der *Zehnte*" (Nomen), am „*Zehnten*" (Nominalisierung), „zum *Zweiten*" (Nominalisierung).
- **Zahlwörter**, die **Adjektive** oder **Adverbien** sind, schreibt man **klein**, z. B.: „*sechs* Monate" (Adjektiv), „Sie hat *zweimal* angerufen." (Adverb).
- Die Zahlwörter „hundert", „tausend" oder „dutzend" können groß- oder kleingeschrieben werden, wenn mit ihnen eine unbestimmte Menge angegeben wird, z. B.:
  „Es gab *Dutzende/dutzende* von Verletzungen."
  „*Viele Hundert/hundert* mussten auf halber Strecke aufgeben."
  „Einige *Tausend/tausend* Zuschauer kamen."

Schreibung von Zeitangaben

▷ S. 144–145

- **Zeitangaben,** die **Nomen** sind, werden großgeschrieben. Ihr könnt sie häufig an den Signalwörtern erkennen.
  - an einem vorausgehenden Artikel: „*der* Mittwoch", „*ein* Sonntag"
  - an einer vorausgehenden Präposition (mit Artikel): „*am* Abend"
  - an einem vorangestellten Adjektiv (oft mit Artikel) oder Partizip: „an einem *schönen* Morgen", „*kommenden* Freitag"
  - an einem vorangestellten Pronomen oder einer Mengenangabe: „*jeden* Morgen", „*dieser* Abend", „*drei* Sonntage"
- **Zeitangaben,** die **Adverbien** oder **Adjektive** sind, werden kleingeschrieben, z. B.: „früher", „später", „stündlich", „gestern", „übermorgen", „heute", „sonntags", „mittags", „abends".
  TIPP: Adverbien, die Tageszeiten oder Wochentage bezeichnen, erkennt ihr an der Endung -s.
- Bei kombinierten Zeitangaben schreibt man entsprechend der Regel die Adverbien oder Adjektive klein und die Nomen groß, z. B.: „gestern Abend", „heute Nachmittag".

Eigennamen

▷ S. 146–147

Eigennamen werden **großgeschrieben,** z. B.: „Thomas", „Indien", „München".
Bei mehrteiligen Eigennamen werden die Adjektive, Partizipien, Pronomen und Zahlwörter großgeschrieben, wenn sie Bestandteile des Eigennamens sind, z. B.: „Peter der Große", „die Chinesische Mauer", „der Siebenjährige Krieg".
Eigennamen sind:

- Personennamen, z. B.: „Friedrich der Zweite", „der Alte Fritz", „Alexander der Große"
- geografische Begriffe (Namen), z. B.: „der Bayerische Wald", „das Tote Meer"
- Namen von Institutionen und Einrichtungen, z. B.: „das Rote Kreuz", „die Schweizerischen Bundesbahnen", „das Europäische Parlament"
- geschichtliche Ereignisse, z. B.: „der Zweite Weltkrieg", „der Westfälische Friede"
- Titel und Ehrenbezeichnungen, z. B.: „der Heilige Vater", „der Regierende Bürgermeister"
- besondere Kalendertage, z. B.: „der Heilige Abend", „der Erste Mai"
- feste fachsprachliche Begriffe, z. B.: „der Rote Milan" (Vogel), „das Fleißige Lieschen" (Pflanze)

Herkunftsbezeichnungen

▷ S. 148

- Die von geografischen Namen abgeleiteten Herkunftsbezeichnungen mit dem Suffix **„-er"** schreibt man groß, z. B.: *Hamburg**er** Hafen, Schwarzwäld**er** Rauchschinken, München**er** Olympiastadion.*
- Die von geografischen Namen und Personennamen abgeleiteten Adjektive auf **„-(i)sch"** werden kleingeschrieben, z. B.: *ind**isch**er Tee, bay(e)**risch**es Bier, goethe**sch**e Dramen, platon**isch**e Liebe.*
  Ausnahme: Wenn die Adjektive auf „-(i)sch" Teil eines Eigennamens sind, werden sie großgeschrieben, z. B.: „der Bay(e)rische Wald", „der Indische Ozean".

3.4 Getrennt- und Zusammenschreibung

Wortgruppen aus Nomen und Verb

▷ S. 149–150

Wortgruppen aus Nomen und Verb werden meist getrennt geschrieben, z. B.: „Rad fahren“, „Angst haben“.
Bei der Erweiterung des Infinitivs mit „zu“ bleibt die Getrenntschreibung erhalten, z. B.: „Thomas beschloss, jeden Tag Klavier zu spielen.“
Achtung: Werden diese Verbindungen wie Nomen gebraucht (nominalisiert), schreibt man sie zusammen, z. B.:
„Das Radfahren macht mir Spaß.“ „Soll ich dich zum Fußballspielen abholen?“

Nur wenige Verbindungen aus Nomen und Verb sind Zusammensetzungen und werden zusammengeschrieben. Diese Zusammensetzungen prägst du dir am besten ein: „heimfahren“, „heimgehen“, „heimkommen“, „teilnehmen“, „stattfinden“, „irreführen“, „preisgeben“, „wetteifern“, „wettlaufen“, „kopfrechnen“, „handhaben“.

Wortgruppen aus Verb und Verb

▷ S. 151

Wortgruppen aus Verb und Verb können **immer getrennt geschrieben werden,** z. B.: „laufen lernen“, „liegen lassen“, „lesen üben“.

Wortgruppen mit „sein“

▷ S. 153

Wortgruppen mit *sein* **werden immer getrennt geschrieben**, z. B.: „da sein“, „glücklich sein“, „gesund sein“.

Wortgruppen aus Adjektiv und Verb

▷ S. 152

Bei Wortgruppen aus Adjektiv und Verb kann man eine Probe machen:

- Wortgruppen aus **Adjektiv und Verb** werden **getrennt geschrieben**, wenn Adjektiv und Verb wörtlich genommen einen Sinn ergeben, z. B.:
  „richtig machen → Sie möchte beim nächsten Test alles richtig machen.“
  „schwarz streichen → Er wollte die Wand schwarz streichen.“
- Wortgruppen aus **Adjektiv und Verb** werden **zusammengeschrieben**, wenn durch das Zusammentreffen von Adjektiv und Verb eine neue Gesamtbedeutung entsteht, z. B.:
  „richtigstellen (= berichtigen) → Sie wollte die Sache richtigstellen.“
  „schwarzfahren (ohne Fahrschein fahren) → Weil er kein Geld bei sich hatte, wollte er heute schwarzfahren.“
  „schwerfallen (= Probleme bereiten) → Die Klassenarbeit ist mir schwergefallen.“

4 Umgehen mit Texten und Medien

4.1 Erzählende Literatur

Die **Epik** (erzählende Literatur) gehört neben der Lyrik und der Dramatik zu den drei literarischen Großgattungen und umfasst alle Formen des Erzählens. Meist unterscheidet man zwischen **Großformen** (z. B. Roman, Epos) und **Kurzformen** (z. B. Erzählung, Märchen, Fabel, Legende, Kurzgeschichte).

Kennzeichnend für epische Texte ist, dass ein vom Autor erfundener **Erzähler** über ein bereits vergangenes Geschehen berichtet. Dieser Erzähler, der nicht mit dem Autor oder der Autorin verwechselt werden darf, kann ein „Ich-Erzähler" oder ein „Er-/Sie-Erzähler" sein. Der „Ich-Erzähler" ist selbst in das Geschehen verwickelt und erzählt nur aus seiner Perspektive. Was andere Figuren denken oder fühlen (innere Handlung), kann er nur vermuten.
Der „Er-/Sie-Erzähler" scheint alles zu wissen. Er/Sie beobachtet die Personen von außen, kann sich aber auch jederzeit in ihr Inneres versetzen und ihre Gedanken und Gefühle schildern.

Das höfische Epos

▷ S. 185–190

Das **Epos** (griech. epos = Wort, Erzählung, Lied, Gedicht) gehört zu den Großformen der erzählenden Literatur (Epik). Im Unterschied zum Roman ist das Epos erheblich älter und in **Versform** verfasst. (Die beiden ältesten Epen der abendländischen Literatur sind die „Ilias" und die „Odyssee" von Homer aus dem 8. Jahrhundert v. Chr.)
Das **höfische Epos** ist die erzählende Hauptform der deutschen **Dichtung des Hochmittelalters** (1180–1230).
Als „höfisch" bezeichnet man diese Dichtung deshalb, weil sie für den Vortrag bei Hofe bestimmt war und das Lebensgefühl der höfischen Gesellschaft (Ritter und adlige Damen) zum Ausdruck brachte. Die Mitglieder der Hofgesellschaft, vor allem die gebildeten und literarisch sehr interessierten adligen Damen, bildeten das Publikum für diese Werke, die meist in geselliger Runde vorgetragen wurden.

Das höfische Epos ist meist in vierhebigen, paarig gereimten Versen verfasst.
Die **Stoffe** dieser Epen stammen vor allem aus keltischen (König Artus, Tristan) oder antiken (Alexander, Troja, Aeneas) Sagenkreisen.
Die Entwicklung des höfischen Epos beginnt um 1150 in Frankreich mit den Artusepen des Dichters Chrétien de Troyes. Dessen „Perceval" ist die Vorlage für den **„Parzival"** von **Wolfram von Eschenbach.**

Der zwischen 1200 und 1210 geschriebene „Parzival" von Wolfram von Eschenbach erzählt in 25 000 Versen die Geschichte des unerfahrenen Jünglings Parzival, der nach zahlreichen Abenteuern, Bewährungsproben und Verfehlungen zum vorbildlichen Ritter wird.

Die Sage

▷ S. 115–132

Ursprünglich mündlich überlieferte kurze Erzählungen unbekannter Verfasser nennt man **Sagen,** wenn sie folgende Merkmale aufweisen:

- Die Begegnung mit dem Übersinnlichen wird als unheimlich und schrecklich empfunden.
- Sagen sind an einen Ort und eine bestimmte Zeit gebunden.
- Sie knüpfen an einen äußeren Anlass wie Unwetter, Feuersbrunst oder die Taten außergewöhnlicher Menschen an und sind als wahre Berichte gemeint.
- Sie möchten die Leserinnen und Leser über bestimmte Sachverhalte informieren, ihnen oft auch Verhaltensregeln nahebringen.
- Die Ereignisse werden auf wunderbare, übersinnliche und fantastische Art ausgestaltet.

Die Anekdote

▷ S. 163–165

Eine **Anekdote** ist eine **kurze Geschichte mit einer heiteren Pointe,** d. h. einem überraschenden und geistreichen Höhepunkt. Anekdoten erzählen über bedeutende Persönlichkeiten, gesellschaftliche Gruppen oder über interessante Ereignisse.
Bestimmte Eigenschaften oder Eigenarten einer bekannten Persönlichkeit oder eines denkwürdigen Ereignisses werden dabei scharf und blitzlichtartig charakterisiert.
Bei der knappen Schilderung des Geschehens wird als **sprachliches Mittel** häufig der **Dialog** (Rede und Gegenrede) verwendet.
Das Geschehen der Anekdote spielt in der Vergangenheit, jedoch muss das Erzählte nicht unbedingt der historischen Wahrheit entsprechen, sondern soll nur möglich und glaubwürdig sein.
Ursprünglich wurden Anekdoten aus Rücksichtnahme auf die dargestellten Personen nur **mündlich weitererzählt.** Weil jedoch diese kleinen Geschichten – die erfundenen wie die wahren – häufig sehr originell sind, wurden sie später auch schriftlich festgehalten.

Die Kurzgeschichte

▷ S. 166–184

Die **Kurzgeschichte** ist eine **knappe, moderne Erzählung,** die eine Momentaufnahme, einen krisenhaften Ausschnitt oder eine wichtige Episode aus dem Alltagsleben eines oder mehrerer Menschen zeigt.
Kurzgeschichten haben meist folgende **Merkmale:**

- **geringer Umfang**
- Ausschnitt aus einem **alltäglichen Geschehen,** der für die dargestellten Figuren von besonderer Bedeutung ist
- **unmittelbarer Einstieg** in das Geschehen, der schlagartig eine Situation aufreißt
- **zielstrebiger Handlungsverlauf** hin zu einem Höhe- oder Wendepunkt
- **offener Schluss,** der viele Deutungsmöglichkeiten zulässt
- meist **Alltagssprache** mit einfachem Satzbau und umgangssprachlichen Elementen in der direkten Rede (passend zur alltäglichen Thematik der Kurzgeschichte)

4.2 Gedichte

Merkmale von Gedichten

▷ S. 93–98

Die Länge der Zeilen ist im Gedicht nicht wie bei einem Prosatext von den Zufälligkeiten des Papierformats und der Schriftgröße abhängig, sondern vom Autor bewusst bestimmt.

- **Vers:** Der Fachbegriff für eine **Gedichtzeile** ist Vers. Häufig – besonders bei älteren Gedichten – haben alle Verse eines Gedichts annähernd die gleiche Anzahl von Silben.
- **Strophe:** Den Fachbegriff für eine **Gruppe von Versen,** die durch eine Leerzeile von den folgenden, ähnlich angeordneten Versen getrennt ist, kennt man schon aus der Musik: die Strophe. Häufig bestehen Gedichte aus mehreren gleich langen Strophen.
- **Reim:** Oft verbinden Reime die Gedichtzeilen. Zwei Wörter reimen sich, wenn sie vom letzten betonten Vokal an gleich klingen: „Haus – Maus"; „singen – entspringen".
  - **Paarreim:** Wenn sich zwei Verse reimen, die aufeinanderfolgen, sprechen wir von einem Paarreim. Man kann die Verse, die sich reimen, mit den gleichen Kleinbuchstaben bezeichnen, dann ergibt sich die Reimanordnung „aabb".
  - **umarmender Reim:** Wird ein Paarreim von zwei Versen umschlossen, die sich ebenfalls reimen, spricht man von einem umarmenden Reim. Die Reimanordnung ist „abba".
  - **Kreuzreim:** Beim Kreuzreim reimen sich der 1. und 3. sowie der 2. und 4. Vers: „abab".
- **Metrum:** Von einem Metrum (Versmaß) spricht man, wenn die Abfolge der betonten und unbetonten Silben einem bestimmten Schema folgt. Wechseln betonte und unbetonte Silben unmittelbar einander ab, spricht man von einem **alternierenden Metrum,** z. B.:

  x́ x x́ x x́ x x́ x
  Um den Kopf weht eine Brise
  x́ x x́ x x́ x x́ x
  Von besonnter Luft und Wiese

- **Rhythmus:** Das Metrum stellt ein Gerüst dar, das beim Vortragen des Gedichts durch den Sprecher oder die Sprecherin frei ausgestaltet wird. Wenn ihr das Gedicht vortragt, wählt ihr die Betonungen, die Sprechpausen und das Sprechtempo so, wie ihr es für angemessen haltet. Diese freie Ausgestaltung des vorgegebenen Versmaßes bezeichnet man als Rhythmus.
- **Metaphern:** Metaphern (sprachliche Bilder) sind Wörter mit einer übertragenen Bedeutung, z. B. „Feuerwoge" für „sonnenbeschienener Hügel". Die übertragene Bedeutung wird aber nicht durch ein Vergleichswort (z. B. „wie") deutlich gemacht.
- **Personifikation:** In Naturgedichten findet sich häufig eine besondere Form bildhaften Sprechens, die Personifikation; das heißt: Pflanzen, Tieren oder Jahreszeiten werden menschliche Verhaltensweisen und Eigenschaften zugesprochen, z. B.: „*schreiend* kocht die Weizensaat", „Blumen *rennen*".

Die Ballade

▷ S. 214–238

Die **Ballade** ist ein Gedicht, das eine **handlungsreiche Geschichte erzählt** und damit epischen Texten nähersteht, als es Gedichte sonst tun.

Charakteristisch für die Ballade ist, dass die **Handlung zeitlich gerafft** ist und in einer **dramatisch zugespitzten Form** dargestellt wird. Durch **spannungssteigernde Momente** und wörtliche Rede werden die Leser wie bei einer **szenischen Darstellung** in das Geschehen hineinversetzt.

Wie andere Gedichte kennzeichnet auch die Ballade eine gebundene Form: Sie hat in der Regel ein festes **Metrum,** ist in **Strophen** gegliedert und besitzt einen **Reim,** oft auch einen Refrain.

Goethe bezeichnet die Ballade als „Ur-Ei" der Dichtung, in der Episches (oft abgeschlossene Handlung mit einzelnen Handlungsschritten), Lyrisches (Metrum, Strophe, Reim, oft Refrain) und Dramatisches (Konfliktsituation, oft Dialoge) noch untrennbar verbunden sind.

Thema von Balladen sind häufig Menschen, die sich in dramatischen Situationen bewähren.

Der Name „Ballade" kommt vom italienischen „ballata" bzw. dem provenzalischen „balada" und bedeutet Tanzlied. Die Gedichte, die wir heute als Balladen bezeichnen, haben allerdings mit diesen mittelalterlichen Tanzliedern nichts mehr tun.

4.3 Sachtexte

Sachtexte

▷ S. 71–80, 251–257

Sachtexte unterscheiden sich von literarischen Texten dadurch, dass sie vorwiegend informieren wollen und sich deshalb auf das Wesentliche (wichtige Tatsachen, Fakten) beschränken. Oft werden bestimmte Sachverhalte mit Fremdwörtern oder Fachbegriffen treffend benannt. Sachtexte haben häufig folgende Merkmale:

- Sachtexte sind meist in Abschnitte unterteilt, die Zwischenüberschriften haben können. Der erste Abschnitt führt oft in das Thema ein, die weiteren Abschnitte informieren dann über spezielle Themen.
- Wichtige Wörter oder Wortgruppen (so genannte Schlüsselwörter) sind oft hervorgehoben.
- Manche Begriffe oder Fachausdrücke werden in einer Fußnote oder in einer Randspalte erklärt.
- Es gibt oft Abbildungen, Grafiken und Tabellen, die wichtige Informationen enthalten.

4.4 Drama/Theater

▷ S. 281–294

Das Drama gehört neben der erzählenden Literatur (Epik) und der Lyrik zu den drei literarischen Großgattungen.
Dramentexte sind in Dialogform verfasst und in der Regel für eine Theateraufführung vorgesehen.
Für das Verstehen eines Dramas sind folgende Aspekte wichtig:

- **Exposition:** Eingangsszene eines Stückes. In ihr werden die Hauptpersonen, der Ort, die Zeit und häufig auch die Vorgeschichte der Handlung vorgestellt.
- **Konflikt:** Auseinandersetzung oder Streit, der den Kern einer Handlung auf der Bühne bildet.
- **Pantomime:** Theater ohne Worte. Die Darstellung von Gefühlen und Situationen auf der Bühne geschieht allein durch die **Körpersprache,** also durch **Gestik** und **Mimik** (Gesichtsausdruck).
- **Rolle:** Gestalt oder Figur, die ein Schauspieler auf der Bühne verkörpert.
- **Dialog:** Gespräch zwischen den Personen auf der Bühne. Ein Selbstgespräch auf der Bühne nennt man **Monolog.**
- **Szene:** Kurzer abgeschlossener Teil eines Theaterstücks. Eine Szene endet, wenn Schauspieler auf- oder abtreten oder wenn das Licht ausgeht.
- **Regieanweisung:** Anweisung an Regisseure und Schauspieler, wie eine bestimmte Szene gespielt werden soll. Regieanweisungen helfen außerdem dem Leser, sich die Personen und das Geschehen vorzustellen.
- **Requisit/Requisiten** (lat. „requisitum" = erforderliches Ding): Requisiten sind bewegliche Gegenstände, die zur Ausstattung einer Szene im Theater dienen. Sie können die Figuren charakterisieren oder eine wichtige Bedeutung für den Ablauf der Handlung haben. Requisiten können Degen, Laternen, Gläser, Bilder an den Wänden, Lebensmittel und vieles mehr sein.

4.5 Film/Fernsehen

Kameraperspektive
Bei der Kameraperspektive unterscheidet man zwischen „Aufsicht" (auch „Vogelperspektive" genannt), „Untersicht" („Froschperspektive") oder „Normalsicht" (in Augenhöhe).

Kameraeinstellung
Die Kameraeinstellung legt die **Größe des Bildausschnitts** fest. Die verschiedenen Größen der Bildausschnitte nennt man im Film (von ganz weit bis ganz nah): „Panorama", „Totale", „Halbtotale", „Halbnah", „Nah", „Groß", „Detail".

5 Arbeitstechniken und Methoden

5.1 Die 5-Schritt-Lesemethode

1. Schritt: Erstes „Lesen“ – ohne Überblick kein Durchblick
Noch bevor ihr einen Text einmal wirklich genau gelesen habt, fallen euch bestimmte Einzelheiten an ihm schon auf. Er ist in Abschnitte eingeteilt, die Zwischenüberschriften haben können. Manchmal werden in einem Text Wörter oder auch längere Stellen hervorgehoben.
Schließlich findet ihr Abbildungen, Karikaturen, Tabellen oder Ähnliches. Alle diese Dinge wollen euch auf Hauptinhalte oder wichtige Aspekte hinweisen.

2. Schritt: Fragen kostet nichts
Formuliert Fragen und Vermutungen, die euch beim Lesen der Überschrift(en) und der hervorgehobenen Wörter sowie beim Betrachten der Abbildungen kommen.
Dabei kann euch die Vorstellung helfen, dass ihr nicht einem Text gegenübersitzt, sondern einem Interviewpartner, der euch diese Fragen beantworten könnte.

3. Schritt: An die Arbeit: Gründliches Lesen – für den Durchblick
Lest Satz für Satz und mit dem Bleistift in der Hand. Macht euch dazu eine Kopie oder legt eine Folie über den Text.

- **Unterstreicht** Wichtiges und Unverständliches!
- Vereinbart **Randzeichen** für wichtige Textstellen, unverständliche Textstellen, wichtige Personen.
- Kennzeichnet Textstellen, die auf **W-Fragen** Auskunft geben.
  Schreibt dazu auf den Rand: Wo? Wann? Wer? Was? Wie? Warum? Welche Folgen?
- Markiert **Abschnitte** und findet **Überschriften** für sie. Denkt dabei an die herausgehobenen Begriffe. Sie helfen euch bei dieser Arbeit.

4. Schritt: Vom Lesen zum Selber-Schreiben – Zusammenfassung
Fasst schriftlich die wesentlichen Aussagen des Textes in wenigen Sätzen zusammen.
Die W-Fragen können euch dabei helfen.

5. Schritt: Abschließendes Lesen – aller guten Dinge sind drei
Lest euch den gesamten Text noch einmal im Zusammenhang durch.

5.2 Diagramme auswerten

▷ S. 265–267

- Lest den Titel des Diagramms und die übrigen Eintragungen. Wozu macht das Diagramm Aussagen, was wurde untersucht? Für welche Zeit und welche Personen(gruppen) gilt es?
- Untersucht, welche Angaben auf der x-Achse und welche auf der y-Achse vermerkt sind.
- Prüft bei Zahlenangaben, um welche Einheiten es sich handelt (z. B. absolute Zahlen oder Prozentzahlen). Wie groß war die Zahl der Befragten/Stichproben?

5.3 Tipps zur Informationsrecherche

▷ S. 257

- **Bibliothek:**
  Der OPAC (Online Public Access Catalogue) gibt Auskunft über den gesamten Medienbestand der betreffenden Bibliothek und funktioniert ähnlich wie eine Suchmaschine im Internet. Auf dem Bildschirm erscheinen Suchmasken, hier kannst du verschiedene Suchbegriffe eingeben, z. B. ein bestimmtes Schlagwort, den Namen eines Autors oder einen Buchtitel.
- **Bücher/Zeitschriften:**
  Das Inhaltsverzeichnis und/oder das Register zeigen dir, ob das Informationsmaterial für deine Zwecke brauchbar ist. Schreibe wichtige Informationen heraus und notiere dir die Textquelle. Wichtige Beiträge kannst du auch für deine Materialsammlung kopieren.
- **Lexika/Enzyklopädien:**
  In einem gedruckten Nachschlagewerk führen dich so genannte Querverweise (→) zu anderen Artikeln, in denen du weiterführende Informationen findest. In einem elektronischen Lexikon nennt man diese Querverweise Links.
- **Internet:**
  Um im Internet gezielt nach Informationen zu suchen, braucht man die Hilfe von Suchmaschinen, z. B. www.google.de. Um tatsächlich fündig zu werden, musst du dir geeignete Suchbegriffe überlegen. Die Suchmaschinen ordnen die gefundenen Links nach Wichtigkeit. Oft kann man an den Adressen und den mitgelieferten Kurzbeschreibungen erkennen, ob eine Seite brauchbar ist.

5.4 Ein Kurzreferat halten

▷ S. 258–262

Einleitung
- Nenne deine wichtigsten Ziele.
- Gib einen Überblick über das Thema deines Referats.
- Nenne allgemein Bekanntes.

Hauptteil
- Lesende können zurückblättern, Hörende nicht. Wiederhole deshalb wichtige Informationen.
- Erkläre Fachbegriffe.
- Antworte auf: Was? Wer? Wo? Wie? Warum?
- Schreibe wichtige Schlüsselwörter oder Gliederungspunkte an die Tafel oder benutze eine Overheadfolie.
- Verwende dein Anschauungsmaterial.

Schluss
- Knüpfe wieder an den Anfang an: Fasse die wichtigsten Punkte zusammen.
- Gib eine persönliche Einschätzung.

Tipps für den Vortrag
- Versuche, frei vorzutragen, und orientiere dich dabei an deinen Notizen.
- Sprich langsam und deutlich und versuche, sinnvolle Pausen zu machen.
- Blicke dein Publikum an, dann siehst du auch, ob es Zwischenfragen gibt.

5.5 Schreibkonferenz

▷ S. 297–299

1. Eigene Textproduktion
Vor Beginn der Schreibkonferenz verfasst ihr selbst Texte. Die können ganz unterschiedlich aussehen, z. B.: Beschreibungen, Berichte, Textzusammenfassungen, Gedichte ...
Wichtig: Damit genügend Platz für die Korrekturen bleibt, klebt euren Text auf ein DIN-A3-Blatt oder lasst beim Schreiben rechts und links einen breiten Rand für Anmerkungen frei.

2. Gruppenbildung
Teilt euch in Arbeitsgruppen zu höchstens vier Personen auf. Die Gruppenbildung kann durch Los- bzw. Auszählverfahren oder durch freie Einteilung erfolgen.

3. Konferenzrunde
Lest in der Arbeitsgruppe eure Texte vor. Die anderen hören aufmerksam zu und können anschließend Fragen zum Textverständnis stellen.
Durch Markierungen und Notizen am Textrand werden dann Verbesserungsvorschläge gemacht. Ihr könnt Korrekturzeichen verwenden, z. B. I (Inhalt/Aufbau/Logik), A (Ausdruck), T (Tempus), Sb (Satzbau/Satzverknüpfungen), R (Rechtschreibung), Z (Zeichensetzung).
Wichtig: Vergesst nicht zu sagen, was euch an den Texten gefällt.

4. Textüberarbeitung
Der Text geht an die Verfasserin oder an den Verfasser zurück. Diese/r schreibt den Text noch einmal ab und berücksichtigt dabei die Verbesserungsvorschläge aus der Konferenzrunde. Ihr könnt eure Texte auch mit Hilfe des Computers überarbeiten.
Wichtig: Verbesserungsvorschläge können von der Verfasserin oder vom Verfasser auch abgelehnt werden, wenn es Gründe dafür gibt.

5.6 Texte am PC überarbeiten

▷ S. 50–53

- Die meisten Textverarbeitungsprogramme zeigen **Rechtschreibfehler** an, z. B. durch rote Unterschlängelung. Aber Vorsicht: Diese Prüfung ist nicht zuverlässig! Es werden auch richtig geschriebene Wörter markiert, wenn sie nicht im Rechtschreibprogramm gespeichert sind, und viele Fehler erkennt der Computer nicht, z. B. „das/dass"-Fehler, falsche Wortendungen („einen" statt „einem"), falsche Groß- oder Kleinschreibungen usw. Schaut euch also jedes markierte Wort genau an und schlagt im **Wörterbuch** nach, wenn ihr unsicher seid. Dann müsst ihr den Text noch einmal unabhängig von eurem PC-Programm selbst prüfen. Druckt ihn dazu aus.
- Lest den Ausdruck zunächst im Ganzen durch und korrigiert **Aufbau** und **Inhalt.**
- Achtet in einem zweiten Durchgang auf die Verwendung **treffender Wörter** und **abwechslungsreicher Formulierungen.**
- Lest den Text ein drittes Mal durch und achtet dabei nur noch auf **Rechtschreibung** und **Zeichensetzung.** Für die Zeichensetzung gibt es keine PC-Korrekturprogramme.
- Gebt abschließend alle Änderungen in den PC ein und speichert euren Text ab.

Unbekannte/ungenannte Autorinnen und Autoren

162 Eintrag „Gift“
aus: Paul, Hermann: Deutsches Wörterbuch. 9. Auflage, Niemeyer, Tübingen 1992, S. 356

71 Froschmänner retten die Darßer Kogge
aus: Ostseezeitung vom 17./18. 8. 2002

108 Gesundheitsrisiko Mobilfunk
aus: www.informationsweek.de (Stand: 10. 10. 2003)

39 Jugendparlament vor der Entscheidung
aus: Schönburger Anzeiger vom 3. 4. 2004

155 Können Schulen auch gute und schlechte Noten bekommen?
aus: Ullrich Janssen und Ulla Steuernagel: Die Kinder-Uni. Forscher erklären die Rätsel der Welt. Deutsche Verlags-Anstalt, Stuttgart und München 2003, S. 195 ff.

148 Leipzig – Messe und mehr
nach: HB Bildatlas Sachsen. HB Verlag, Hamburg 1989, S. 51–55

198 Lexikoneintrag „Frau“ und „Frauenzimmer“
nach: Der Duden, Band 7: Etymologie. Herkunftswörterbuch der deutschen Sprache. S. 202/203

192 Meier Helmbrecht
aus: Wernher der Gartenaere. Hg. von Klaus Speckenbach. WBG, Darmstadt 1974, S. 65–66

111 Ratschläge und Regeln für das Skaten
aus: Joe Rappelfeld: In-Line-Skating. Rollerblading. Übs. von Ajanka Heise. Rowohlt Verlag, Reinbek 1994, S. 94 f., 100, 106

55 Schuluniform auch in Deutschland?
aus: www.familie.de (Stand: 28. 5. 2001)

112 Straßenverkehrsordnung – StVO
aus: StVO. Bundesminister für Verkehr

254 Tischleindeckdich der Wüstenbewohner
aus: www.geoscience.de (Stand: 12. 11. 2004)

18 Von der Tontafel zum Papier
nach: Karen Brookfield: Schrift. Von den ersten Bilderschriften bis zum Buchdruck. Gerstenberg Verlag, Hildesheim 1994, S. 20–23

191 Was ein Ritter können muss
aus: Lautemann, W.: Geschichte in Quellen II, S. 452

BILDQUELLENVERZEICHNIS

S. 9, 95, 281: Artothek, Weilheim
S. 10: Museum Ludwig, Köln
S. 13 links: akg-images/Michael Zapf; **21:** akg-images; **26:** akg-images/Erich Lessing; **166:** AKG Berlin; **168:** akg-images; **191 oben:** akg-images/Erich Lessing; **unten:** akg-images; **268:** akg-images
S. 13 rechts: picture-alliance/dpa; **78:** picture-alliance/ZB; **79:** picture-alliance/dpa; **93:** picture-alliance/dpa; **94:** picture-alliance/akg-images; **178, 182:** picture alliance/dpa; **194:** picture-alliance/dpa/dpaweb; **210:** picture-alliance/dpa/dpaweb; **211:** picture-alliance/Berliner Zeitung; **239, 258, 259:** picture-alliance/dpa; **269:** picture-alliance/KPA/Weiser
S. 15 oben, 16, 24, 25, 146, 161, 228, 236: Bildarchiv Preußischer Kulturbesitz, Berlin
S. 15 unten, 17 rechts, 18, 19, 20: British Library London
S. 17 links: Robert Harding Picture Library
S. 22: Angelika Wagener, Berlin
S. 27, 28: Mit freundlicher Genehmigung des Kosmos Verlags, Stuttgart © 1997. Entnommen aus: Aichele/Golte-Bechtle „Das neue Was blüht denn da?“
S. 32: Buchcover: James Heneghan: Declan Doyle – abgeschoben. © für das Umschlagbild von Jan Roeder 1996 Deutscher Taschenbuch Verlag, München
S. 55, 75, 76: © ullstein – ullstein bild
S. 57: Buchcover: Uwe Timm: Der Schatz auf Pagensand. © für das Umschlagbild von Ute Martens 2000 Deutscher Taschenbuch Verlag, München
S. 71, 216, 243: Volkhard Binder, Berlin
S. 73: Cinetext, Frankfurt
S. 87: Wilfried Zirbs, Neunkirchen am Sand
S. 89 links: Caro/Sorge; **rechts:** Vandystadt/Agentur Focus
S. 97: Theodor-Storm-Gesellschaft, Husum
S. 110: © 2002 Heiner Müller-Elsner/Agentur Focus
S. 111, 288, 290–294: Thomas Schulz, Hohen Neuendorf
S. 113: Otto Schwalge, Köln
S. 137 links: Buchcover: Maurice Keen: Das Rittertum. Patmos Verlagshaus, Düsseldorf; **Mitte:** Buchcover: Sehen – Staunen – Wissen: Leben im Mittelalter. Copyright © Dorling Kindersley Ltd. London Deutsche Ausgabe Copyright © 1996, 2003 Gerstenberg Verlag, Hildesheim; **rechts:** Buchcover: Das Mittelalter. Konrad Theiss Verlag, Stuttgart
S. 139: Martin Hann, München
S. 140: Verkehrsamt Nördlingen
S. 174: dpa, Frankfurt/Main
S. 185, 195, 196, 201, 205: Abbildungen aus: Codex Manesse. Die Miniaturen der Großen Heidelberger Liederhandschrift
S. 224: Schiller Nationalmuseum, Marbach
S. 233: National Gallery London
S. 240, 241, 244, 245: Walter Krause, Boppard
S. 247: Pitt Rivers Museum, University of Oxford
S. 250: © 2003 George Steinmetz/Agentur Focus
S. 251 oben: blickwinkel/E. Hummel; **unten:** Bildagentur-online/TH-Foto
S. 254: Buck/mediacolors
S. 256: MedienKontor, Berlin
S. 260: Frank Schroeter/VISUM
S. 263: E. Rauschenbach/CCC, www.c5.net
S. 266: Oswald Huber/CCC, www.c5.net
S. 270: Buchcover: Frank Stieper: Cybernet City. © 2000 by Arena Verlag GmbH, Würzburg; Gillian Cross: Auf Wiedersehen im Cyberspace. © für das Umschlagbild von Jan Roeder 2000 Deutscher Taschenbuch Verlag, München; Andreas Schlüter: Jagd im Internet. © für das Umschlagbild von Karoline Kehr 2003 Deutscher Taschenbuch Verlag, München; Christian Lehmann: Spiel um dein Leben. Fischer Taschenbuch Verlag, Frankfurt/Main
S. 280: Denise Kroker, Hamburg
S. 303: David Ausserhofer, Berlin

Nicht in allen Fällen war es möglich, die Rechteinhaber der Abbildungen ausfindig zu machen. Berechtigte Ansprüche werden im Rahmen der üblichen Vereinbarungen abgegolten.

Sagen

Versepos

Zeitungsbeiträge

SACHREGISTER

A

B

C

D

E

F

G

Zu diesem Buch gibt es ein passendes Arbeitsheft (ISBN-13: 978-3-464-60359-8 / ISBN-10: 3-464-60359-8), eine begleitende Lernsoftware (Home-Einzel-Lizenz: ISBN-13: 978-3-464-60085-6 / ISBN-10: 3-464-60085-8) sowie ein Hörbuch (ISBN-13: 978-3-464-60378-9 / ISBN-10: 3-464-60378-4).

Redaktion: Kirsten Krause
Bildrecherche: Sabine Kaehne, Bettina Sommerfeld

Illustrationen: Uta Bettzieche, Thomas Binder, Anette von Bodecker-Büttner, Maja Bohn, Jens Bonnke, Heribert Braun, Klaus Ensikat, Sylvia Graupner, Klaus Müller, Nina Pagalies, Bernhard Skopnik, Lisa Smith, Juliane Steinbach, Dorina Teßmann
Layout und Umschlaggestaltung: Katharina Wolff (Foto: Thomas Schulz, Illustration: Sylvia Graupner)
Technische Umsetzung: werkstatt für gebrauchsgrafik, Berlin

www.cornelsen.de

2. Auflage, 1. Druck 2006 / 06

Alle Drucke dieser Auflage sind inhaltlich unverändert und können im Unterricht nebeneinander verwendet werden.

Druck: CS-Druck CornelsenStürtz, Berlin

ISBN-13: 978-3-464-60353-6
ISBN-10: 3-464-60353-9

Inhalt gedruckt auf säurefreiem Papier aus nachhaltiger Forstwirtschaft.